JN162848

ダンスの言語

動きを
読む・書く・表現する

The Language of Dance® Approach to the study of Movement and Dance

Your Move

アン・ハッチンソン・ゲスト
ティナ・カラン

森田玲子／酒向治子＝訳

大修館書店

Your Move second edition:

By

Ann Hutchinson Guest
Tina Curran

Taishukan Publishing Co., Ltd.
Tokyo, Japan, 2015

献呈の辞

私を啓発し、すばらしいムーブメントの世界へと誘い、舞踊記譜法を用いて一見不可解なダンスのニュアンスを表現するようご示唆くださったS. リーダー氏をしのび、本書を捧ぐ。

K. ヨース氏は舞踊記譜法の有効性を信じて、彼のバレエ4作品を記譜する機会を与えてくださった。これが舞踊家として、また教師として、舞踊記譜法へのスキルを高める重要な経験となった。

最後に、本書のためにともに仕事をしてきた数多くのダンスの先生方や振付家の方々の協力のおかげで、ムーブメントおよびダンス芸術への多角的な洞察力を深めることができた。ここに感謝の意を表したい。

アン・ハッチンソン・ゲスト

謝　辞

第1版を著すにあたって、実に多くの人に激励や援助をいただいたので、一人ひとりに充分な感謝の意を表するのは非常に困難である。第2版にたどり着くまでにも、たくさんの方々にご協力いただいた。ランゲージ・オブ・ダンスの私の助手であるMichelle Grovesは、ロイヤル・アカデミー・オブ・ダンスの教員養成大学での実践を経て、修正するべき課題への提言をしてくれた。

多くの国々の動きの研究分野に携わっている先生方が、第1版（1983年）の原稿を読むのに多くの時間を費やし、思慮に富んだ意見や批評を送ってくださった。

以下の方々に、心から感謝の意を表したい。

Ann Kipling Brown　Rhonda Ryman　Muriel Topaz
Meg Abbie Denton　Sheila Marion　Lucy Venable
Irene Glaister　Peggy Hackney　Joan White
Patty H. Phillips　David Henshaw

共著者のTina Curranは、ランゲージ・オブ・ダンスの様々な講習会を通して、発展が必要な部分を明らかにしてくれた。Tina Curranとの加筆修正に向けた価値ある提言とチーム作業を歓迎したい。同様に私たちは、校正や修正にあたって詳細かつ明確な指摘をしてくださったJane Dulieu、Valerie Farrant、Susan Gingrasso、Oona Haaranen、Jimmyle Listenbee、Inez Morse、Heidi Wiessの各氏にも深く感謝している。

本書が醸成され世に出るには、ランゲージ・オブ・ダンス・センターのスタッフであるLynda Howarth、Lauren Turner、Carolyn Griffiths、Shelly Saint-Smith各氏による献身的で忍耐強い働きなしでは不可能だった。彼らはCalaban記譜法の制作に関わり、確認、校正、編集に貢献している。

そして、つねに私を鼓舞してくれた、勤勉な夫であり、ダンス歴史家のIvor Guestに対し、多大なる感謝の意を表する。

日本語版の出版によせて

ダンスには多種多様なジャンルやスタイルがあり、ダンスを踊る、または創るにあたっては動きへの深い知識と理解が求められる。ランゲージ・オブ・ダンス（LOD）は、人間の動きを言語になぞらえて、体系的な分類を行ったものである。*Your Move*はLODを教えるための教材として第1版が1983年に出版された。その後多くの人の助力によって2008年に第2版が出版される運びとなった。この度、*Your Move*第2版が日本語で翻訳されることに対して、この上ない喜びを感じている。

森田玲子氏はLODを学び、日本の身体教育に採り入れるべくパイオニアとしてLOD Specialist（国際指導者資格）を取得するに至った。その後LODの講師であるV.フラット氏は、森田氏の招聘によって日本での指導者の育成を支援すべく、2000年以降数回に渡り訪日している。翻訳版の共著者である酒向治子氏は、この時の指導者育成コースで学んでいる。私自身2004年と2010年に訪日し、幼稚園や大学でのワークショップを通じて直接日本の人々と触れ合う機会を持つことができた。このとき日本の方々はLODに対して大いなる関心を寄せて下さり、LODが育つ土壌として優れた環境であると確信し、感激したのを覚えている。

翻訳を決意し、長年にわたって翻訳作業に携わり、この重要な仕事を成し遂げてくれた森田玲子氏と酒向治子氏、また出版にあたってサポートして下さったすべての方々に感謝し、祝福申し上げたい。

この仕事に携わったすべての人への祝辞

アン・ハッチンソン・ゲスト

Ann Hutchinson Guest

訳者まえがき

「ダンスの言語（ランゲージ・オブ・ダンス；Language of Dance、以下LOD）」は、ルドルフ・フォン・ラバンの身体運動理論の第一人者であるイギリスのアン・ハッチンソン・ゲスト博士によって1970年代後半に生み出された。人間の身体運動の根幹的な要素を動詞（主要な動作）・副詞（動作の質）・名詞（身体部位）等に分類し、「身体言語」として記号で体系化した身体運動の理論であり、音楽における楽譜のように、LODを通して身体の動きのリテラシーを育み、読み書きを自由に行うことを可能とする。ゲスト博士が世界的に普及している舞踊譜のラバノーテーション（Labanotation）の専門家であったことから、LODの記号はラバノーテーションを土台に考案されており、一見類似した記号が見受けられる。しかし、動きの正確な記録・保存を目的とするラバノーテーションに対し、LODは身体言語を用いた「動きの創造（動きを読む・書く・表現する）」に重きを置く。すなわち、身体表現教育現場におけるより実践的な活用を念頭に記号が簡略化され、固有の記号システムを確立している。

＊

LODの主要テキスト*Your Move: A New Approach to the Study of Movement and Dance*は、1983年に出版された。その後、著者にT. カラン氏が加わり、内容が大幅に変更された改訂版が2008年に出版された。LODはこのテキストによって認知度を高めていった経緯から、LODアプローチそのものが「Your Move」と略式に呼ばれることもある。*Your Move*は22章から構成されており、「基本的な動き（prime actions）」と呼ばれる16の動きの要素を学ぶ第1章から第11章までの前半と、より詳細で複雑な要素を学ぶ第12章から第22章までの後半に分かれる。本書は、前半の第1章から第11章までを訳したものである。

＊

〈動きをいかに分類し体系化するか〉は、ダンス領域において長年取り組まれてきた研究テーマである。ラバンはこの問いに真っ向から向き合い、身体表現の原理のアイデアをいくつも考案し、多くの弟子がこの理論を継続的に発展させた。その流れは、⑴動きの質の理論であるエフォート・シェイプ理論、現在はLaban Movement Analysis（LMA）、⑵舞踊の記譜を目的に体系化されたラバノーテーション、そして⑶動きの創造に主眼を置くLODに分岐して今日に至る。一般的に動きの語彙というと、ダンスの多種多様なジャンル・スタイルの動きの型を指す場合が多いが、LODはそれらに通底する、動きの基本的な考え方を集約したものである。したがってLODを学ぶことによって、それぞれのダンスのジャンルやスタイルの特性をより深く掘り下げた理解が可能となるだろう。なお本書ではバレエの例が頻出するが、これはゲスト博士がバレエダンサーであったことによる。それぞれのダンスのジャンル・スタイルではどのように分析・実践できるか、LOD学習者に是非試していただきたい。

原著のタイトル「あなたの動き*Your Move*」に込められているのは、絵具で自由にイメージを描くように、ジャンルやスタイルといった枠を超えて個々人が自由にダンスを創造して欲しいという想いである。現在日本では、幼少期からの身体表現教育を扱う現場において、既成の振り付けされたダンスの模倣や技術習得にとどまらない、創造性を伸ばす教育が模索されている。動きの素材を豊富に提供してくれるLODは、指導者・学習者双方に生じる傾向にある、「どのように動いてよいかわからない」という、動きの素材に対する不安感を減じることに貢献するのではないかと思われる。

また、〈動きの記号による可視化〉はダンスにとどまらず、身体教育に携わる幅広い領域での応用の可能性を有している。身体の動きを「言語」ととらえなおすことで、動きに対する分析的な理解が可能となり、しかも世界共通の動きの言語であることから、日本国内のみならず国際的な共有・議論も可能となる。指導者にとっては曖昧になりがちな動きの習得プロセスが明確になり、体系的・段階的な学習が可能となり、評価のしやすさ、状況に応じた難易度の調整などを行いやすくなるだろう。LODをどのように発展させるか、その可能性は限りなく開かれたものである。

＊

*Your Move*は理論書であると同時に実践の書でもあるため、本書をただ読み進めるだけでは理解が難しいことが多々あるだろう。各章には「練習課題」がいくつもあり、実際に身体を動かすことによる理解を促す構成となっている。言語の習得過程にはつねに「読む・書く・話す」という行為が必須であるのと同じである。本書を片手に、様々な動きの可能性を探究していただきたい。

なお、原書には「練習課題」用の音楽についての記述があるが、本訳書には該当する音楽は付していない。音楽を希望する読者は日本ランゲージ・オブ・ダンス・センターに問い合わせいただきたい。

2015年1月
森田玲子
酒向治子

もくじ

第5章▷方向――空間の定義　83

第10章▷バランス、バランスの喪失　169

第11章▷関　係　性　191

▶序　章◀

本書は、動き(movement) に関する本であり、動きを研究するうえで最も基礎的なアプローチについて書かれた本である。“*Your Move*”というタイトルは、本書が動きに関するものであり、なおかつ動きは各個人が独自のものを創造すべきであるという考えを反映している。動きを研究するためには、理論と実践の両方が不可欠である。動きの精神、その意図や真意、そして身体的行為のすべてを調和させることによって、統一のとれた動きが作りあげられていくのである。

本書では、動きの積み重ねが、ダンスを導くものとする。動きは、その構成要素である動作に分解することができる*1。動きを構成する最も基礎的な動作は、動きの「アルファベット」に該当する。そしてこの「アルファベット」は、主要な動作（prime actions)、動きが凝縮したもの（movement concentrations)とその目的（ねらい）から成り立っている。それらは、曲げ伸ばし、ローテーション、方向とレベル、トラベリング、サポートの変化、サポートの不在、バランス、バランスの喪失、そして周りの環境との関係づけなどが挙げられる。これらの動作の要素はそれぞれがさらに細分化され、その組み合わせによりさまざまな動きの連続性が生み出される。動作は、最も単純なものからより複雑なものへと順を追って展開される。例えば、曲げるような動作は、からだ全体（body-as-a-whole)を曲げることから始まり、それが次第に胴体や腕、手などのからだの多様な部位へと結びつき、収縮する、折り曲げる、内転させる（つなげる）といった動きへと発展する。基礎的な動きとは何をするべきなのかという「動詞」の要素と、そこから導き出された「どのようにするのか」という「副詞」の要素、タイミングやダイナミクスなどについても、この本で紹介していく。

ランゲージ・オブ・ダンスの起源と意味

筆者は、ダンサーとして、また、ダンスの教育者としての経験から、すべてのダンス（もしくは動き）の主要な動作を論理的に記したリストに出会ったことがないと気がついた。絵画の世界には基本の三原色があり、西洋の音楽には基本の音階がある。では、ダンスではどうだろうか。この問いに答えるため、長年の研究を要した。その際に、バレエや（ヨーロッパとアメリカの）モダンダンス、そ

＊1　ランゲージ・オブ・ダンスでは、動き（movement）は個々の動作（action）に分解できるとみなし、“movement”と“action”は明確に区別して書かれている。そこで本書では、“movement”を「動き」、“action”を「動作」と訳すことで統一することとした。

れに多彩なエスニックダンスなどの経験が、ダンスに関して幅広い見識をもたらしてくれた。また、研究を進めるうえで、これまで開発にかかわってきた動きを記録するシステム、ラバノーテーション（Labanotation）*2が大いに役立った。そして、この研究成果はランゲージ・オブ・ダンス（The Language of Dance®、以下LOD）の動きのアルファベットと動きの系統樹（Movement Family Tree）への発展における主要な動作と動きが凝縮したものの確立という形で世に出ることとなる。

すべての動きは、主要な動作のバリエーションから選択され、それらの組み合わせによって作られている。動きの学習を始めるにあたって、そういった基本動作を学ぶ以上に優れた学習方法があるだろうか。ダンス教育において、動きの基本動作を学ぶことは、ダンスを言語とみなし、その表現性やコミュニケーション力を理解するうえで有益である。動きの部分は全体とどのように関連しているのか。説得力があるパフォーマンスを行うためには、連続的動作の内容と構成要素の「価値」について、把握しておく必要がある。動きの概念的意味、その「運動感覚」、もしくはドラマチックな意図を理解しなくては、振り付けを解釈することは難しい。また、ダンステクニックの習得に関しても、動きにおけるこのような理解が必須なのである。

さらに、動きの基礎的教育方法では、実践における身体的体験に加えて、視覚教材を用いて動きをより明確にする学習を行うことが最も望ましいだろう。一見把握しにくい動きの要素を、視覚教材を用いずにいかに説明できるだろうか。ほかのどの教育研究領域においても何らかの表記法を使用している。音楽を考えてみてほしい。音程、拍子、速度や演奏方法を理解する手がかりが楽譜であり、音楽の基礎となっている。楽譜が視覚教材であるために、指導者が不在の場合でも、音を記憶して練習することが可能なのである。楽譜を読む技術の習得は、音楽作品に気軽に触れることを可能にし、プロフェッショナルなキャリアを促進する。動きの研究においても、記譜法が音楽における楽譜を読む技術と同じ役割を果たすといえる。

ダンスは身体的な活動であるが、知的理解も必要である。LODは、ほかの言語と同様に、コミュニケーションを実現させるという目的をもっている。LODにおけるコミュニケーションとは、動きを正確に理解し表記するという、形式に基づいた共通の専門用語や語彙（ごい）によって成り立つ。ダンスにおけるコミュニケーションは、いかなるレベル、舞台、そして地域においても可能である。国境を越えたコミュニケーションを成功させるためには、共通の言語、つまりすべてのダンス文化で基礎となる、動きの基本要素の記号化が必要不可欠なのである。

*2　ラバノーテーションは、ルドルフ・フォン・ラバン（Rudolf von Laban）によって考案された舞踊の記譜法である。

目　的

本書で紹介するLODは、動きの体験が少ない人から経験豊かな人まで、幅広い年齢層に適応した学習方法である。いくつかのダンススタイルを身につけた人に対しても、今までにない新しい動きの考え方を提示している。動きの内容と目的を理解することは、テクニックやパフォーマンスの質の向上を可能にする。そのうえ、動きの構成、つまり振り付けを学ぶうえでも最適となる。さまざまな動きの可能性がここに集積されている。また、LODは、振り付けのスタイルや動きのジャンルを比較するために用いることもできる。本書では実践的要素と表現上の理論の双方を織り込みながら、動きとは何かを理解し学習していく方法を紹介する。このような教材は、今までになかったものである。章ごとに新しい動きの要素を導入し、親しみやすい題材を取り上げていきながら、その概念や実践方法について学習を進めていく。指導の流れとしては、最初は動きの実践に重きを置き、その後、記号化したシンボルを使いながら議論を行うことで、動きへの理解を深めていく。さらに、それらの記号を基に即興的に動いてみる。これにより、学習者は動きを「独自」のものとしてとらえることができるようになり、指導者は学習の身体的、心理的な理解度を把握することができる。各章には練習課題の項目があるが、その説明と実践は、記号の組み合わせを学ぶ前でもあとでも行うことができる。LODとは、動きの教育に携わる者の課題やその目的を明瞭化し、体系づけを促し、さらに発展させ、動きやダンスのリテラシーに貢献するものである。本書はLODのなかでも、最も基礎的な要素を取り上げている。

動きの実践への適用

LODを活用できる重要な方向性として、以下のものが挙げられる。

1. 動きの教育は、幼児をはじめ幅広い年齢層に適用することができる。はじめに、自由な解釈が可能となる基礎的な動きの要素を学ぶ。次に与えられた要素を自分なりに表現していく方法を模索する。身体による調整能力がある程度深まってくると、時空間・身体部位・関係性・ダイナミクスといった要素が統合され、洗練されていく。本書は幼児教育のためのみに書かれたものではないが、その分野においても有益な教材になり得る。
2. 動きの教育にすでに精通している人たちの経験を、より豊かにできる。
3. 振り付けの研究へとつながる動きの構成を学習するための教材となる。
4. 動きを教育する指導者に対して、明確に定義された動きの語彙を提供し、指導内容をより豊かにする。

見る目を養う

動きを構成する複数の要素を観察して識別する能力が、動きのリテラシーには含まれる。身体技術を身につけても、必ずしも動きの観察能力が高まるとは限らない。動きには多くの要素が含まれているために、本書で紹介されるようなガイドラインなくして、どのように動きをとらえてよいかはわからないだろう。空間の取り方を意識すべきなのか。ある動作にはからだのどの部分が使われているのか。見るポイントは、時間の使い方なのか、リズムなのか。それとも、ダイナミクスや使われた動きの質に注目すべきなのか。視覚教材であるモチーフ記譜法（Motif Notation）の記号は、動きへの理解を明確にし、コミュニケーションの手段となる。動きで伝えたいことを書き記すことができれば、ほかの人にその情報を伝えることができるのである。また、動きの構成要素を分析することで、観察能力や理解度の向上にもつながっていく。このように見る目を鍛え、分析能力を養っていく必要がある。

動きへの普遍的なアプローチ

LODは、個々の動きの型やスタイルを基に作られているのではなく、LOD自体がすべての動きの根幹となる。基礎学習を修了すれば、さらに高度な動きの研究へと発展していくことができる。“*Your Move*”は、すべての種類のダンス（特定のダンスをイメージしているわけではない）への展開が可能である。本書で学ぶ動きは、決められた形式に限定しているわけではないので、自由に解釈することができる。LODの動きの用語は普遍的であり、多方面への使用が可能である。そして明確なコミュニケーションを実現するための手段となるのである。

▶動きのアルファベット（動詞）◀

動きは、以下の主要な動作（「動詞」）から構成される。

〈動きの在・不在〉

■ 最も基本的な要素

❶どのような動作でもよい：何らかの動き、変化

❷静　止：動作の一時的中止、活発なエネルギーの維持

▷１つの動作は以下の要素と関連する：

■ 動きの解剖学的な可能性

❸どのような曲げる動作でもよい：縮む、折り畳む、閉じる、丸める、せばめる

❹どのような伸ばす動作でもよい：長くなる、引き伸ばす、拡張する、広げる

❺どのようなローテーションでもよい：どのようなレボリューション、からだ全体もしくはからだの一部でのターンでもよい

■ 空間的要素

❻どのようなトラベリングでもよい：１つの場所から別の場所へ動く、どのようなパスでもよい（ストレート、カーブなど）

❼どのような方向でもよい：上下、左右、前後などの軸上の動き

■ サポート

❽サポート：ステップ、体重の移行、新しいサポートで終わる動作

❾スプリング：地上を離れて戻ってくる空中のステップ

■ 重心の中心

❿バランス：重心の中心でバランスがとれている状態

⓫フォール：サポート（足）の基盤の範囲を超えて重心の中心が動く状態

〈モーション、到達点〉

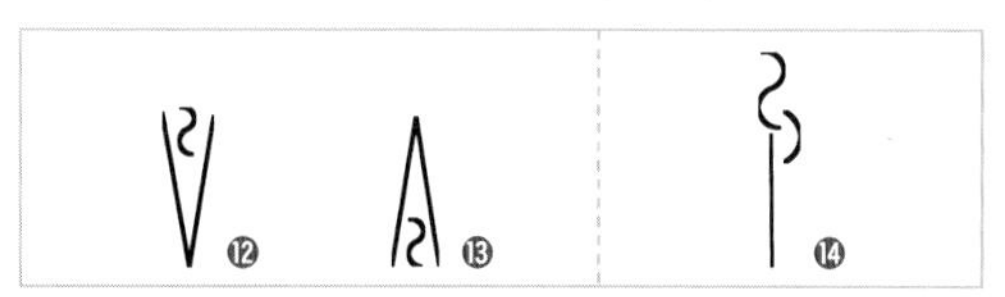

■ 動きの意図

⓬向かうモーション：人や物、方向、ある特定の状態へと向かう動作

⓭遠ざかるモーション：人や物、方向、ある特定の状態から離れる、引き下がる動作：人から離れるジェスチャー

⓮到達点：目的や到達点を目指した動作の一般的な表示

〈動作の結果〉

⓯どのようなシェイプでもよい：シェイプを目的とする動き

⓰どのような関係づけの形でもよい：何らかの関係づけを目的とする動き

〈動きの「系統樹」〉

動きとは、からだの一部もしくはからだ全体（名詞）を用いて、特定の質（副詞）で行われる動作（動詞）からなる。

名詞は、演じる相手、小道具や部屋（舞台）の一部なども含む。本書では名詞や副詞についてはあまり取りあげておらず、動詞である動作や基本的な動きの可能性についての理解や探究に主眼が置かれている。

第1章 動き、静止、タイミング、シェイプ、アクセント

動き（movement）とは何か。その答えは、問いの発せられる文脈に応じていくつも考えられる。それは脳の強い刺激が引き起こす筋肉反応なのだろうか。それとも「動いていることは生きていることである！（"Movement is Life !"）」というような答えがあてはまるのだろうか。

動きを筋肉反応の結果として記録できるように、シンプルで実践的な動きを考察する必要がある。本書では、初歩的な導入として、動きを観察し、実際に動いてみることから始める。

1-1▶動き

1つの動きを行い、休息する。つまり、活動しない間を作り、また動くのである。このとき、特定の形を作ろうとするのではなく、さまざまな動きを思い浮かべながら、ただ動いてみてほしい。それは、頭に浮かんだままの動きかもしれないし、からだの中心から生じる衝動から導き出された動きかもしれない。動きとは、あるポーズをとるというよりも、単なる空間移動なのかもしれない。

まずはこの、最も基本的で初歩的な動きの概念、「空間移動」から考察を始めてみよう。どのようなものでもかまわないので、今あるポジションに変化をつけてみよう。例えば、右手で何かの身振りをするように手足を動かしたり、胴体を違う状態に変えたり、頭や腕を今ある位置から動かしたりしてみよう。もし座っているかひざまずいているなら、立ち上がったりしゃがみ込んだり、あるいは体重をからだの別の部分に移動させたりして動くこともできる。もしあなたがあらかじめ決めた位置へ動くのではなく、今の状態を変化させることのみに気持ちを集中させているのなら、その動作（action）はある特定の「イメージ像」を作るのではなく、むしろ動きそのもののプロセスを楽しむために行う真の運動といえるだろう。

私たちは、今行ったばかりの動き（純粋に機能的なもの）と、体操やスケート、水泳、ダンスのような意図的に行われる動きとの違いを考察する必要がある。では、何が「意図的に行われる」動きで、何がそうでないのだろうか。テレビを見てみると、時事問題に関するパネルディスカッションと劇中で行われる話のやりと

りとの違いを、誰でもすぐに区別できる。その違いは表現の方法にある。ダンサーやパントマイマーは、テーブルに本を置くといったような現実的で日常的な動きも、誇張して表現するのである。ダンスでは､動きを覚えるために「ざっと流して動いてみる」ことがある。しかし、動きを味わい、楽しむには、個々の動きに内在する表現性に目を向け、完璧に演じ切らなければならない。

1 動作の表示

動きを最も簡単にいうと、つまり何らかの1つの動作が生じることである。これを1.1aのような基本的な記号、動作線（action stroke）と呼ばれる縦の直線で表す。この記号は、1つの動作を表示している。

こうして1つの動きを行うとする。それはどのように展開できるだろうか。シンプルな動作から始めてみよう。シンプルとは往々にして複雑よりも難しいものである。最初の動作はどうあるべきだろうか。そう、**何でも可能なのである！**　例えば、向きを変える、かがむ、しゃがむ、腕を波立たせる、天井に向かって伸びをする、からだをひねる、あるいはただ深呼吸をするなどして、別の動きを導き出してみよう。例えば、胴体を揺らすことから始めて、より大きな動きに発展させてみよう。

1つの動作を表す1.1aの場合、その動作が起きる状況、すなわち伴奏曲や劇中の状況、他者との距離や関係に応じて、適切な期待どおりの（それが起こる流れ上、ふさわしい）動きになり得る。もしくは、演者にすべての選択の自由があるので、どのような種類の動きでもかまわない。アドリブ記号を示す1.1bが1.1cのように動作線の起点に置かれると､(期待された、ないしは適切な動きと対比的な意味で）動きの選択において完全な自由が許される。自由に動けることによる動きの広がりは、からだ全体の流れるような空間的移動から指1本の動きに至るまで多岐にわたる。全身を使った動きから始めてみよう。からだの各部位が主要な動きのアイデアに調和して動くことがわかる。

2 基本の譜表

モチーフ記譜法（Motif Description）[*1]とは基本的な動きのアイデアないし意図の表現であり、モチーフ記譜法によって紙面に表すことができる。

1.2aにあるような、水平の二重線で表された開始線から終止線まで垂直に伸びる囲まれた部分は、からだ全体を意味する。しかし、この時点ではまだからだのどの部分を使うかは決まっていない。この二重線は動作の始まりと終わりの両方を表すので、用い方に注意しよう。

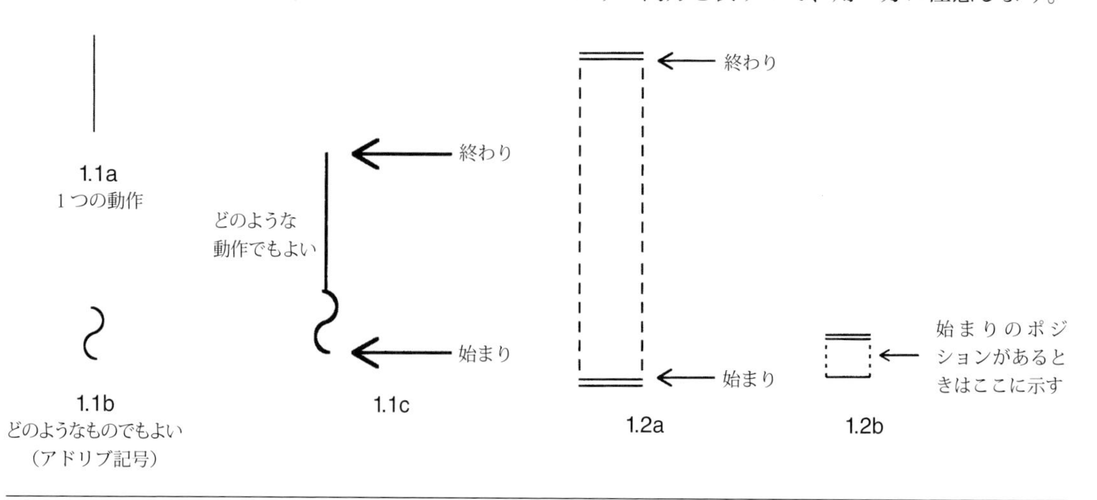

1.1a 1つの動作

1.1b どのようなものでもよい（アドリブ記号）

1.1c

1.2a

1.2b

＊1 “Motif Notation”も“Motif Description”も同じ内容を示すため、本書では「モチーフ記譜法」で統一している。

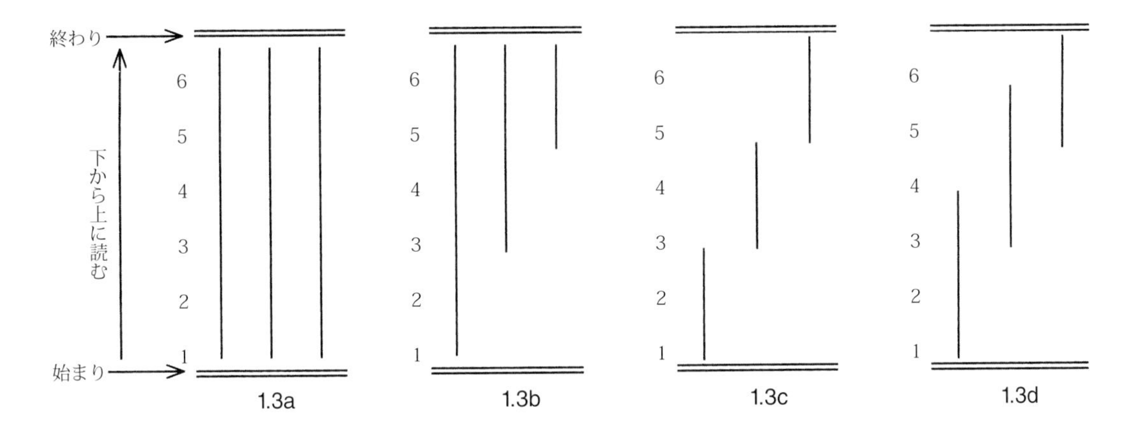

始まりのポジションを記したいときは、二重線の下のスペースに書く。1.2bでは、わかりやすくするためにこのスペースを点線で表したが、実際の譜面では書かない。

3 同時の動作

2つ以上の動作が同時に行われることは、ままあることである。からだのある部位とほかの部位とが同じ瞬間に1つの動作をする場合もある。先ほど動作を試した際に、2つあるいは3つの動作が重なったこともあったかもしれない。ここでは、同時の動作を意識して行ってみよう。両腕や、片腕と片脚など、からだの異なる部位で試したり、両腕に異なる動作を同時にさせながら胴体も動かしたりしてみよう。多くの可能性を発見できるだろう。

動作は下から上へと読み進める。同時の動作は横に並べて書く。1.3aの例は3つの異なる動きが同時に起こっていることを示しており、カウント1から始まりカウント6まで続く。テンポは自由にしてよい。1.3bでも3つの動作があるが、それぞれ異なる時点から始まっている。最初の動作はカウント6まで続き、2つ目はカウント3から、3つ目はカウント5から始まる。そして3つとも同時に終わる。1.3cでは3つの動作は完全に別々になっている。それぞれが2カウントの長さで、2カウント遅れで始まっている。基本的にこれと同じだが、やや難しいのが1.3dである。それぞれの動作は遅れて始まるが、1カウントずつ重なっている。動作を重ねることはたいして難しくはないが、正確に行うことが求められる。

1-2 ▶ タイミング

タイミングは、動きにとって必須の要素である。タイミングを無視したり、時間に対して無自覚な態度をとったりすることもできるが、できるだけこれを意識し、そうすること自体を楽しむようにしたい。

1 持続する動き

シンプルな動きを1つ選び、その時間の経過に意識を向けてみる。鐘があるなら、鳴らされた瞬間に動き始めて、音が聞こえなくなるか、もしくは誰かがそれを止めるまで動き続けてみよう。音によって喚起される動きを見つけてみよう。そのときあなたは心の中で、動きのアイデアを表す言葉を思いつくかもしれない。例えば、「な-が-れ-る-よ-う-な」という言葉は好きなだけ時間を延ばすことができる。そこでふと疑問が生じる。「どのくらいまで延ばしていいのだろう？」。ここでは時間的な長さについてはまだ指示していないので、自由に行ってよい。次に、今とは違った対照的な動きを試してみよう。ただし、今度も努めて持続的に。ゆっくりとした時間の流れをかみしめ、その持続性、つまりいつまでも動き続けることができるという感覚を味わってみよう。

2 持続する動作の表示

譜面上において、ある動きの**時間的な長さ**は垂直線、すなわち動作線の長さで表す。1.4aは、記号の始まりから終わりまで、ある動作を行うことを示している。時間の感覚はみな同じではないので、1.4aの時間的長さは、各人によって違ってくる。

ソロの場合は特に問題にならないが、ユニゾンの動きを行うとき、基礎となる拍子を決めて、同じスピードを保つ必要が出てくる。音楽はそのようなスピードをコントロールする手段としての役割も担っている。しかしジェローム・ロビンスの『Moves』のように音楽なしで演じられるバレエ作品では、ダンサーたちは一定の拍子を保つために心の中で数を数えるか、あるいは互いに合図を出し合って動きをそろえている。

1.4aにおいて、選択した動きは空間の距離が長くなろうが短くなろうがどちらでもよい。時間の長さは空間的な長さや距離、つまり空間の広さとはまったく別のものである。

1.4aではただ１つの動作が示されている。1.4bは、３つの持続的動作が次々に切れ目なく続くことを示している。この３つは別々の動作であって、１つのとてもゆっくりとした動きというわけではないことに注意すること。

1.4bはゆっくりとした３つの動作を行うよう指示しており、それらは順に行ったり、互いに関連づけたりしながら行えるという点で、1.4aよりも動きの探求の範囲が広いといえる。ゆっくり動くことが難しいようであれば、それぞれの動きの手助けとなるようなイメージ、例えば水のおだやかな動きにあわせてゆっくり揺れ動く水中植物などを思い描いてみよう。

動きのシークエンスがページの一番上を越えて続く場合は、上部に横線を１本引いてその譜表を閉じ、右隣の下部に別の横線を引いてそこから新しい譜表をスタートさせること。1.4cは単一の動作が２つの譜表にわたって連続していることを示している。最初の動作線の末尾と次の動作線の冒頭は、キャレット（caret；挿入記号、1.4d）を用いてつなげる。この記号は「同一」という意味で、同じ動きであることを表している。

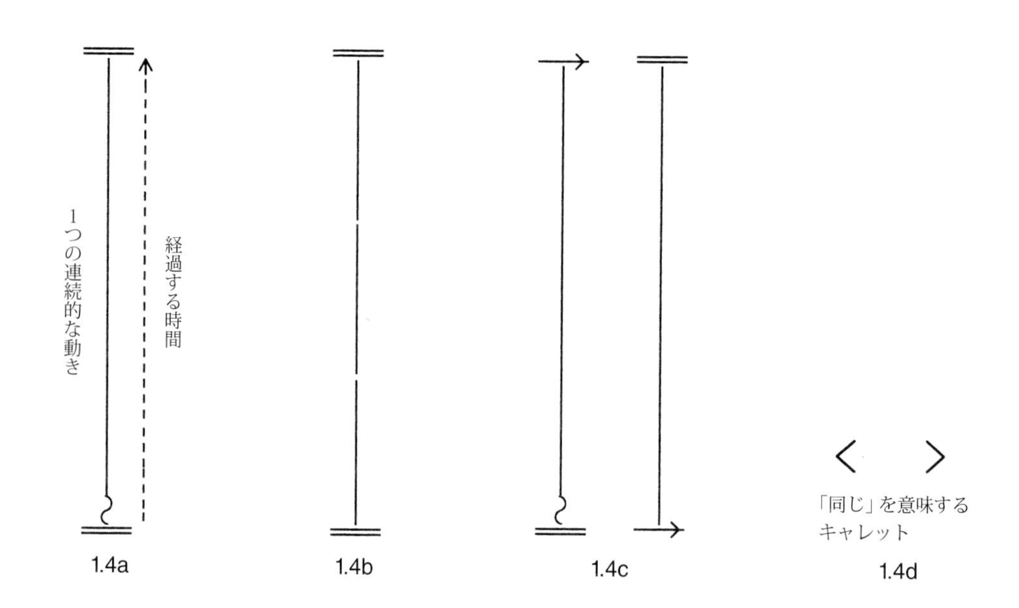

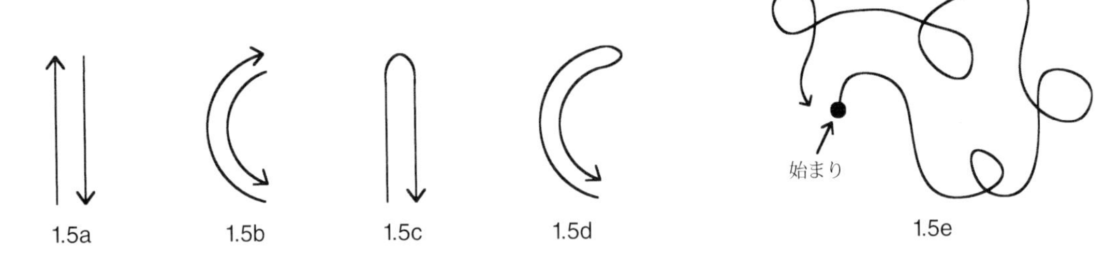

3 動きの連続性

1.4bを試すと、これらが3つの独立した動作であることがはっきりわかる。最初の動きは空間を移動するジェスチャーで、次が同じ経路を使って元に戻るジェスチャーだとする。もし最初の動作のあと、休みなしに次の動作を続けるとすると、その動作は1つだろうか、2つだろうか。動作の間に休止があれば、たとえそれがごくわずかであっても、2つの独立した動作といえる。もし休止がない場合、ジェスチャーの経路、つまり空間パターンをほんの少し変えるだけで動きは2つではなく1つにできる。

1.5aは2つの動作からなる空間パターンを示している。直線経路を進み、それから逆方向に戻る、「進んでは戻る」である。1.5bはよく似た、弧を描く2つの動作を表しているが、1.5cと1.5dは1つの動作のみを意味している。曲線による移動は、1つの連続した動線を生み出す。1.5eは1つの長く連続した動線を表している。全体として調和的な効果を生むために、からだの一部ではなく全身を使って試してみよう。

4 急な動き

ここからは、今まで行ってきたゆっくり動くという雰囲気、その意図、実際に感じた内的経験とはうって変わって、余分な時間のない、迅速、スピード、機敏というような世界へと移ってみよう。どのような動作でもよいので1つ選び、それをできるだけ速いスピードでやってみる。以前と同じ動きでもよいが、何かまったく違うもののほうが、要求されるスピードによく合うだろう。1つの動作をとても速いスピードで行い、今度は別の動作、それからまた違う動作という具合に、次々と試してみよう。急な動作を連続的に行うのはとても疲れることがわかる。あなたも、それを観ている者も休止が必要となるので、合間にさまざまな長さの小休止をはさむようにすること。

5 急な動作の表示

急な動作は1.6aのような短い線で表す。動きは始まるとすぐに終わる。1.6bは、次々に継起する3つのとても速い動作からなる、短い動きのフレーズを示している。ドラムビートのような打楽器音を3つ鳴らすというのがこれにふさわしい伴奏で、動きとしては、拍手、足踏みなどのほかに、空中に突くような、ピクピクとひきつったような、または軽くたたくようなものになるだろう。

動きが起こらなければ、動作も起こらない。空白の空間は動きのないこと、つまり変化のないことを表す。1.6cでは1つの動作のあとが

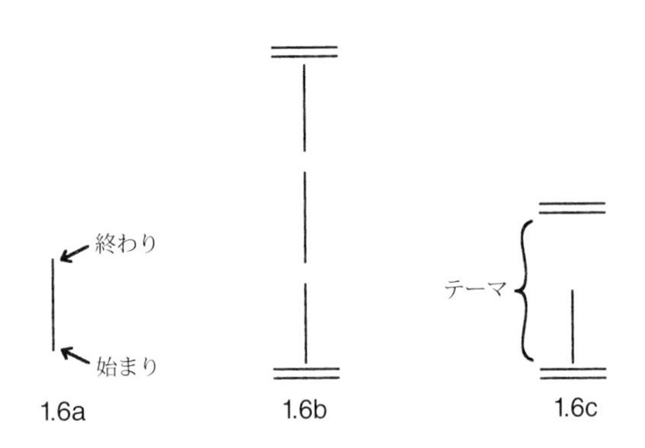

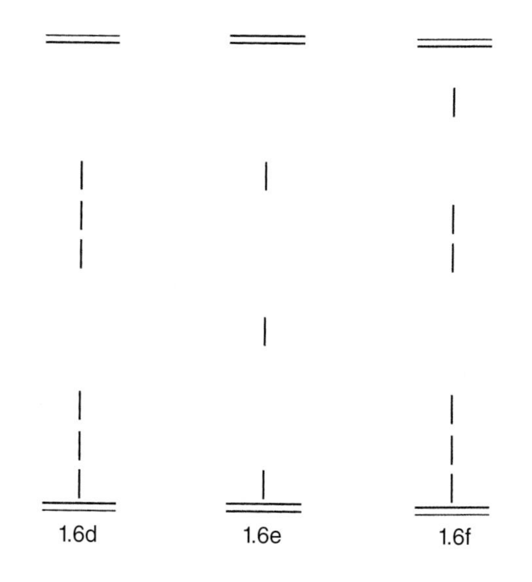

無変化となっている（下から上に読んでいくことを思い出すこと）。1.6cは、１つの動作のあとに休止を行うという、動きの最も基本的なテーマを示している。

この形態が３つ連なって示される急な動作は、長い休止と組み合わせると、より興味深いものになる。1.6dでは、３つの速い動作によるまとまりとまとまりの間に、空白が設けられている。この空白は３つの動作の連なりと同じ時間的長さであることに注意すること。

これとまったく対照的な1.6eでは、３つの速い動作がそれぞれ大きく切り離されている。これらは1.6dで用いたのと同じ３つの動作ということもあり得るが、時間的に離れているので、その効果はまったく異なるものになっている。1.6fの時間パターンは1.6dと同じように始まるのに、別の展開をしていくので興味深い。この動きのパターンは、まず３つの迅速な動作が次々に起こり、それから２つの動作が続き、最後は１つの動作だけになっていく。動作の総数は1.6dと同じだが、時間的にはまったく違うものに表現されている。このようなシンプルな例に始まり、からだのさまざまな部位を用いながら、小さく、大きく空間移動をするうちに、次第に多様な興味深いバリエーションを生み出していくことが可能となる。同じ時間的長さだが、大きかったり小さかったりというような物理的な空間が異なる動作をいくつか試してみよう。

動きのまとまりを演じていると、パターン、もしくは連続性に集中することが重要となってくる。シンプルな例として、1.6fを取り上げてみよう。このパターンは正確に12拍を数えることができる。しかしより重要なのは、最初の３つの動作のあとに同じ長さの空白が続くことである。次の２つの動作のあとも、同じ長さの空白が続く。最後は動作が１つ起こり、その後１拍分の空白が続く。この例には音楽はついていない。テンポも拍子の速さも自由である。このパターンで重要なのは時間の長さを感じ、動作と空白、つまり動作の不在とを経験することであって、しゃくし定規に１つひとつを数えることではない。

6 空間的な連続性

私たちが空間をどのように動くのか考えたことがあるだろうか。その選択には驚くほど幅があっても、空間的連続性からは決して逃れることができないのである。空間でも紙面上でも、点Ｘから点Ｙへ移動するにはその間にあるすべての点を通過しなければならない。音楽では、音階でもどのような音程でも一挙に飛ばすことができるが、動きは本質的に半音階的なのである。つまり、点と点の間にある無数の空間を通過せねばならないということである。

動きの行い方によって、私たちは点Ｘから点Ｙへ「飛んでいる」かのような印象を与えることができる（1.7a）。目で追いつけないくらいすばやい移動とはっきりした到達到着、これが一瞬のうちになされるとき、この効果を生み出すのである。このようにスピードと強さによって、ある地点から別の地点へ、ある姿勢から別の姿勢へ、まるで矢のように飛んでいく印象を与えることができる。こうした印象は人の目を欺き、空間的連続性から逸しているかのような錯覚を作り出している。1.7bは、非常に急で鋭い上方向の動きが、観る人にどう映るのかを

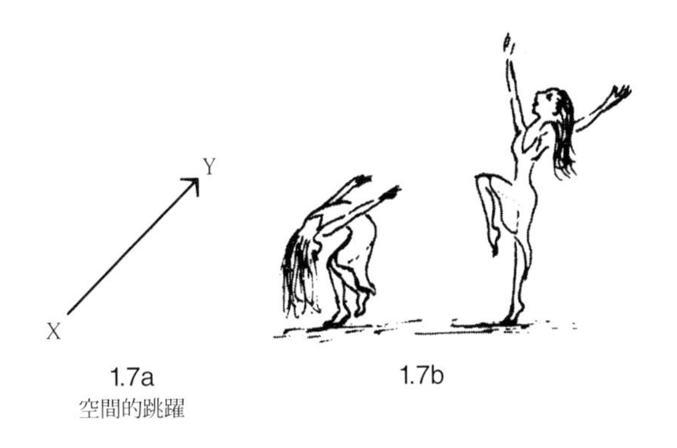

1.7a
空間的跳躍

1.7b

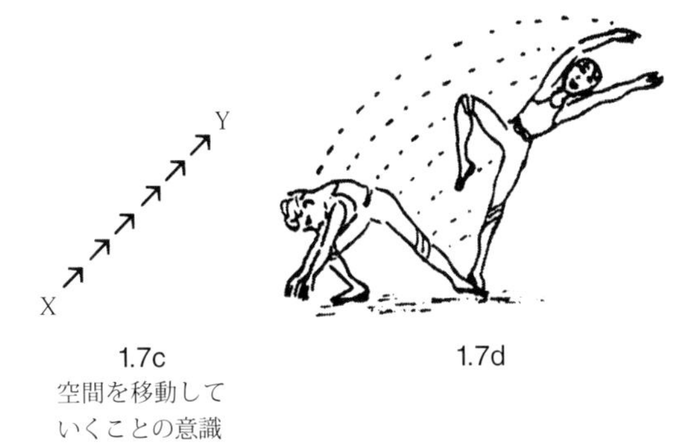

1.7c
空間を移動していくことの意識

1.7d

示している。

半音階的動きといえる、点と点の間にあるすべての空間点を意識的に通過しながら進む動きを意図的に行うことで、まったく別の効果が表れるだろう。そのような動きは極端には速くはならない。時間を意識してゆっくり動くことによって、空間移動を楽しむことができるようになる。このような空間移動の様子は、今では高速撮影による連続写真やスローモーション映像によって映されるようになった。1.7cで素描し、1.7dで絵にしたような半音階的イメージを念頭において動くと、ジェスチャーが豊かで濃密なものになる。離れた地点から意図的にすばやく移動する動作には欠けているものである。この移動の過程への十分な意識は、水泳においてさえごく自然に生じる。水に抵抗があるために、ある地点からある地点への急な移動などはあり得ないことを自覚させられるからである。映画的操作ではコマを消去することによってしか、目的地へ一瞬で達するという錯覚を作り出すことはできない。

7 時間の構成

本書では、動きの性質とさまざまな形を扱うと同時に、おおまかではあるが時間に関する考察を進めていく。ダンスにおける時間の探求は、それ自体がひとつの研究になり得るほど奥が深い。とはいえ、本章における動きの初歩的な探究の段階でさえ、時間は無視することができない。つまりどんな方法を用いたとしても、時間をかけずに動くことはできないのである。そこでここでは、基本的な時間の構成を検証する。

これまでに例として挙げてきたいくつもの動きは、実際にどれぐらいの時間がかかるのだろうか。何カウントするのか、何拍子か、何秒か、またはほかの時間を計る道具だとどのぐらいかかるか、ということに関する指示はまだ何も出されていない。これまでは時間を計測することなく、自由に動いてきたからである。紙に書かれた２本の横線によって示される時間の範囲内で、動きはその長さに比例して配置してきた。1.6d ～ 1.6fでは、全体の時間が同じに設定してあるため、３例が比較しやすくなっている。もし相対的な時間ということを基準にして行う場合、全体的な時間がほかの人より長くなってもまったく問題はない。ダンスの種類によっては時間を自由に使うものもある。その場合、カギとなるポイントでのみ、演者全員で調整する。それ以外の多様な動作では、形式的な時間構成は不要である。多くのスポーツにおいても、時間は個人的なものである。個々人の時間の使い方は、求める結果次第である。しかしダンスでは、リズミカルな拍子をからだで楽しむだけでなく、振り付けが伴奏の音楽や音の構成によることから、時間が厳密に構成されていることが一般的である。

8 休止の長さ、空白

動きと動きの間の途切れ目は、非常に短い休止（pause）から長い空白（gap）までさまざまでである。そうした休止や空白は、一連の動きの表現に多大な影響を及ぼし得るという点で重要である。また、動きにさまざまなバリエーションを生み出す動作の停止とは、呼吸のための休止なのである。次の動きに移る直前に息を吸い込むことで、動作が一時的に中断されるのである。動きを展開しようとする際に生まれるこのような短い間は、演劇などで台詞を発する前にみられるものと同じである。以下の例では、間の取り方に注意すること。

1.8aでは動作線の間は大きく分離していない。ただ、連続的な1つの動作でないことを示す切れ目があるだけである。このようなわずかな空白は、動作を分割することを示すだけで時間的意味はない。1.8bは持続する動きと動きの間に短い休止があることを示している。これは文章におけるコンマとまではいかないが、ほんのわずかな呼吸のための休止を表している。これらの休止がなければ、動きは1.8aのように「句点」なく流れてゆく。もし文中に句読点がまったくなければ、聞き手や読み手は言われていることの意味を正しくつかむことができない。

話し言葉や書き言葉は、区切りの位置や時間的長さによって意味が変わってしまうことがある。それはダンスについても同じことである。もし動きが終わりなく続くとしたら、それはまるでゆでたスパゲティのようなもので、はじめも終わりも見分けることができない。呼吸のための休止によって、観客はつかの間の休息を得ることができ、動きの到達点や、そのあるべきイメージを明確につかむことができる。だからこそ呼吸のための休止は優れた動きを演ずるのに欠かせないのである。このようにして迎えた到達の瞬間こそが、写真家がシャッターを切るべき瞬間ともいえる。

長い休止、つまり空白もまた、必要な区切りである。1.8cのような、はっきりとした切れ目は、動きの意図するところを明確にするうえで重要となる。空白は、単なる動きの中止、次の動作への待機、何の変化も起こらないことを意味する。そして、空白の最後に、体重移動や事前の方向転換のような軽い準備をすることで、次の展開を予期させることもある。これらの準備作業はさりげないものであり、目立つこともない。通常の動きの中で、際立たせたり強調したりされることなく、自然に行われているのである。

腕を使った3つの動作で構成される半円状の動きを、1.8a ~ 1.8fで試してみよう。腕を下ろした状態から始め、最初の動作で腕を前方に持ち上げ、次に側面に広げ、最後に下げて元の位置に戻す。このシンプルな動きのパターンを、

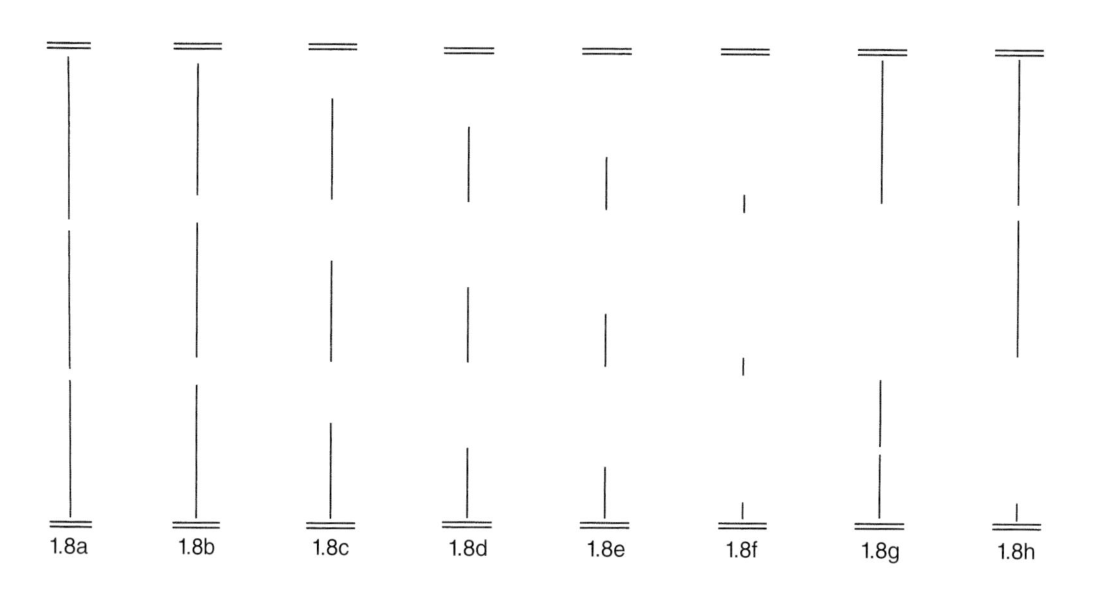

まず1.8aで示されているようにまったく休止なしで行い、次に1.8bのように呼吸のための休止を加えて行ってみる。さらに1.8cのように休止を長めにしたり、1.8dのように動きと休止の時間を同じにしたりして行ってみよう。動きを速くして空白を長くしていくと、1.8eや1.8fに近づいていくだろう。1.8fでは、動きはできるだけ迅速な、急でスタッカートな動作にすること。

伴奏音楽はこれらの動きの例にどのように影響するのだろうか。各シークエンスは紙面上同じだけの空間を占めているので、全体の時間の幅も、音楽の時間の長さも同じということになる。しかし、この時間の枠内（══から══まで）で、動作の構成とその間の切れ目によって、多くのバリエーションが可能となる。同じ腕のパターンを使って1.8gを試すと、どのようになるのだろうか。全体の時間は、やはり基本的に3つに分かれていることに留意しよう。すると、1.8gでは、与えられた時間の最初の1/3の間に、前述のパターンの前方に持ち上げてから横へという腕の動きを行うことになる。そして同じ時間の長さの空白が続き、最後の1/3で腕を下ろすのである。1.8hでは腕がすばやく前方に持ち上げられ、その後に空白が続く。次の1/3の時間をすべて使って腕を横に開き、最後の1/3の時間で腕を下ろす。これらの例はからだ全体を使った動作にも応用できるだろう。

伴奏音楽を決定する際には多くの選択肢があるが、ここでは明らかに流れるような音楽が適している。音楽が動きのタイミングを「指定」する必要はない。動きは音楽に合ったものでありながら、独立したリズムを保っているほうがずっと面白い。また、音楽にまったく合わせず、単に時間のみを共有するという挑戦もできるだろう。

1-3▶静　　止

静止とは何か。基本的には、物理的な動きや動作が表面上生じていない時間の経過のことをいう。それは動きや動作の不在を意味するが、そこには活発な内面的敏しょう性やエネルギー、意図が存在する。「停止」ということではない。「空虚」でも「死んだ状態」でも「負」でもない（これらはときに特別な効果をねらって必要となることもあるが）。アグネス・デ・ミルは次のように述べている。「音楽における無音状態とは沈黙ではない。それは一時的な中断なのである。演劇ではその無音状態は休止と呼ばれている。ところがその休止はしばしば死ぬほど退屈な沈黙であったり、流れを途切れさせるものであったり、空白や舞台上の居眠りであったり、しらじらしい空気を作り出したりする。休止が緊張を生み出すものでなければ、それはまったくの義務放棄でしかない」

演じる側も観る側も、動きが不在の間、つまり静止をもっと楽しむべきであり、前向きな経験にすべきである。静止は、興味深い急な動きに「枠」を与え、印象深いものにする。独自の意味と意義を有するという点では、動作に匹敵するほど重要といえる。静止には活動の休止という側面があるが、人がじっとバスを待っているときのような無意味なものではなく、交響曲を聴く際に耳を澄ますときのような積極的な静けさのことである。

こうした静止は人の目を引くだろう。動作や動きのテクニックに過大な力点が置かれがちなため、静止という概念の価値をできる限り強調しておくことは重要である。動作と動作の間に明確な空白がある場合、最初の動作は何らかのポジションで終わる。しかし、運動を1本の線で例えると、動作があるポジションに至っても、その線は静止へ向けて延び続け、その断片は到達点を越えても消えることはない。動きは「止

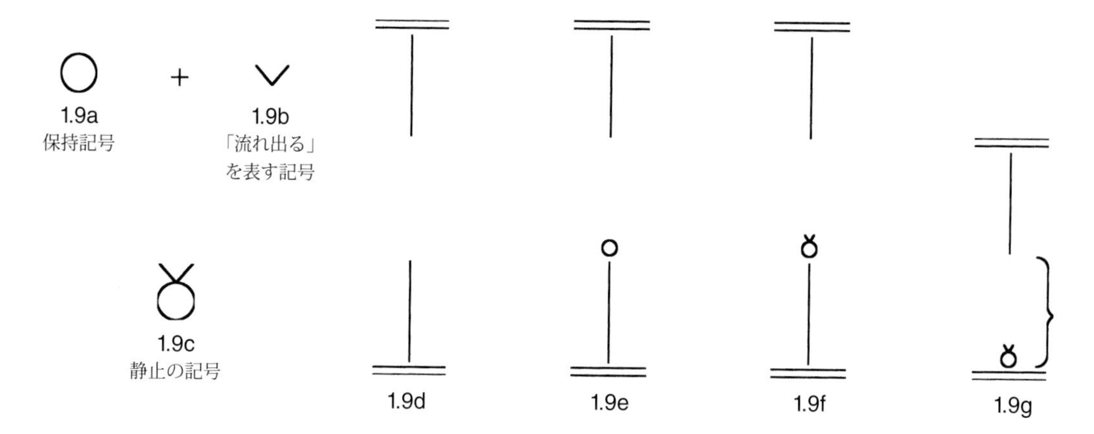

める」ことができるが、エネルギーの流れは、動きのようには止めることができないのだ。エネルギーは、からだが空間上の目的地点に到達しても、持続するのである。

エネルギーならびに静止の特性は、動きをどのように表現するかによって大きく違ってくる。特に、文中のコンマに匹敵する短い静止の場合には、動きが最後のポジションに至っても、なお流動感は存在する。もっと長い静止は、より完全な停止となり、外面的な動きの中止は到達を意味する。「私はここにいる。ここが私の居場所である」というように。動作の静止は意図的で、非常に積極的なメッセージを発することがある。また、静止がもたらす新しいイメージによって、新しい動きを出現させることもある。

静止には意味や表現が含まれるので、特殊な記号が使われる。1.9aは、ある状態や条件を保持または維持することを示す記号で、いろいろな場面で使われる保持記号である。活発な内的感覚を保つという特殊な意味合いをもつ静止は、1.9bの流れ出ることを示す記号を加えて、1.9cのような記号になる。

以下の例で意味の違いに注目してみよう。1.9dでは動きと動きの間に明確な空白がある。何も起こらず、動きが中断され、そこにはいかなる特別な意図もない。1.9eでは保持記号が加わり、彫像ごっこのような、ポジションの保持を意味している。1.9fでは静止が空白を満たしている。動きの表現の「響き残り」、余韻が漂い、そこには意図がみられる。動くと同時に止まることはできないので、ほかの動作が生じると静止は存在しなくなる。1.9gにあるように、静止の長さは**その記号だけでなくその後に続く空白部分も含む**ことに注意すること。

1-4 ▶ おおまかなタイミング、厳密なタイミング

モチーフ記譜法で動きのパターンを記譜する際、タイミングはどのくらい正確であるべきだろうか。この問いはしばしば生じる。ラバノーテーションという構造記譜法（Structured Description）では、空間や細かい形、動きの角度、使用するからだの部位といった諸要素を細部にわたって記述するため、タイミングも細かく表記する。一方モチーフ記譜法では、モチーフ記号の解釈に自由度があるので、タイミングは十分でありながらも、おおまかであることが必要となる。

本章では、例を挙げながらタイミングを注意深く検討し、その概略的なガイドラインを説明してきた。求められるのは正確性ではなく、十分に表現することである。練習課題とその伴奏曲は共同作業によって制作されたが、録音の段

階ではずれが生じており、つねに完全な「1対1」という関係になっているわけではない。タイミングがあまり明確でない場合は、自分なりに音楽と関連づける方法を見つけること。

1 規則的な時間枠（小節）の表示

時間の流れは、つねにページの下から上に読み進めるように記述する。時間の始まりは、ページ左下に二重線を書いて示す。1.10aのように、ページの上（あるいは譜表が1列より長くなる場合は、フレーズまたはダンスの流れが終わる個所）に二重線を引くことで、規則的に時間を区切るいわゆる小節線の終わりを示す。これにより、時間を組み立てることができるようになる。開始の二重線は、しばしば小節線も含んでいる。1.10bでは、時間枠が同じ長さの3つの小節に分割されている。1.10cでは4小節が示されている。

1.10dでは、わかりやすくするために、小節線のすぐ左横に小節の番号をつけてみた。時間枠が譜表2列にわたるので、8小節が示されている。

動きのシークエンスがページを越えて続く場合は、列の最後に一重の小節線を書き、右隣の下に新たな一重の小節線を書いて次の譜表を始める。最後の二重線は、作品の終わりを示している。こうした基本構成のため、各小節のテンポと拍子数は決まっていない。8小節におさまるなら、どのような音楽でもドラムでも、またどんなテンポでもよい。

2 拍子の表示

時間を組み立てるための次の段階は、拍（時間単位の尺度）を決めることである。この指標は拍子記号としても知られているが、「拍」はより直接的にその機能を示す。拍は各小節とその音価（音符・休符の表す長さ）における拍子（基本律動）の数を表す。このような拍（各時間枠の尺度）は、譜表のはじめ、動きのシークエンスが始まる最初の二重線の左側に記す。1.11aでは、拍は4/4（＝4分の4拍子）であり、4という拍子の数は上に、この例では4で表されている四分音符を下に書く。もっとも、このテキストでは4/4として書かれているが、4と4の間に線を入れずに記す。1.11aでは小節中の4カウント（拍）が小さな字の数で示されている。大きな字の数は小節の数を数えるのに用

ここで終わる
時間の経過
ここから始まる
1.10a

小節線
1 2 3 4 5 6 7 8
1.10b 1.10c 1.10d

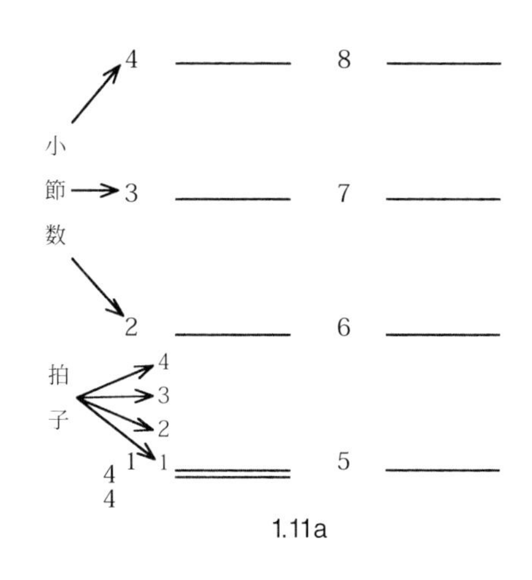

1.11a

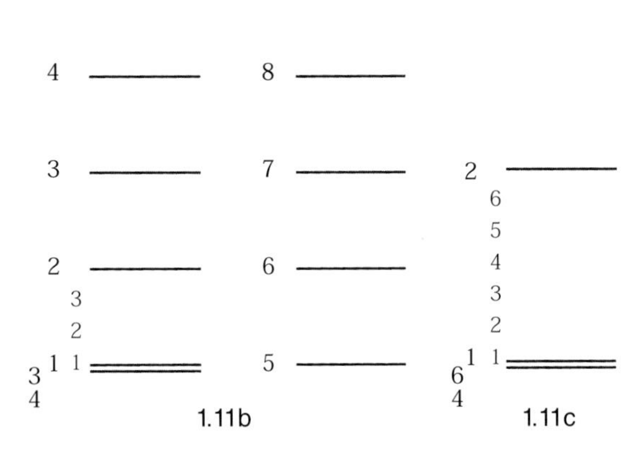

1.11b　1.11c

いる。

ほかになじみのある拍としては1.11bの3/4（＝４分の３拍子）や1.11cの6/4（＝４分の６拍子）がある。どの場合でも、１小節でカウント（拍）を示している。もしも紙上で各拍子に同じ時間の単位を用いるなら、４分の４拍子の１小節は４分の３拍子の１小節よりも広い空間（経過する時間）を占める。

モチーフ記譜法ではタイミングに自由が許されているため、各小節の拍子はたいてい示されない。テンポの指示はまだない。動きやパターンを探究する初期の段階では、与えられた記号を検討するのに十分な時間が必要なので、ゆっくりとしたテンポが勧められる。記述された拍という時間に関する指標は、伴奏に用いる音楽に対しておおまかな指針を与えてくれるにすぎないのである。

3 空間デザインの時間分割

からだ全体ないしは一部を使って空間を動くとき、そのスピードは変化する。簡単な例を用いて、最初の探究をしてみよう。1.12aは左から始まり右で終わる、行ったり来たりのジェスチャーパターンを示している。黒い点はデザインの始まりを示す。最初は右腕をからだの前で動かし、次に左手で試してみよう。それから、同じことを頭部でやってみる。このときからだ全体も動かしてみよう。さらに足を使って、床の上でこのデザインをたどってみよう。1.4a（p. 4参照）はこの単一動作の記譜になるだろう。

１本の長い線で表されるこのデザインは、動きのスピードを変えずに同じペースでなぞっていくこともできるが、場所によって割り振る時間の長さに変化を与えると、より興味深い結果になるだろう。このデザインを横断線で区切るだけで、いくつかの断片に分けることができる。1.12aと同じ空間デザインの1.12bでは、a)、b)、c）などの５つの断片に分かれている。そして実演するうえで、以下の例のようなバリエーションが可能となる。動作線の長さは時間の長さを表すのであって、**空間的な距離を表すものではない**ということを忘れないこと。

1.12cでは、長い水平方向への動きをとても短時間で行う一方、角の方向転換の動きはゆっくり行うことを示している。1.12dでは、長い線の動きをゆっくりと、方向転換はすばやく行うことになる。1.12eでは、最初は動作と静止を同じ長さで交互に行い、続いて徐々にゆっく

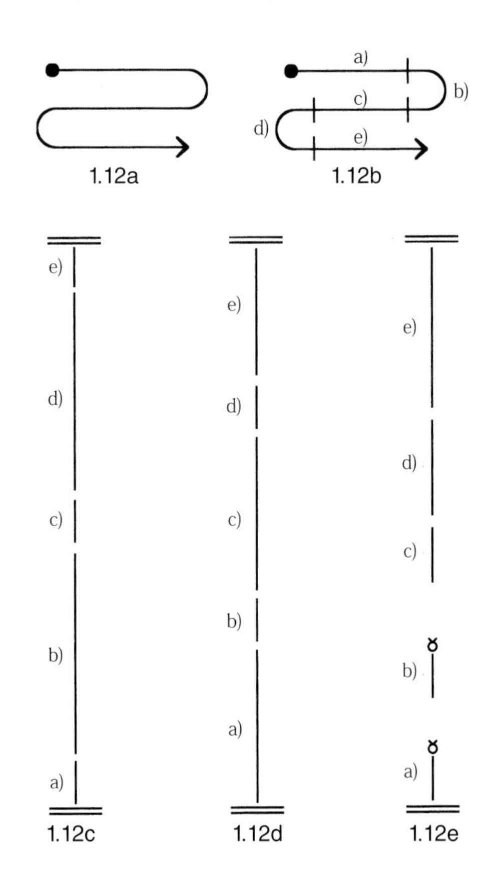

1.12a　1.12b　1.12c　1.12d　1.12e

りとなる連続的な動作がくる。ほかにも多くのバリエーションが試せるだろう。

スピードは歩いたり走ったりすることで楽しむことができる。1.12aと同じ空間パターンを、ペースを変えずに歩いてみよう。次にスピードに変化をつけてやってみよう。走ってもかまわない。どういう動機でペースの変化が起きるのか突き止めてみよう。

1-5 ▶ 練習課題の解釈

ここでは２つのシンプルな練習課題を行うが、無限にある演じ方の対処法として、いくつかの指針を示したい。これらの課題は座っても、ひざ立ちでも、立ってでも行うことができる。バランスが問題とならない座ったままやひざ立ちの状態では、からだの動きを伴う、流れるような腕のジェスチャーを行うこともあるだろう。手だけの「ダンス」さえ可能である。その場合、動きのパターンを増やすため、手の動きにからだを反応させてみよう。そのほか４小節のうち第１フレーズを腕１本で演じたり、新しい動作のたびに左右の腕を交代させたりもできる。基本的な動き、動作も使えるだろう。もし演者が立っている場合、体重を持続的に移行させる（ステップ）というのもひとつの方法である。ただし、持続的でゆっくりとしたステップは体重移動が容易ではないので、別の動作やジェスチャーをするほうがより簡単となるだろう。トラベリング（移動；traveling）を選ぶなら、１歩１歩を個別の動作とみなすのではなく、まとまった**１つの動作**、１つの意図としてとらえ、体験しなければならない。最初の試みで要領をつかみ、その後、例えば練習課題１と２を対比させる。練習課題１ではからだ全体に焦点をあて、練習課題２ではからだのどこか一部分に着目するなど、これまで述べてきた動作のアイデアをいくつか試してみて、より創造性を高めていこう。

次のポイントに従って、練習課題１と２を行ってみる。つまり記号を解釈し、ダンスにしてみよう。これらの方法を、すべての練習課題に適用してみよう。

1．表記された動きを見比べて、おおよその類似点と相違点を認識すること。
2．フレーズや配置、パターンを探し、主要なアイデアを見つけること。
3．タイミング、拍に注目すること。
4．音楽を聴いて、各小節および拍子を数えること。
5．音楽を聴きながら目で譜面を追ってみる。音楽が流れている間、指で譜面をなぞり、時間の経過をたどることで、音楽の小節と譜面の小節とを対応させること。
6．各動作と静止にかかる時間に注意すること。
7．記譜をどのように演じるのか自分で選び、視覚化すること。つまり動きを通して「語ろう」とすること。
8．記譜された動きをからだで表現すること。
9．まず４小節くらいの短いフレーズを解釈し、具体化することから始める。次に本を置き、記憶を頼りに演じてみて、記譜の動きをからだの動きでできるようにしてみよう。それから次のフレーズ（次の４小節）に移り、同じようにやってみる。そのあとに、２つのフレーズをつなげてみること。
10．動きのフレーズを練習し、動きの流動性、主要な動きやアイデアの論理的なつなぎ方、適切なタイミングなどについて追究すること。
11．自由にできる範囲内であれば、方向性を変えて、ダイナミクスと質的変更を加えてみること。
12．シークエンスの中に動きの意味を見つけ、それを自分のものにすること。

練習課題 1・2　時間が異なる動きのパターン

この異なる音価をもった2つの課題は、それぞれの拍子による特定のパターンを生んでいる。

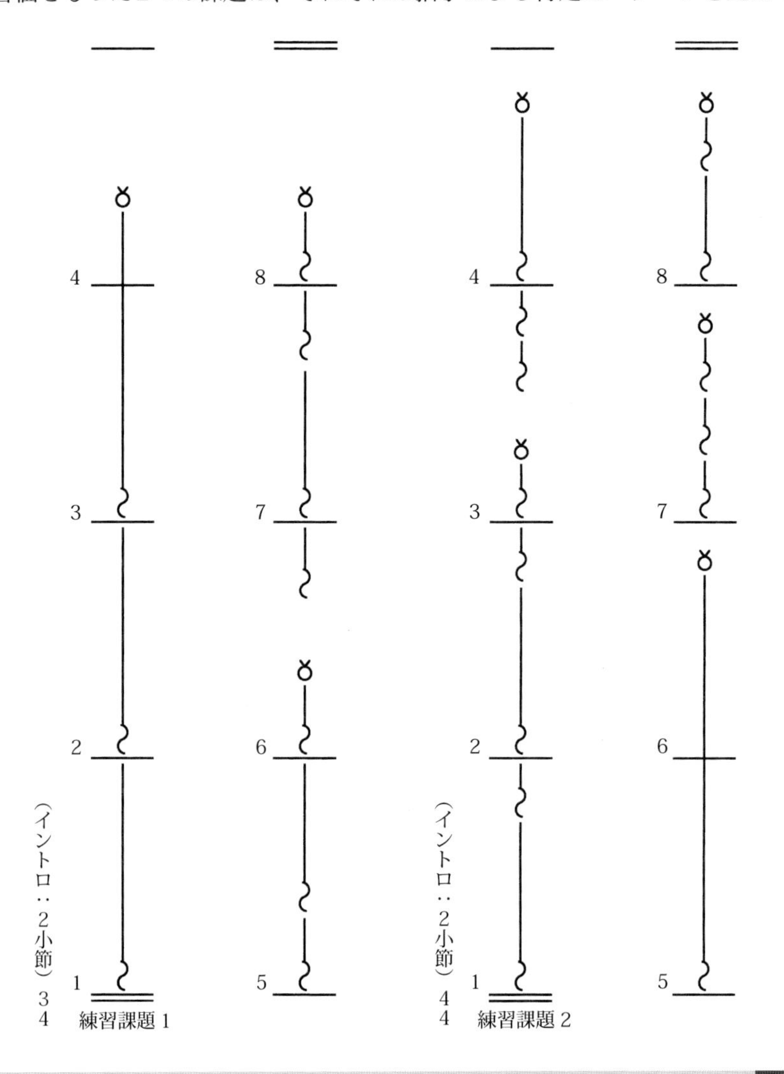

1-6 ▶シェイプへの到達

静止したある特定のシェイプ（shape;形）に至ることが、動きの目的となる場合がある。シェイプを作るためには動きを止めなければならず、その意味で動作は目的志向的といえる。ここではからだのシェイプとその可能性の探究をあと回しにして、基本的な概念のみを提示する。

1.13aはシェイプを表す記号である。空間を表すひし形に横線を引いて作る。1.13bでは、動作はシェイプを生み出す目的があることを示している。動作線の長さは、動きがそのシェイプに至るまでの時間を示している。動作とシェイプをつなぐ小さな縦の曲線は、シェイプが動作の最後であり、目的、到達点であることを示している。1.13cの例は、何らかの動作の最後にシェイプを作り､静止することを示している。シェイプに関する細かい指定がないため、どのように行うかは自由であり、それぞれの解釈に任されている。1.13dにみられるようなシェイプのあとに続く静止は、石像とは異なる生命力にあふれたシェイプを作り出す。

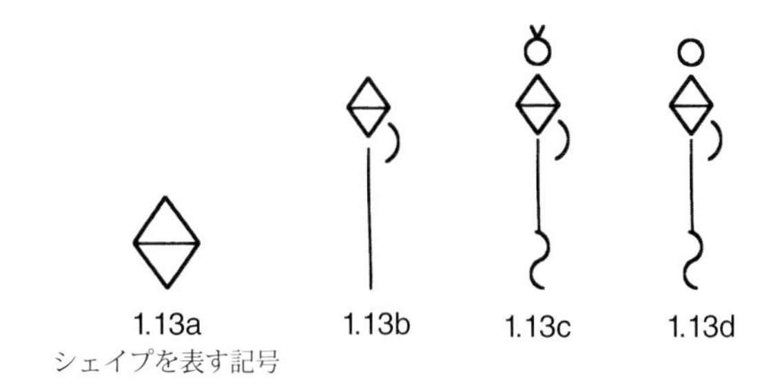

練習課題 3 シェイプに至る動き

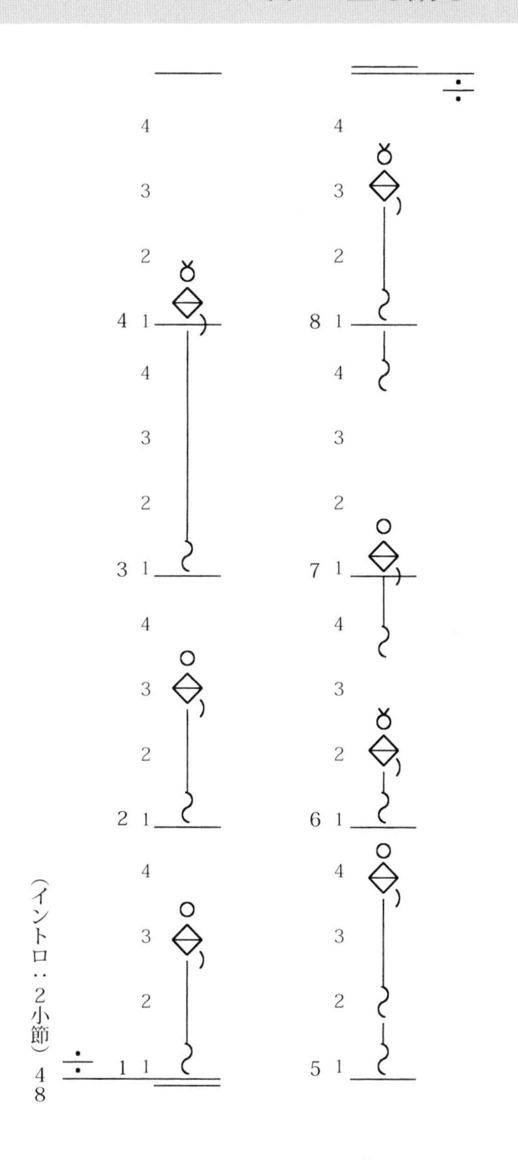

1-7 ▶ダイナミクスの導入

あらゆる動きにとって「ダイナミクス」は重要な要素のひとつである。動きはエネルギーなくして起きることは不可能である。そして、ダイナミクスはそのエネルギーの満ち引き、つまりエネルギーの用い方と程度を示す。通常は「どのような」動作なのかという動きの種類に関心を寄せがちであるが、動作の「いかに」という側面、その質や質感、すなわちダイナミクスの内容にも関心をもつべきであろう。

動きはアクセントをつけることによって、より興味深いものとなり得る。つねにアクセントは急であり、エネルギーの短いさく裂なのである。

アクセントは、動きのはじめや終わり、もしくはその途中につけることができる。アクセントは瞬間的な強勢(エネルギーの増大)であり、動きや話し言葉、音楽でよくみられる。エネルギーの急激な高まりとスピードのわずかな上昇は、ともに瞬く間に消え去るものであり、簡単に生み出すことができる。とはいえ、この段階では、演者はアクセントを生み出すための要素を厳密に把握している必要はないだろう。

1 アクセント

アクセントには、1.14aのようにエネルギーのわずかな上昇を用いた弱い（軽い）ものと、1.14bのように際立ったエネルギーによる強いものとがある。

アクセントは、動きのはじめに置くと、1.14cや1.14dのように動きに弾みをつけることになるだろう。こうしたアクセントは、弱いものでも強いエネルギーを伴うものでも、どちらでもよい。日常生活における衝動的な動作と同じように、動きのはじめを強調するものとなる。このように加えられたエネルギーのレベルやスピードの変化はすぐさま消えうせ、動きはそれまでの、もしくは状況に合ったエネルギーのレベルとスピードで続いていく。アクセント記号の「末尾」は、動きの質を高めたり緩めたりすることに向けられているので注意しよう

1.14eや1.14fにあるように、アクセントは動作の終わりにくることで「華やか」な最後、明確な終わりを示す。強いアクセントは、動きをしっかりと締めくくる、インパクトのある終わり方となる。

アクセントが動きの途中にくると、余分なエネルギーによって瞬間的に弾みがつき、勢いが増す。動きをそこで止めてはならず、元のエネルギーのレベルに戻り、継続しなくてはならない。

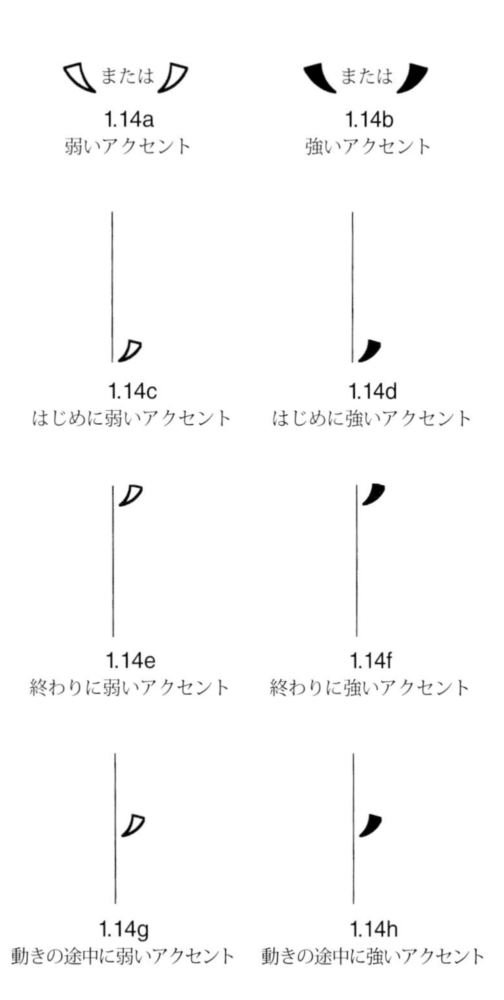

1.14a 弱いアクセント

1.14b 強いアクセント

1.14c はじめに弱いアクセント

1.14d はじめに強いアクセント

1.14e 終わりに弱いアクセント

1.14f 終わりに強いアクセント

1.14g 動きの途中に弱いアクセント

1.14h 動きの途中に強いアクセント

練習課題 4・5　ダイナミクス：アクセント

練習課題4・5は、練習課題1・2と構成は同じであるが、アクセントをつけることで、より活気あふれるものになっている。ここでは、すべてのアクセント記号を動きの右側につけているが、左側につけてもよい。一度にできる動作は1つのみなので、アクセントをどちらに置こうが意味は同じなのである。

練習課題4の5小節と6小節にまたがる持続した動きには2つのアクセントがついており、2番目のアクセントは1番目よりも強く、動きの進行を促している。4/4（4分の4拍子）の練習課題5では、動きの途中にアクセントがついていることに注意しよう。

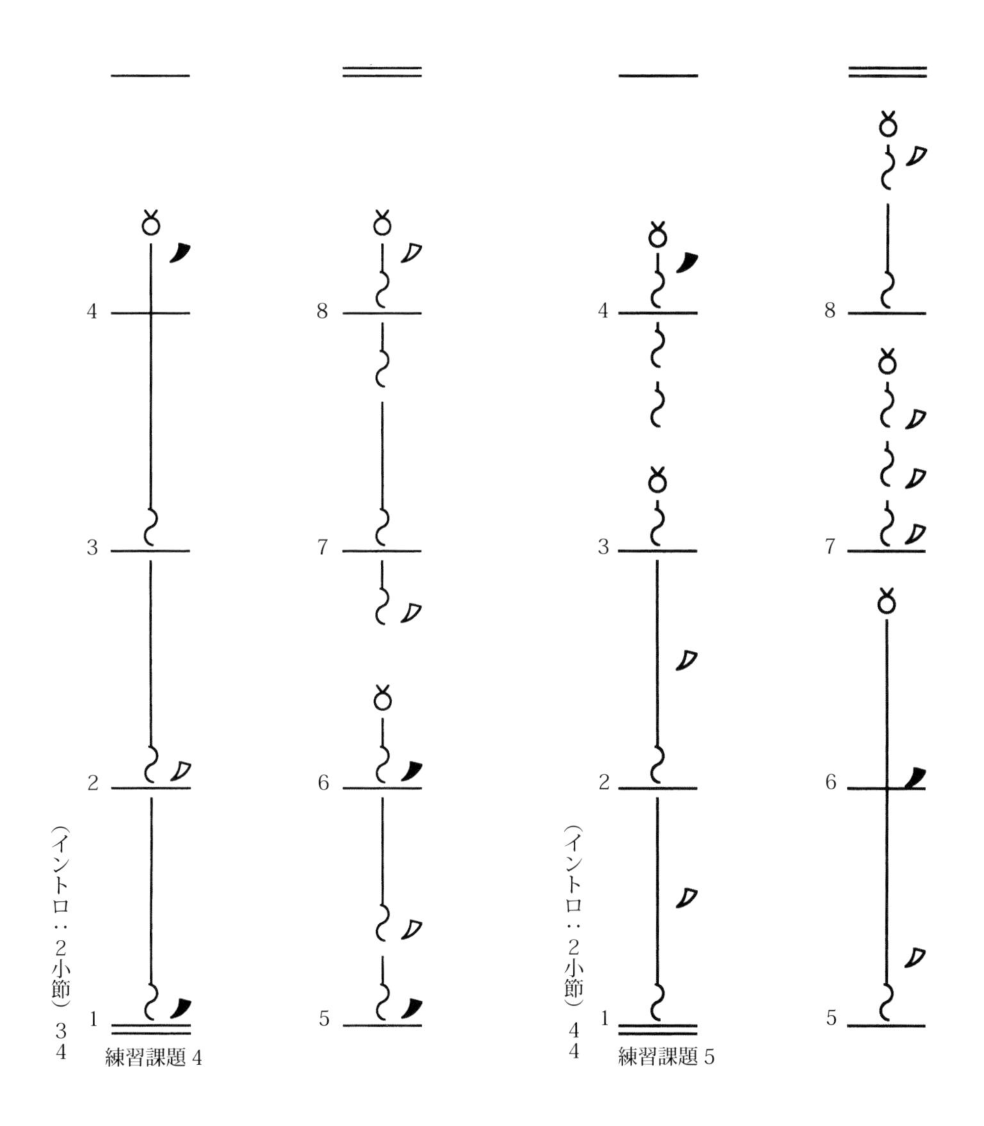

第1章の総覧

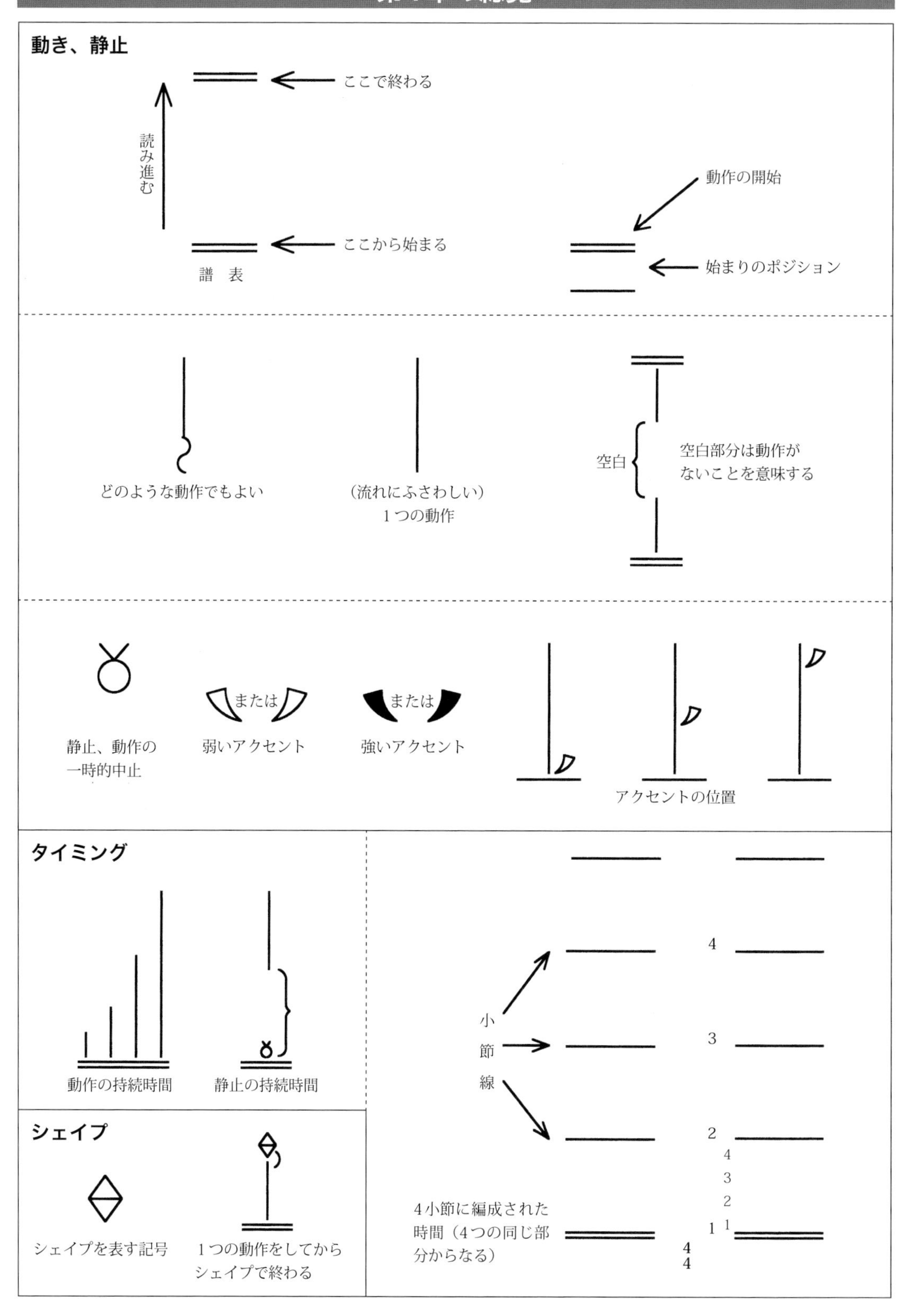

動き、静止
ここで終わる
読み進む
ここから始まる
譜　表
動作の開始
始まりのポジション
どのような動作でもよい
（流れにふさわしい）
1つの動作
空白
空白部分は動作が
ないことを意味する
静止、動作の
一時的中止
または
弱いアクセント
または
強いアクセント
アクセントの位置
タイミング
動作の持続時間
静止の持続時間
シェイプ
シェイプを表す記号
1つの動作をしてから
シェイプで終わる
小
節
線
4小節に編成された
時間（4つの同じ部
分からなる）
4
3
2
1
4
3
2
1
4
4

第2章 トラベリング

トラベリング（traveling；移動）！　動きの用語として考えたとき、このよく知られた運動（聞き慣れた動き）は厳密には何を意味しているのだろうか。ダンスにおけるトラベリングには、どの程度日常的な意味合いが含まれているのだろうか。辞書では「旅すること」「ある場所からほかの場所へ進むこと」「ある地点から別の地点へ動くこと」「（交通手段で）移動すること」「素通りすること、通過すること」「１つの場所から別の場所へ通過すること」「方向・道・距離を決められて動くこと」「横断すること、横切って移動すること」「（川を渡るように）向こう側へ移ること」「前進または後退すること」「行ったり来たりすること」と定義されている。

トラベリングで重要なのは、進む感覚であり、どのように進んでいるかを意識することで、次第にどのようなパス（path；経路）[*1]をたどっているのかを意識できるようになる。

ここからトラベリングにおける２つの主要な意味が導かれる。(1)「通過すること」、つまり移動の行動そのもの、(2)近づいたり離れたりするある特定の場所や位置の存在、である。この２つの側面がダンスのトラベリングにかかわっている。さらに、ダンスにおいては移動するというパスの特徴、すなわち、全体的に直線的か曲線的か、直線的な感覚なのか、もしくは空間での三次元的な曲線なのかということが特に問題となる。そのうえトラベリングのスピードや“locomotion（移動）”の方法も考慮に入れなくてはならない。locomotionは、ラテン語で場所を表す“locus”と、前進運動、つまり移動を表す“motion”を合わせた言葉である。“locomotors steps”とは移動するステップのことである。

トラベリングはどのように起こるのだろうか。それはいうなれば、「立ち上がって進め！」ということであろう。その目的は、動き始めた地点からできるだけ遠くに離れることなのかもしれない。到達点が好ましくなければ、さらに遠くへ遠くへと進み始めることもある。あるいは、場所を転々としながらよりよい場所を果てしなく探し、どこかにたどり着こうとするのかもしれない。または動機はそのどちらでもなく、部屋や舞台など空いている空間を移動し、単純に「進んで」いることを楽しんでいるのかもしれない。

＊1　LODではpathwayもpathもほぼ同じ意味で使われるため、本書においては「パス」という訳語で統一することとした。

では、どのようなときに人は純粋にトラベリングを楽しむのだろうか。クラシックバレエでは、連続的にステップを行うことが多く、目的なく移動を楽しむだけのトラベリングはあまり行われない。以前イルマ・ダンカンが踊っている姿を見て、かつてイサドラが行っていたに違いない、「流れるように自由で空間的な動き」を想像したことがある。また、ナーディア・チルコフスキー・ナハマックは、スピードとダイナミクスのバリエーションのみで構成した、10歳児向けの優雅なダンスを創作した。ポール・テイラーはバレエ作品『エスプラナード』において、12の速くて異なるトラベリングのパターンによって、あふれ出る特別な感情を表現した。この作品は、鑑賞者にとっては快活な気分を味わうことができるが、ダンサーにとっては快活な気分を味わうと同時に体力を消耗するものである。

トラベリングの始まりが強調されるときには、空想上の宇宙人やアンナ・ソコロフの作品『ルームス』に出てくる内面的な魔物から逃げ出すときのような、ドラマチックな理由が存在する可能性を秘めている。また、目的地への到達が強調されるときには、愛する人との再会というようなドラマチックな理由が考えられる。『ロミオとジュリエット』のバレエの中で、フライアー・ローレンス神父に助けを求めて飛び込んでいくガリーナ・ウラノワの演技を見たことがあるだろうか。または、『マルグリットとアルマン（椿姫）』というバレエの中で、恋人マルグリットは真に自分を愛してくれていることを知った、アルマンに扮するルドルフ・ヌレエフが、その死に際し疾風のように駆け抜ける姿を見たことがあるだろうか。それは実に美しい走りであった。高まった感情が原動力となり、ヌレエフの脚を動かし、彼を前に押し進めたからである。彼の核の部分が動いたのだ。ステップや腕の動きをどうするかなど、まるで頭になかった。そんなことは重要ではなかったのだ。彼の内面からわき出る力、たった1つの目的と思念が彼を突き動かしていたのである。

2.1a

2.1b

2.1c

2.1d

2.1e

トラベリングはダンスでは頻繁に行われる。にもかかわらず、表現としての可能性については十分に理解されてはいない。トラベリングを行うとき、次に挙げる状況によって、からだをどのように準備するかが異なってくる。それらは、(1)トラベリングがあるゴールを目指すもの、もしくはある意図を表現するもの、(2)トラベリング自体を目的とするもの、つまり、その動作そのものを楽しむもの、(3)どのようなパスを選択するか、などである。さまざまな動機によるトラベリングや、多様なパスによるトラベリングを試して、からだや心にどのような変化が起こるかを探ってほしい。

すべての空間は埋められるのを「待っている空間（awaiting space）」である。使われるためにあり、使われ始めると、「待っている空間」は変化する。アイスリンク上を1人で滑るスケーターは、幸運にも自分の意のままに滑走したり、移動したりすることができる。舞台に立っているソロダンサーも空間の選択という点では同様の自由がある。しかしほかのダンサーがいる場合、他者との関係性の変化が生じるため、空間はより興味深いものとなるだろう。

トラベリングは速くあるべきだろうか。走る必要はあるだろうか。歩くのはどうなのか。這（は）うのはどうだろうか。遅い動作でトラベリングを行うと、トラベリングが意図するものは表現されにくい。人はさまざまな理由によって歩き、そして歩くことは動きのアイデアを表現する手段となる。トラベリングはその1つである。歩きの焦点がトラベリングにある場合、それは身のこなしで表現しなければならない。

移動をほとんどしなくても、移動の意図が明確に表現できることがある。疲れ果てた人が這っている様子は、移動したい気持ちと、移動するのに限界があることの両方を意味する。一方で私たちは赤ちゃんが驚くほどのスピードでハイハイをしているのを見ることがある。

スピードや移動距離、エネルギーの強弱に変化をつけ、さらに腕や頭などの使い方や身のこなしにバリエーションをつけながら、即興でトラベリングを行ってみよう。トラベリングがテーマなので、ほかの補足的な動きはテーマを装飾する「色づけ」にすぎず、それ自体が重要なものになってはならない。

伴奏音楽を入れるとバラエティに富んだステップが生まれやすい。しかしステップのパターンが増えすぎると、トラベリングをする意識が弱まってしまうので注意が必要である。

2-1 ▶ パスの形

空間を横切る移動、すなわちトラベリングの動作自体を楽しもうとすれば、出発点や到達点を意識しなくてよい。必要なのは、空間を自由に移動したいと思う気持ちである。開かれた道を前にした感覚であり、進路を決めずに放浪の旅に出かけるような気分である。

ダンスでは、このように自由な空間を横断するときに走って行うことが多い。もちろんほかの種類のステップを用いることもある。日常生活においても、私たちは移動するときに疲れれば休むために止まる。ダンスにも休止があり、短い、もしくは長い静止がある。トラベリングの「文章」の中にもそのような「句読点」が存在する。このような休止は必ずしも前もって計画された到達点や目的の場所に行き着いたから起こるのではなく、勢いやエネルギーが一時的に消えて起こる場合もある。

トラベリングのパスは、行き先が明らかではなく、ぼんやりしながらさまよっているものから、行き先が明確であるか、もしくは意図的に特定のパスを行うなどさまざまである。トラベリングでは、どのようなパスを選ぶかについて、意識的な場合もあれば、無意識的な場合もある。特に動機がない場合には、あてもなく自由なパスで通る。目的地にたどり着くことに焦点があれば、直進的なものとなるだろう。この両極の間にバリエーションがいくつかある。

パスを自由に選べる場合は、2.2aの水平に描かれたアドリブ記号を用いる。このアドリブ記号を、2.2bのようにパスの記号の始まりと終わりにつけると、「どのようなパスでもよい」ことを意味する。トラベリングにかかる時間は、垂直線の長さで表す。2.2bは2.2cよりも垂直線が長いため、トラベリングが長く持続していることを示している。2.2bのひとつの解釈としては、ある特定のパスを1つだけ選ぶことが

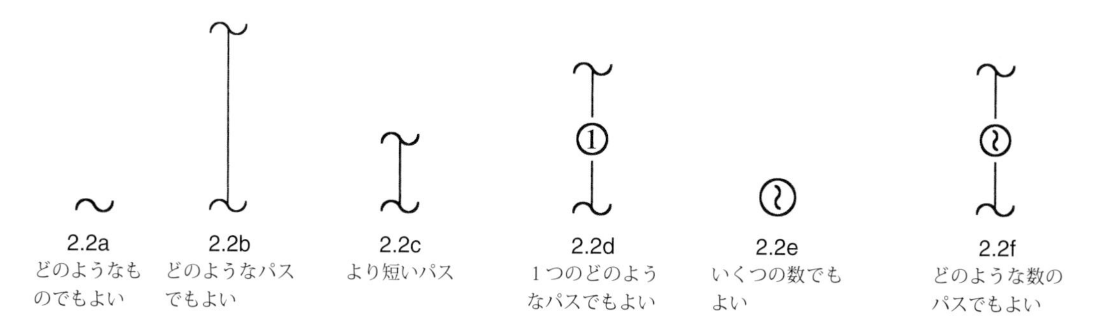

考えられる。これは、パス記号の中に「1」という数字を丸で囲んだ記号を書いた、2.2dと同じ意味である。2.2bのほかの解釈としては、パスの種類をいくつか切れ目なく行うこともできる。2.2eは丸の中に縦のアドリブ記号を書いたもので、パスの種類を「いくつでも」選んでよいことを表す。2.2fはパス記号の中に2.2eを書き、異なった何種類ものパスを行うことが可能であることを示している。

1 フロアープラン

床を横切るパスは、2.3aのようなフロアープラン（floor plan）上に表記する。これは部屋や舞台などパフォーマンスを行う空間の鳥瞰図で、開かれたところが正面（観客側）であり、両側、後方は図のとおりである。この空間内の演者はピンによって表す。白いピンは女性の演者であり、ピンの先はこの演者が向いている方向を指し示している。2.3bでは正面を、2.3cでは右側の舞台下手を、2.3dでは舞台後方を向いていることになる。男性の演者は黒いピンで表す。2.3e～2.3gは男性の場合の、女性の演者と同様の方向を示している*2。2.3h～2.3jのようにフラットピン（flat pin;平らなびょう）を使う場合は、男女の関係なく1人の人間を表す。

図中のピンが指し示すのは、演じる場での演者の立ち位置、すなわちスタートの場所とからだの向きである。2.3kでは、後方右隅からスタートする。2.3lでは、後方右隅から前方左隅に移動することを示している。2.3lのように明確に表現できるなら、複数のパスを1つのフロアープランに描くことは可能である。もちろん、複雑なものになれば、複数のフロアープランが必要になる。**それぞれのプランは、前のプランが終わったところから始めなければならない。** 2.3nのプランの始まりは2.3mのプランで終了した地点であり、その後のプラン2.3oは2.3nで終了した地点である舞台中央から（矢印が）最終目的地へと向かうのである。

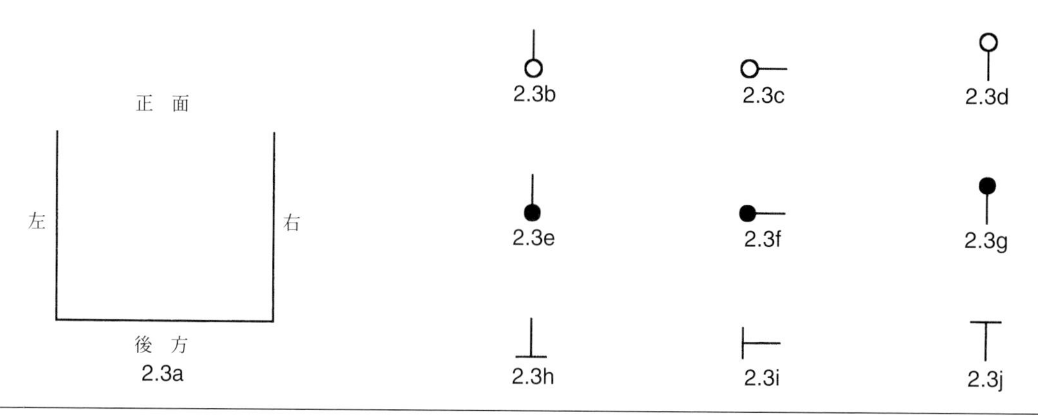

*2 日本語で舞台の「上手」は観客席から見て舞台の右側を、「下手」は左側をいうが、英語の“the right stage” “the left stage”は観客を見て立つ役者の「右側」「左側」の意である。

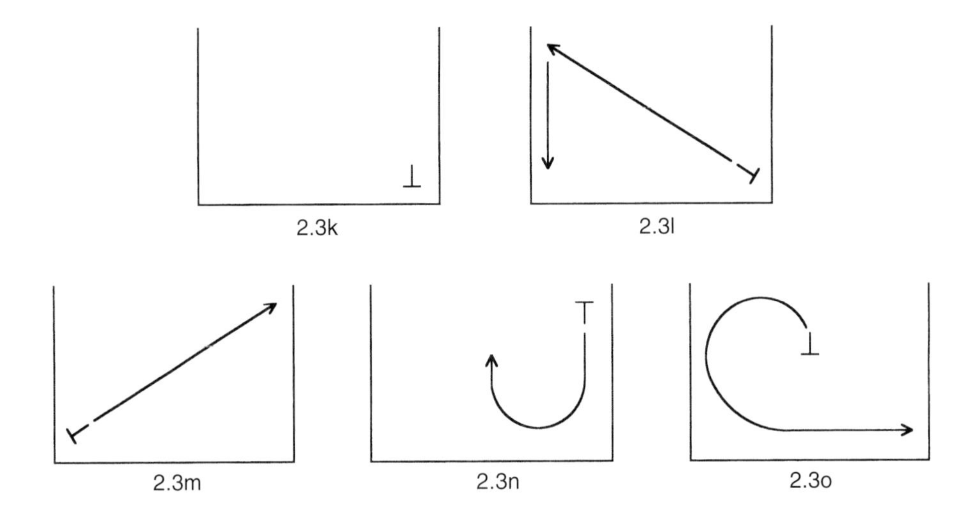

2 ストレートパス

ストレートパス（straight path；直線の経路）で移動する場合、舞台の端に行き着いた時点で必然的に終わりとなる。続けて前進するには、回転して向きを変えなければならない。どのくらい回転するかは、次にどの方向を選ぶかによるだろう。ここでの方向転換はさほど重要ではなく、強調されることなく迅速に行われる。さまざまなストレートパスを、休止を交えながら試してみよう。方向転換を必要とするストレートパスや続けて同じ方向に向かうストレートパスを試してみる。このとき、パスは長く続くかもしれないし、短いかもしれない。または休止や静止で区切られたり、連続的に次々と続いたりするのかもしれない

私たちは生まれつき、2.4aのように前方に歩いたり走ったりするようにできている。しかし演者は、特にダンスにおいては多くのバリエーションに対応しなければならない。そのため、後方や横方向、斜め後ろ方向へのトラベリングも体験する必要がある。後方や横方向に歩いたり走ったりする場合は、慣れるまで十分に練習しなければならない。後方に行くときには、肩越しに後ろを見ることで自分の進む方向を確認できる。また、腕を後ろに伸ばしながら進むと、人や壁にぶつかることもなくなるだろう。さまざまな方向への移動に慣れたら、今度は前から後ろ、横など方向を変えたり、時間的長さが異なるパスを組み合わせたり、行き先を変えたりすることでパターンに変化をつけてみよう。ステップを踏む方向と演じる場所の空間を多様に組み合わせることで、面白く楽しめるパターンが生まれる。例えばジグザグは、すばやく方向転換をしながら、短いストレートパスを連続的に行ったものである。

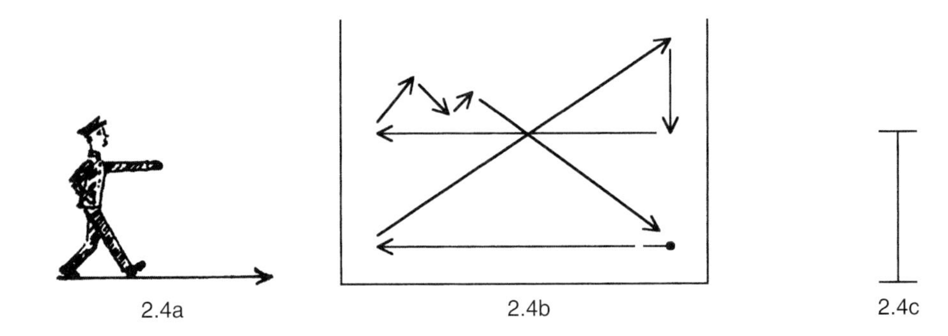

2.4bは、長短のストレートパスを連続的に組み合わせてフロアープラン上に描いた例である。このプランは比較的単純なものだが、ステップの方向やパスの時間的長さを変えると、演じ方が多様になる。このプランを試し、いくつか対照的な方法で行ってみよう。

はじめは、前方へのステップのみを使ってみる。次に、つねに演じる場の正面を向いて行う。その際、与えられたパスを移動するのにステップの方向を必要に応じて変える。3つ目の方法として、最初のパスを前方へのステップ、2番目は横方向に、3番目は後方に、4番目は横方向に、というように、ステップの方向を変えながら同じプランをたどってみよう。2.4cはストレートパスを表す記号である。1つのパスが終わった地点から、次のパスが始まることに気をつけること。

3 パスの持続時間

パス記号の**長さ**はその**持続時間**、すなわちどのくらいそのパスに時間がかかるかを示すのであって、フロアー上の**移動距離を表すのではない**。移動距離は、ステップの数や大きさに影響を受ける。ステップ数が多ければたいてい移動距離は長くなり、その反対に少ないステップだと短くなりやすい。当然、大きなステップは大きな空間を使い、小さなステップはより小さな空間を使う。

短い距離をたくさんのステップで移動してみよう。このとき、つま先立ちか、ひざを曲げた状態での小さなステップ、または1つひとつが足踏みするようなステップになるだろう。次に、ステップ数を少なくし、空間を多く使う大きなステップで長い距離を移動してみよう。

以下の違いに注目してほしい。2.5aのパス記号は短く、持続時間は3拍である。記号の横に書かれている数字は、拍を表している。2.5bのパス記号はより長く、持続時間は9拍である。2.5cのフロアープランでは、AとBの2人の演者が演じる場の前方に向かって、異なる距離を進むことを示している。2.5dでは、ABともに短い時間で移動する。2.5cのフロアープランを2.5dの持続時間で行うには、AはBよりはるかに大きなステップを踏むか、より多くのステップを踏まなければならない。対照的に2.5eではABともにより長い時間で移動する。また、ABが同じ到達点に達するために、Aは小さなステップを踏むか、大きなステップを数少なく踏む必要があり、Bはより小さなステップを踏むか、または数少ないステップをゆっくりと行うことになるだろう。これらの異なる2つのパターンを実際に試してみて、移動距離（空間計測）と持続時間（時間計測）の違いを体感してほしい。

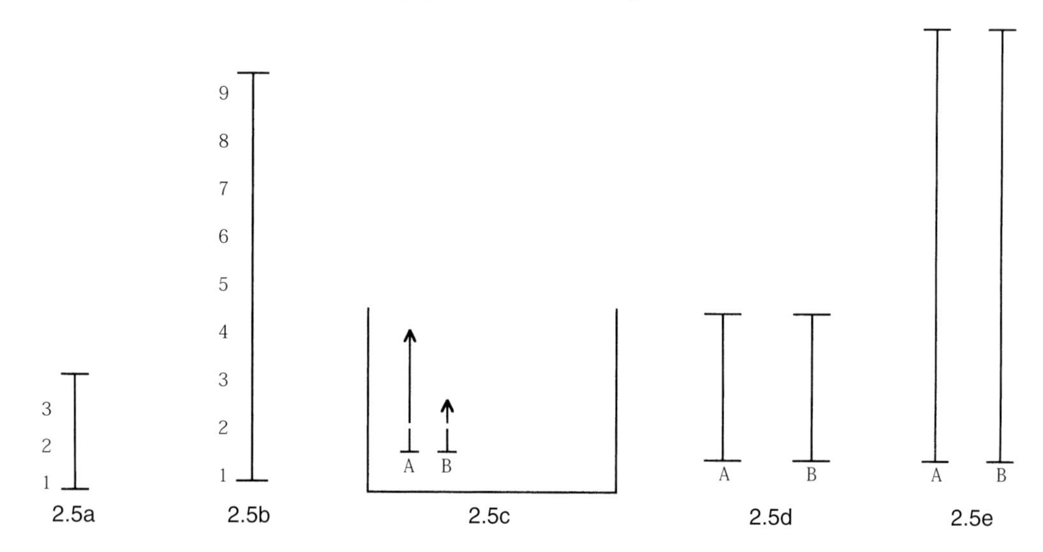

2.5a 2.5b 2.5c 2.5d 2.5e

練習課題 6・7　ストレートパス

この課題はステップの方向を扱ったもので、簡単な対称的パターンである。演じる場の中央から始めて、(1)まずはつねに空間の正面を向いて演じてみる、(2)次に、向く方向を自由に選択し、同じ軌跡をたどってみよう。このような単純な交差の構図は、多くのアジアのダンスにみられる振り付けの基本の形である。また、ヨーロッパや南米のフォークダンスにもみられる。

・課題6は、テンポの遅い音楽で踊る。
・課題7は、走る、ギャロップ、スキップなどを選び、すばやく踊る。
・課題6・7とも、動きが論理的で適切なものになるよう、テーマやアイデアを見つけよう。例えば、物を放したり集めたりする、ひもを中心から外に向かって引っ張り出して十字形を作る、などが考えられる。

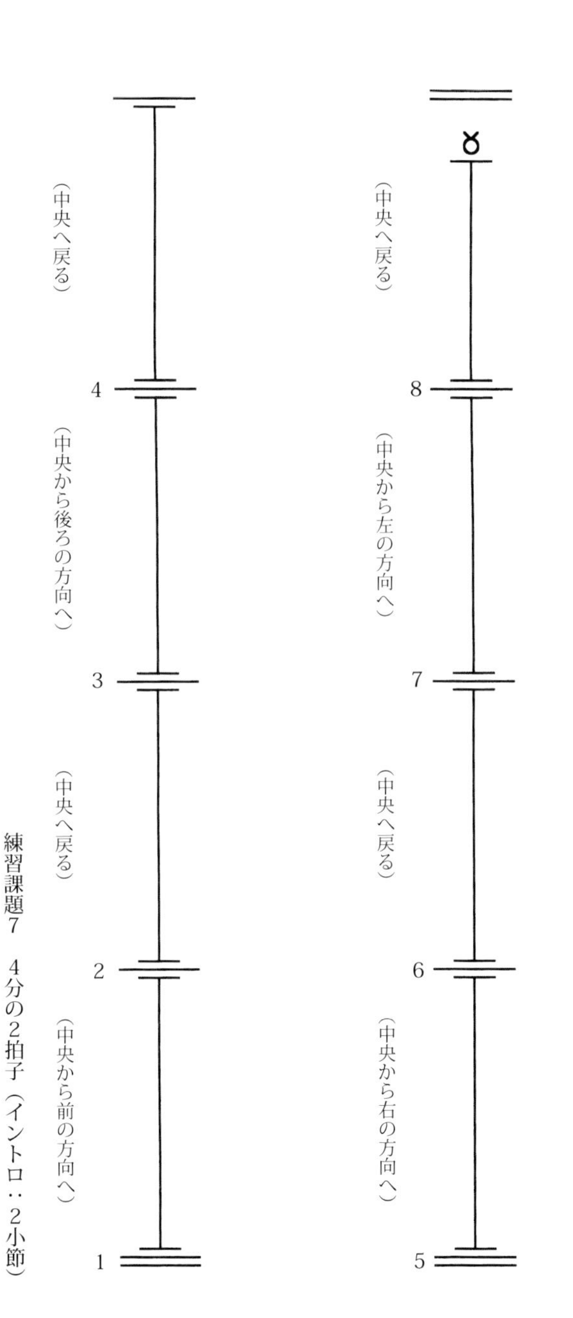

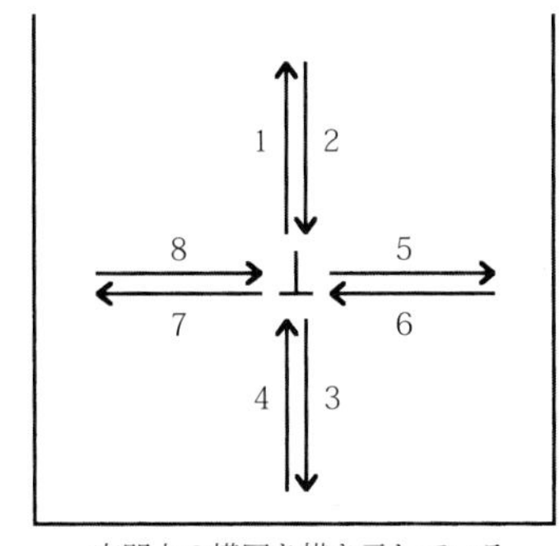

空間上の構図を描き示している

練習課題 8　フロアープラン

この課題では、演じる場におけるパスをはっきりとさせるため、フロアープランが提示されている。しかし構図が明示されていても、課題の演じ方には多くの余地が残されている。課題における主要な点は、与えられた時間とパスの距離との相互関係を理解することである。フロアープランに従い、与えられた時間内でこれらのストレートパスを演じる方法を見つけてみよう。静止がこのシークエンスを興味深いものにしていることに注目すること。

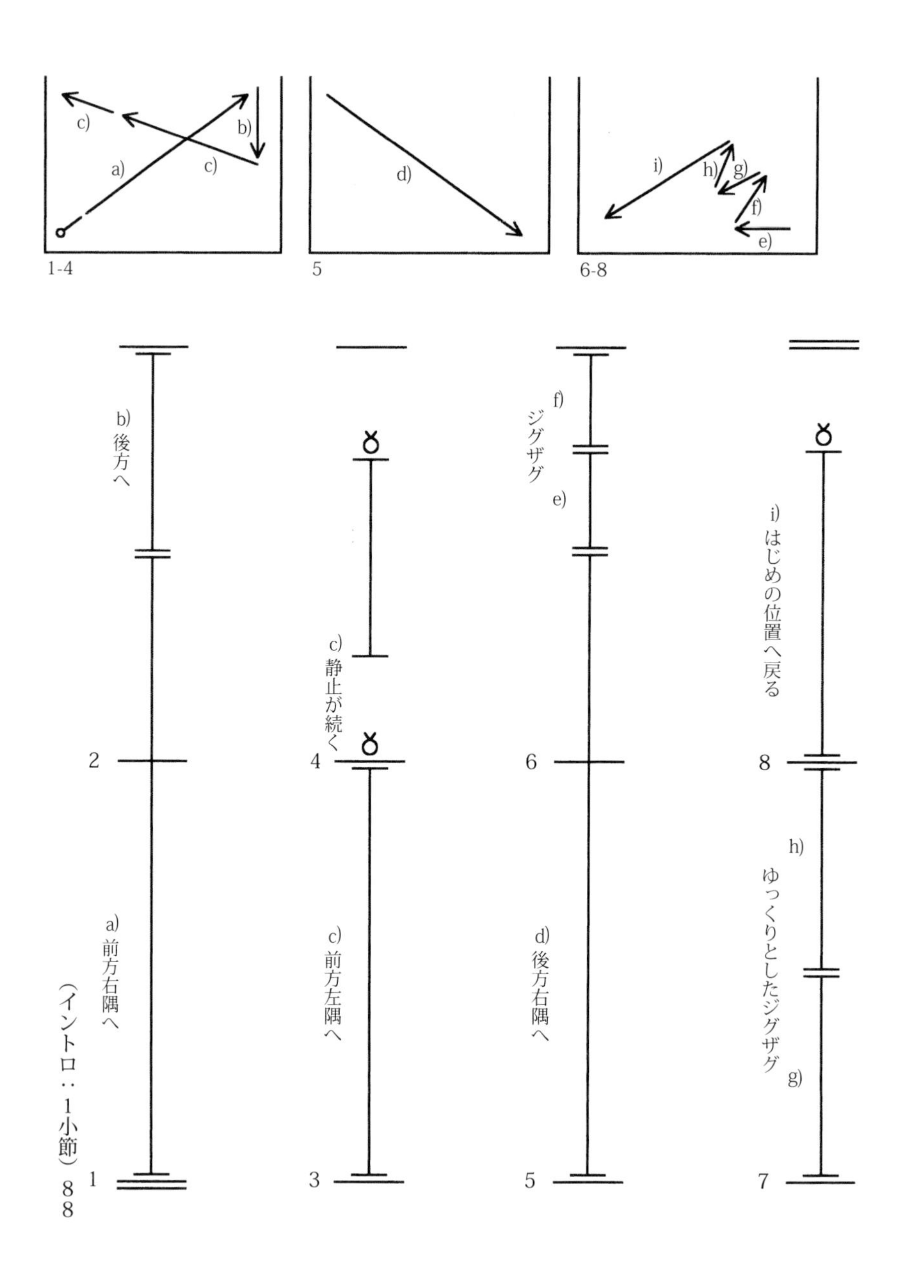

4 ジグザグパス

前述の「練習課題８」で学んだように、短いストレートパスを連続して行うと、そのトラベリングはジグザグになることがある。このパターンは、からだの向きの急な変化や、ステップの方向の変化によって生み出される。これは楽しく身近な動きなので、幼児期の早い時期に教わることが多い。2.6aの３つのストレートパスは、特にジグザグのパターンを指示するものではなく、進んだパスを引き返す、行ったり来たりするパターンや、三角形を描くパターンとも解釈することができる。ジグザグを望むことを明確にしたい場合は、2.6bの記号を使う。この記号はジグザグという動きのコンセプトを表すだけで、ステップの方向や、演じる場での向き、ジグザグの数などの詳細に関する指定はなく、自由に選択してよい。

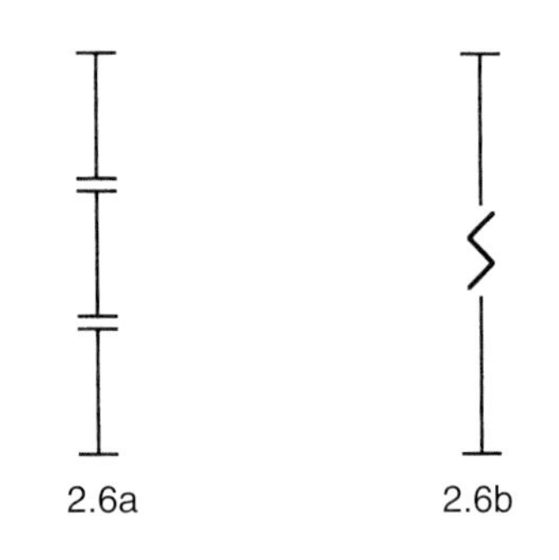

2.6bでは１つのストレートパスの中にジグザグの図が描いてあっても、はっきりしたジグザグを表すために３回もしくはそれ以上のジグザグを行う必要があるだろう。パス記号の長さは、ジグザグが行われる時間を表す。

2-2 ▶ サークリング、サーキュラーパス

サークリング（circling；円を描くように移動すること）は、明確なシェイプを描かなければならない。2.7aはいくつかのサーキュラーパス（circular path/pathway、もしくはcircling path/pathway；円の経路）をフロアープラン上に図を示したものである。サーキュラーパスを行う場合、フロアーに描かれるべきデザインを明確に認識することが必要となる。サーキュラーパスの大きさは、その意図によって異なる。2.7aでは、ダンサーは正面を向いてスタートし、「８」の字を描き、その後、大きな時計回りの円を１周描く。このデザインを描くには、自分が回る円の焦点（focal point）を意識し、円の大きさを前もって考えておくことが必要である。2.7bは、1/4の円が２回続き、その後、半円が続くことを明確に示している。

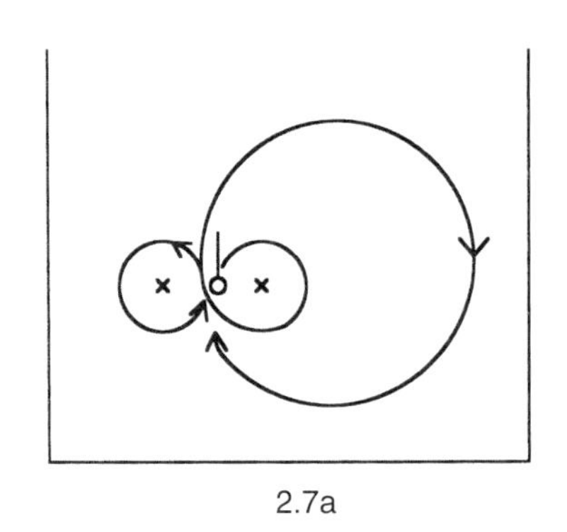
2.7a

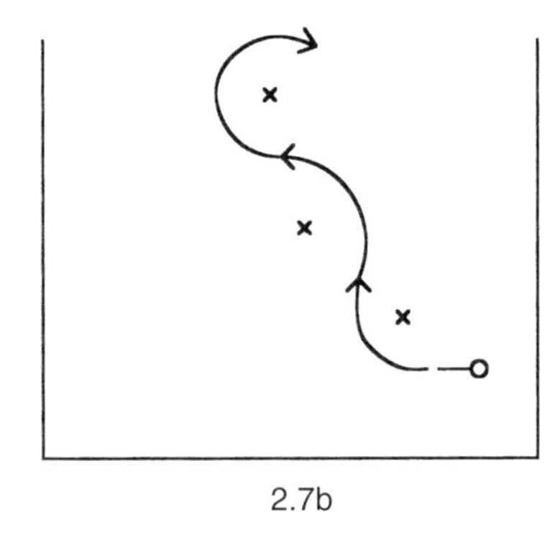
2.7b

2.7c

2.7a、2.7bにおけるサーキュラーパスはともに、それぞれ円の中央、つまり円の焦点から一定の距離を保った空間関係を維持することで形成される。

1 サークリングの性質

だいたいにおいて直線は、空間的にも時間的にも効率的である。通常、直線上の移動は、目的を表す。つまり、そこには明確な意図やねらい、そして明確な行き先などがある。サークリングにおいては、空間の使い方により大きな楽しみが見出せる。時間は重要ではない。そして無限に繰り返すことができる。2.7cのように、サークリングはさっと曲がるときの心地よさや、つねに正面が変わることの楽しさを経験することができる。何か劇的な動機がある場合は別として、サークリング固有の身体的表現とは何だろうか。機械的に円を描いて歩くことは誰でもできる。そのような動きは、円を描いたとしても、何の表現性もない。円の基本的性質とは何か。どのようにして生じるのだろうか。

サークリングは、ある定点でのターン（turn；回転、軸を中心として回ること）を空間的に延長したものである。ターンの場合、軸は演者自身にあり、サーキュラーパスへと発展すると、軸は演者の外側になる。円が大きくなればなるほど、中心軸である焦点からの距離が遠くなる。中心点の周りをターンし始め、次第に空間を広げていくものを挙げてみよう。例えば、「キャサリンの輪」と呼ばれる円の中心部から閃光が飛び散る回転花火が一例として挙げられる(2.8a)。または、回転するコマがある。軸のバランスがとれれば2.8bのように回り続けるが、一方に傾くと2.8cのようにらせんの軌跡を描きながら床を滑ってしまう。

ストレートパスは狭い通路を通るように空間的に制限されている。一方でサーキュラーパスはより大きな空間を使うことができる。サーキュラーパスは磁石のようなものとしても体感できる。つねに演者を直線から離し、円形の弧

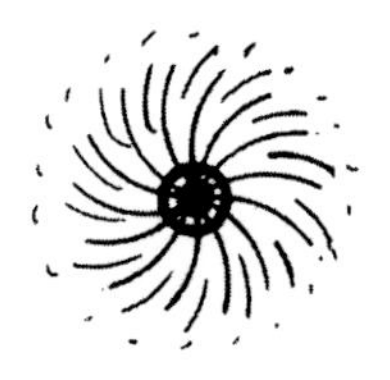

2.8a
キャサリンの輪

2.8b
軸のバランスを保ちながら回る

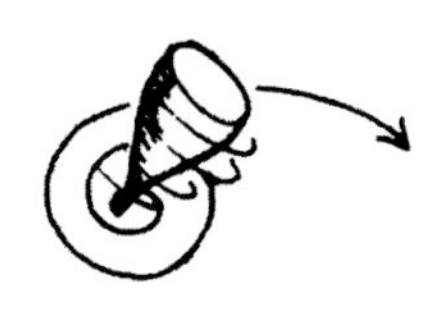

2.8c
軸のバランスを失い、らせんの軌跡を描きながら回る

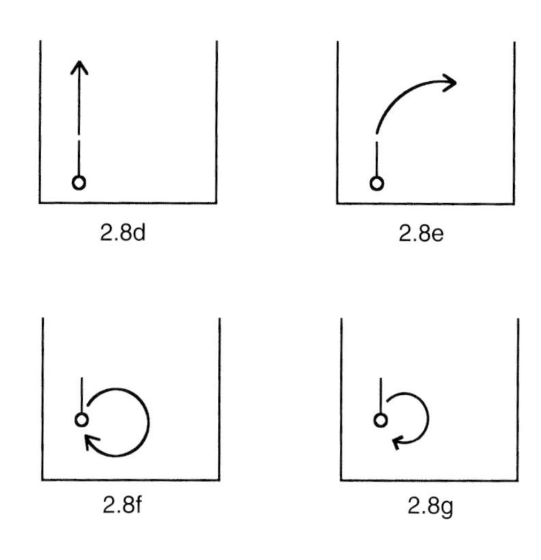

2.8d　2.8e
2.8f　2.8g

2.8h　2.8i

へと導く。前ページの図に描かれた例のように、磁力が強ければ強いほど、急な曲線となる。それはあたかも、演者の胴体から発する内なる衝動によって、目指している直線から外れていくかのようである。胴体のほんの少しのひねりが重心に加わることで、曲線が生まれる。イメージが何であれ、2.8dのストレートパスは、2.8eのように円の一部となる。このとき「磁石」は演者の右側に存在することになる。2.8fのように、からだの内的なエネルギーが強ければ、回転が促され円を形成する。2.8gでは、その場で旋回する感覚で行うことによって、「急な旋回の」円、つまり極めて小さな円が生じるのである。

円には中心があり、演者はこの中心点を意識していなければならない。サーキュラーパスは中心点を基点としてその周りを移動するのである。円を正確に描こうとすると、近道をするなどの「ごまかし」は一切できない。完全な円形の描線こそが、観客と演者双方にとっての楽しみを与えるのである。

サーキュラーパスによくみられる間違いは、演者が円の中心から始めなければならないと考えることにある。円周上に乗るために、演者は誤って1/4回転してから回る方向に移動を開始する（2.8h）。2.8hの点線の矢印に気をつけてほしい。もし演者が、正確な円では始まりの地点で終わることを理解していても、円を描くのに十分な時間をかけない場合は2.8hのような出発点に戻るためのストレートパスを用いてしまうことが多い。正しい経路を2.8iに示した。円形噴水の縁の周りを歩くように、円の始まりも終わりも円周上でなければならないということをよく理解する必要がある。

円とその中心との関係性を把握すれば、ステップの数にかかわらず、歩いて正確な円を描くことが可能となる。もしステップが８つであれば、円周の1/4ごとに必要なステップの数を割り振ることができ、したがって、滑らかで、緩やかな正面の変化を生み出すことができる。しかし、８や12のように割り切れるステップ数であっても、ほとんどの演者は回りすぎるかすぎないかのどちらかとなり、空間的な不均一を生じてしまう。回転が急すぎると、いくつかのステップが前方へのストレートパスで終わってしまうこともある。これは正確な円は円の始まりで終了することを、多くの人がはじめに理解していないために起こるのである。

床にチョークで円を描くと視覚的なイメージを作りやすいが、より重要なのは円に対する内的な感覚、つまり描いている円というシェイプへの意識である。このような意識がはっきりしてきたら、５つのステップ、７つのステップ、13のステップなど、さまざまなステップ数で円を描いてみるべきである。フィラデルフィア・ダンス・アカデミーの校長、ナーディア・チルコフスキー・ナハマックは、授業を受ける前の子どもたちがいろいろな方法で円の移動を試せるように、ロビーの床に大きな円をペンキで描いたという。子どもたちにとって、ゲームでしかなかったことが実際には貴重な教材となり、待ち時間を有効に使うことができたのである。

2 サークリングの方向

サークリングは、ターンと同様に、選択可能な方向が２つある。2.9aにみられる反時計回り（左回り）か、2.9bのような時計回り（右

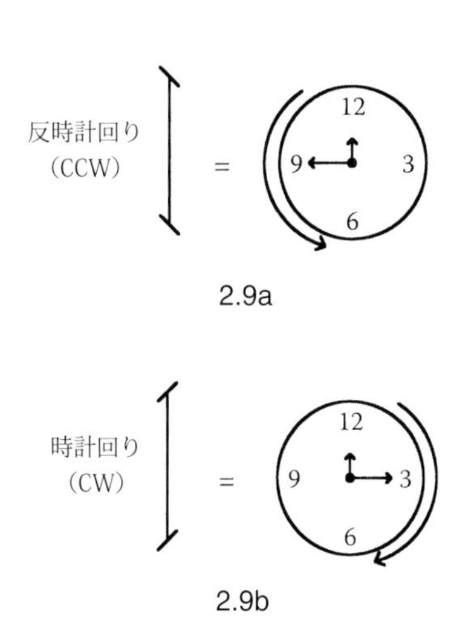

2.9a

2.9b

回り）である。これ以降では、略語CW（clockwise）を時計回りとし、CCW（counter-clockwise）を反時計回りとする。円や曲がる度合い、円の数、内側や外側へのらせんのあり方など、詳細については第３章で述べる。

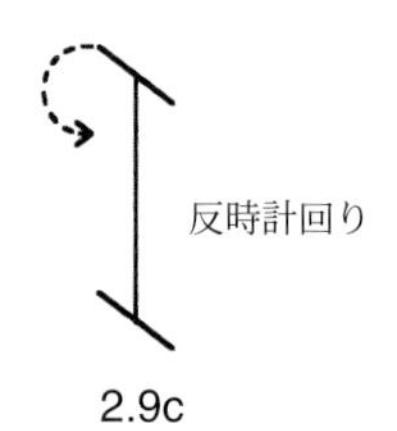

2.9c

サーキュラーパス記号を見てどちらに回るのか瞬時に判断できない場合は、斜線に着目してほしい。2.9cと2.9dの矢印のように、斜線の向きが回る方向を示しているからである。また、CCWとCWの記号が組み合わさって両方向を示すと2.9eの記号になる。これは、どちらの方向を選んでもよいという意味であり、選択は演者に任されている。

2.9d

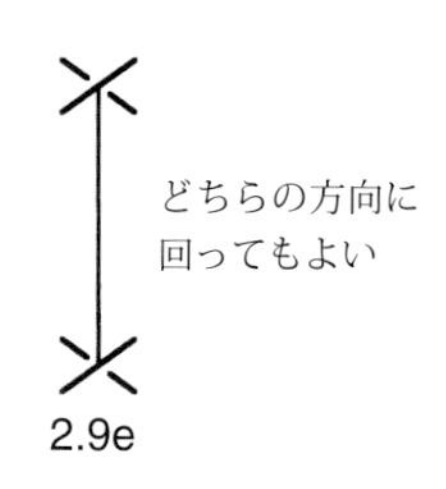

2.9e

◉正面の変更

円を回ると、向いている方向（空間との関連での正面）がつねに変化する。2.9fに示しているように、これはサークリングに不可欠な要素である。大きな円を描く場合には、この正面の変化をあまり意識することはない。小さい円の場合には正面の変化が顕著である。

練習課題９では、ストレートパスとサークリングによるトラベリングが課題である。新しい到着地点へ向かう途中、気が変わりコースを外れて別の方向に向かうことがあるかもしれない。行き先が明確であることがストレートパスにつながるように、ほかの考えや内的動機がサーキュラーパスを生じさせることもある。目的を最後まで隠したまま、誰かにそっと近づくためにサーキュラーパスを使うこともある。

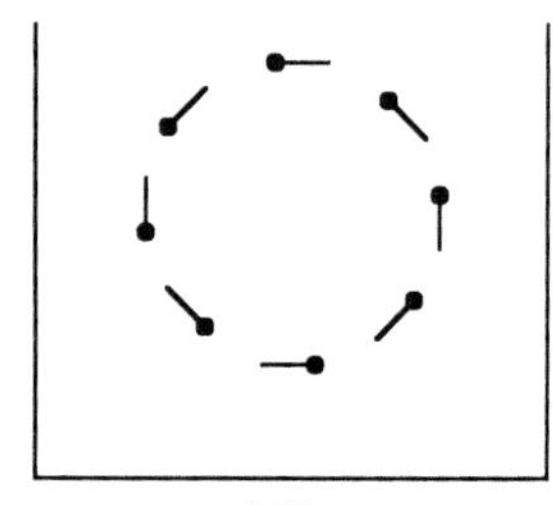
2.9f
正面が変化する

練習課題 9　ストレートパスとサーキュラーパス

まず、前方向へのステップのみを使ってこの課題を試してみよう。トラベリングの指示の全体的なデザインをつかんだら、後ろにステップしたり横にステップしたりして空間パターンに変化をつけてみよう。譜面の下には、自分の考えるフロアープランを書くこと。それぞれのパスが、前の終了地点から始まることを忘れないようにしよう。

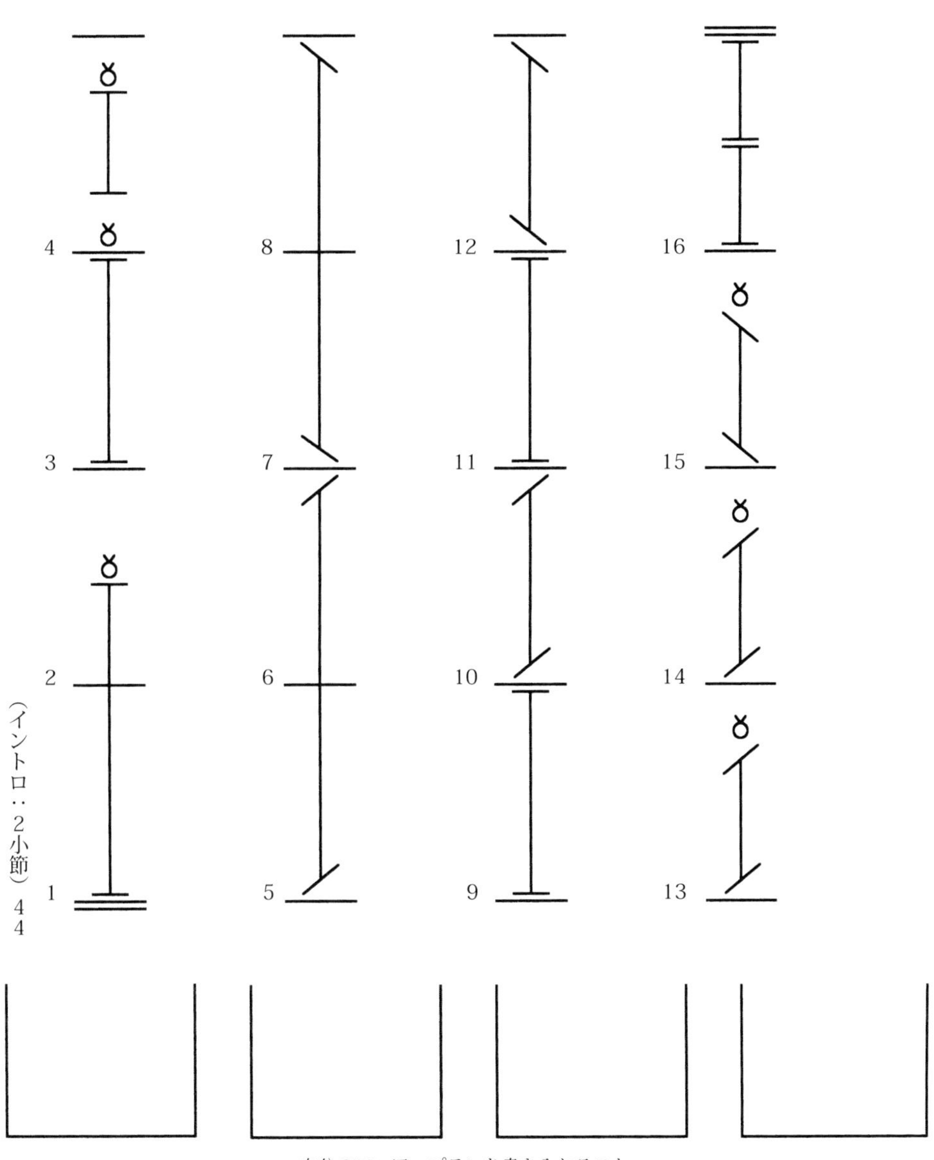

自分のフロアープランを書き入れること

2-3▶カービングパス

カービング(curving;曲がること)において、演者は意識しながら空間を自由に楽しむ。上品な女主人が客を迎えるために悠々と部屋を歩くときのような、流麗な感覚と軽快な身のこなしによって、カービングパス（curving path；曲線の経路）は可能となる。同様に、何か遮るものがあったときも、その周りを曲がることによって避けられる。カーブを生むのは感情、勢い、そして表現などであり、どの程度曲がるかという度合いは重要にはならない。

サークリングの意識をせずに曲がるパスが、カービングパスである。曲線にはいろいろなものがあるが、しばしば非対称的であり、決して円の一部とみなされたり認識されたりするものではない。演者は部屋の中の人や物の間を不規則に縫うように進むが、円周に沿って動いているという感覚はない。カービングは近づいたり離れたりという通過の関係のみである。目的は曲線状に動くことである。カービングは停止することなしに終わりなく動き続けることが可能である。それは、たいていからだの中の曲がる感覚を伴う動きである。

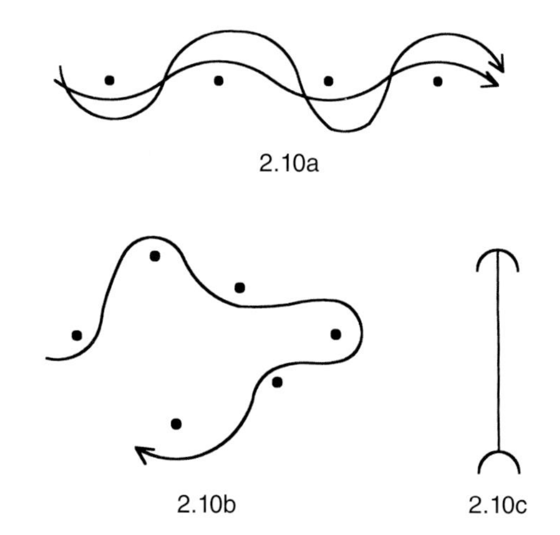

2.10aは、４つの点を縫って動く２つのカービングパスの可能性を示すもので、１つは浅い曲線を描き、もう１つは深い曲線を描いている。2.10bでは、部屋の中で人や物の間を縫うように移動するとき、カービングが変化することを示している。

2.10cは、カービングの記号である。

2-4▶不規則で、自由なミアンダリングパス

自由な形の、曲がりくねった、あるいはふらふらとさまようパスは、あらかじめ計画されていない瞬間的なものであり、パスの中では最も自由な形である。特定のパスやパスが描くデザインを考えずに、ただ「動いている」ことを楽しむものである。目的がなくその場の状況に応じて空間を動きたいという欲求、心の状態から、このようなパスは生じる。このように計画性のないパスは、落とし物を捜そうと周囲を見回す状況で起こるかもしれない。または、蝶を捕まえようとするときにも起こるかもしれない。特に行き先やパスへの意識がない子どもが遊園地で走り回っているときにも見ることができる。

自由な形のミアンダリングパス(meandering pathway；蛇行する経路）は、通常は不規則で

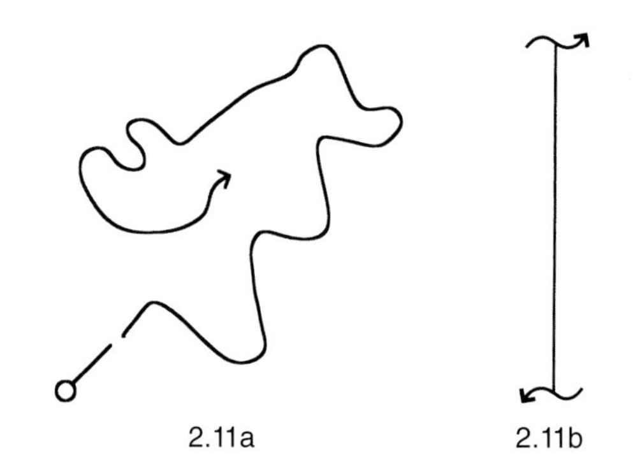

曲線的な移動であるが、時には意図しない直線や円の移動を含むこともある。それは、このパスを行う人の気分次第である。2.11aは、このような不規則で、思いのままに移動する例である。2.11bは、このトラベリングの形の記号である。この記号の上下についている矢印に気をつけてほしい。矢印は運動、つまり動きが「起こっているさま」を示す。ミアンダリングの性質から、このパスを行うには時間がかかる。したがって、思いつくままに動いていることを明確にするために、長いパス記号が必要となってくる。

練習課題A（伴奏曲なし） トラベリング：すべてのパス

この課題は、さまざまなトラベリングの形を組み合わせたものである。不規則なミアンダリングの移動には時間がかかるので、ミアンダリングパスの記号は2つの譜表にまたがっている。同じパスであることを示すために、「同一」を表し、同じ記号が続くことを示すキャレット「＜」または「＞」が使われる。キャレットは3番目の譜表の上と4番目の譜表の下に記され、2つのパス記号を1つに結びつける。

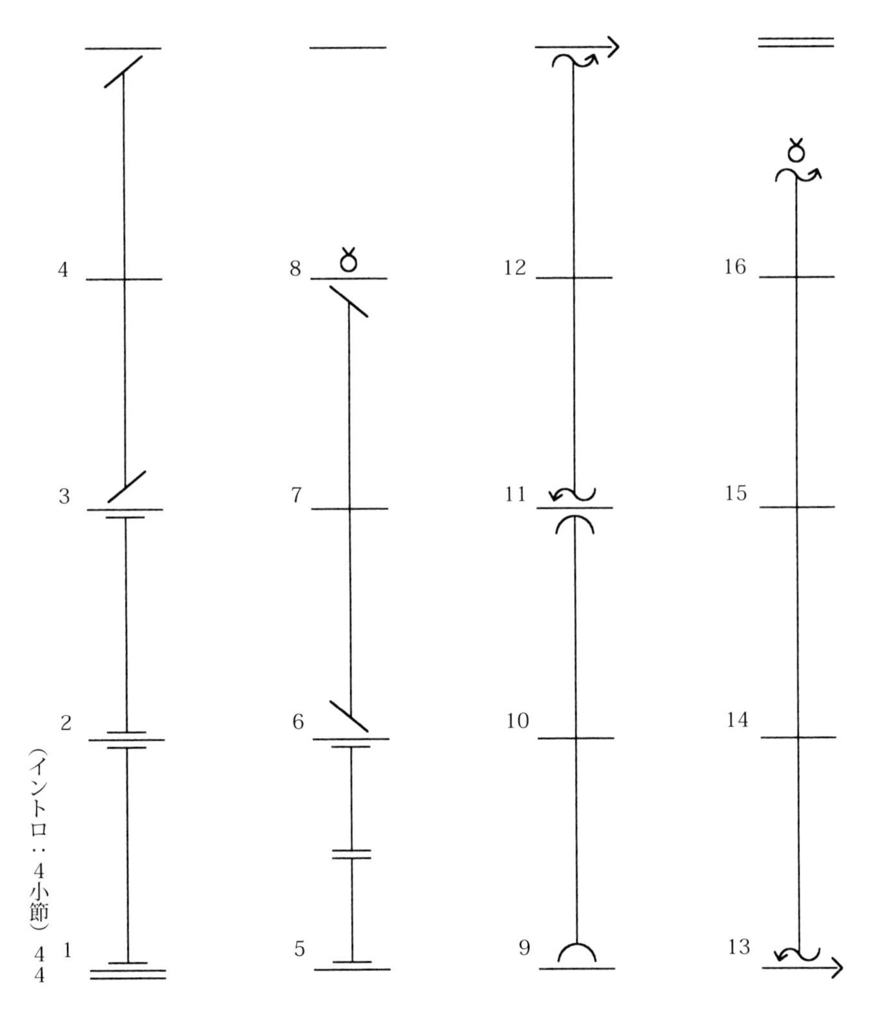

第2章の総覧

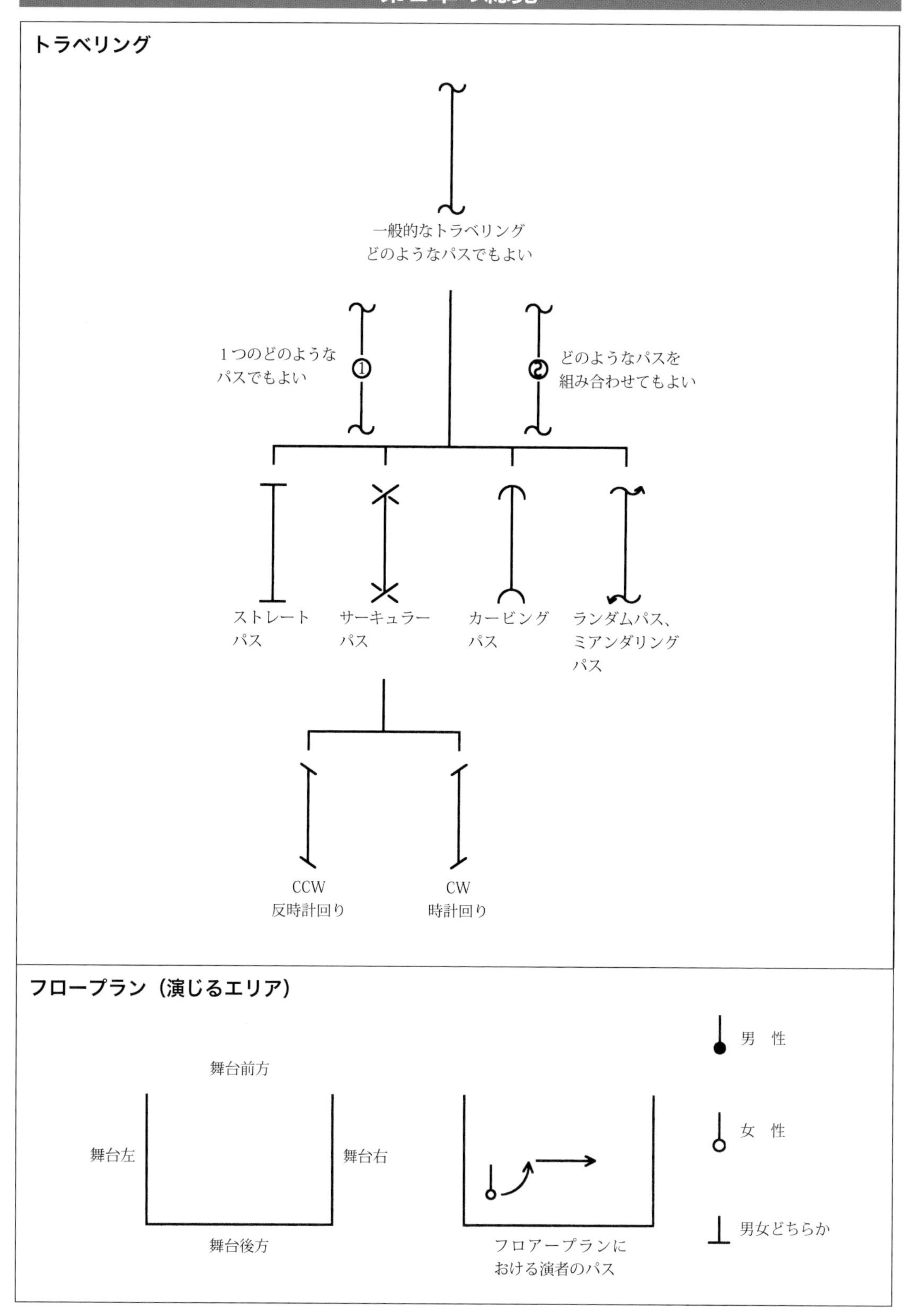

トラベリング
一般的なトラベリング
どのようなパスでもよい
1つのどのような
パスでもよい
どのようなパスを
組み合わせてもよい
ストレート
パス
サーキュラー
パス
カービング
パス
ランダムパス、
ミアンダリング
パス
CCW
反時計回り
CW
時計回り
フロープラン（演じるエリア）
舞台前方
舞台左
舞台右
舞台後方
フロアープランに
おける演者のパス
男 性
女 性
男女どちらか

第3章 トラベリングのバリエーション

これまでトラベリングについて簡単に説明してきたが、本章ではより具体的に述べていく。

3-1 ▶ トラベリングのおもな方向

トラベリングは、スタート地点から始まって、前、後ろ、横、斜めの方向に進むことができる。

方向を表す記号は、3.1aの長方形を基本とし、この記号は「プレイス（place）」と呼ばれ、演者の立ち位置を示している。

方向の記号はからだの向く方向を示すときに用いられるが、この章では特にトラベリングの方向を表すものとする。方向の記号をパス記号の中に置くことで、演者の前、つまり正面に対し、どの方向にトラベリングするかを示す。方向の記号は、3.1b ～ 3.1eのように基本となる長方形を変形させたもので、それぞれの方向を図示している。

3.1fを見て、記号の形がどのようにそれぞれの方向を指し示すのかに着目してみよう。

トラベリングの「どのようなパスでもよい」の3.1gは、どの方向に進んでもよいし、どのパスを選んでもよい。3.1hは「どのような方

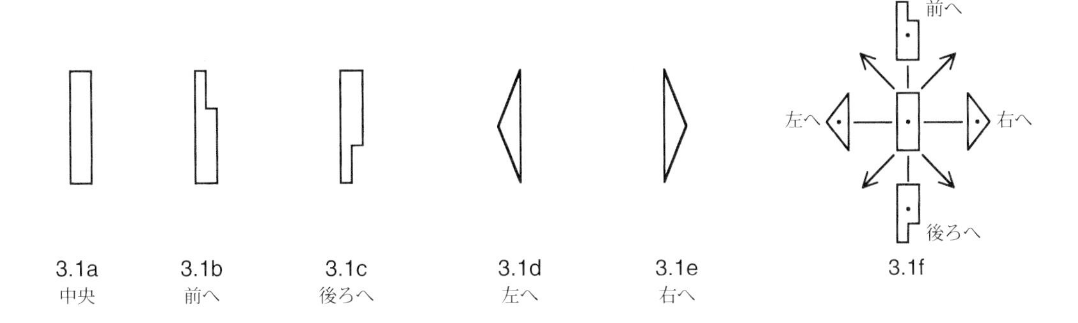

3.1a 中央　3.1b 前へ　3.1c 後ろへ　3.1d 左へ　3.1e 右へ　3.1f

向でもよい」という記号で、3.1iのようにパス記号の中に置くと、より明確になる。

1 ストレートパスの方向

3.2aは前方向へのストレートパスを示す。3.2bはまっすぐ後ろへのトラベリング、3.2cはからだの左方向へ、3.2dは右方向へのトラベリングである。これらの方向を示す記号は、どのようなステップを行うか、またはどこでからだを支えるかさえも示していない。前にも述べたように、両手両足を使ってトラベリングすることもできる。

2 練習課題10に関する注意点

この学習に使っている音楽は4分の3拍子であるが、ワルツのようなステップにこだわる必要はない。ステップの数は多くてもよいし、音楽の拍子を「踏み越えて」しまってもよい。重要なのはトラベリングである。フレーズに加わっている3拍目の静止がトラベリングを中断させることに気をつけてほしい。それとは対照的に5小節から8小節のフレーズは、高い位置で終わるまで、トラベリングが流れるように進んでいく。同様に最後の13小節から16小節のフレーズは、低い位置で終わるまで途切れずに進んでいく。

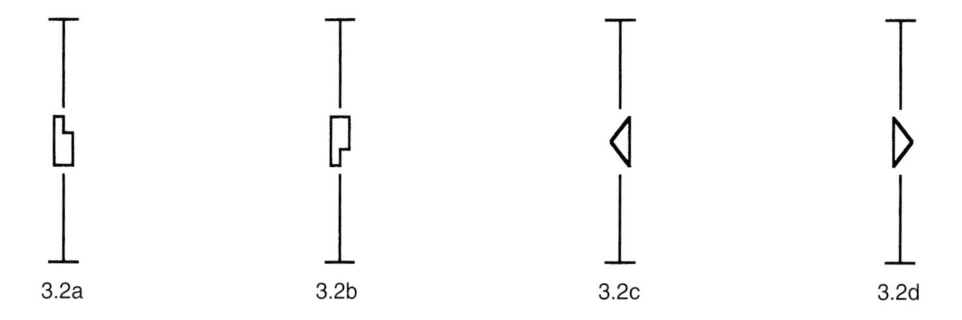

練習課題 10　異なる方向へのトラベリング

サークリングの度合いはまだ説明していないので、フロアープランに従うこと。フロアープラン上の、それぞれのパスを示す矢印の使い方に気をつけてほしい。立った姿勢から２つのレベル（level; 高さの程度）の変化がある。１つは８小節のはじめに上にいき、もう１つは最後で下にいく。方向を伴う動きについては第５章で詳しく説明する。

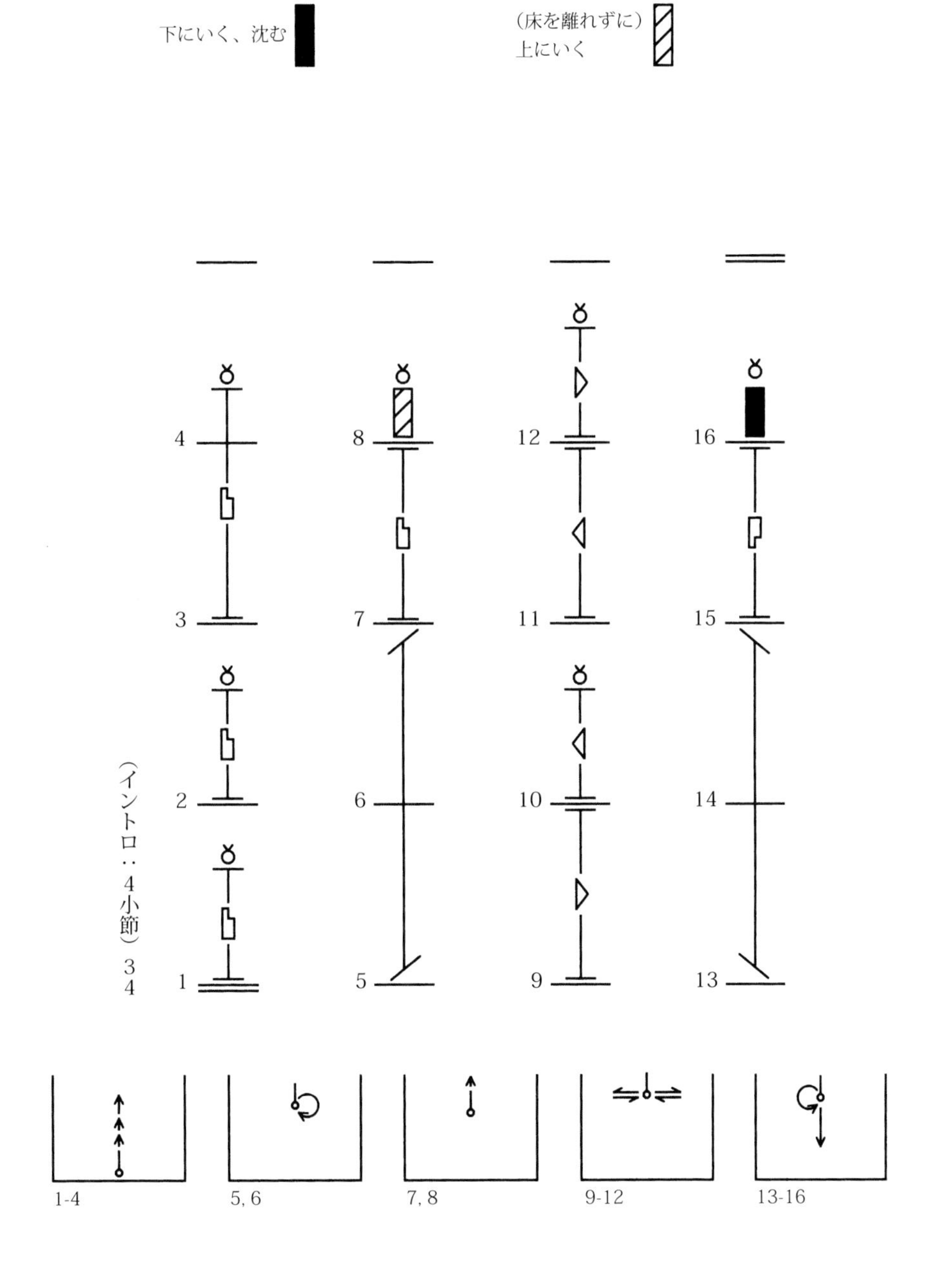

3 サーキュラーパスの方向

サークリングをからだの感覚に従って始めると、その大きさ、デザインは予想外のものになることがある。このときの動きのきっかけは、その瞬間に生じる解放的な勢いである。それとは対照的に、前もって決められた床上の円形のパターンに従って、サークリングを行うこともできる。

◉グループサークリング

グループで円形のフォーメーションで踊っているときには、円とその中心をより意識しやすくなる。ほかの人たちがいることで円の大きさと位置がわかり、定まった円の焦点、中心の感覚を強めることができる。ステップの方向は、円の内側を見るのか、もしくは背を向けて外側を見るのかなどの演者の視線の方向によって決まる。

演者全員が3.3のように円の中心を向くとき、CCWの場合は右方向へ、CWの場合は左方向のステップとなる。

ピボット（pivot；縦軸を中心とするターン）についても、右へもしくは左へターンするといういいまわしが使われることに着目しよう。ピボットターンをサークリングパス上で行うときに「右」や「左」という言葉で表現すると、しばしば混乱を招くことがある。スクエアダンスでリーダーが「全員右へ回れ！」と指示すると、みんなでCCWに回るだろう。ここでは「右へステップして左へサークリングしてみよう」というべきなのである。リーダーはサークリングの方向でなくステップの方向を指示したのだが、その表現では明らかではなく、サークリングの方向を決めるのに混乱が生じてしまうのである。それゆえにサークリングには時計回りのCWと反時計回りのCCWという用語を用いるのが好ましい。

◉マーリンの魔法の円

他者がいなくて円がイメージしにくい場合、3.4aのようなアーサー王伝説に出てくる魔法使いのマーリンが描いた魔法の円を思い浮かべてみよう。この円は水に囲まれた狭い経路でできていて、例えば城を囲む堀とは正反対のものである。演者はこの円の上だけを魔法をかけられたように ぐるぐる回る。

はじめは円の大きさと回る位置を明確にするために、床にチョークで円を描くとよい。しばらくすれば、描いていなくても演者は動きで表現できるようになる。

円の上を移動するには、どのような方法があ

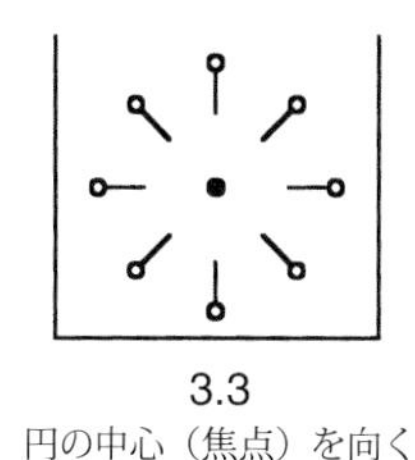

3.3
円の中心（焦点）を向く

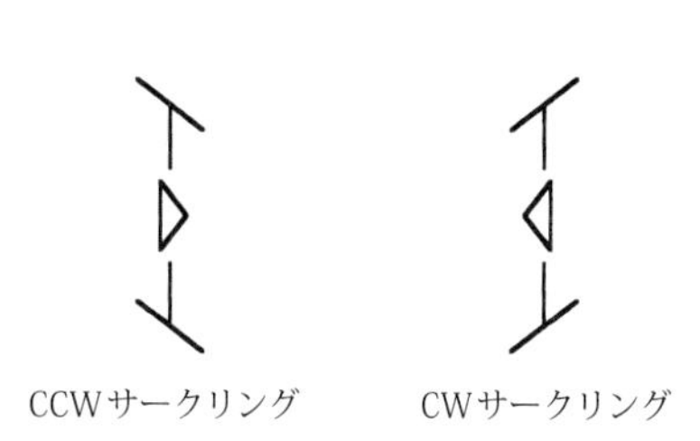

CCWサークリング　　CWサークリング

3.4a

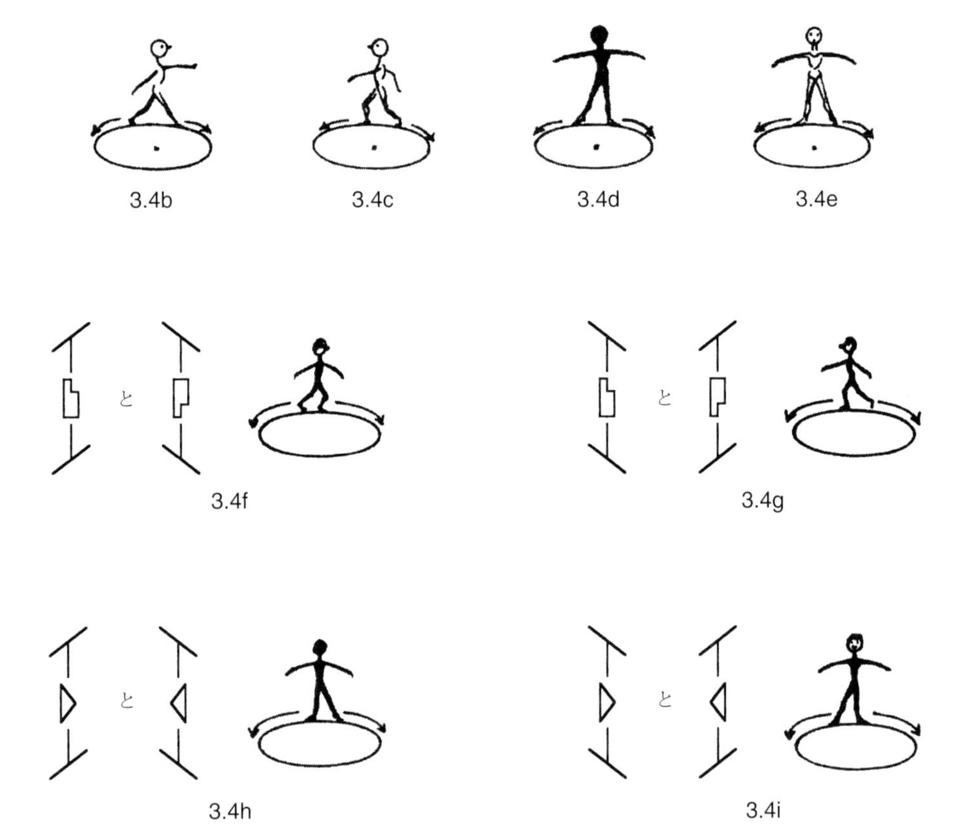

るだろうか。どの程度のバリエーションがあって、その限界とは何か。円の上で連続的な動きを作るとしたら、自由になる要素とは何だろう。はじめに思いつくのはCWかCCWというサークリングの方向である。そして円の中心との位置関係を変えると、ステップの方向も変わる。自然な方法としては、3.4bのように円の中心を右に据えながら円周に沿ってまっすぐ前方へステップするCWのトラベリングがある。あるいは円の中心との位置関係を同じに保ちながら、後方にトラベリングすることでCCWのサークリングもできる。

前方へのトラベリングでCCWのサークリングにするには、円の中心は3.4cのように左側になければならない。後方へのトラベリングによるCWのサークリングについても同様である。

3.4dのように円の中心に背を向けた場合、CWのサークリングには右横方向へのステップ、CCWのサークリングには左横方向へのステップとなる。

最後に、3.4eのように円の中心を向いた場合、横方向へのステップが必要となる。CWのサークリングには左横方向へ、CCWのサークリングには右横方向へのステップとなる。

サークリングの記号とステップの方向の記号を適切に組み合わせることで、3.4f ～ 3.4iに描かれたようにすべての可能性を表すことができる。

マーリンの円のように空間の焦点が定まったサーキュラーパス上をトラベリングするとき、パスとパスをつなぐ左右のターンの度合いを明確にする必要がある。

◉目に見えない円

部屋の中央に（前を向いて）立っているとき、サークリングの方向とステップの方向の組み合

3.5a
ある位置から可能な８つの円

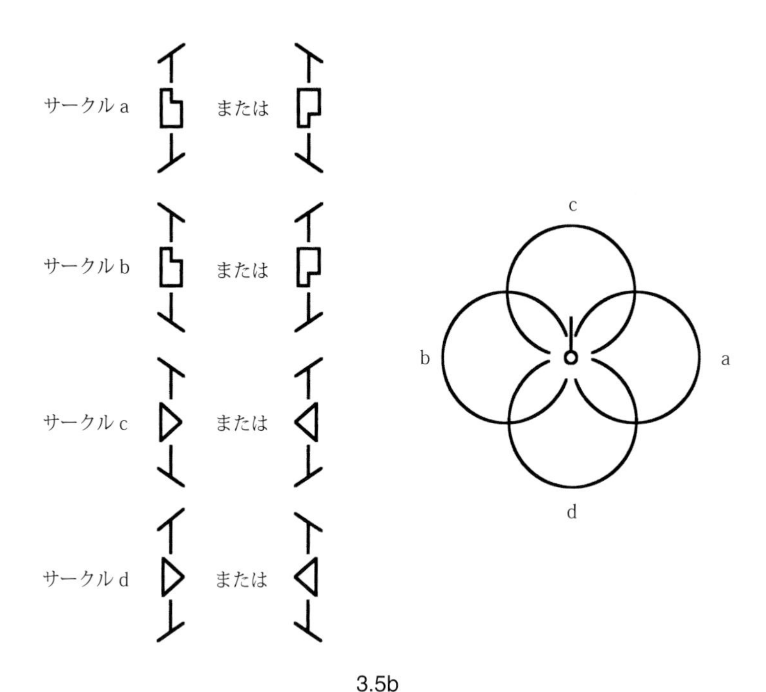

3.5b

わせによって、円の焦点が８つ考えられる。つまり立ち位置から８通りのサークリングが可能である。3.5aでは、女性の演者を表す白いピンが８通りの円の中心を示している。

ここでは８つの円のうち、前後左右の４つのみを取り上げる。これらの円やその焦点は実際には目に見えないので、大きさも含め、自分自身で円を描くことを強く意識しなければならない。見えない円をしっかりと想像できるようになれば、さまざまなステップのパターンや、腕やからだの動きを取り入れて楽しむことができるようになるだろう。サークリングに伴う動きは円を描くのに役立つものがよい。

3.5bは、主要となる４つの円を表す。例えばサークルaは立ち位置の右側にあり、CWのサークリングには前方へのステップ、CCWのサークリングには後方へのステップでトラベリングできる。４つの円それぞれについて、ステップの方向とその結果生じるサークリングの方向を提示した。

練習課題 11　サークリング——あと戻りをするパス

この課題の目的は、横方向へのステップでサークリングをする際に、焦点（サークルの中心）を意識して見ることと、あと戻りするパスを楽しむことにある。課題の後半では、前後のステップによって円の中心がはじめ（9から12小節）は右側に、次（13から16小節）に左側にくる。これらのシンプルな半円は、ギャロップやスキップ、ランニングなどいくつかの異なるステップを組み合わせ、さまざまなリズムで行うことができる。サークリングの度合いに関する指示はなく、フロアープランがひとつの解釈の例として図示されている。

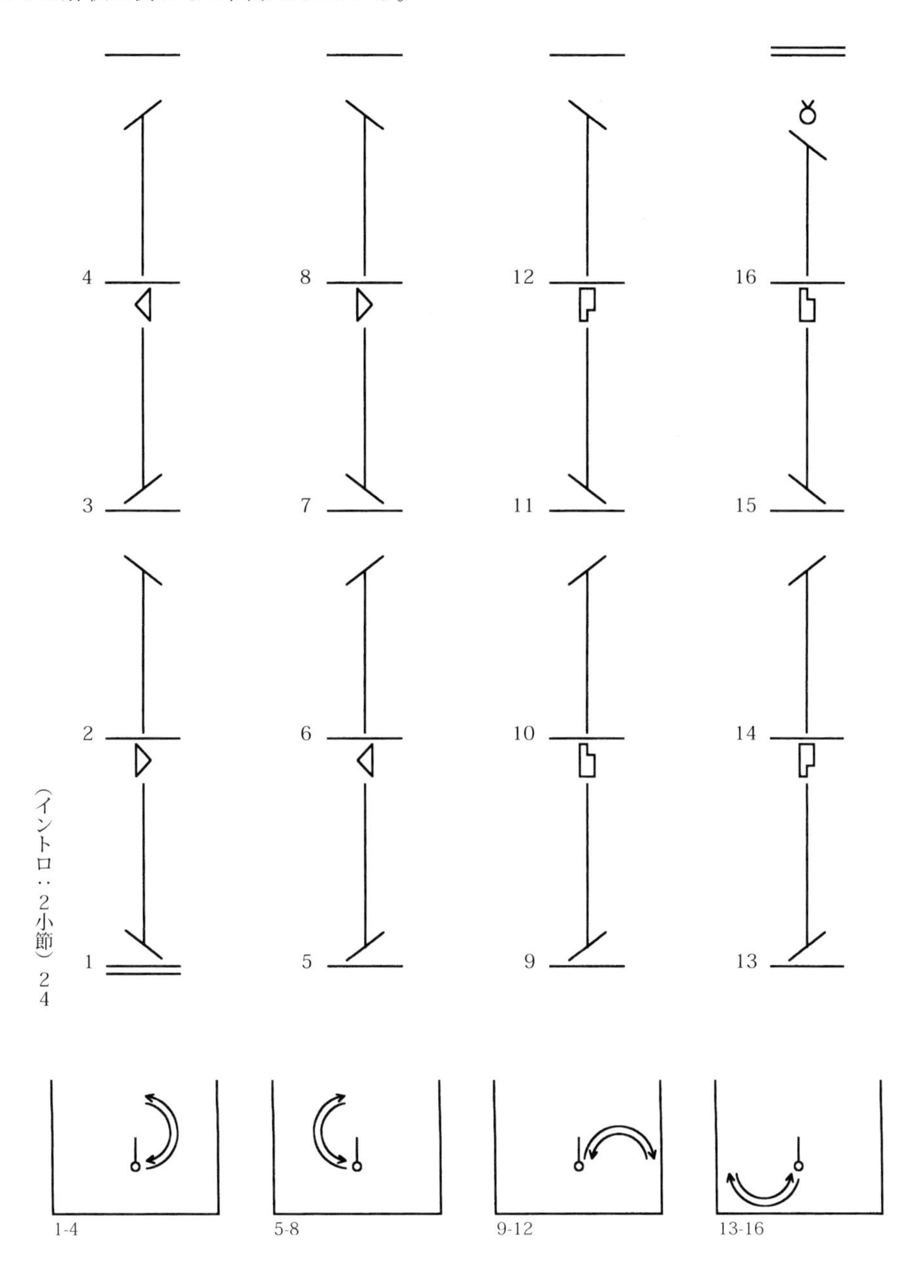

3-2▶ターンを含むトラベリング

自分自身を中心に回るターン、または縦軸を回るターンについては第２章で軽く触れた。ターンは向いている方向を変える機能があり、それによって別の方向に進むことができる。トラベリングには突然の動きや、すばやいターンを加えることができる。これらはトラベリングを妨げるものではなく、「動いていること（on the go）」の楽しみを増すものである。

ターン記号に特に何も書いていない場合、ターンの度合いは演者の自由に任されていることを意味する。ターンの度合いは小さくても大きくてもよいし、何回ターンしてもよいのである。ターンの度合いは、どのくらい時間が使えるかによるのである。

1 フロアープランに示されたターン

練習課題12（p. 44参照）では、動きの解釈の例として詳細なフロアープランが提示されている。この課題を演じるためには、ターンやサークリングの度合い、移動距離など、より詳細な情報が必要である。これらの多くはフロアープランに答えが求められる。フロアープランどおりに動こうとすると、ターンの度合いや動く距離が自然と導き出されるからである。

練習課題12のＤでは、サーキュラーパスのはじめにすばやいターンを行い、半分ぐらい進んだところでもう１つのターンを行う。このようなパスの最中に起こるターンはあくまで装飾的なものであり、パスの方向を変えることを目的としたものではない。したがって、実際にはこれらのターンはトラベリングには影響しないので、厳密にいうとフロアープランに示すべきではない。しかし、パスの線に添えて書かれた小さな輪は、心得ておくべき３つの要素を明確に表している。それはつまり、ターンがあるかないか、ターンの方向、そしてパスのどこでターンをするかということである。3.7a、3.7bにあるように、実際に動きやすいようにこの示し方が用いられるのである。

練習課題12では、はじめに動きの用語において何を表現しているのかを感じとり、次にそれらを空間の中でどのように具現化するかを実際に試してみよう。そしてできるだけ早くダンスにしてみよう。好きなだけステップしてよいし、歩いても走っても、ギャロップでもスキップでもよい。大切なのはトラベリングであることを忘れないこと。この課題の伴奏音楽はフーガであり、作品に「からだ」、つまり「重み」を加える。課題を演じる際には、音楽の雰囲気と構成を反映させること。

それぞれのフレーズを、次のフレーズにとりかかる前に十分に解釈し演じなければならない。単に頭で考えて演じるのではなく、からだから変化を起こし、動きが次々と連続的に展開するような感覚を養うこと。

この練習課題には、１つの解釈がフロアープランによって示されているが、3.7c～3.7fではまた違った解釈の可能性を示している。そこには数え切れないほどのバリエーションがある。

3.6a
ターン
（左に回るスピン、ピボット）

3.6b
ターン
（右に回るスピン、ピボット）

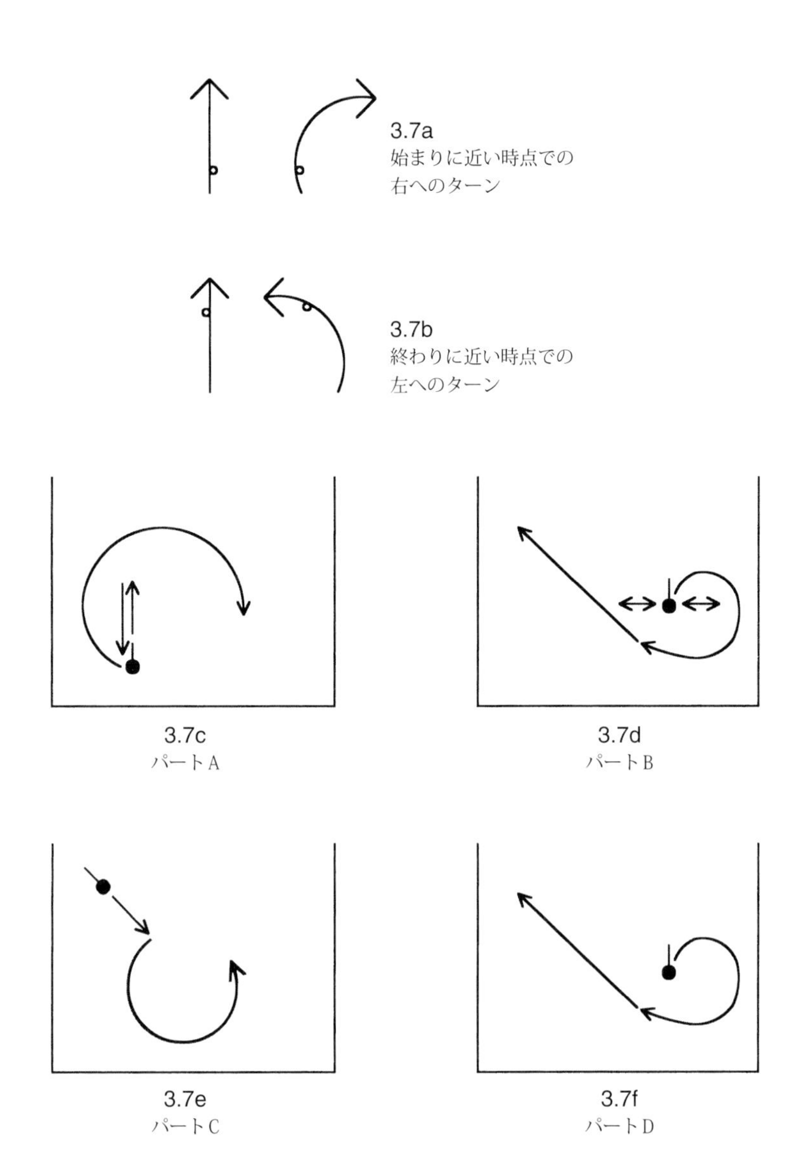

3.7a
始まりに近い時点での
右へのターン

3.7b
終わりに近い時点での
左へのターン

3.7c
パートA

3.7d
パートB

3.7e
パートC

3.7f
パートD

練習課題 12

ターンを含むトラベリング

この課題に関する指示は前ページの「フロアープランに示されたターン」のとおりである。29小節および32小節の動作は白いアクセント記号がついているので、わずかなアクセントを伴って行うことに着目してほしい。

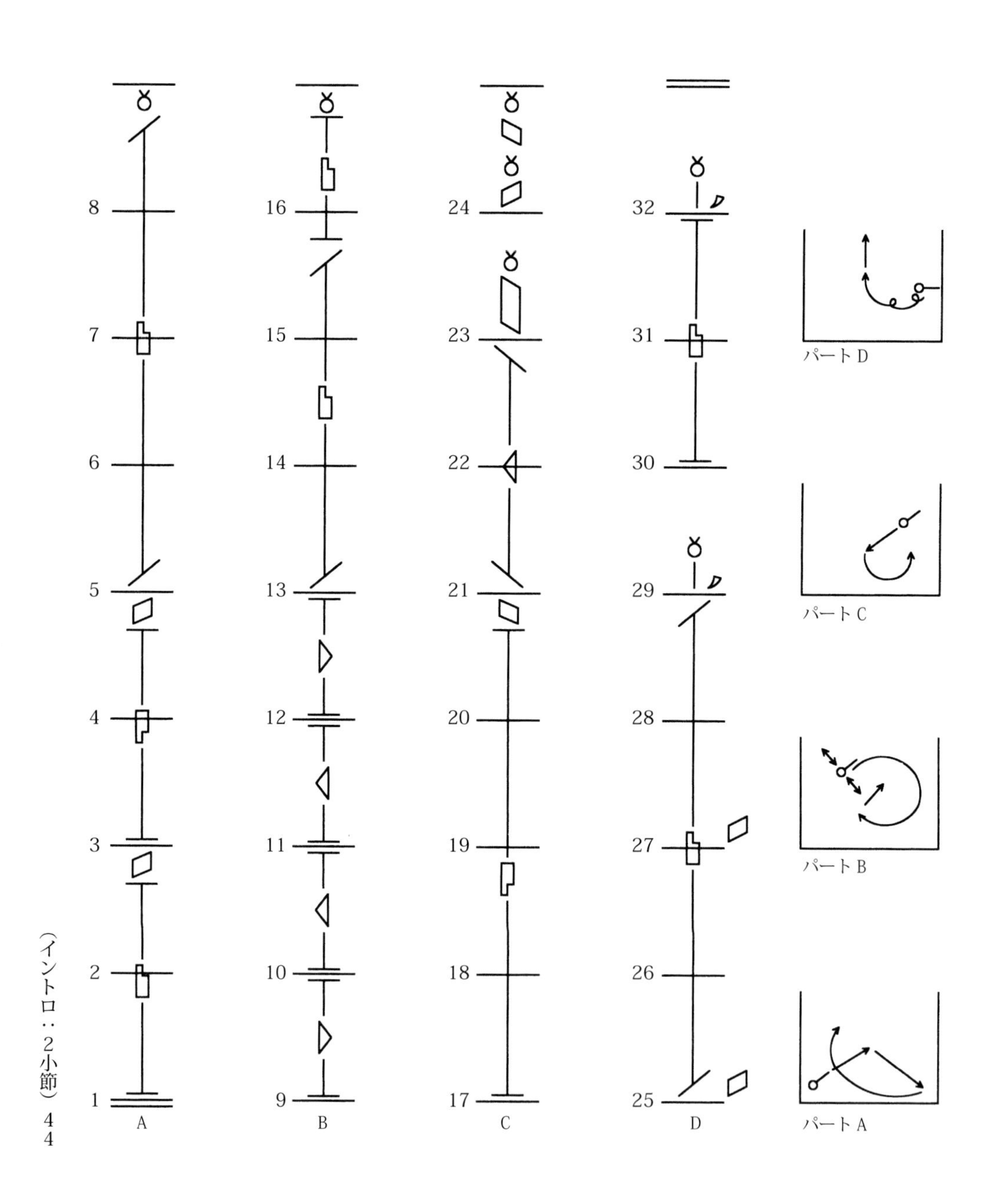

3-3▶ターンとサークリングの度合い

1 ターンの度合い

ターンには、別の方向を向くためにわずかに度合いを変える場合もある。「回れ右」という指示を受けた場合、自然に向きを変えて半回転をするだろう。しかし半回転自体を意識して行うこともある。1回転では、ターンの動作それ自体が重要である。元の正面に戻ることで充足感が得られる。興味深いのは、ターンの度合いを自由にすると、演者が1回転をする傾向にあることである。元の正面（たいていは部屋の正面)に戻ることで、充足感やおそらくは安定感、方向の明確さなどが得られるためであろう。複数のターンの場合、演者にとって動きの形それ自体が楽しいものとなる。ターンが速ければ速いほど、ターンの感覚が高まっていく。

ターンの角度、つまり正面を変える度合いは、ターン記号の中の黒いピンの向く方向で表す。

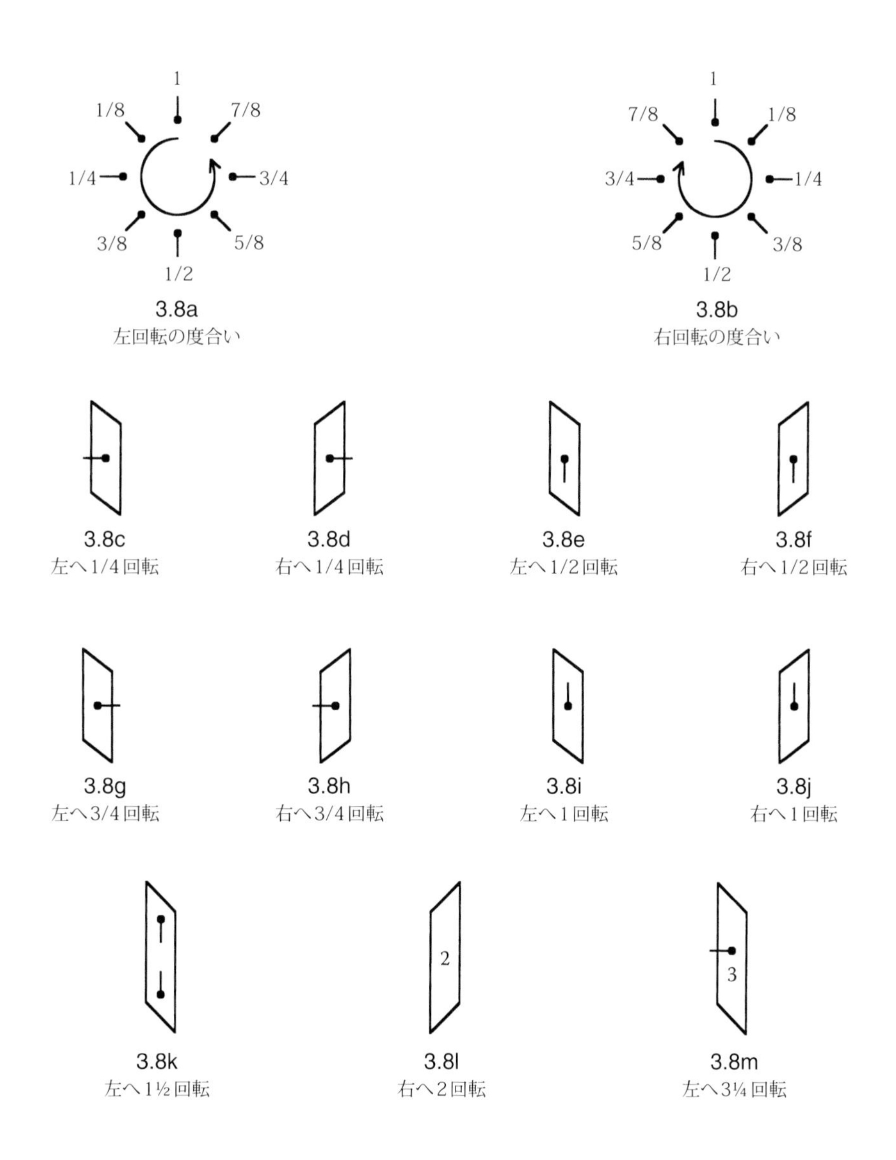

3.8a 左回転の度合い

3.8b 右回転の度合い

3.8c 左へ1/4回転

3.8d 右へ1/4回転

3.8e 左へ1/2回転

3.8f 右へ1/2回転

3.8g 左へ3/4回転

3.8h 右へ3/4回転

3.8i 左へ1回転

3.8j 右へ1回転

3.8k 左へ1½回転

3.8l 右へ2回転

3.8m 左へ3¼回転

1回転の表示に数字の「1」は見分けにくいので、代わりに3.8iのような前を指す黒いピンをターン記号の中に書いて表す。1回以上ターンをする場合には、その回数をターン記号の中に記すことにする。2回以上ターンをするときには、数字の書き方に注意すること。数字を先に書き、その上にターンの細かい角度を表すピンを書いていく。

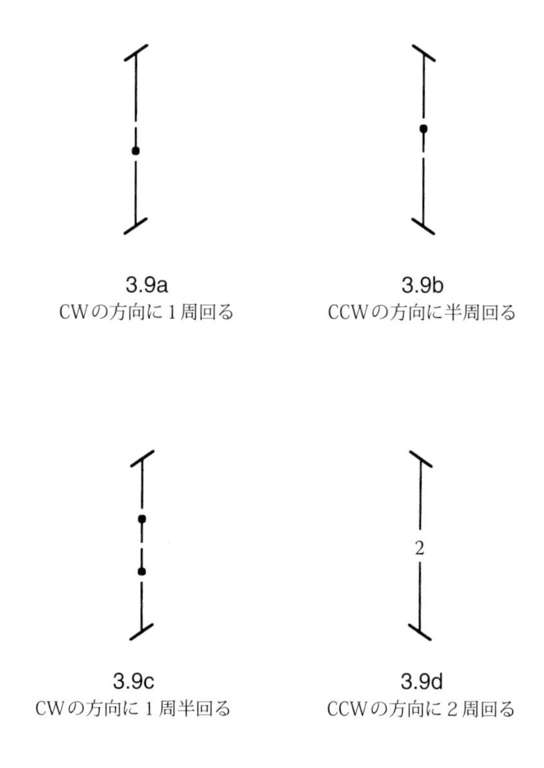

3.9a
CWの方向に1周回る

3.9b
CCWの方向に半周回る

3.9c
CWの方向に1周半回る

3.9d
CCWの方向に2周回る

2 サークリングの度合い

サークリングの度合いは、黒いピンを使って、ターンと同じ方法で表す。歩いて1周円を描くと軸を中心に1回転するのと同じように、正面が変わる。半周の円を描く場合は、半回転したときと同じように反対の方向を向いた状態で終わる。黒いピンはパス記号の中心に置く。ピンが見えやすいように、縦線は途切れている。

歩いて描く正しい1周のパスについては第2章を参照すること。これは、1周以内の部分的な円にも適用できる。

練習課題B（伴奏曲なし）　ターン、サークリングの度合い

フロアープランAとフロアープランBにあるくさび型をした記号「△」は、フレーズの終わりにダンサーがどこを向いているかを表す。このようなくさび型はつねにフロアープランに記されるものではないが、ここでは読者のためにより多くの情報が提示されている。これらの連続的な動きは、サークリングの度合い、サーキュラーパスの形、正面の変化の度合いなどに注意して行われるように作られている。これらを正しく演じると、図示されたフロアープランのようになる。

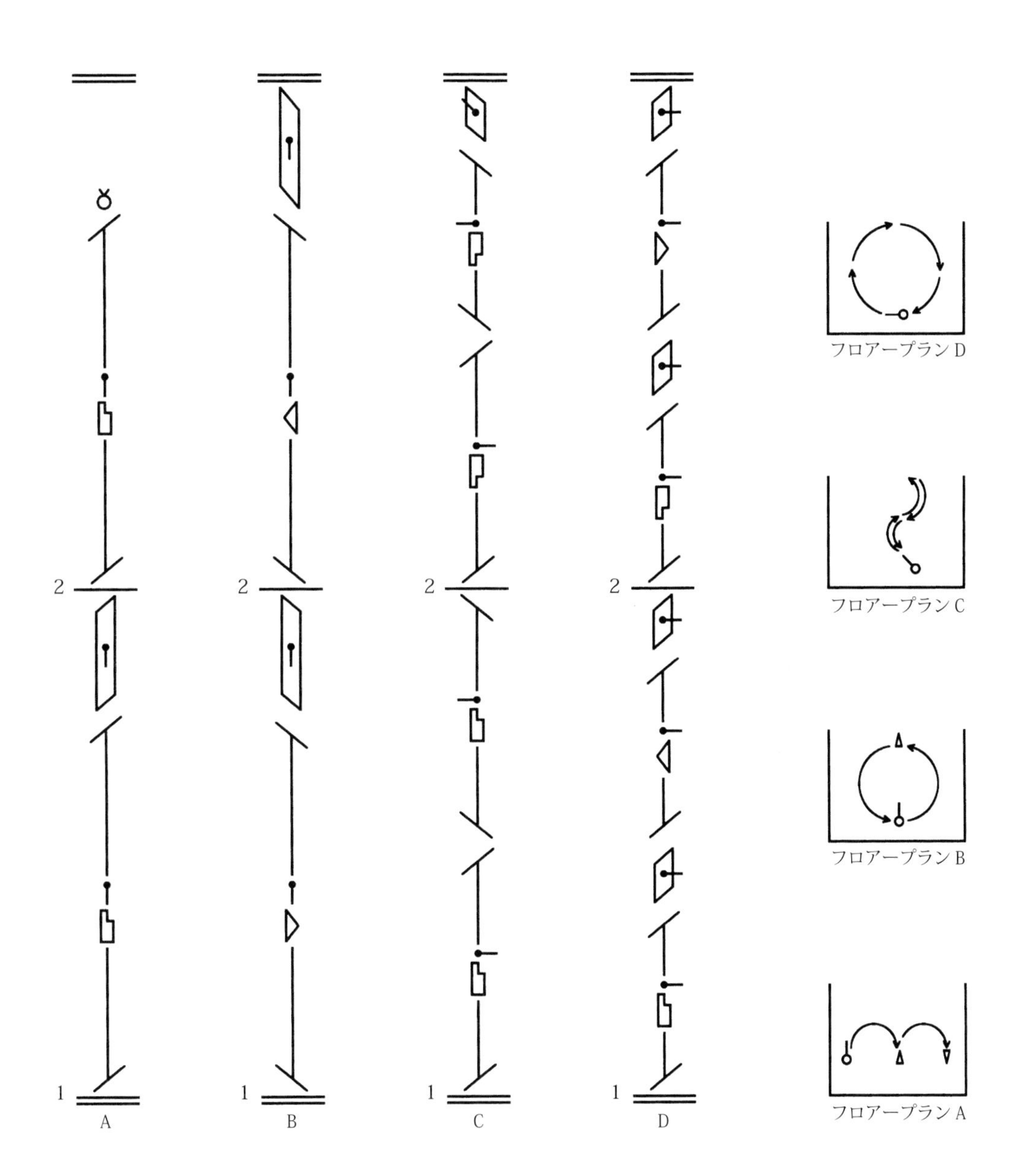

3-4 ▶連続したターンを含むトラベリング

トラベリングに付随して起こるが、その方向には影響しないすばやいターン、わずかな間のスピンについてはあらかじめ説明した。これとは異なるのが、パスを移動している間、はじめから終わりまで均等かつ連続的に行うターンである。このとき、歩いて円を描くと正面が徐々に変化し続けるのと同じ現象が起きる。緩やかな方向転換がストレートパスのトラベリングで生じる。これはまた、サーキュラーパスをするときにも起こり得る。

木の葉が風に吹かれて旋回するとき、あるいはファッションモデルが部屋や通路を進み、ドレスを全角度から見せるときのゆっくりとした優雅な回転のような、ゆったりと漂うような連続したターンを試してみよう。動機は何でもよく、トラベリングするパスは変えず、ステップの方向のみ変え続けること。**トラベリングの間に行うターン**は、パスのはじめから終わりまで行うのである。実はこれは、トラベリングの間中、シンプルに自分を中心軸としてターンし続けるということである。ターンの速度が増したり回数が増えたりすると、移動する動きによりターンの動きが強調されることになる。

この組み合わせをマスターするには、例えば15のステップをする間にとても滑らかで均等な1回転をするなど、まずその場でゆっくりとしたターンをしてみるとよい。次に、進むラインを意識しながら、床の上のストレートパスを15のステップで歩いてみる。そして最後に、これら2つの動作を組み合わせてみる。ターンをしないときのステップはすべて前へ向かうものだったが、今や、足がパスのラインから外れないために、ターンをするたびにそれぞれのステップは、からだ、つまりヒップから見てわずかに違う方向に向かうよう調整する必要がある。もし、やわらかなそよ風に乗って身を任せれば、ステップを自然に踏むことができて、それぞれのステップについても考える必要はないだろう。3、4回ほど練習すれば、上手にできるようになる。同じパスでもステップの数を変えたり、ターンの度合いを変えたりして試してみること。ターンを多く行うなら、2つのステップごとに1ターンしてみてもよい。こうすると、トラベリングの間に急速なスピンをすることになる。

連続したターンをするには、それに合ったパスを明確にする必要がある。3.10aは、前方へのストレートパスを表している。3.10bは演者の正面が変わらない。3.10cのように、**ターンの記号をパス記号の中に書く**と、パス記号が続く間ずっとターンを行うことになる。**ターンによってパスを成し遂げるのである**。ターンの度合いはターン記号の中に書く。3.10dは、このパス上でゆっくりと1回転をする人を描いたものである。パスの方向はつねに開始地点、最初のステップから判断するのである。

このようなゆっくりとした持続的なターンを組み合わせたトラベリングをフロアープランに示す場合、ターンの指示（小さな輪）をパスに加える必要はない。ターンの指示が必要なのは、

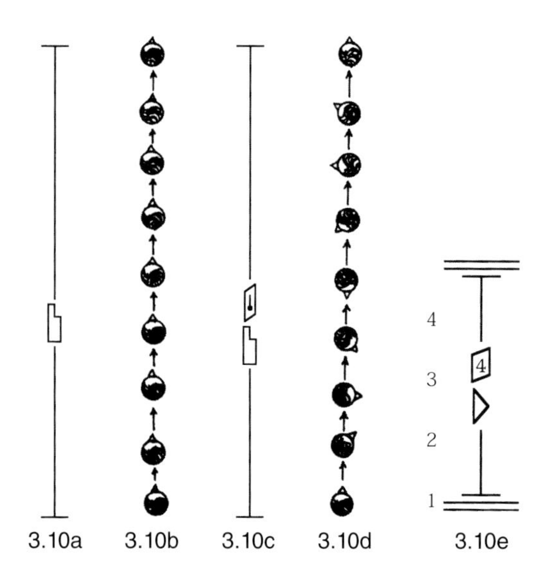

3.10a　3.10b　3.10c　3.10d　3.10e

パスの間中ターンを行う場合ではなく、トラベリングの最中にすばやいターンを挿入的に行う場合である。

あるパスをトラベリングしているとき、速い連続的なターンを行う。その例として、バレエのシェネターンが挙げられる。これはストレートパス上をすばやく、連続的かつ一定のリズムで行うターンである（踏み出す足のターンの度合いが一定ではないピケターンとは異なる）。

3.10eは、右方向へのストレートパス上で4回のターンを4カウントで行うことを示している。ターンはトラベリングの間中続くので、ここでもまたフロアープランに小さな輪を記す必要はない。ターンは、パスの方向や形と同じくらい重要なのである。

練習課題13・14 トラベリングの間のターン

練習課題13における8分の8拍子の音楽には、スムーズなターンの動作を補う、夢見心地で漂うような感覚がある。そして、このような感覚は、パス全体を通して求められる。ターンを伴うトラベリングとは、トラベリングをしながら自分を中心軸としてターンし続けることである。練習課題14は、より速い4分の2拍子の音楽であり、異なる雰囲気を演出する。トラベリング、もしくは通常のサーキュラーパスをしながらターンすることに着目しよう。5小節と6小節のすばやく行うターンと、最後の7小節と8小節のサーキュラーパスの半ばで行うすばやいターンとの違いを比較してみよう。

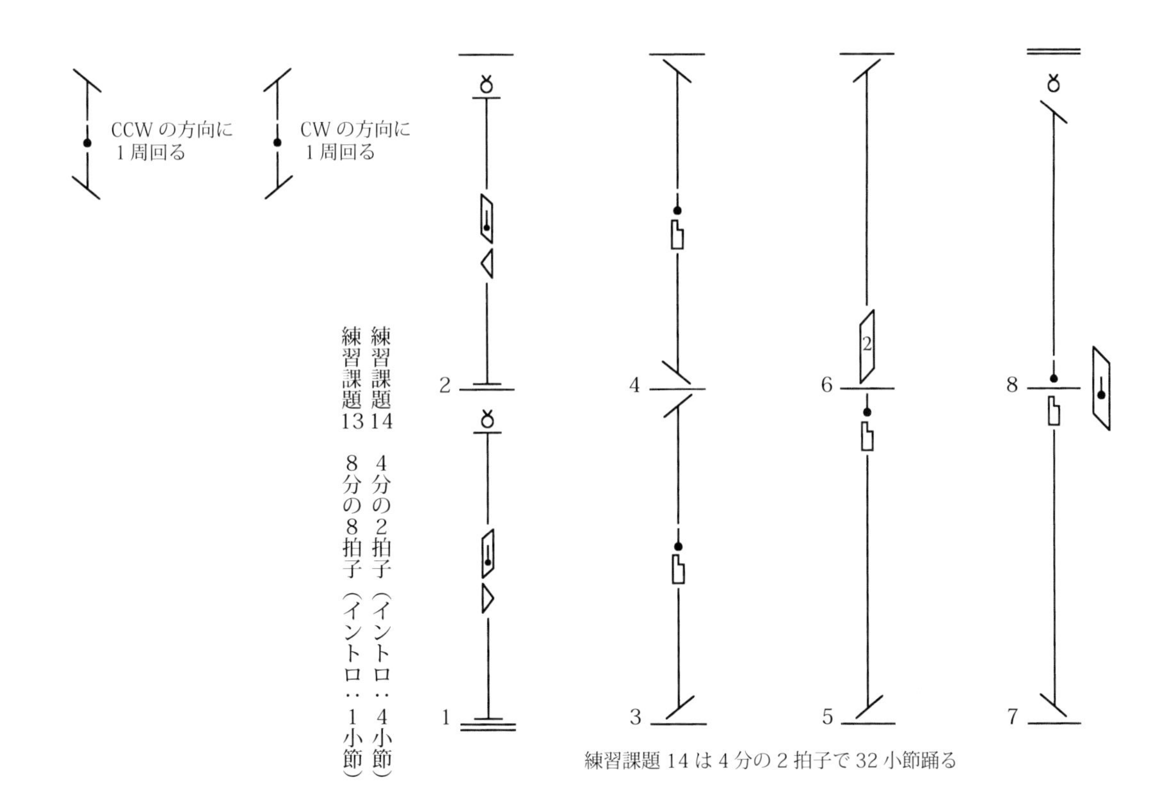

練習課題14は4分の2拍子で32小節踊る

3-5▶スパイラルパス

部屋や舞台上でのストレートパスは、壁（もしくは舞台袖）に着くときに必然的に終わる。

新たにストレートパスを始めるためには、方向転換やターンをしなければならない。しかしサーキュラーパスの場合は、方向転換やターンをせずに、永遠に続けることができる。石うすにつながれた哀れなロバが、同じサーキュラーパス上を果てしなくぱかぱかと歩いている様子を想像してみよう。同じパスを絶え間なく進むとき、ターンとその結果生じるステップの方向転換によって、サークリングのトラベリングはより深い味わいをかもし出す。

ソロのダンスでは、同じ大きさのサーキュラーパスが絶え間なく続くと、単調になりがちである。しかしこれは、円のサイズを調節することで避けられる。円を大きくするには、空間の限界に達するまで円の中心（焦点）から遠ざかり続ける。円を小さくするには、中心に近づけばよい。中心までくるとサークリングは終わる。あとはその場でのターンとなる。

1 スパイラルの動機

中心へ向かうスパイラル(spiral; らせん)は、円形のトラベリングを終わらせ、「帰る場所」とでもいうべき中心点を見つけたいという欲求の結果として生じるのかもしれない。または、動きの動機が次第に消えて、そのためにパスが先細るのかもしれない。エネルギーの消失によって、円は中心にたどり着くまでどんどん小さくなる。逆に外向きのスパイラルは、自信に満ちた冒険心を抱きながら探検旅行に挑んだ結果かもしれない。領域が広がるにつれ、円も大きくなるのである。グループによるスパイラルは、より空間的なデザインを想起しやすく、独特な表現となる。例えば内向きへのスパイラルは、空間の緊張を強めていく。このようなパスは、ファランドールというフランスの古いフォークダンスのフォーメーションに存在する。

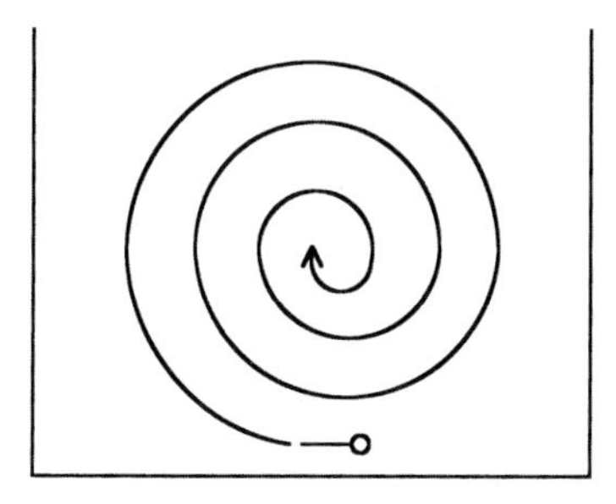

3.11a
内側へのスパイラル

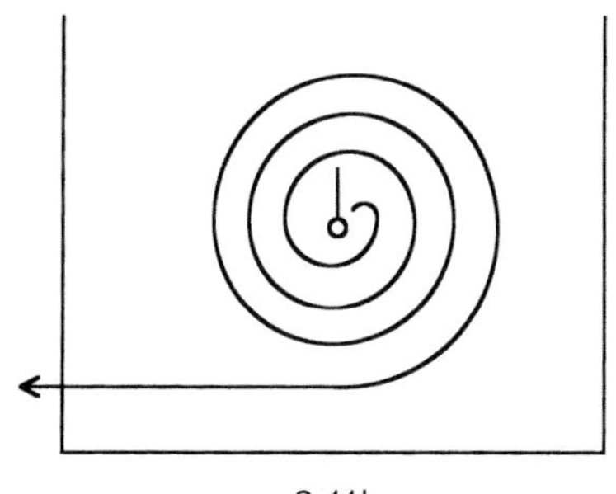

3.11b
外側へのスパイラル

2 スパイラルの表示

サークリングは車輪のハブや車軸（3.12b）のように、中心点の周りに起こる（3.12a）。この中心が円の焦点である。内側にスパイラルすると焦点に**近づき**、中心点からの距離が次第に小さくなっていく。反対に外側にスパイラルすると中心から**遠ざかり**、サークリングは大きくなっていく。3.12c ～ 3.12eに着目してみよう。

3.12f ～ 3.12jの記号はスパイラルを示すために必要なものであり、サーキュラーパス記号の中に書く。

内側か外側かというスパイラルの向きを演者に自由に選択させたい場合は、3.12kのように

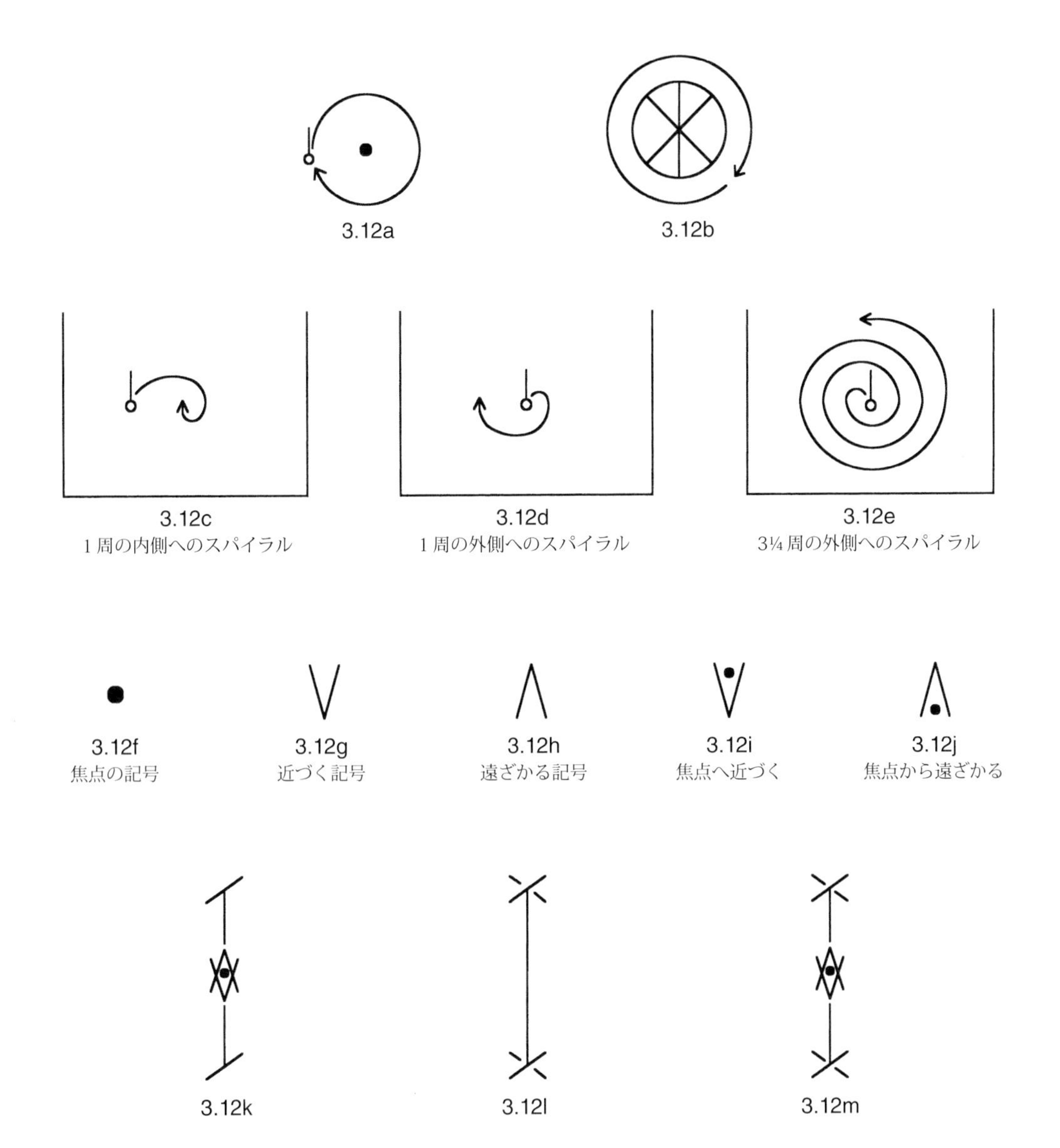

2つの記号を組み合わせる。さらに選択肢を増やしたい場合は、サークリングの方向を自由に選べる3.12lを用いる。これによってサークリングを左右どちらにするか、スパイラルを内側または外側にするかを選択できるようになる(3.12m)。留意点は、選択肢が増えることによって、譜面がより複雑なものになるということである。

3 スパイラルパスの度合い

3.12c〜3.12eを見てわかるように、1周だけではスパイラルを強く印象づけることはできない。予定した大きさよりも小さく、もしくは大きくなってしまい、開始地点から遠く離れただけの「正確に描けていない円」のように感じられるだろう。そのため、ほとんどのスパイラルは2周以上のサークリングからなり、その数を数字で表示する。1/4や1/2といった1周未満の端数は、黒いピンによって表す。

はじめに向いていた正面へ戻る度数を数えることで、何周スパイラルをしたかが明らかになる。

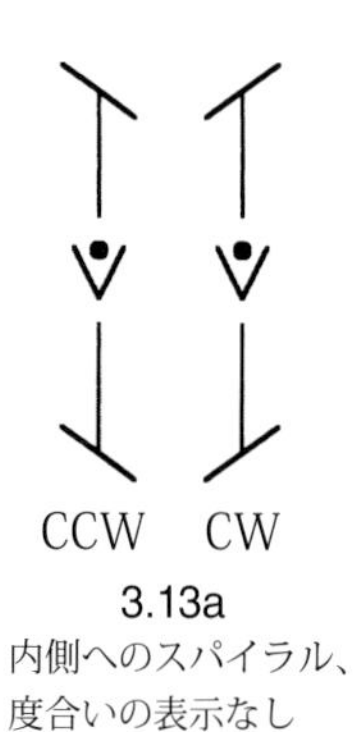

3.13a
内側へのスパイラル、
度合いの表示なし

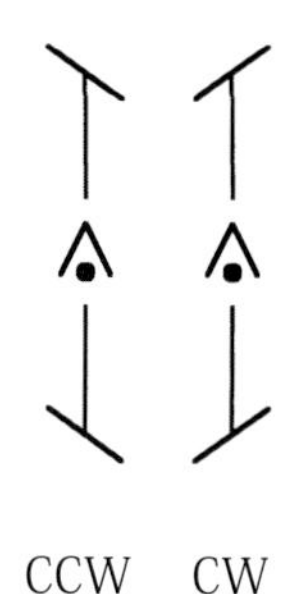

3.13b
外側へのスパイラル、
度合いの表示なし

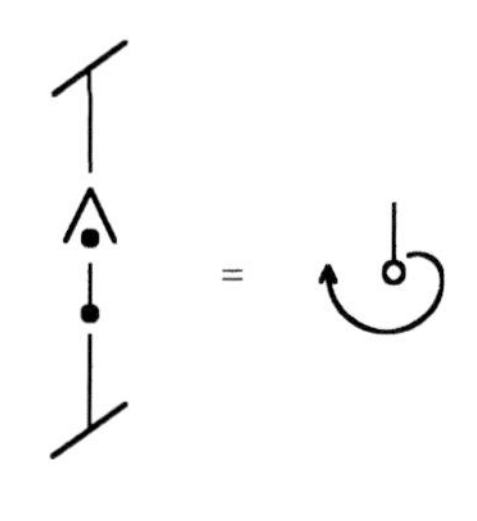

3.13c
1周の外側へのスパイラル

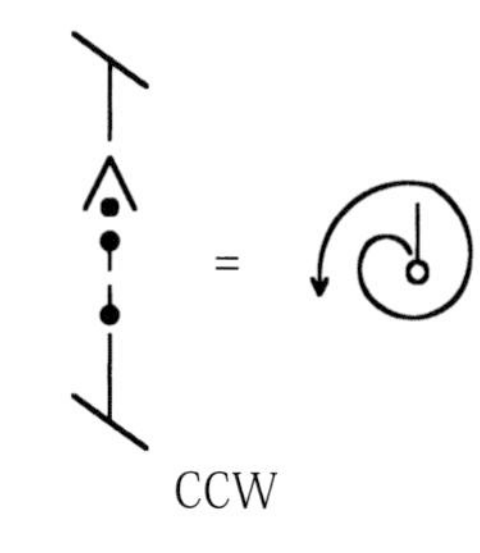

3.13d
1周半の外側へのスパイラル

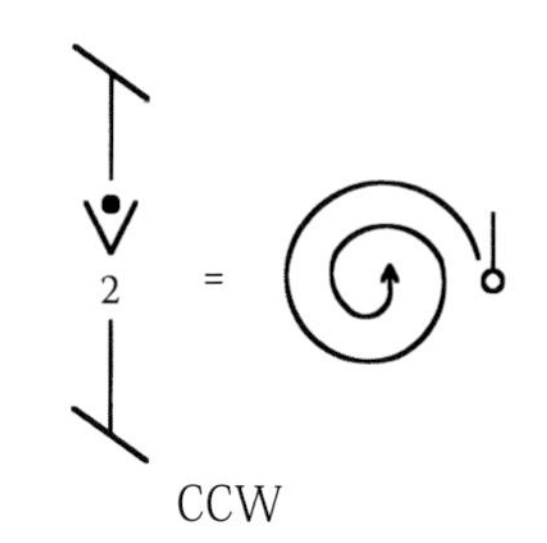

3.13e
2周の内側へのスパイラル

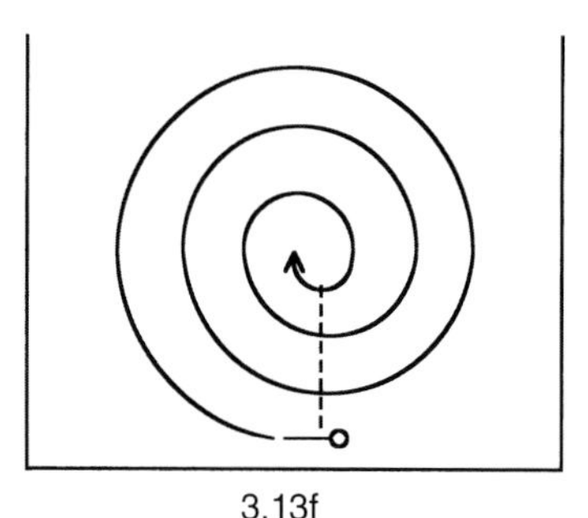

3.13f
3¼周の内側へのスパイラル

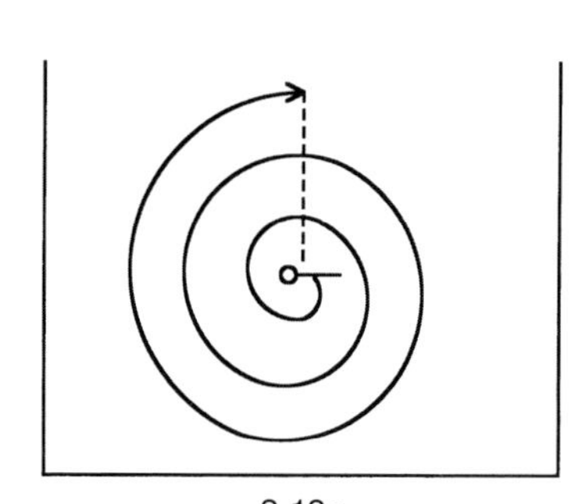

3.13g
3周の外側へのスパイラル

もし図があれば、開始の位置から見て右の角度に線を引いてみるとわかりやすい。3.13f、3.13gでは、何周サークリングを行ったかを点線によって視覚的に示している。

スパイラルパスを行うには時間がかかる。スパイラルの印象を強めるには最低でも2周必要である。3周すればよりよいだろう。

4 スパイラルパス ——モーションもしくは到達点？

これまで、スパイラルパスの到達点(destination)については触れてこなかった。スパイラルパスには、焦点にたどり着くものもあれば、たどり着かないものもあるかもしれない。到達点を示し、中心にたどり着くという目

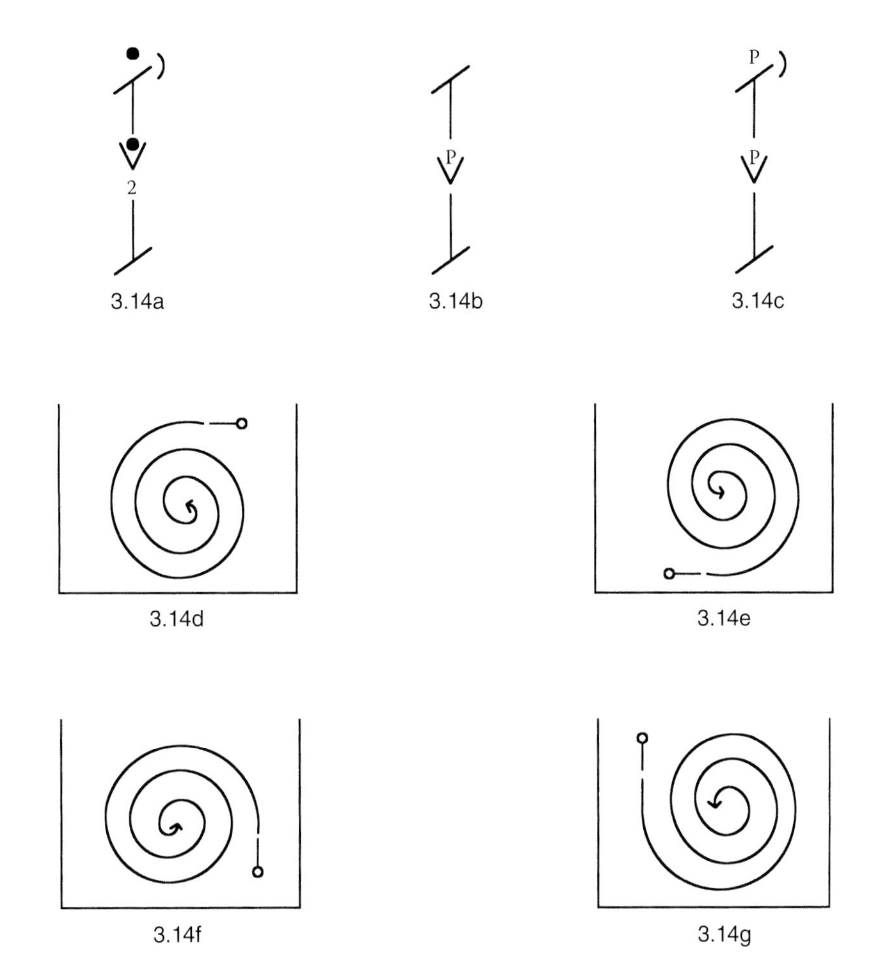

3.14a
3.14b
3.14c
3.14d
3.14e
3.14f
3.14g

標を明確にするには、焦点の記号をパス記号の最後に書き、小さな弧でつなぐ。3.14aは、内側へのスパイラルを２周回って、焦点である中心にたどり着くことを示している。3.14bのPはパートナーを表し、パートナーに近づくことを示している。3.14cは内側向きにスパイラルし、パートナーのところにたどり着くことを示している。

練習課題15はサークリングパスが広がったり狭まったりするので、マグネットが磁力に引き寄せられるように、空間を漂うような、浮かぶような感覚を抱くかもしれない。ここではステップはからだをサポートするためだけにあり、動作そのものは重要ではない。浮いた感覚を得るためには、（からだの前に十分に体重がかかり）重力の中心が引っ張られるようにすべきである。この課題では、スパイラルのほとんどは前へのステップによって行われる。前へのステップは最も行いやすく、パスに起きる変化に集中しているときは特にそうである。しかし課題の後半では、パスのステップの方向は自由になっている。重要な点は、課題の最後を締めくくる大きなスパイラルを前もって計画しなければならないことである。そしてこれは締めくくりを予測して、後ろから前へと作りあげることを意味している。この締めくくりのスパイラルを適切な部屋の位置から始めないと、内側へのスパイラルを完成するための空間がなくなってしまう。このスパイラルを（シェイプをごまかさずに）うまく演じるためには、開始の位置は限られている。上記の3.14d～3.14gは、４つの解釈の可能性を示している。

練習課題 15	スパイラルパス

フロアープラン上の開始位置に気をつけること。9小節から12小節では、サークリングの度合いとパスの方向を選び、課題の最後にくる大きな内側へのスパイラルのための空間を作ること。

練習課題を解釈し演じたあとにフロアープランを描き、どのようにスパイラルを行ったかを示すこと。ガイダンスとして、これまで見てきたスパイラルのフロアープランを参考にしてほしい。

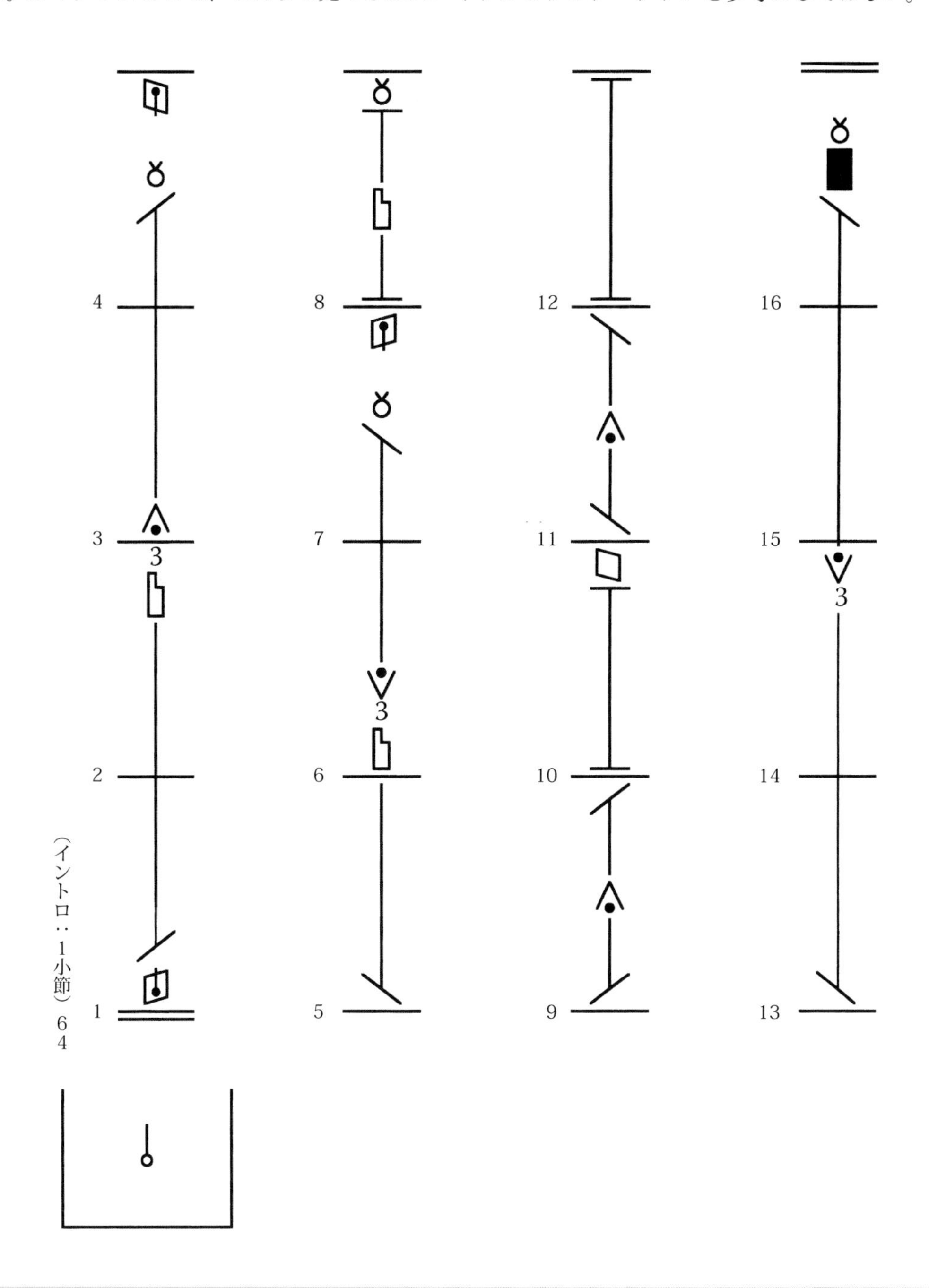

3-6 ▶ フロアープランを見よ

振付家がサークリングパスを指示するとき、それらが必ずしも完全に左右対称な円や、正確なスパイラルを意味しない場合がある。このようなとき、振付家は振り付けたい空間デザインや空間位置をフロアープランに書き、これを演者に参照してもらうという方法をとる。パス記号の中に書かれた、1辺が開いた小さな長方形はフロアープランを表し、「フロアープランを見よ」ということを意味する。

3.15aでは、3.15bに図示されているように不完全な円であるので、フロアープランを見るように知らせる記号がある。3.15cでは1周の内側へのスパイラルを指示し、3.15dはそのスパイラルがきついカーブで終わることを示している。

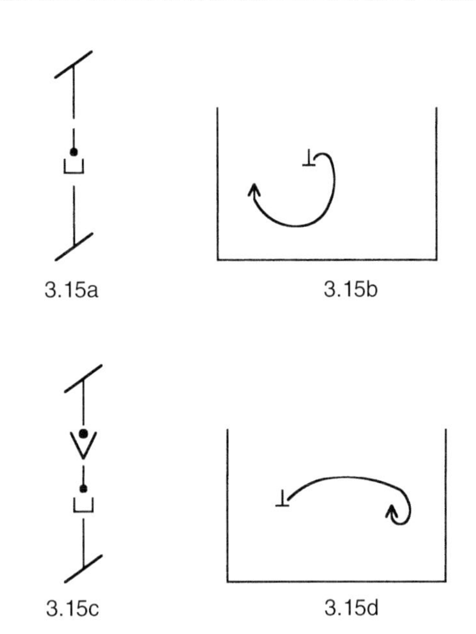

3-7 ▶ 連続的な動きのフレージング

譜面の動きをただ実行するのと、キネティックな論理的表現ともいうべき一貫性のある連続的な動きとして演じるのとは別のことである。ある動きが次の動きへと変わるとき、そこには何らかの関連があるのだろうか。つながりが見出せるのか、それとも2つ目の動作は前の動作とは関係のない、完全に切り離されたものなのだろうか。タイミングはこれを読み解くうえで有効な示唆を与えてくれる。動きと動きの間に切れ目があるとき、たいてい2つ目の動きは新しいスタート、新しいアイデアを意味する。シンプルな連続的な動きを例として、その可能性について検討してみよう。

3.16aでは、ターンのあとにサーキュラーパス、そしてストレートパスが続く。3.16bはその解釈の一例を示している。これは中心を軸としたターンから始まり、空間が広がってサーキュラーパスへと展開した連続的な動きと解釈できる。そして、何か目標物に向かって空間をまっすぐに進んでいく、いわばストレートパスになる。いかなるジェスチャー、ダイナミクスなどの要素がこれに加わっても、元の動き自体にキネティックな論理が見出せる。核となる垂直軸の回転から展開するという点で、空間的な一貫性があるといえる。

動きにはそれぞれキネティックな論理がある。動きのフレーズが論理的であるためには、展開が不可欠である。新しい動作はたいていそれ以前に起きた動作の中で「生まれる」のである。サーキュラーパスの芽生え、または始まりの予感といったものは、ターンの動作の終わりにはすでに生じている。また、サークリングが終わり切る前に、ストレートパスへのからだの準備はできている。新しいアイデアの芽生えとは、たいていからだ、胴体の中央でわき出す小さなダイナミクスの変化を意味する。しかし、そのような変化が実際にはどのように起きるかを言葉で表現することは難しい。それはからだの中で自然にわき出すものであり、外部からはとらえにくいものだからである。

3.16cは3.16aと同じ動きの要素を使っているが,動作の間にある空白は,「動きのアイデア」つまりフレーズの流れを分断する休止を表している。それぞれに新しいスタートがあり、新しい「アイデア」がある。それぞれが先行する動作の休止をとらえなければならない。このような動的パターン、すなわち３つに分かれたアイデアは、そうなるように意図的に記譜されている。紙上で表現された記譜と同様に、動きのアイデアは動きそのものでも違いを明確に表現することが重要である。

「ある動きのアイデアが、先行する動きの中から出てくる」とはどういう意味だろうか。会話文と比較してみよう。「あなたが休暇でここを離れる６時に、あなたのことを考える」という文章は、話者が相手を気遣っていることと、旅行に出発する時間をわかっているということを伝えている。このような思考過程は、次のように言うと伝わらない。「私はあなたのことを考える。それは６時だ。あなたは休暇でここを離れる」。動きの展開にも似た論理があてはまる。しかし、なぜ、どのように１つの動作から別の動作が生じるのかを容易に言い表せるものではない。身体的、キネティックな感覚、そしてフレージングの理解力を養うことが必要である。

動きやアイデアは、動きの構成上、意図的に

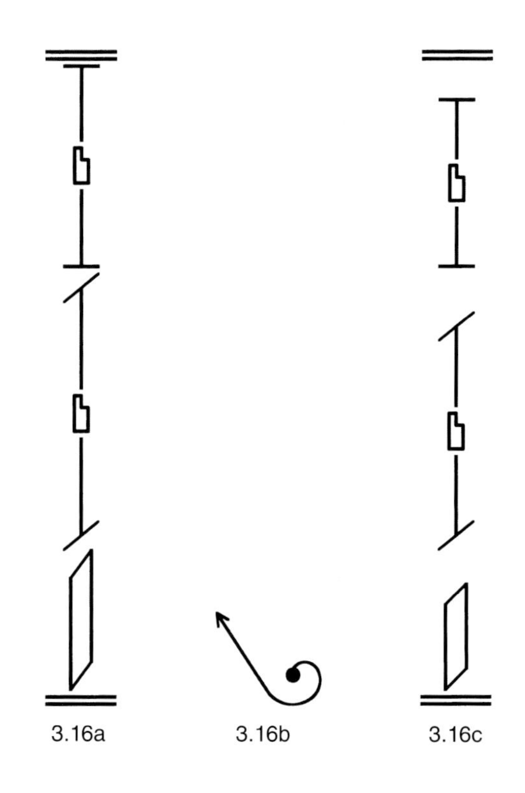

分断することができる。これは、特にコンテンポラリーダンスの振り付けでよくみられる。現代音楽、現代詩や散文において、通常とは異なる予想不可能なアイデアや音、言葉を並べることで特殊な効果を生み出しているように、コンテンポラリーダンスの振り付けにおいても同様の効果を得るために、普通とは異なる非論理的な動きの配列を行うのである。すべての学習に通じることだが、普通と普通でないものを見分けられるようになるには、伝統的な表現形式を習得するのが賢い方法であろう。複雑な方法を探究する前に、シンプルな形、通常の論理的な展開を十分に学び、習得すべきである。

第3章の総覧

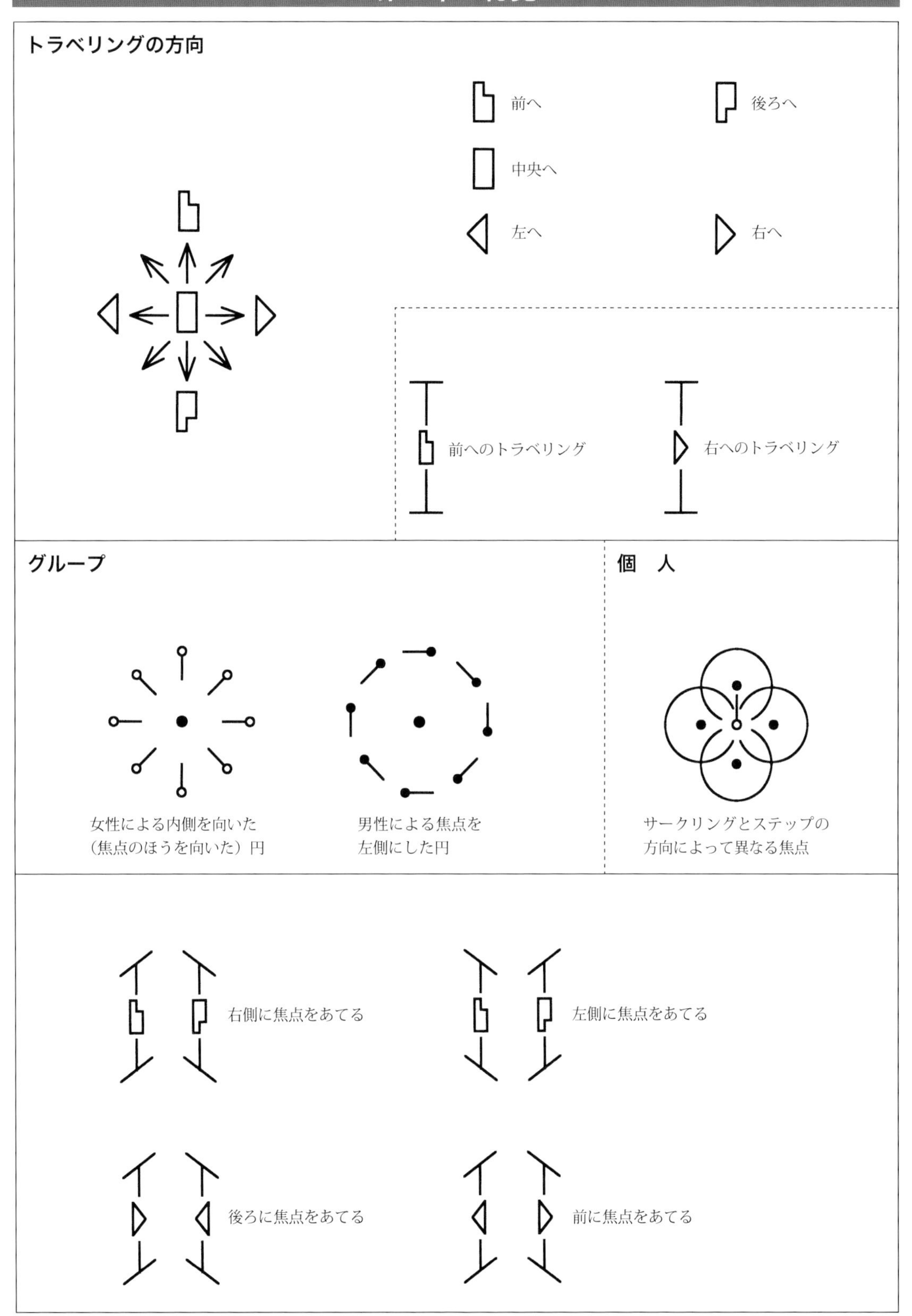

トラベリングの方向
前へ
後ろへ
中央へ
左へ
右へ
前へのトラベリング
右へのトラベリング
グループ
個　人
女性による内側を向いた
(焦点のほうを向いた) 円
男性による焦点を
左側にした円
サークリングとステップの
方向によって異なる焦点
右側に焦点をあてる
左側に焦点をあてる
後ろに焦点をあてる
前に焦点をあてる

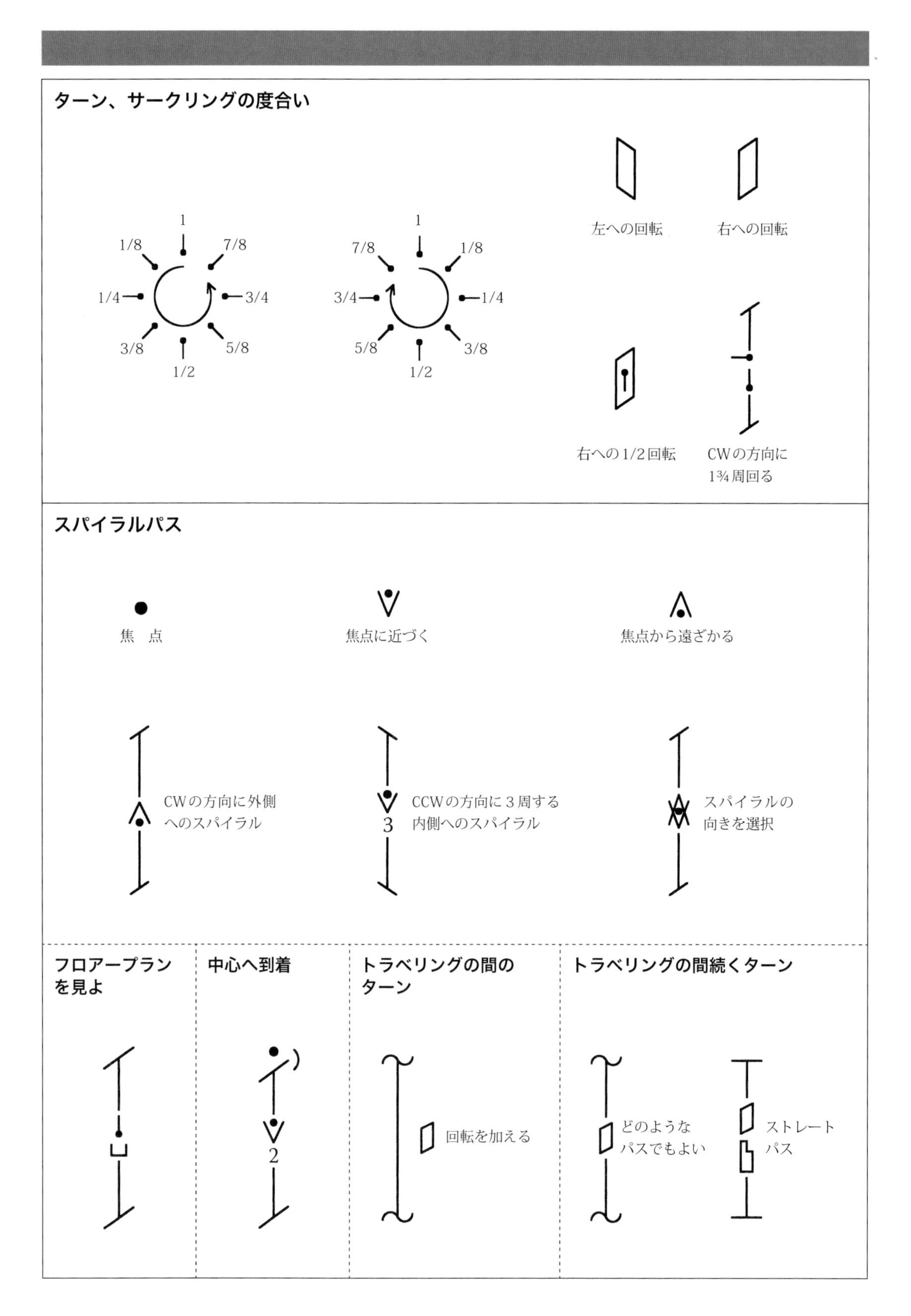
ターン、サークリングの度合い
1
1/8
7/8
1/4
3/4
3/8
5/8
1/2
1
7/8
1/8
3/4
1/4
5/8
3/8
1/2
左への回転
右への回転
右への1/2回転
CWの方向に
1¾周回る
スパイラルパス
焦　点
焦点に近づく
焦点から遠ざかる
CWの方向に外側
へのスパイラル
3
CCWの方向に3周する
内側へのスパイラル
スパイラルの
向きを選択
フロアープラン
を見よ
中心へ到着
2
トラベリングの間の
ターン
回転を加える
トラベリングの間続くターン
どのような
パスでもよい
ストレート
パス

第4章

サポートがないこと：スプリング（跳躍）5つの基本型

跳躍とは何か。私たちはなぜ空中に跳び上がるのだろうか。ここでは意図的なサポートのない状態を扱うのであって、つまずいて転ぶときや、宇宙飛行士が無重力で経験するようなサポート*1がないことを指すのではない。とはいえ、無重力空間において体操選手やバレリーナには何ができるだろうか。宙返りは何回できるだろうか。バレエのカブリオールやアントルシャは何回できるだろうか。しかし私たちはいかなる跳躍もそうであるように、地面に降り立って日常の現実と向き合わなければならないのである。

自然界にはジャンプする動作の例が数多くある。鳥は枝から枝へ「ホップ（hop）」し、カエルやノミは空中に「跳ねる（leap）」。メキシコのセバスチアナの種*2はあまり知られていないが、トビウオが水上に飛び出し滑空することはバッタ同様よく知られている。

また、子どもは単に機嫌がいいと、そこら中を飛び回る。彼らはボールのように跳ねるのが楽しいのである。それは無意識の反射作用で、あり余ったエネルギーを燃焼させる自然な方法なのである。したがって空中に跳び上がりたいという欲求は、エネルギーの上昇によって引き起こされるか、またはそれと結びついたものであるべきである。エネルギーのない者にはジャンプはできない。過剰なエネルギーが生じる理由は、喜びや怒り、激怒、もしくは絶望などさまざまである。絶望を演じる場合、役者は自分自身を空中に投げ出し、運命と闘うだろう。

それでは、エネルギーの上昇によって引き起こされるスプリング（spring；跳躍）の日常的

4.1a
怒　り

4.1b
泥棒が走る

4.1c
「泥棒を止めて！」

＊1 「支える」を意味する「サポート」については、第9章で詳細に扱う。本書では、「サポート」に関して、特にからだのどの部位を用いて体重を支えるかについて検討する。
＊2 中にいる蛾の幼虫の動きによって踊っているように見えるメキシコ産トウダイグサ科の植物の種子。

な動作の例を見てみよう。攻撃的な人は、文字どおり（または比喩的に）人やアイデアに対して飛びつく。飛んで弾む活動は、並外れて速く進む、エネルギーのレベルが高い状態である。もし「ホップして進め」と言われたら、敏速に動くことが期待される。急いで逃げ去る泥棒にはスピードとエネルギーが必要である。怒りにみられるような過度のエネルギーは、ときとして両足でジャンプしながら地面を踏みつけるような、極端なフラストレーションとして表現されることもある。

跳躍には、大きな水たまりを飛び越えたり、落ちてくるレンガをよけたりするなどという現実的な理由から生じるものもある。しかしここで着目したいのは、重力に打ち勝ちたいという人間の欲求から生じる跳躍である。空中への上昇は、重力に逆らった方向、つまり上方へ向かう動きの延長である。より高いところに届きたいために、私たちは空中に跳び上がる。そして自由や興奮、飛行、世俗的な生活からの逃避という瞬間を楽しむことが可能になる。

跳躍には多様な型が可能であり、人間はそれらを楽しむ先天的な感情を備えている。こうした感情に加えて、重力に打ち勝ち、乗り越えたいという人間の願望が、体操やアクロバットのタンブリングにみられるような様式化した運動を生み出したといえる。これらの運動には、トランポリンや高い鉄棒などを使って回転の幅を増やし、バラエティに富んだ空中「トリック」にまで展開しているものもある。体操、スケート、ダンスでは、空中のステップはとても精密な方法でパフォーマンスに組み込まれている。そのスキルと精密さは評価の対象となり、演者の到達目標でもある。しかし、ここでは運動の最後の形やその行い方ではなく、跳躍をする根本的な理由が楽しさにあるということに着目したい。言い換えると、跳躍という基本的な動きに内在する、自由になる喜びに目を向けるのである。

4-1▶空中のステップ

この基本的な動きの型を表す用語について簡単に説明する。空中のステップには、地上を離れて戻ってくるプロセスによって、(1)両足で跳び、両足で着地する、(2)片足で跳び、同じ足で着地する、(3)片足で跳び、もう一方の足で着地する、(4)片足で跳び、両足で着地する、(5)両足で跳び、片足で着地する、という5つの型がある。しかしこれらを表す用語とともに、空中のステップという一般語もなくてはならない。5つの型についてはあとで詳しく述べるが、それまでは型を特定しない一般語として用いることにする。

跳躍を表す際に最も広く使われている一般語は「ジャンプ」である。しかし、ジャンプは両足で跳び両足で着地するという特定の跳躍の型を表している。ジャンピング（jumping）とはそのようなジャンプが連続で起こっていることを指す。一方どのような型も種類も関係のない、跳躍というものを指す言葉は「スプリング」となる。したがって混乱を避けるためにも「ジャンプ」と「スプリング」は区別すべきである。空中のステップの最も適切な一般用語としては、スプリング（spring）、スプリンギング（springing）、もしくは連続的スプリング（a series of springs）となる。また違う言葉を挙げれば、上昇ステップ（steps of elevation）、または空中ステップ（aerial steps）も適切である。ここで大切なのは、特定の型を表さない一般的な用語を使うという点である。

1 ダンスにおける空中のステップ

ダンスにおけるスプリングとは、どのような

4.2a
リズミカルなスプリング

4.2b
空中での曲芸

4.2c

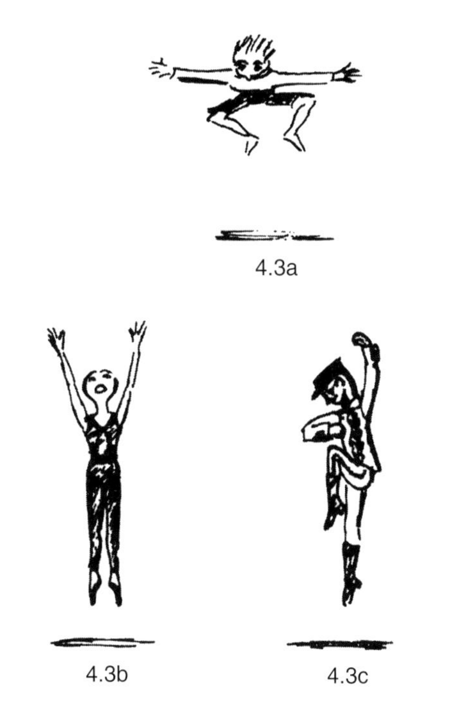

4.3a

4.3b

4.3c

目的や効果があるのだろうか。多くのフォークダンスでは、スプリングがリズムを作る役割を果たしている。伴奏音楽が弾む作用をもたらす。劇場で観るダンスでは、空中のステップが加わることでダンス全体が非日常的なものとなり、おおげさな表現や様式的な表現を演出する。

振付家はどのような目的で空中のステップを使うのだろうか。単に離れ業を見せるため、動きをデザインするため、もしくはドラマチックな動機、歓喜または絶望の瞬間を表すためかもしれない。上方に跳ぶことで、パフォーマンスを盛り上げ、クライマックスを表現することができる。わき上がる感情のエネルギーは、重力に逆らい、地上の存在であるからだを上昇させることでスムーズに燃焼できる。あふれる感情はスプリングによって巧みに表現できるのである。

2 空間的な表現性

スプリングは、瞬間的な浮遊の楽しさとは別に、特定の空間デザインを生み出すという側面をもっている。地面を離れるということは、両脚を動かせる状態にあることを意味し、脚を曲げる、伸ばす、広げる、閉じる、いろいろな方向で脚を打ち合わせる、ジェスチャーをするなど、相互に関連しあう動作が可能となる。そしてこれらの動作のすべては、ターンを加えることでさらに装飾的になるのである。

スプリングは、跳ぶ準備の状態、空中での全身や四肢の動き、着地の仕方によってその多様性が大きく広がる。ひねったり、曲げたり伸ばしたりといった動きを加えると、より興味深いものとなる。意図したとおりのスプリングができれば、それに付随する要素はあくまで二次的なものとなる。スプリングはたいていトラベリングやターンと一緒に行われるが、ほかの動作がスプリングと同等の重要性をもっているかに注意すべきである。スプリングというメインの動作が隠れてしまわないように、付随する動作をどの程度強調するか意識することが大切である。

4.3aは床から跳ね上がったスプリングで、4.3bは天井や空に向かって伸び上がったスプリングである。敵に勝ったときの戦士の勝利のダンスでは、これらの2つが合体して、4.3c

4.3d

4.3e

のようになる。これらは空間を縦に使った場合の例である。4.3dでは空中にいる間、横の空間を使うことで自由を表現している。一方、4.3eでは前方へ矢のように飛び込んでいく様子、つまり演者にとっても観客にとっても心躍る瞬間を表している。

3 スプリングにおけるエネルギーの使い方

跳躍は脚を使って行うが、身体意識は重心となる胴体部に置くべきである。ダンサーの中には、跳躍の際に脚のことだけを考え、ある高名なダンス教師が述べたような「ヒップを持ち上げる」ことを考えない人がいる。しかしからだの重心を持ち上げるには、身体各部位がうまく調和していなければならない。

手足の位置やからだの形などを全く考えずに、基本的な弾みの動き、スプリングを繰り返し行ってみよう。まずスプリングの基本的な感覚を体験し習得すれば、その後動きの形とスタイルを進化させても、ダイナミックな跳躍力を失うことはないだろう。跳ぶときに両腕や脚を調和させながらリフトすると勢いが生まれ、重力に打ち勝つことができる。両脚をともに動かして行うジャンプは力強く、より高く跳ぶことになる。タイミングと勢いが重要となる。

音楽のビートを刻むようなスプリングは、多かれ少なかれその場で行われることが多い。トラベリングをしながらすばやい動きのスプリングをする場合は、片足から片足への跳躍になりがちである。ダンスではさまざまなスプリングの形が様式化され、異なる表現効果をもたらしている。一方運動競技では、スタイルはからだの機能面、合理性に基づいて形成されている。

私たちがスプリングするときのエネルギーの向きは、地面を離れてできるだけ高く跳ぼうとするときの垂直方向か、床を横切るような水平方向のどちらかである。地上をすばやく移動しようとすると、自然に走ることになる。普通の歩行でもエネルギー量やスピードが上がっていけば、簡単に走ることへと変わっていく。1歩1歩の間、わずかに地面から離れる瞬間に、小さなスプリングが起きているのである。またゆっくりとしたテンポで走ると、簡単に跳躍へと発展するのである。

4 スプリングの表示

たとえば、曲芸師が手から跳び上がったり、ロシアの民族舞踊のダンサーが、ひざや座った姿勢などから跳び上がったりすることがある。しかしここでは足で跳ぶという一般的なスプリ

4.4

ングの形態について考えてみたい。

4.4はスプリングを表す記号である。この記号は３つの部分からなり､それぞれ意味をもつ。以下に挙げる動きの例の１つひとつを、いくつか異なった方法で探究し実践してみよう。もし即座に思いつくものがあれば、それはおそらく自分の好みの型かもしれない。その後すぐまた別のもの、別のものと次々に試してみよう。腕や胴体、頭の動きを脚の型と組み合わせてみよう。それらが脚の型とうまく調和するものならば、より豊かな表現が可能になるだろう。

ここではまだ、どの足を使ってステップをするか、空中で脚をどうするか、またはどの足で着地するかなどの詳細については述べていない。

動きの探究は、一般的なものからより特殊なものへと進めていく。さまざまな可能性を試し、その後に自分の選んだ特定の型に着目してみよう。

4-2 ▶ トラベリングと組み合わせたスプリング

4.5a ～ 4.5fはスプリングとトラベリングとがどのように組み合わされるかを示している。4.5aのように、トラベリングする前にスプリングをすることもできる。この場合文章の前に感嘆符「！」を置くような効果が得られるだろう。スプリングは4.5bのように、エネルギーのさく裂やからだを押し進める起動力としてトラベリング開始時にも起こり得る。4.5cではスプリングがトラベリングの最後にきており、止まるためにエネルギーを最大に発揮し、動きの結びとなっている。4.5dのようにトラベリング終了後にスプリングがくると、あとから新しいアイデアを思いついたような感じになる。

スプリングは4.5eにあるように、トラベリングの中間に起こる場合もある。4.5fでは３つのスプリング記号がある。スプリングの記号の位置は、それがいつ生じるかを示している。ここでのトラベリングは前方へのストレートパスを念頭に置いていることに注意しよう。スプリングはほかの経路や方向でも可能である。さまざまなスプリングを試してみると、どれがトラベリングの開始時に、どれがトラベリングの終了時に適しているのかが発見できる。

この段階ではまだスプリングの５つの基本の

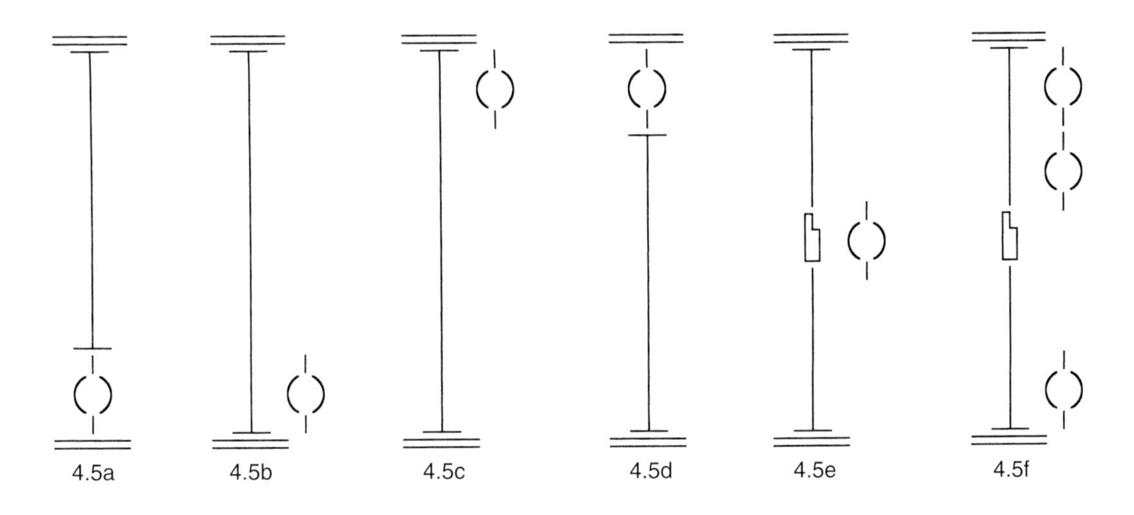

4.5a　4.5b　4.5c　4.5d　4.5e　4.5f

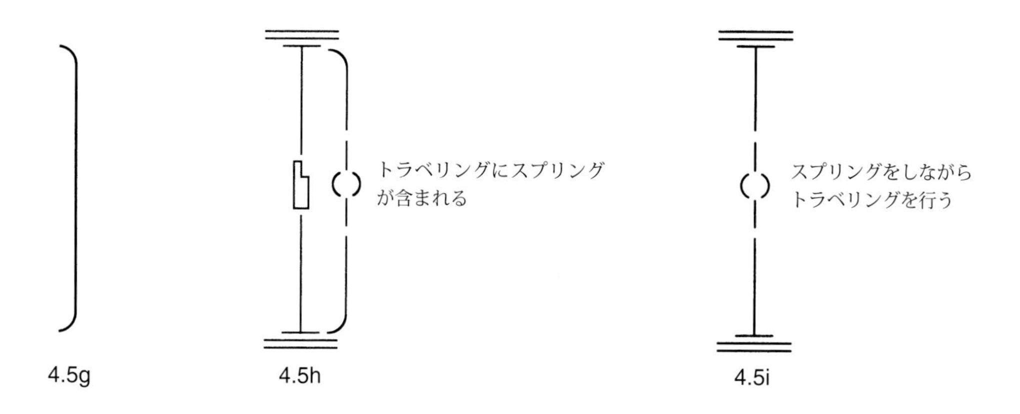

型については詳しく説明していないが、この5つのうちのどれがより移動に適しているかを明らかにしていく。両足で跳び、両足で着地するジャンプは、両脚を袋に入れて競争するサックレースなどからもわかるように、最も効率的な方法とはいえないだろう。また片足だけで連続して跳ぶのは、足を疲れさせ、移動距離を縮めることにつながる。走ることと、リープ（leap；片足で跳び、もう一方の足で着地するスプリング）は、地上を移動する手段として最も自然である。これらを念頭に置くと、4.5a～4.5fのスプリングや動作について、異なったよりよい解釈が可能となる。

動きやシークエンスを考えるうえで、スプリングを取り入れたいが、どこで、どれくらい行うかについては自由にしておきたい場合がある。それは、4.5gのように真ん中がまっすぐで、両端が少し曲がった縦の弧状線、インクルージョンボウ（inclusion bow）によって表すことができる。中心となる動きに含まれるべき動きは、この弧状線のまっすぐな部分に書き入れる。4.5hは、前方へのトラベリングの際、どこかの地点でスプリングが含まれるという意味である。4.5iはスプリングをしながらトラベリングをすることを示す。

1 スプリングの大きさ

スプリングの大きさとは何か。滞空時間や地上にいる時間によって決まるのか。トラベリングの距離が影響しなければ、滞空時間はスプリングの高さに等しいといえる。高さの違いは空中ステップの機能と表現に著しく影響する。滞空時間の短いスプリングは、軽く拍子やリズムをとり、興奮して小さく弾むようなときに表れる。片足からもう片方の足へと移る小さいスプリングは、ジョギングのように走っているときに起こる。対照的に、普通に手を伸ばしても届かないような頭上の物をつかもうとするときや、ハードル越えのように物に触れずに何かを

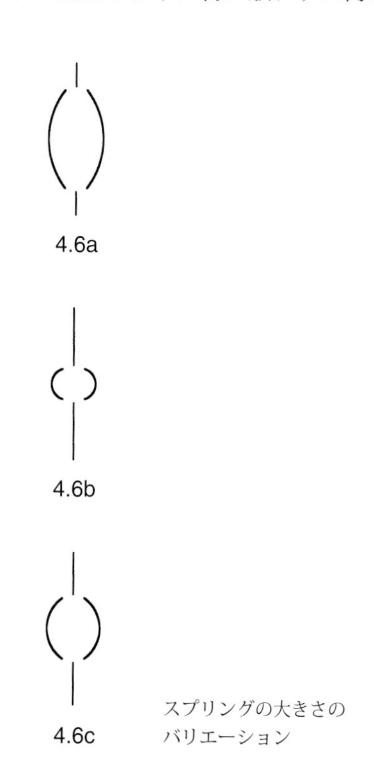

スプリングの大きさのバリエーション

飛び越えようとするときに高いスプリングが必要となる。このようなスプリングは明らかに滞空時間やスプリングの持続時間が長いといえる。

一定の拍子に合わせてスプリングを連続的に行うとき、拍子は維持しながらもかなり高さに変化をつけることができる。低くスプリングする場合、そっと着地し、地上にとどまることで余分な時間を調節する。高いスプリングが続くときは跳ね返りパターンによって、熱い岩の上を歩いているときのように、着地したかと思うとすぐに再び跳び上がる。また、これらの両極の間に、空中と地上に費やす時間が同等の、ほどよい弾力性のあるスプリングも存在する。

スプリングの記号は地上と空中にいることの両方を示すため、地上で使う時間、空中で使う時間の割合を表すことができる。こうして、地上と空中の時間配分やスプリングの全体的な大きさ、小さいか大きいかを示すことができるのである。4.6aは跳び上がりと着地の時間が短く、滞空時間が長いことを表している。4.6bはその逆で、滞空時間が短く、その前後の地上での時間が長いことを示している。4.6cは、特に高くも低くもない、ちょうどよい大きさのスプリングである。

2 独立したスプリングとリバウンドスプリング

スプリングを次々と連続的に行うとき、1つのスプリングの着地が次のスプリングの準備となるパターン、つまり跳ね返りのパターンになることがある。または、スプリングの間にバレエのプリエのような脚の曲げやステップをし、足を閉じるなど、着地のたびに新しく次のスプリングの準備をする場合がある。そしてこれらの連続したスプリングは、休むことなく続けられることがある。4.7aは2つの完全に**連続したスプリング**、つまり跳び上がって着地、次に新しい踏み切りと着地を繰り返すことを示している。4.7bでは、弾んだボールのように着地が次のスプリングの踏み切りを兼ねるリバウンドスプリング（rebound springs; 跳ね返りの連続的スプリング）を表している。また4.7cのように、着地後に静止が続き、その後新しい踏み切りなしに跳ね上がることもある。こうしたスプリングのシークエンスは、スプリングから始まることが多い。最初のスプリングの着地がカウント1のとき、空中にいる時間はカウント1よりも前ということになる。この準備のことをアップ・ビートと呼ぶ（up-beat；拍の前という意味）。4.7dはアップ・ビートのスプリングの例であり、着地が最初の小節のあと、カウント1の地点にきている。二重線が動作の開始を表すことに注意すること。

踏み切りや着地を片足や両脚で試しながら、これらの例を行ってみよう。次にトラベリングと組み合わせて試してみよう。

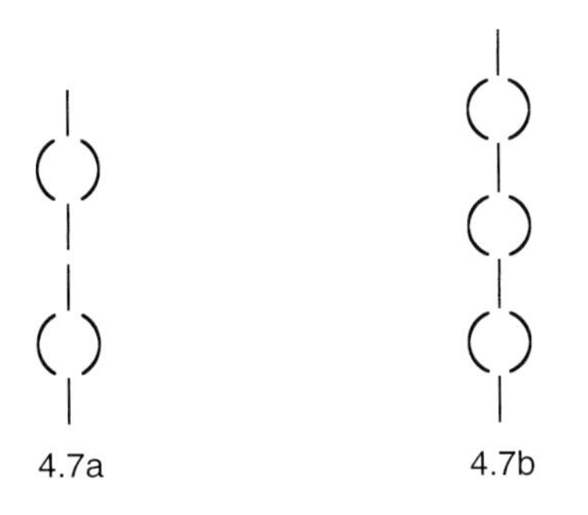

4.7a　4.7b

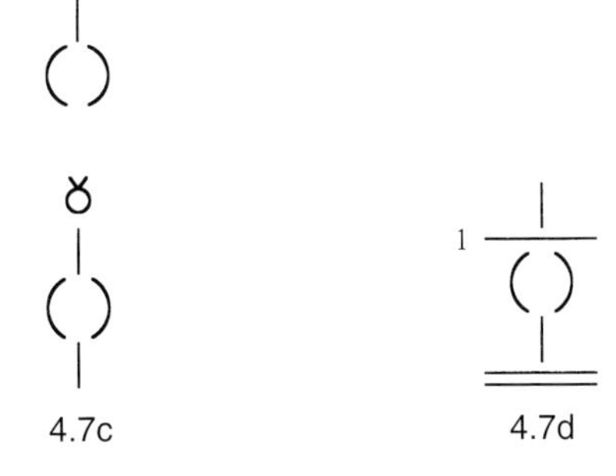

4.7c　4.7d

練習課題 16　空中のステップ――スプリングの大きさ

これは、スプリングの大きさに関する課題である。スプリングが高ければ高いほど、飛距離が長ければ長いほど、5小節、6小節にあるようにスプリングは大きいものとなる。逆に滞空時間が短ければ短いほど、スプリングは低く移動距離は短くなる。どの連続的スプリングがリバウンドでどれが個々に独立したものか、どのスプリングが移動に伴い、どのスプリングがその場で行うものかなどに留意すること。どの拍に踏み切りや着地が起こるのかを明確にするために、カウントがついている。

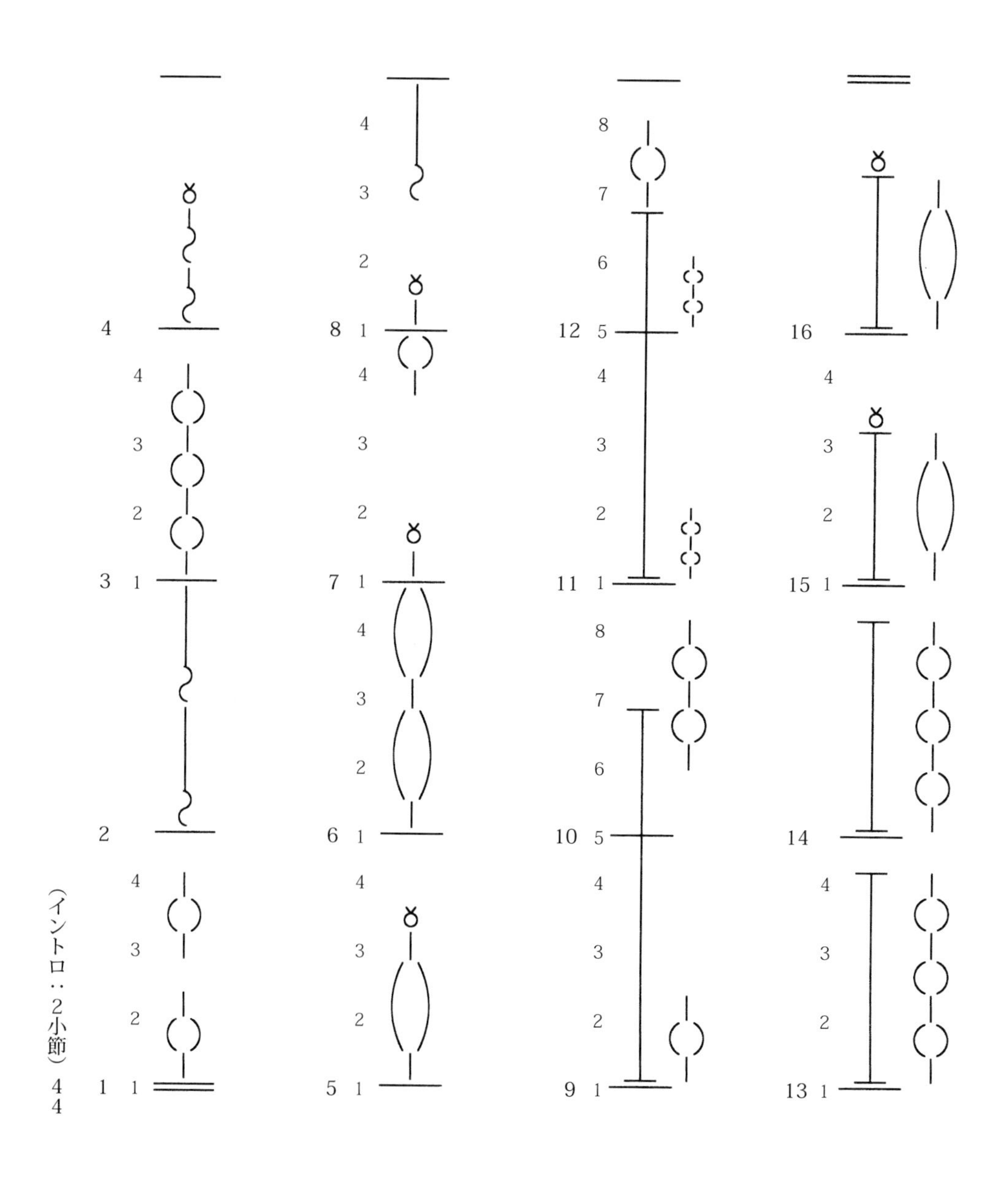

練習課題 17　トラベリングと組み合わせたスプリング

この課題では前半は内側へ、後半は外側へのスパイラルパスが組み込まれている。これらのスパイラルがフロアープランにどのように表れているかに注意しよう。第３章での学習を踏まえて、フロアープランを追うこと。

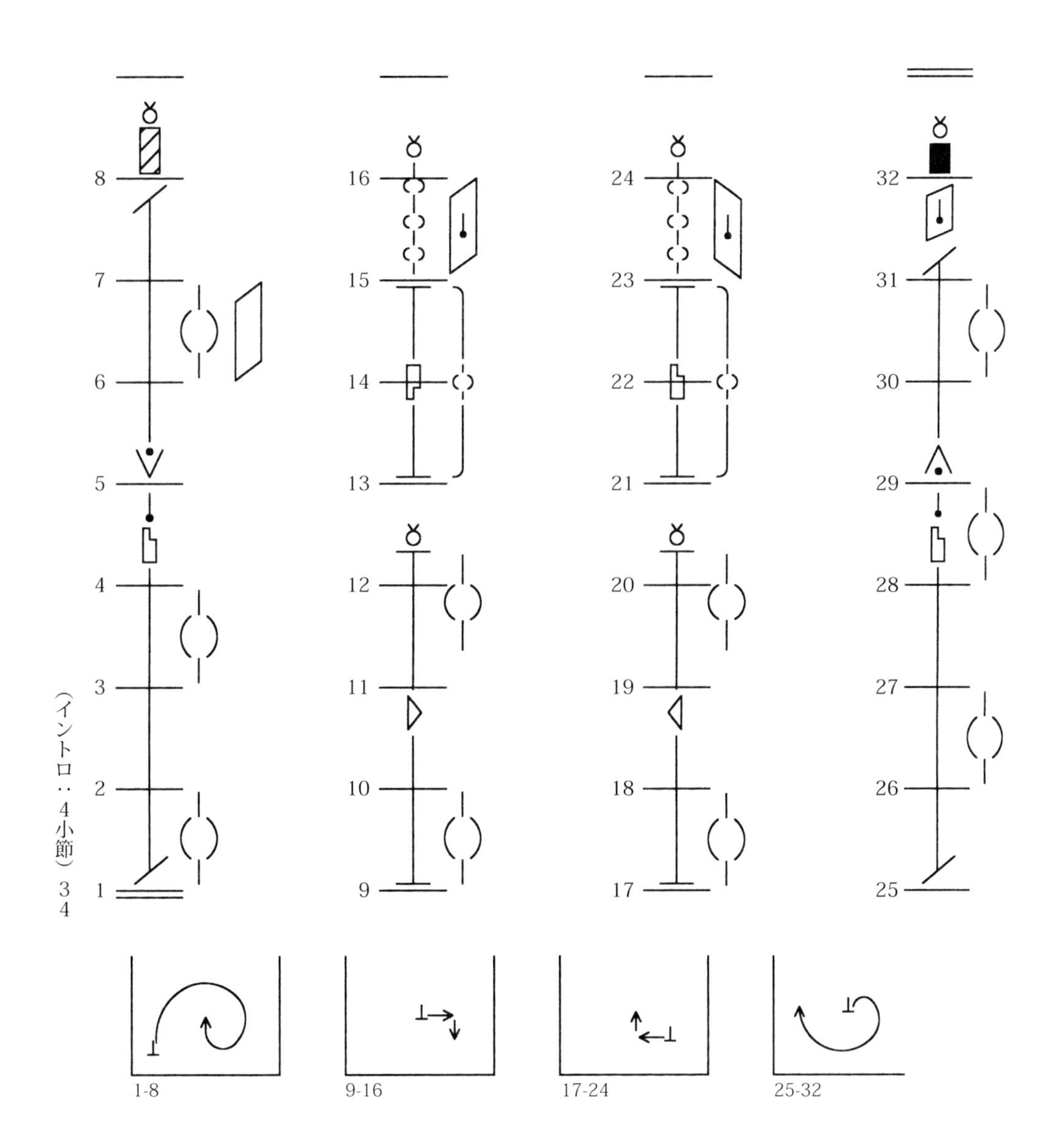

［譜面における記号の配置について］主要な動きは譜表の真ん中にくる。２つの動きが同等に重要なときは、真ん中の位置をその２つで分かち合うことになる。

4-3▶空中のステップ：5つの基本型

世界中のダンス文化には膨大な種類のスプリングが存在するかに見えるが、足の踏み切りと着地に焦点をあてると、たった5つの型に絞られる。バレエではそれぞれの型に特定の名称があるので、ここではそれらを説明に用いることにする。ただし譜表で使うときはそれらの名称は必要ではない。5つの型とは下記の表のとおりである。

スキップやギャロップもこの5つの型に含まれると考える人は多いかもしれない。実はこれらは基本の型の組み合わせによってできたものであり、ホップかリープにステップが加わってできている。スキップは、「ステップ・ホップ、ステップ・ホップ」、もしくは「ホップ・ステップ、ホップ・ステップ」（パターンがどれから始まったかによる）であり、ギャロップは、「ステップ・リープ、ステップ・リープ」となる。

4.8a
着地を閉じるランプ

4.8b
着地を開くジープ

1 用語：日常的な名称

日々の生活において、スプリングの基本の型はどのように呼ばれるだろうか。辞書では「ジャンプ」「リープ」「ホップ」「スプリング」「バウンド」といった言葉を互換性のあるものとして説明している。ホップは片足で跳び、同じ足で着地し、リープは片足で跳び、もう一方の足で着地するスプリングと認識されることもあるが、明確とはいえない。つまり本章におけるスプリングの分類と、日常会話で使われる言葉では異なっている。

5つの型のうち、(4)と(5)には日常的な名称がないので、これらに関してはバレエの名称のアッサンブレとシソンヌがよく使われる。その場合、あくまでもステップの基本型ということのみを表し、バレエ特有の脚のテクニックは意味しないことを強調しておきたい。シソンヌとアッサンブレは民族舞踊やモダンダンス、ジャズダンスの中にも出てくるが、様式によって見

	普通の名前	バレエでの名称
(1)両足で跳び、両足で着地	ジャンプ（Jump）	スーブルソー（Soubresaut）
(2)片足で跳び、同じ足で着地	ホップ（Hop）	タン・ルベ*（Temps levé）
(3)片足で跳び、もう一方の足で着地	リープ（Leap）	ジュッテ（Jeté）
(4)片足で跳び、両足で着地	ジョイニング・スプリング (joining spring)	アッサンブレ（Assemblé）
(5)両足で跳び、片足で着地	セパレイティング・スプリング (separating spring)	シソンヌ（Sissonne）

*ほとんどのバレエの流派ではこのようになっている。

え方もかなり異なるため、バレエでいうシソンヌやアッサンブレとは認識されていない。

アッサンブレという言葉を日常生活で見てみると、リープとジャンプが混ざった、片足から両足着地のスプリングということで、子どもたちは「ランプ (lump)」と呼んだりする (4.8a)。シソンヌに関しては、ジャンプのように両足で跳ぶがリープのように片足で着地するということで、彼らはこれを「ジープ (jeap)」と呼ぶ (4.8b)。

2 5つの型の表示

スプリングの5つの型は、踏み切りと着地部分をより明確に書き分けて表すことができる。

◉ジャンプの型（両足から両足）

4.9aは一般的なスプリングの記号を表しており、4.9bは両足で踏み切り、両足で着地するスプリングを表している。これらのジャンプでは、足をそろえる必要はなく、さまざまなポジションにあってもよいことになっている。踏み切りと着地を示すサポートの線が、空中を表す弧状線につながっていることに注目しよう。

◉ホップの型(片足から同じ足へのスプリング)

ホップをするとき、どの足で行うかを選択できる場合は、4.10aのような「イザーサイド (either side; どちら側でもよい)」の記号を用いる。この記号は短い垂直線（からだを左右に分けることを意味する）と、「どのようなものでもよい」を意味する、つまり「どちら側でもよい」を表す水平のアドリブ記号を組み合わせることによってできている。踏み切りの線上にアドリブ記号を書くことで、左右のどちらの足を使ってもよいことを示す。4.10bは左右のどちらかの足でホップを始めることを示している。もしこの記号が左足から書かれていても、左右のどちらの足から始めてもよいことを表している。4.10cは左足からのホップを示し、4.10dは右足からのホップを示す。弧状線に付随するサポートの線によって、踏み切りや着地を左右どちらかの足で行うのか、または両足で行うのかなどについて視覚的に示すことができる。

◉リープの型（片足からもう片方の足へのスプリング）

4.11aは左右のどちらかの足で踏み切り、着地はもう片方の足でするリープを表している。4. 11bは左から右足へのリープ、逆に4. 11cは右足から左足へのリープである。

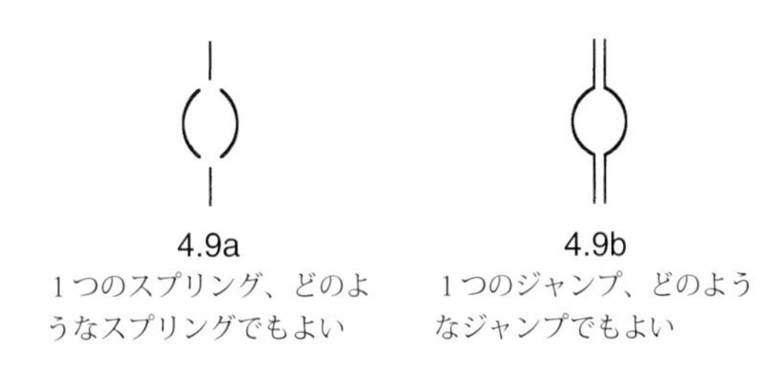

4.9a
1つのスプリング、どのようなスプリングでもよい

4.9b
1つのジャンプ、どのようなジャンプでもよい

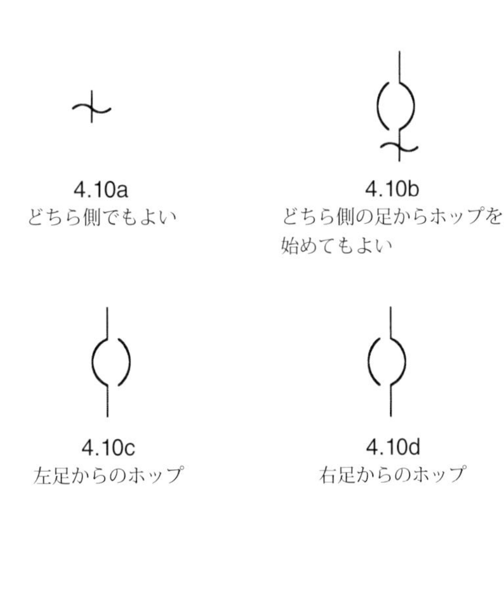

4.10a
どちら側でもよい

4.10b
どちら側の足からホップを始めてもよい

4.10c
左足からのホップ

4.10d
右足からのホップ

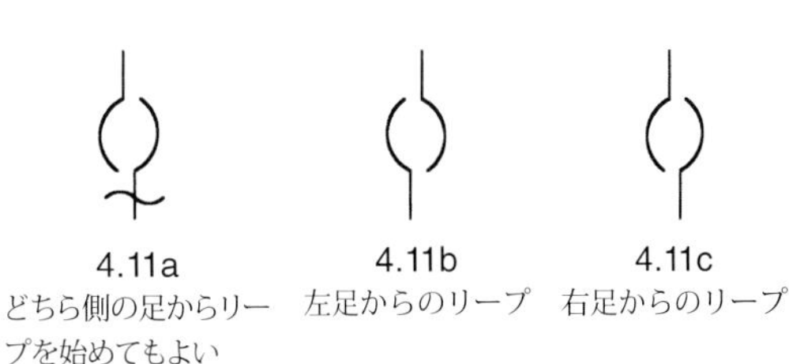

4.11a
どちら側の足からリープを始めてもよい

4.11b
左足からのリープ

4.11c
右足からのリープ

◉スキップ、ギャロップ

スプリングの組み合わせの中でもなじみ深いものは、4.12aのホップの踏み切りがステップとなる「ステップ・ホップ、ステップ・ホップ」のパターンであり、スキップの基本となる。これは順番がホップから始まって「ホップ・ステップ、ホップ・ステップ」になっても同じことである。しかし、単なる「ステップ・ホップ」ではなく、本格的なスキップの場合はリズムに変化をつけなければならない。4.12bはギャロップの基本であり、これも本格的なギャロップだとすると、リズムには変化が必要となる。

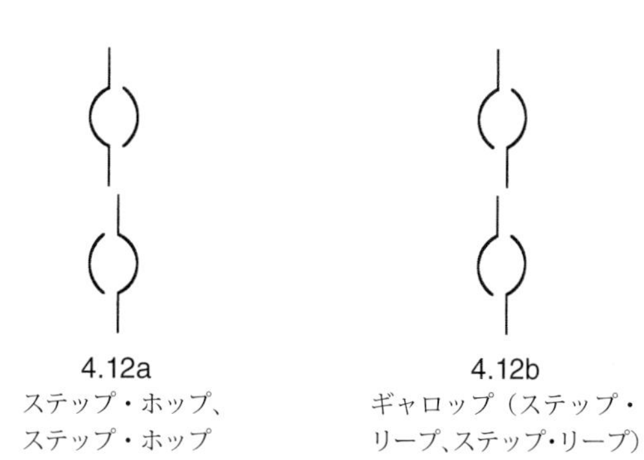

4.12a ステップ・ホップ、ステップ・ホップ

4.12b ギャロップ（ステップ・リープ、ステップ・リープ）

◉アッサンブレの型（片足から両足へのスプリング）

4.13aは、片足（どちらの足を使うかは特定されていない）で踏み切り、両足で着地するアッサンブレである。踏み切りのサポート線が弧状線にくっついていないことに注意しよう。4.13bは、踏み切りにアドリブ記号があることによって、より明確に「踏み切りの足はどちらでもよい」ということを示している。4.13cでは踏み切りは左足であり、4.13dでは右足になっている。

◉シソンヌの型（両足から片足へのスプリング）

4.14aは両足で踏み切り、片足で着地するシソンヌであるが、左右どちらの足で着地するのかは示していない。ここでも、着地のサポート線が弧状線につながっていないことに注意しよう。着地がどちらでもよいということは、4.14bではより明確である。4.14cは左足で着地し、4.14dでは右足で着地するシソンヌである。

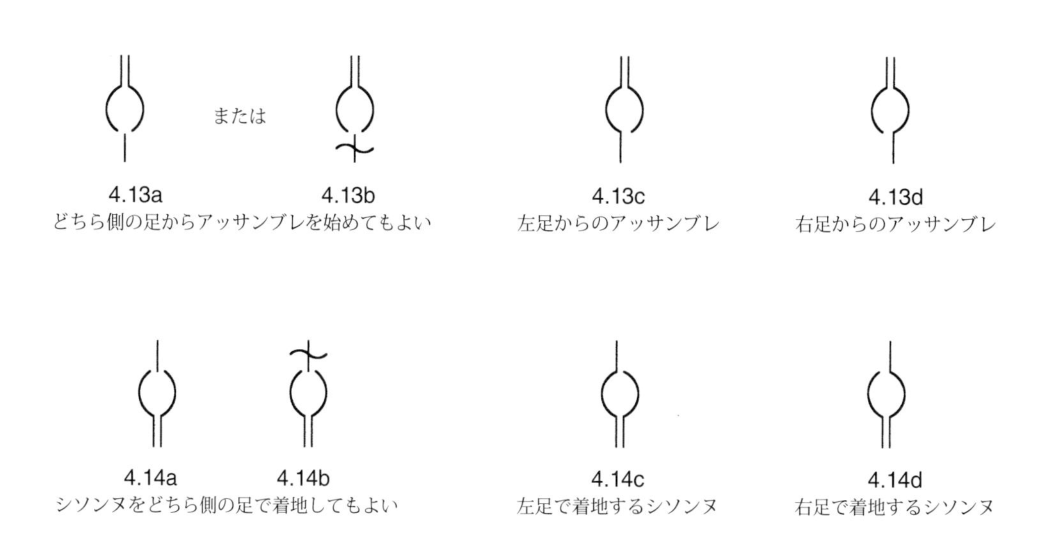

4.13a 4.13b どちら側の足からアッサンブレを始めてもよい

4.13c 左足からのアッサンブレ

4.13d 右足からのアッサンブレ

4.14a 4.14b シソンヌをどちら側の足で着地してもよい

4.14c 左足で着地するシソンヌ

4.14d 右足で着地するシソンヌ

練習課題 18

スプリングの5つの型

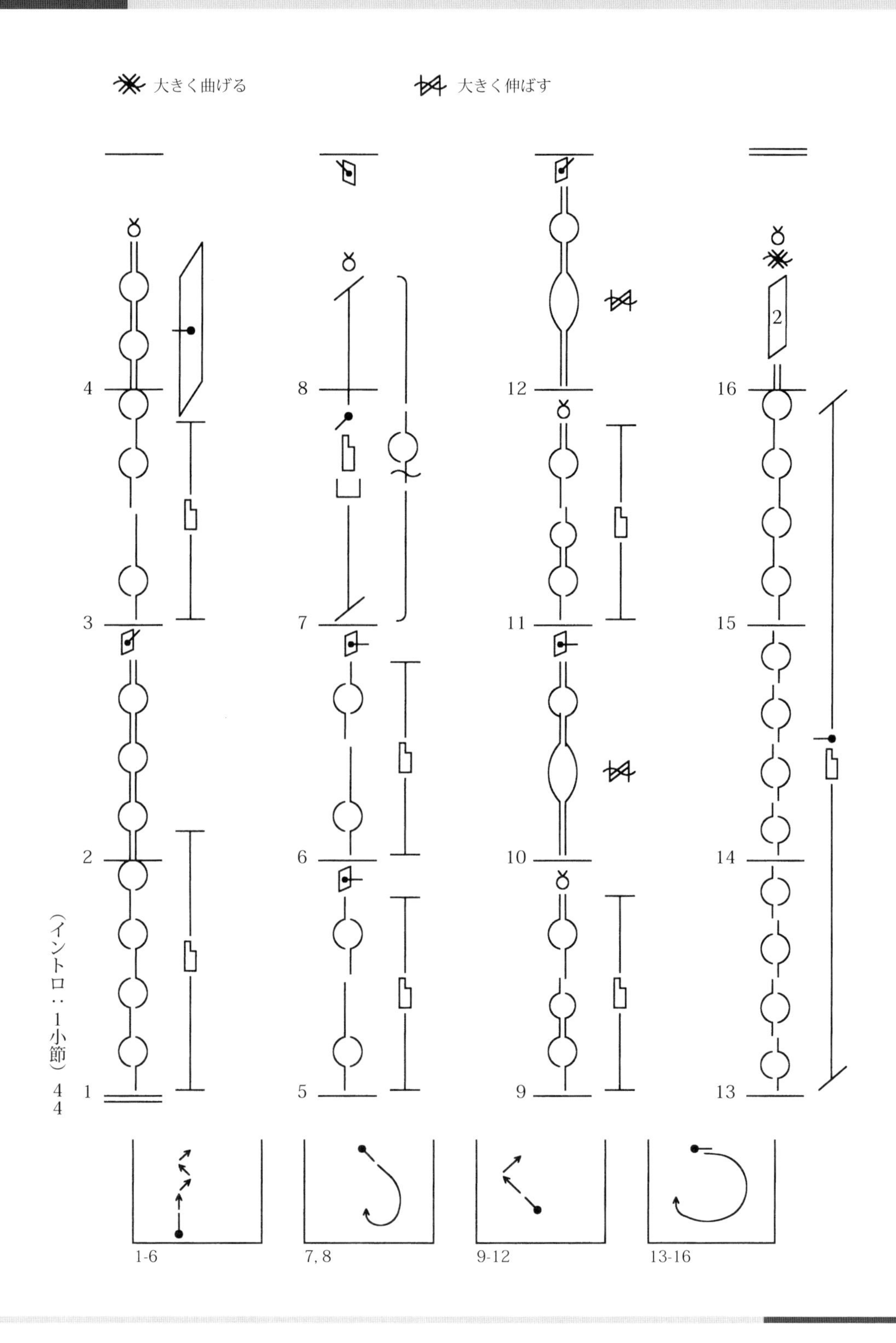

4-4 ▶バレエにおける5つの基本の型のバリエーション

すべてのダンススタイルには、それぞれにスプリングの表現様式がある。バレエにおけるスプリングも、すべての5つの型のバリエーションからなっている。バレエのスプリングについてあまり詳しくない読者のために、簡単に説明したい。

バレリーナはバレエのスプリングを実践していても、その型がどのようなものかを意識していない。ダンサーが空中で脚を打ちつけたり、脚を回すロン・ドゥ・ジャンブなどすばやい動きをしたりするとき、その基本形は完全に姿を変える。両足から起こっているように見える空中ステップが、実際は片足だけで踏み切り、つまり跳躍そのものを行っていると気づくことは重要である。同様に、実際は違っているのだが、片足で着地し、もう片方の足をすばやく下ろすことによって、ダンサーは両足で着地したかのように印象づけることができる。踏み切りと着地の瞬間が、基本形を決定づけるのである。

例えば、着地のあとにすばやく足を閉じるシソンヌ・フェルメは、両足で跳び上がり両足で着地するジャンプと考えられている。しかし、実際は両足で跳び上がっても着地は片足である。着地後あまりにもすばやく足を閉じるために、着地で起こっていることは重要とはみなされず、注目されないのである。次ページからの4.15a～4.19eでは、実際の踏み切りと着地だけを描き、その前後の動きは省いている。

1 バレエにおけるなじみ深い型の分析

クラシックバレエへの興味のあるなしにかかわらず、バレエやほかの動きの形式で用いられる空中ステップを新たな視点で見つめ直し、詳細を考察することで多くを学ぶことができる。よく知られた型を「再発見」することは、より豊かで深遠な動きへの理解につながる経験となる。

例えば、パ・ドゥ・シャという脚の動きについて考えてみよう。これはいったいどのような動きであろうか。まず片足で跳び、もう片方の足で着地するスプリングである。これは移動を伴うだろうか。当然、横へ、そして少しだけ前へと移動する。そのためには特定のからだの形を必要とするだろうか。もちろん股関節(こかんせつ)を開いたターンアウトの姿勢で、脚を横にする形でなければならない。踏み切りと着地以外では脚はどのようになっているだろうか。それぞれの脚は曲がり、パ・ドゥ・シャの大きさに合わせて、足はヒップのところまで引き寄せられる。脚は同時に曲げなければならないだろうか。通常のパフォーマンスのときには必要ない。まず片足で踏みきったときに自由な脚のほうを曲げて、それから踏み切ったほうの脚を曲げるという、一部重複した動作なのである。パ・ドゥ・シャではまず片足が着地し、それからもう片方の足を閉じて、両足が閉じた状態で終わる。

ダンサーからよい脚の動きを引き出すために、ときには樽を横に越えてスプリングするイメージが使われることもある。大きく華々しいパ・ドゥ・シャでは、両脚が同じタイミングで完全に曲がり、からだが空中に浮いているような静止した瞬間がある。関係性という観点からいえば、パ・ドゥ・シャはおそらく天井に向かって上昇する意図がある。そのとき頭や手も上にあるだろう。ロシア流のパ・ドゥ・シャでは、2番目の脚はあまり曲げずに後ろに振り出されていて、動き全体が引き伸ばされた感じとなる。

手や頭、肩を使うことによって、よりさまざまなバリエーションを生み出すことができるが、ここではそのことには触れずにおく。完成した特定の型における基本的な構成要素がどのようになっているかを検討することが、ここでの目的となるからである。

◉ホップの型

タン・ルベ

4.15a

4.15b

（その場か、トラベリングで行う。浮いている脚はどのようなポジションでもよい）

バロネ

4.15c

ロン・ドゥ・ジャンブ・ソテ

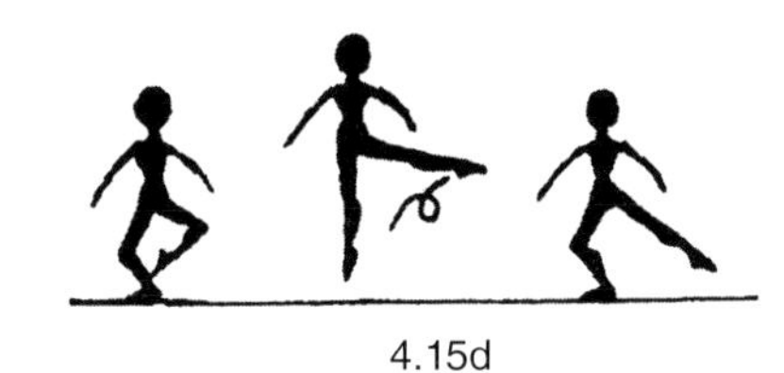
4.15d

カブリオレ

4.15e

4.15f

（すべてのからだの方向で、１回かそれ以上脚を打ちつける）

フェッテ・ソテ

4.15g

レポルタード

4.15h

◉リープの型

スプリングを伴うクペ

4.16a

グリッサード

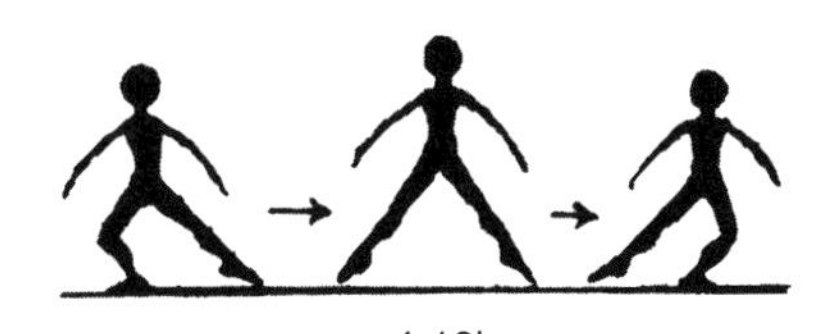
4.16b

（少しだけ地上を離れる）

ジュッテ

4.16c　　4.16d

（すべてのジュッテの型は、その場もしくはトラベリングをしながら、脚を打ったりターンをしたりしながら行う）

パ・ドゥ・シャ

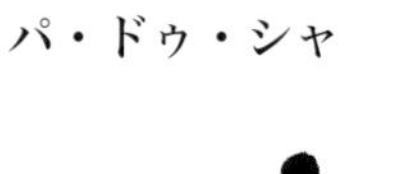

4.16e

（ガルグイヤードを含むすべての型）

バロテ

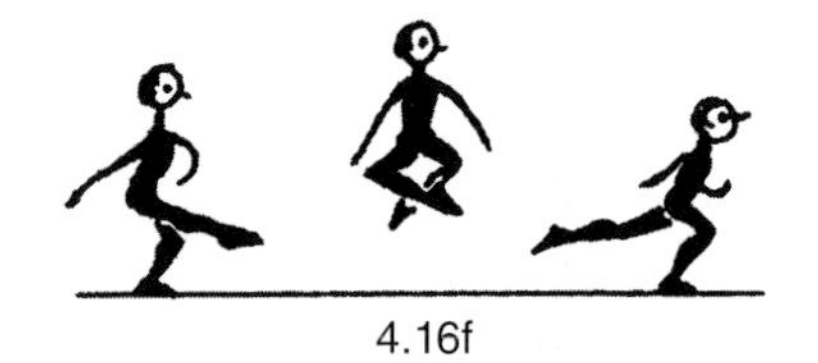

4.16f

グラン・パ・ドゥ・バスク

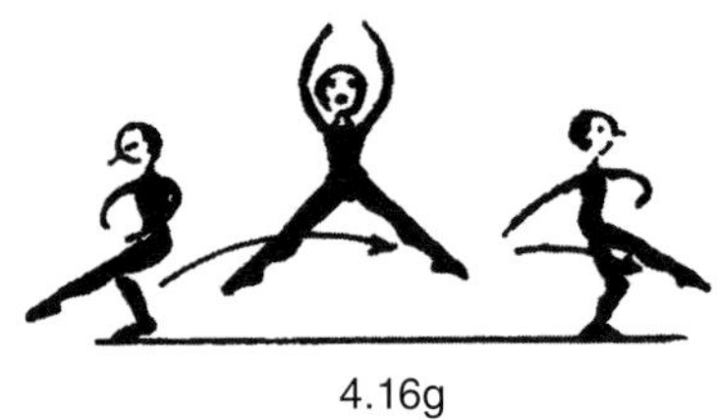

4.16g

タン・ドゥ・フレーシャ

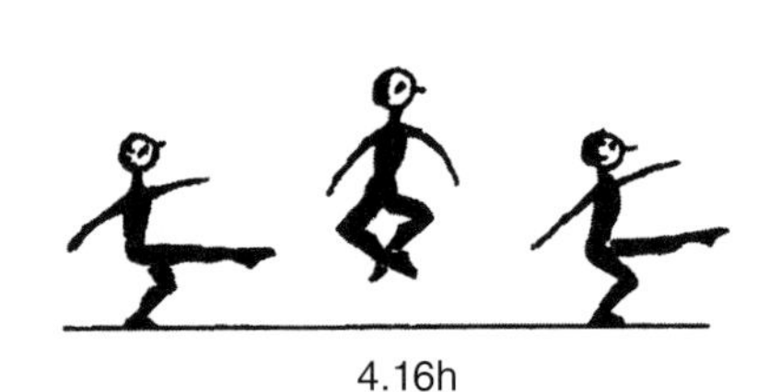

4.16h

ソー・ドゥ・バスク

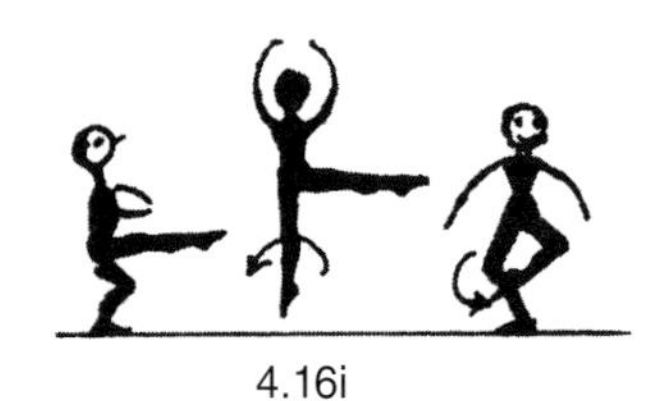

4.16i

ブリゼボレ

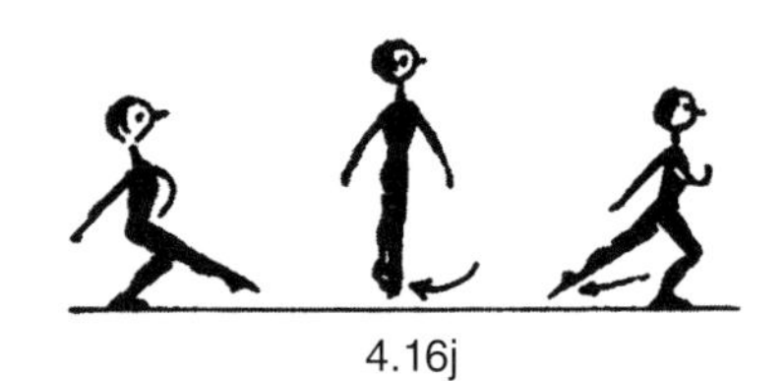

4.16j

◉アッサンブレの型

アッサンブレ

4.17a

（すべての方向に、トラベリングをしながら、脚を打ったりターンをしたりしながら行う）

ブリゼ

4.17b

◉ジャンプの型

スーブルソー

4.18a
（５番のポジションを変えないまま移動する）

シャンジュマン

4.18b
（５番から５番へと替える）

アントルシャ

4.18c
（４、６、８の偶数で行う）

エシャペ・ソテ

4.18d
（２番か４番になり、その後戻る）

ソー・ドゥ・ランジュ

4.18e
（曲げた脚で行う場合、タン・ドゥ・ランジュやパ・ドゥ・ランジュと呼ばれる）

◉シソンヌの型

タン・ルベ

4.19a
（ターンしながら、両足から片足へ）

アントルシャ・トロア

4.19b
（５や７など奇数で行う）

シソンヌ

4.19c
（閉じて着地するシソンヌ・フェルメ；すべての方向で、脚を打ったりターンをしたりしながら行う）

パ・ドゥ・ポアソン

4.19d

タン・ドゥ・キュイス

4.19e
（スプリングの前に脚を閉じたり開いたりしてから、シソンヌを行う）

4-5 ▶ 方向とスプリングの組み合わせ

スプリングは方向の記号と組み合わせることで、踏み切り、空中、着地のすべての過程において方向を指示することができる。適切な位置に方向の記号を書くことで、左右のどちらの足で行うのかも特定することができる。次の例に注目してみよう。

もしも方向の記号がスプリングの踏み切りの位置にあったとすると、それはたいていサポートの方向、つまりステップを意味する。4.20aでは、踏み切りステップは前方である。しかしここではまだ、左右のどちらの足でステップするかは明らかになっていない。同様に4.20bでは、前方に着地することを示しているが、片足か両足のどちらで着地するかについては明らかになっていない。4.20cでは､踏み切りのステップは前方だが、着地は横向きである。この動きは踏み切りが片足で、着地が片足もしくは両足であるかもしれない。4.20dでは、前方への踏み切りステップを右足で行い、前方への着地を両足で行うことを示している。4.20eでは、左横方向へのリープを右足から左足へと行うことを示している。

スプリングの記号において弧状線の右は空中における右脚、左は左脚を表す。この弧状線の中に方向の記号が挿入されている場合、それは空中での脚を動かす方向を示している。

4.20fは空中にいる間に右脚が前方に向かってジェスチャーすることを示し、4.20gは空中にいる間に両脚がそれぞれ横に、逆方向に向かって開いていることを示している。

スプリングに方向が加わることにより、その行い方がより細かく明示される。

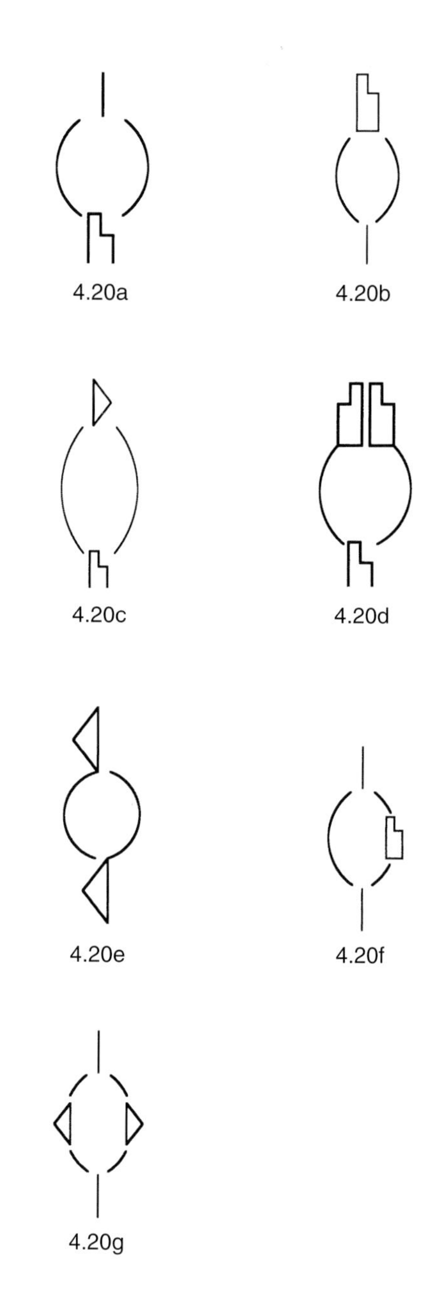

練習課題 19　方向とスプリングの5つの型

この課題では、スプリングの踏み切りや着地のサポート、そして空中における脚のジェスチャーに方向を加えている。また大きさの異なるスプリングや、方向性のあるスプリングをサーキュラーパスやターンと同時に行うことにも特色がある。

（イントロ：2小節）

4-6▶ダイナミクス

ダイナミクスは、からだのエネルギーの増減に関係している。第1章では、一瞬にしてエネルギーが上がったと思うと瞬時に消え去るという、アクセントの概念について述べてきた。ここではさらに、エネルギーの増減に関連するダイナミクスの新たな2つの側面を紹介する。

通常の日常生活において、私たちは目的を達成するために必要とされるエネルギーを消費する。立っているときに必要なエネルギーは、走るときに必要なエネルギーよりも少ないのは明白である。

非日常的な出来事に遭遇すると、からだの運動の強度が上がったり、逆に通常の水準より下がったりと、普段と異なる反応が起きる。劇場での演者はこのようなエネルギーの操作を意図的に行っているといえる。それでは、何を基準にしてこれらのエネルギーの変化を判断し、表記することができるのか。エネルギーのレベルは人によって異なるので、各人の基準や標準というものについてよく考える必要がある。

1 「パー」の概念

「パー（par; 標準度）」とは、ある特定の動きをする際、その動きを機能的かつ効率よく実施したときのエネルギーレベルを指す。ある動きにおけるエネルギーの基準であり、個々の動きによってそのレベルは異なる。跳び上がるときには、座るときよりも高いパーのエネルギーレベルが必要となる。それぞれの動きにおけるパーのエネルギーレベルは、体験したり観察したりすることが可能である。ダイナミクスに関する指示がないときは、その動きはパーのレベルで行うことが前提となっている。

パーの概念は、4.21aの点線のように、想像上の水平線で表す。4.21bのように、パーよりもエネルギーのレベルが高いときは上向きの弧状の曲線、低いときは下向きの弧状の曲線で表す。パーの状態は4.21cのように象徴的に表すことができる。エネルギーのレベルの高低は相対的であって、絶対的な測定値を示すものではない。しかしながら、4.21dにあるように、少量のエネルギー量は白丸で、多量のエネルギー量は黒丸で表すことができる。

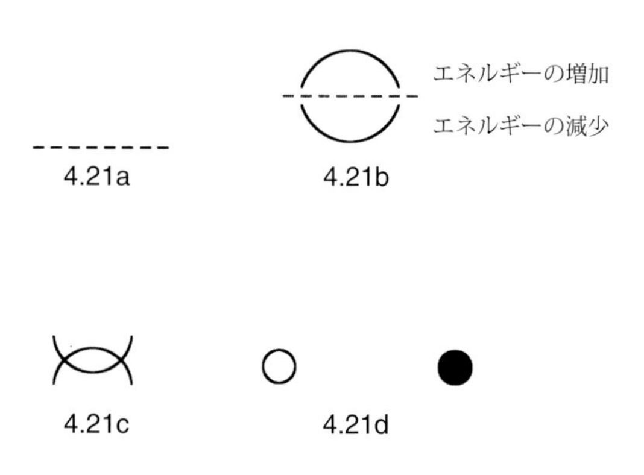

2 重力との関連性――逆らうか従うか

前にも述べたように、単純に座ったり立ったりすることにも、重力に逆らって一定のエネルギーを使っている。もしも筋肉のエネルギーが全くなくなると、重力に逆らえず、気絶するときのように地上に倒れ込む。例えば前に述べたように、私たちは疲れていて筋肉が弛緩状態にあるときは、重力に負けてうなだれるだろう。こういうことは、あまりにも当たり前すぎて改めて考えることをしない。しかし、意図的に筋肉を弛緩させたり、実用的なねらいや身体的・表現的なねらいのために故意に重力に従おうとするならば、それはまた話が別である。重力とエネルギーの関係について少し詳しく考察してみよう。

◉重力に逆らう

私たちは意識的にエネルギーを高め重力に逆

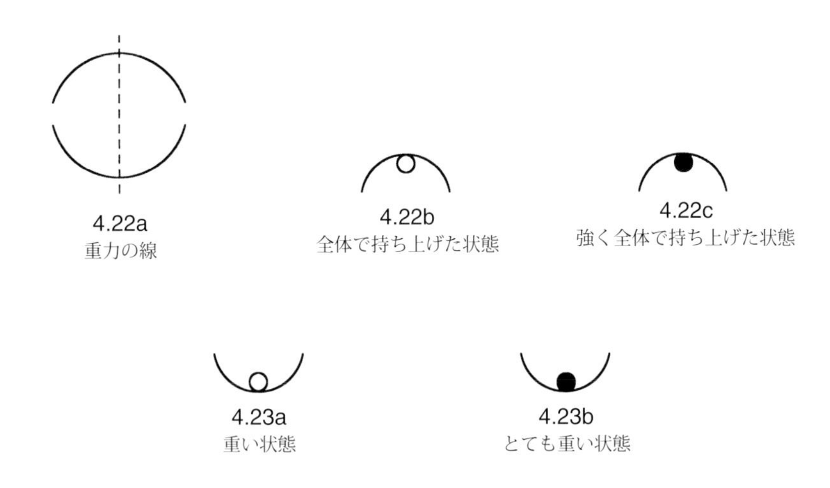

らうことで、重力を感じさせないような軽さを得られる。リフトされる女性ダンサーは、からだを引き上げることで、パートナーの負担を減らしている。4.22aに描かれている上向きの弧状の曲線はエネルギーの上昇、そして4.22bの白丸は少量のエネルギーを示し、全体で持ち上げた状態（uplift）を表している。4.22cは重力に強くあらがい、エネルギーがより増した状態、例えばダンサーや体操選手が力強くジャンプをするなど、浮揚した状態（buoyant）を表す。4.22bや4.22cのように、エネルギー量を表す丸は、上向きの弧状の曲線のちょうど真ん中に配置することに注意しよう。この配置は、人間の真ん中にある垂直の重力線と関係がある(詳細は第10章を参照のこと)。

◉重力に従う

意識して重力に身を任せてみると、四肢や胴体部などは肉体の重さを感じる。重みの実体の体験である。からだ、おそらく四肢や頭などの部位の重みを意識しながら動くことで、動きのシークエンスは行いやすくなる。4.23aでは下向きの弧状の曲線がエネルギーの減少を表し、その真ん中の白丸はジェスチャーやステップに重みを感じる程度の、重力にかすかに影響されることを示す。それはジェスチャーに重厚感を漂わせるためにローマの元老院議員が身につける、重くて幅のあるストールのようなものだろうか。確かにこのように重いものは、筋肉に変化を及ぼしジェスチャーの表現に影響を与えるだろう。4.23bは、より強くからだを意識させるような､負荷の程度が強い状態を表している。からだへの意識が強まることで動きに影響を受け、実用的もしくは表現的な「力」が加わるのである。北ビルマのダンサーは両足に体重をかけたまま前に突き進む動きをするが､このとき､はだしで土を掘り返し、溝を作りながら進む。レスラーが重心を低くするのは勝つために有効な方法である。これはもちろん、重さと強さが結びついている。

3 持続時間

ダイナミクスには、瞬間的に起こる場合や徐々に強まったり弱まったりする場合、そして複数の動きにまたがるほど持続する場合がある。4.24aではとても重い状態というダイナミクスが動きの最初に起こり、4.24bでは動きの真ん中に、4.24cでは最後に起こっている。

あるダイナミクスの質が徐々に強まるときは、動きの横に増加記号（increase sign）を書いて示す。4.24dは持ち上げる状態の質が次第に強まり、4.24eはその逆で、浮揚した状態の質が次第に弱まってくることを示している。

ダイナミクスの質を保持したいときは、動き

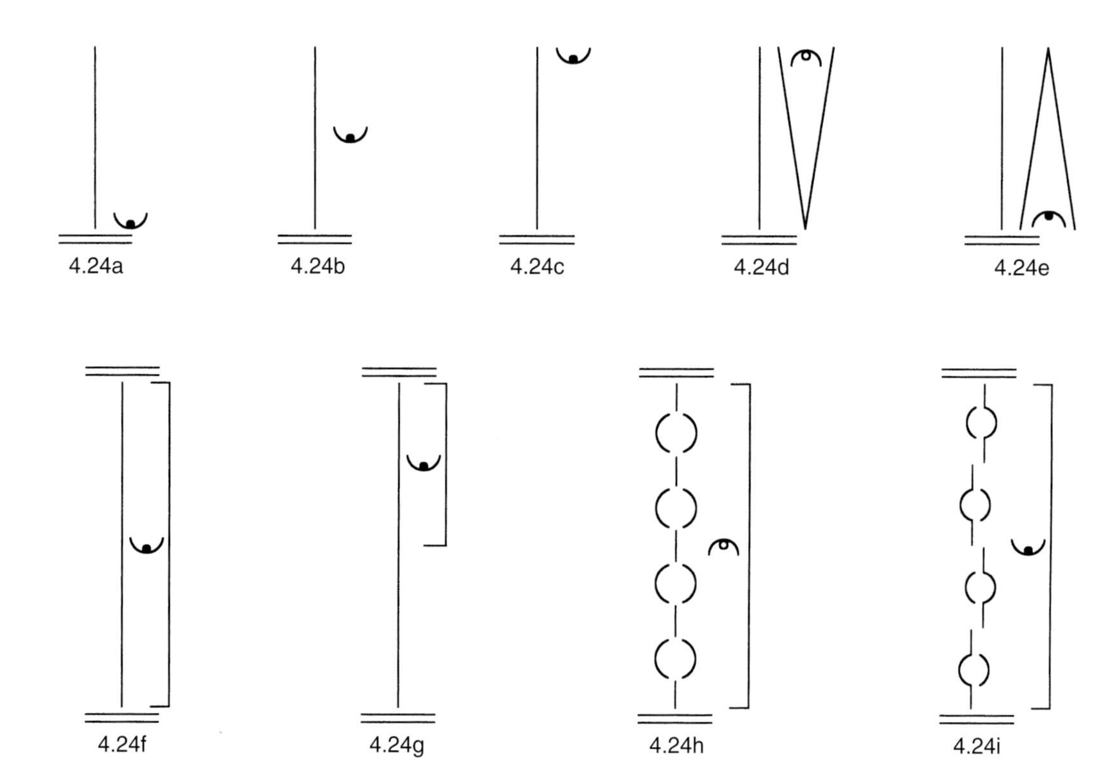

の記号の横に垂直で角型のカッコを書き、その中にダイナミクスの記号を書いて表す。4.24fでは、とても重いという質を動きの間中ずっと維持し、4.24gでは動作の後半の間だけ保っている。4.24hでは一連のスプリングの動作を浮揚した状態にし、逆に4.24iではとても重くステップ・ホップをすることを示している。

演者は記譜されたダイナミクスを指示どおり維持するように心がけるべきである。もちろん動きをこなすことでからだを休める必要が生じるかもしれないが、あくまで記された質を保つことを目標にすべきである。

練習課題C（伴奏曲なし） ダイナミクス：重力との関係

この課題では、重い状態（weighty）やとても重い状態（heavy）という重力に従う動きと、持ち上げる状態や浮揚した状態という重力に逆らう動きのコントラストがみられる。４分の３拍子で繰り広げられる最初の８小節は、レントラーと呼ばれるオーストリアのチロルの農民のダンスである。

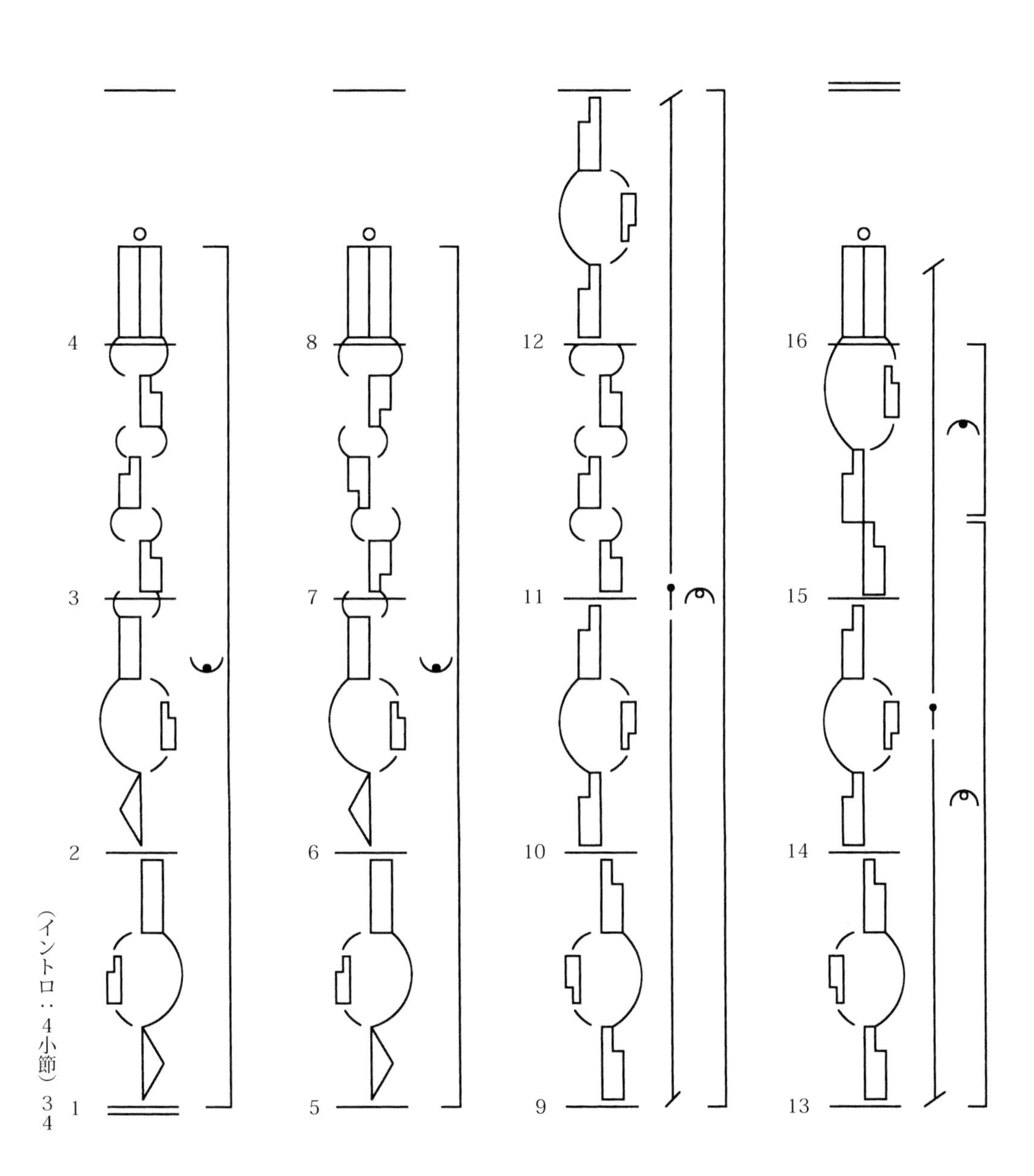

第４章の総覧

スプリング

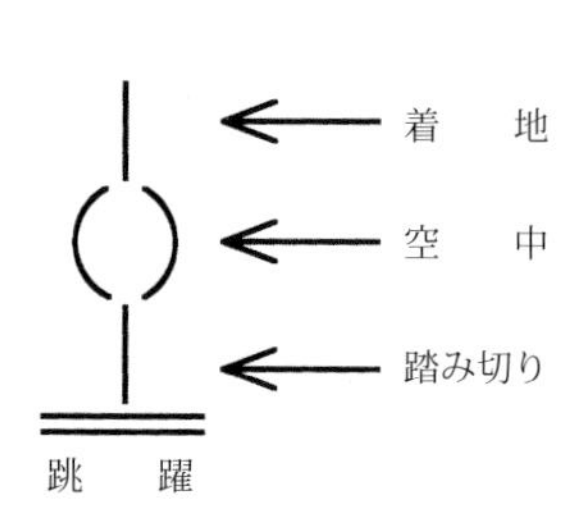

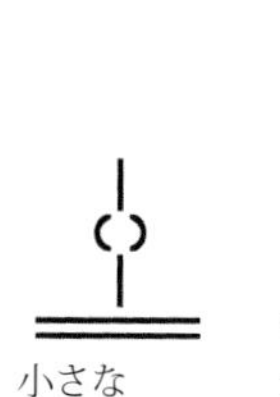
小さな
スプリング

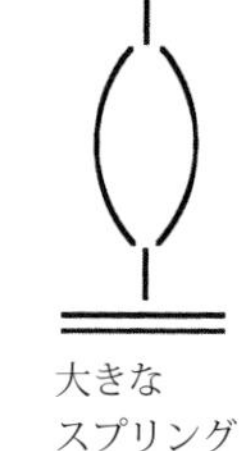
大きな
スプリング

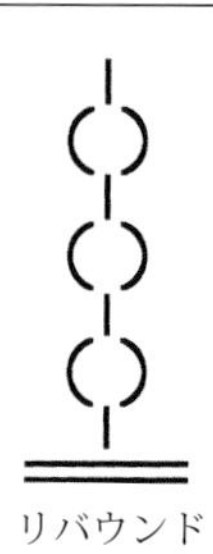
リバウンド
スプリング

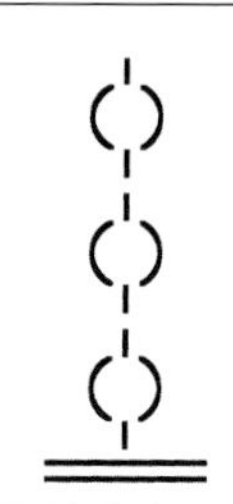
踏み切りをし直す
スプリング

トラベリングと組み合わせたスプリング

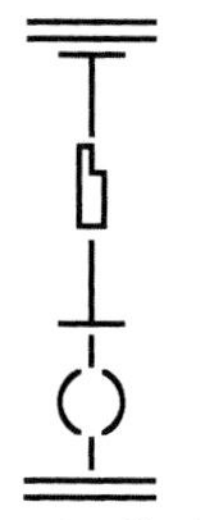
トラベリングの前に
スプリングを行う

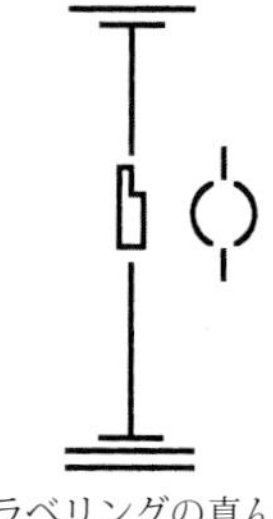
トラベリングの真ん中
でスプリングを行う

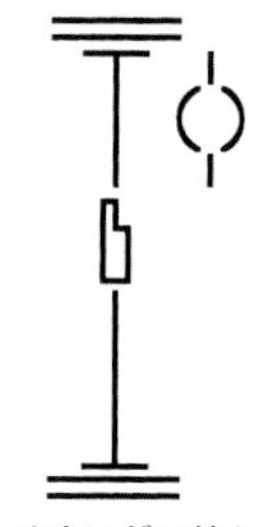
トラベリングの終わり
にスプリングを行う

縦の弧状線
（インクルージョンボウ）

スプリングが
含まれる

スプリング：５つの基本型

ジャンプ

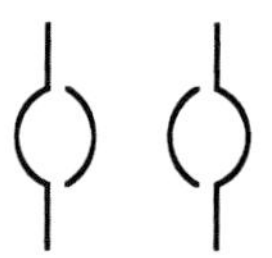
ホップ

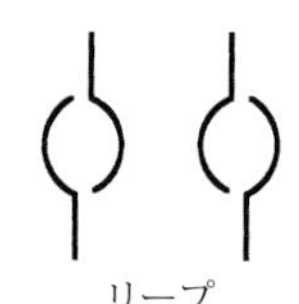
リープ

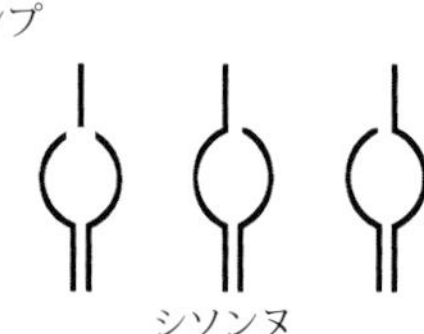
シソンヌ

アッサンブレ

左右どちらか
の足

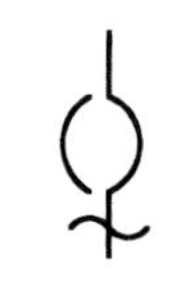
左右どちら
かの足で行
うホップ

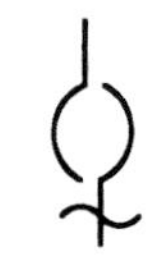
左右どちら
かの足で行
うリープ

方向と組み合わせたスプリング

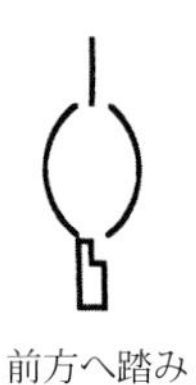
前方へ踏み
切る

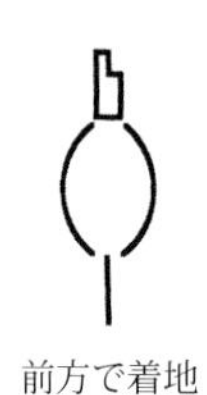
前方で着地
する

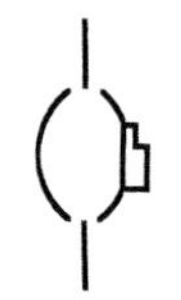
跳んでいる間に前の
方向へ右脚でジェス
チャーをする

ダイナミクス

パーの状態

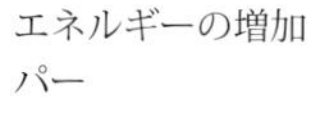

○ 少量のエネルギー

● 多量のエネルギー

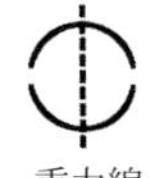
重力線

強く持ち上げた状態

持ち上げた状態

重い状態

とても重い状態

第5章

方向
――空間の定義

5-1 ▶ 方　向

方向は、動きを探究するうえで最も大きな枠組みである。なぜなら私たちはさまざまな形で方向とかかわっているからである。ダンス教育や振り付けにおいて、方向は当然のように指示されるものである。しかし、正式な用語として明確に定義づけられるには至っていない。この定義を探究することで、方向に関する発見や再発見が可能となる。普遍的な理解を得ようとすれば、内容をよく考えて、わかりにくい用語を明確にしなければならない。前、後ろ、右横、左横といった主要な方向については、トラベリングのところで簡単に述べてきた。私たちは成長の過程を通して、上下を含めたおもな方向について学んできているが、ここでの目的は、方向や身の回りの空間に関する問題について新たな見方で考えることである。空間としての方向の見方、その経験や表し方は1つだけではない。空間は私たちのからだの置き方や住む建物、私たちの存在する大地や空、そして宇宙によって限定されるからである。

5-2 ▶ 私たちと空間とのかかわり

生まれながらにして、私たちは何もない空間にいることを好まない。宇宙飛行士が軌道を回っているときに「床」「天井」「壁」などの指標となるものを必要とするのは、このことをよく表している。野原でグループが輪になって踊る場合、方向が明確なために全員が安心して踊ることができる。しかし1人でダンスをしていると、一般的に木や丘などの目印を探すであろう。たいていは5.1aのように、方向が決まっている舞台や部屋という、限定された空間の中を動くのである。円形劇場では建物の包囲によって確認点が定められる。

成長の過程において、赤ん坊がまず気づくのは自分自身の空間、自分のからだから見た方向である。その段階では何であるか明確でないにしても、前、後ろ、右横、左横、そして頭と足

5.1a

5.1b

があるといったことを認識する。周りの空間とのかかわりがわかるのはもっとあとのことである。

スポーツや体育、ダンスも同様に日常生活において、私たちは各自の方向や重力、建物、そして人や物などの焦点となる対象によって高さを定めている。これらの可能性を１つずつ探究し、適切な用語と記号によって明確に定義していく。

ここではまず一般的な方向に着目し、からだ全体やジェスチャーを使った動作の視点から、方向と高さの可能性について、より広い探究を行っていく。

5-3 ▶ 方向——日常生活でのバリエーション

方向に関して日常生活の中でどのような概念がみられるのか、また私たちはそれにどのように関係しているのか考えてみよう。

東西南北は、よく知られている相対的な方向である。ある人にとって北の場所は、ほかの人には南ということもある。「東の太陽、西の月」とは、詩的な表現である。「若者よ、西へ行け」という言葉はチャレンジ精神に満ちている。これは想像上の自由、拓(ひら)けた道、果てしなく広がる西部を物語っている。動きでは、ジェスチャーやからだ全体の動きにも、多くの場合空間に対してこのような感覚が生じる。空間で自由に動く感覚は個人的には満足するものかもしれない。しかし日常の生活ではそのようにもいかず、どこに何があるかという高さは明確でなければならない。地球上での高さは、緯度と経度によって決められる。「南」へ車でドライブするとき、気の向くままにどの道を行ってもよいが、どこかで町や村などの目的地を設定し、そこから自分がどの位置にいるのか見定める必要が生じるだろう。したがって移動のときに指示される東、西などは一般的な用語であり、どこを基準にするかによって違ってくる相対的なものである。行き先は、当然のことながらあとで加えてもよいのである。

町によっては指定した地点から境界線が引かれ、東西南北に区切られたところもある。ニューヨーク市の五番街は、東と西に分かれている。一方で「北」と「南」がなく、「アップタウン」「ダウンタウン」[*1]という一般的な言葉が使われているが、これもどこを基準にするかで変わってくる。いまだに「アップタウンの薬局」と記されているところは、今や遠くダウンタウンにあることがある。つまりこれらは単に相対的な言葉にすぎない。

劇場で使う「舞台後方（upstage)」「舞台前方（downstage)」という語もまた相対的なものである。ある演者は別の演者から見て舞台後方におり、また別の演者から見れば舞台前方にいる（5.2b)。２人のダンサーが舞台前方に移

＊1　街の上のほう、下のほうの意。

動すれば、その２人との関係上、残りの１人は舞台の後方にいることになる。「舞台後方」「舞台前方」という語は、舞台後部にいる演者を観客によく見えるようにするため作られた傾斜からきている。ヨーロッパには現在でも傾斜した舞台があり、ダンサーは場所によってバランスのとり方を加減しなければならない。

“upstage”“downstage”という語は、“up（上）”“down（下）”という地上では不可避の重力について考えさせる。あらためて言うまでもなく、空や天井に向かうのが上、地面や床に向かうのが下である。ところが、「上下逆さま」という表現があることからもわかるように、多くの物体には「上」と「下」がある。これは人間にもあてはまることである。子どもが初めて5.2cのような上下逆さまになった人を目にしたときの喜びを考えてみよう。

上下に続いて「前」「後ろ」についても考えてみよう。家やさまざまな形をした家具のように、多くの物体には前と後ろの区別がある。船や車、飛行機などほとんどの動く物体には明確な前後が設定されており、その関係から左右も決まる。船の場合、前は船首（へさき）で後ろは船尾（とも）、面かじが右で取りかじが左である。船と車は前に動くようにできており、必要に応じて後ろへも動く。

横向きに動く物体や生き物はほとんどない。ある種のカニや、横向きとわずかに前向きに進むのが自然なヨコバイガラガラヘビ（5.2g）は例外である。不自然ながらも素晴らしいのは、特別に横歩きを調教されるリピツァーナ系統の馬である。彼らの横歩きは何世紀も前のホースバレエに要求された技術であり、現在でも訓練されて人々の称賛を受けている。

人の前後左右の向きは、物体の前後左右とは異なる。日常生活には、舞台上のダンスの動きによく似た場面がある。家には前後左右があるが、大きな荷物を抱えていれば表のドアから横向きに入ることもあるだろうし、からだの弱い人を助けて後ろ向きに入ることもあるかもしれ

5.2a

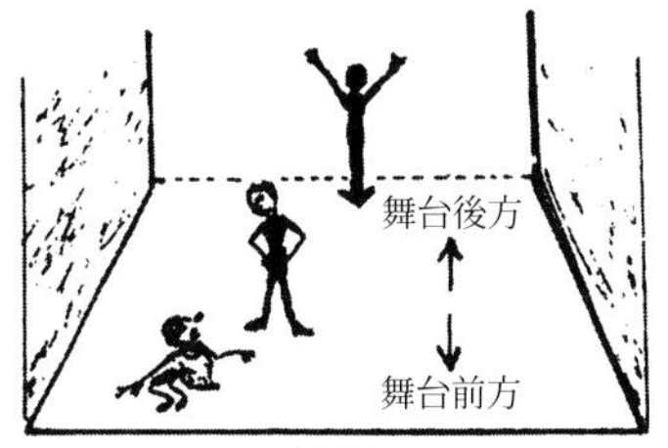

5.2b

5.2c

5.2d

5.2e

5.2f

5.2g

ない。私たちが向いている方向、そして人もしくは物とのかかわりにおける進行方向を組み合わせると、その可能性はとても幅広いものとなる。ダンスは実用的な理由以外の動きも行うが、方向の基本的な考え方は同じである。

5.2hでは、コメディアンが馬に乗り、後ろ向きに座っている。一方、馬は前向きに進んでいるが、一方通行の道を逆に進んでしまっている。コメディアンは、ここでは後ろ向きに運ばれているわけだが、道の進行方向からすると前を向いていることになる。

5.2h　5.2i

「右」「左」という言葉はときに厄介なものである。というのは、その言葉がからだの右側、左側の意味にも、空間での右方向、左方向の意味にもなるからである。5.2iのように、右足がからだの中心線よりも左側にステップを踏んで、左腕がからだの右側にくることもある。したがって「右」「左」が方向を表すのか、からだの右側、左側を表すのかをはっきりさせなければならない。

以上は日常生活での方向の説明である。あらゆる種類の動きの研究において、似たような言葉の使い方が問題になってくるだろう。方向は、ある地点や状態といった空間の到達目標か、あるいは動きを「行う」という運動そのものの状態を表す。左右へのターンや時計回り、反時計回りといったサークリングの方向については第３章ですでに論じたが、これらも「西」「東」と同様に相対的なものである。サークリングに関していえば、その角度やトラベリングの方向がわからなければ移動できないくらい相対的なものである。

5-4 ▶ 三次元における３つの方向

1 どのような方向でもよい

特定の方向やそのかかわり、またそれらが表現するものについて分析する前に、まず方向の最も広い概念となる、どのような方向でもよいについて考えてみよう。これは方向の基本形となる長方形と、「どんなものでもよい」という水平のアドリブ記号を組み合わせて示される。これが5.3bの「どのような方向でもよい」である。

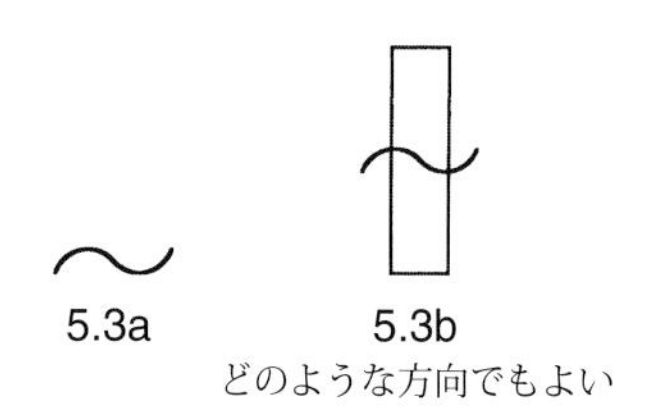
5.3a　5.3b どのような方向でもよい

5.3bは、空間における完全な自由、つまりどの方向にどの高さで動いてもよいということを表している。方向が特定されている中で高さが自由である場合、もしくは高さが特定されている中で方向が自由である場合については、のちほど取り上げる。

2 三次元における３つの軸の交差

はじめになじみのある方向について考え、その後方向の自由とはどういうことか、十分に意識しながら特定の方向を選択するとはどういうことかについて検討する。

私たちは三次元の世界に生きていて、３つの軸がある。垂直軸（上下)、横軸（左右)、前後

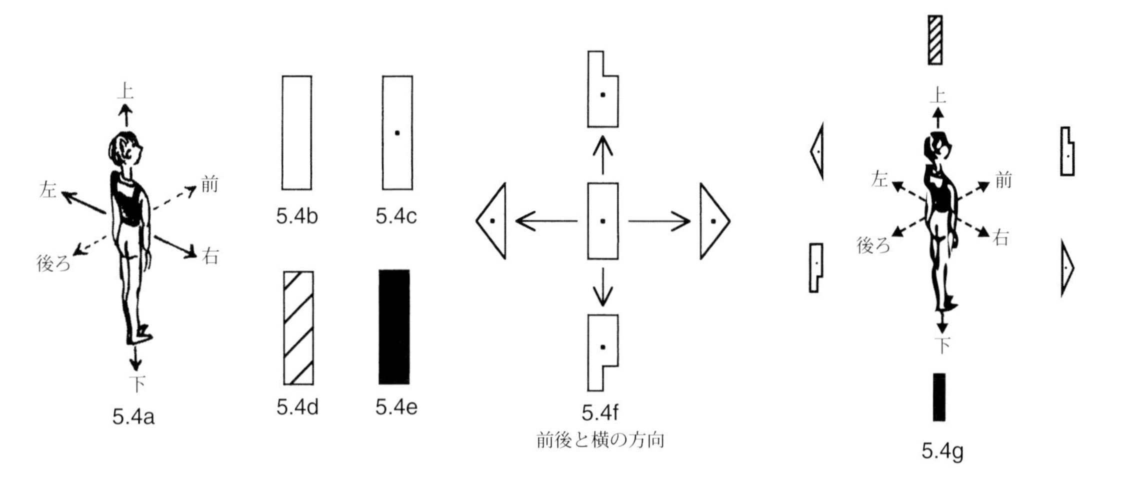

軸（前後）という3つの軸は中心点で交差し、それらの軸は5.4aのように上下、左右、前後という2方向に伸びる。これは「次元の交差」と呼ばれる。

垂直軸は5.4bのように長方形で表す。5.4cは3つの軸が交差する中心を表し、からだ全体の「プレイスミドル（place middle; 中心に置くという意味）」としても知られている。モチーフ記譜法では、プレイスミドルはからだの状態やポジションを中心に置くことであり、すなわちニュートラルにするということを意味する。

6つの次元の方向を表す記号は次のとおりである。5.4bは基本の記号であり、斜線が入った5.4dは「上」あるいは「高いレベル」を表す。黒塗りの5.4eは「下」または「低いレベル」を表す。点のついた5.4cは、「水平」または「真ん中のレベル」の方向を表す 。

前に説明したように、前後左右は基本形である5.4bを変化させて表す。5.4fは変化した形によってそれぞれの方向を示している。この例では、点を加えることによって水平の方向である真ん中レベルを表す*2。

人物の周りに次元の方向を配置すると、5.4gのようになる。

手足を使ったジェスチャーでの真ん中または水平な動きとは、床と完全に（もしくはほぼ完全に）並行することをいう。円を描いたり、曲げたり伸ばしたりするジェスチャーは、すべて水平面で行われるのである。

3 練習課題Dに関する注意点

最初に軸の方向の表し方について考えてみよう。この課題には伴奏音楽はない。ゴングかドラム、もしくはその2つの組み合わせが合うだろう。方向の解釈には余裕をもたせること。動きを明確で正しいものにすることに集中しよう。からだの部位ごとの方向の動きはのちほど検討するので、ここではからだ全体を使って方向のアイデアを表現するようにしよう。

この課題をさらに興味深いものにするために、以下のアクセント記号を加える。

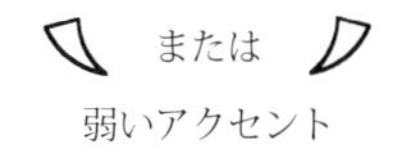

弱いアクセント

第1章で説明したように、弱いアクセントは持続する動きのはじめや途中や最後など、どこにでもつけることができる。

Aの構成に一貫しているものは何だろうか。Bの最終小節がどのような点でほかと異なっているのか考えてみよう。Bにおける左右両面への方向に注意すること。Cから得られるアイデアや思い浮かぶことを述べてみよう。

＊2 「レベル」とは、「高さ」を意味するLODで頻出する用語であり、「高位」「中位」「低位」の3つの段階がある。本書では「レベル」をそのまま用いるべく、「高いレベル」「真ん中のレベル」「低いレベル」という表記をとることとする。

練習課題D
（伴奏曲なし）

次元の課題

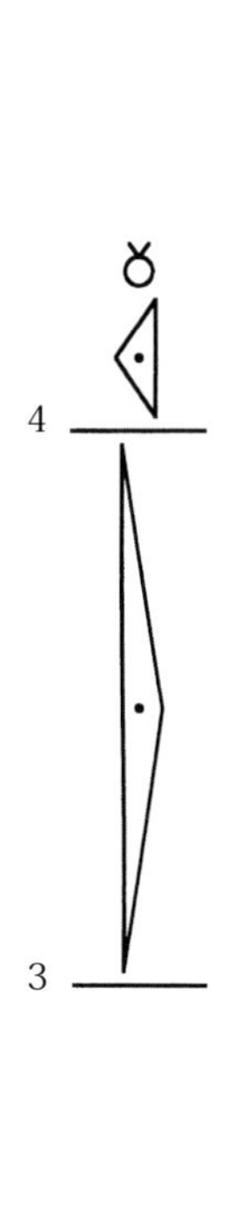

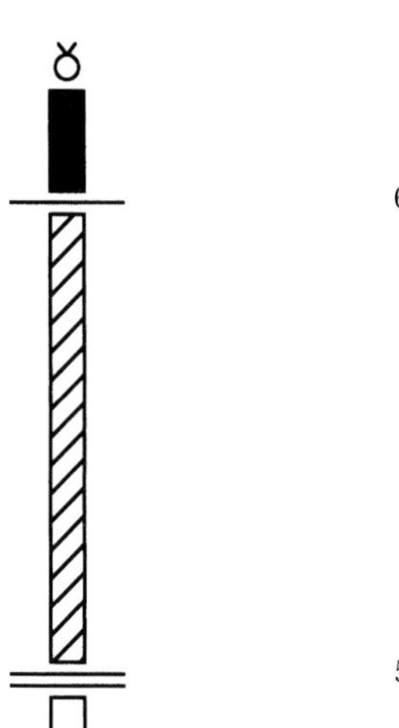

A

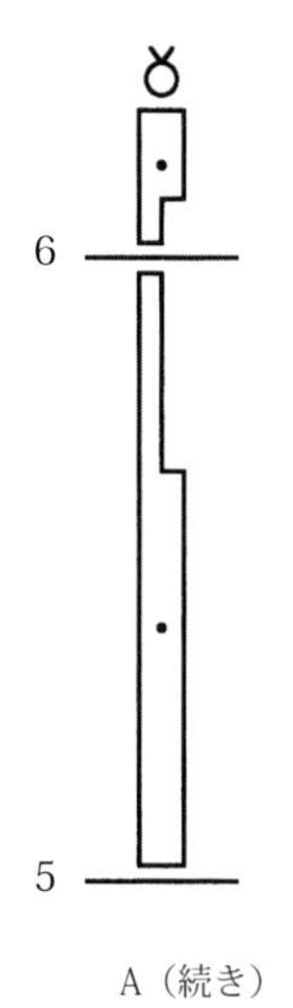

A（続き）

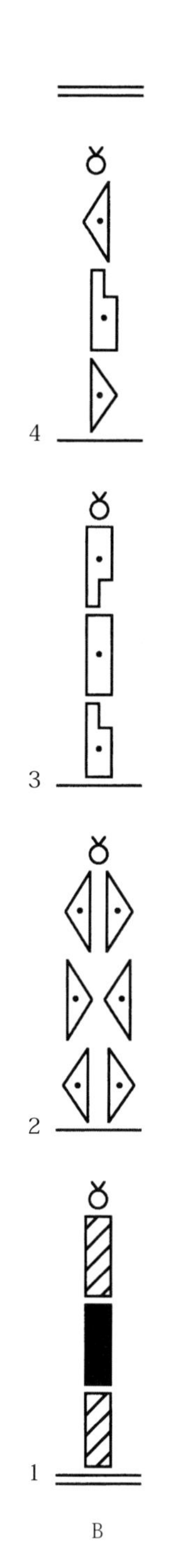

B

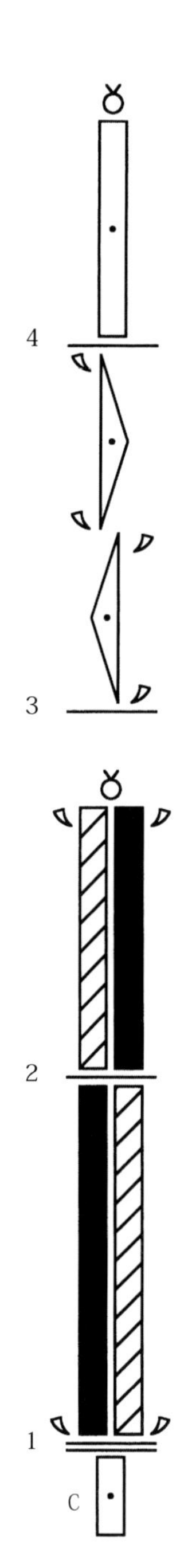

C

5-5 ▶ からだの中心軸を通る3つの平面

2つの次元軸、つまり4つの方向の点を組み合わせると、からだを通る円形の平面ができる。横（左右）と垂直（上下）の組み合わせによって、5.5aのような**横面**(**lateral plane**)ができ、5.5bの記号で表す。垂直と前後を組み合わせる（5.5c）と**前後面**（**sagittal plane**）ができ、5.5dの記号で表す。前後と横の組み合わせでできるのは**水平面**（**horizontal plane**、5.5e）で、5.5fで表す。これらが主要な平面である。これらと平行して、からだの各関節による、より小さな平面もある*3。

前後面はからだを右側と左側に分ける(5.5g)。この平面は時として「車輪の面」と呼ばれる。自転車に乗ったときのことを考えれば、こう呼ばれるわけがよくわかる。車輪が前後に移動するとき、前後面上を回転するのだ(5.5h)。この平面上ではどんな高さの動きもできるが、からだや四肢がまっすぐ上下に伸び切ってしまうと、前後の方向を表すことはできない。前後の感覚が失われてしまうからである。

横面はからだを前と後ろに分ける（5.5i）。この平面は、戸口に立った図を想定して「ドアの面」、もしくは壁を背にして立った図を想定して「壁の面」と呼ばれる。この平面上でもまた、あらゆる高さの動きができる。ただし、上下まっすぐになってしまえば、それはもう横面を表すことができない。

からだは横に左右対称であり、腕や脚を横に広げることは簡単だが、交差させるジェスチャーは不自然であり練習を必要とする。片側だけ交差させた場合、肩や股関節（こかんせつ）をいくらか回転させることで、動きの幅は増える。しかしこのとき、横の感覚を保つためにからだのほかの部分は正面を向いていなければならない。交差

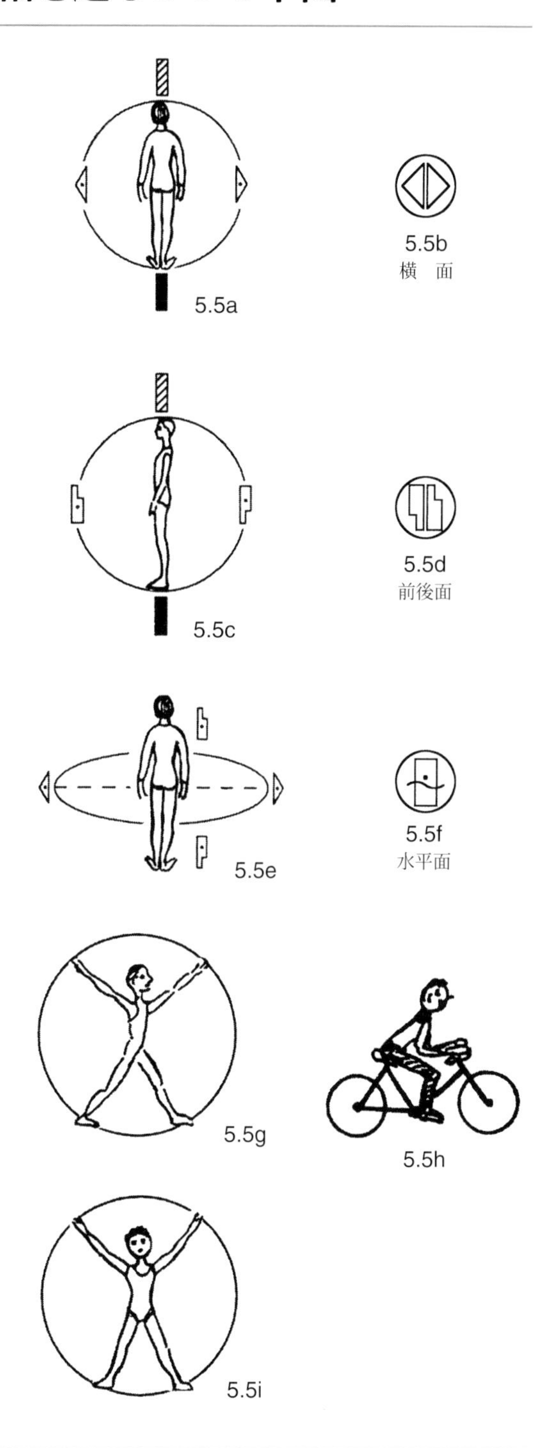

*3 ルドルフ・ラバンによる、人間の動きにみられる空間的なパターンを体系的に構築したスペース・ハーモニー理論では、平面は長方形で説明されている。これは、スペース・ハーモニー理論の核となる、からだを取り囲む二十面体を描くためである。しかし、人間のからだはすべての動きが基本的に円形になるようにできている。そのため、本書では動きの平面も円形で説明されている。

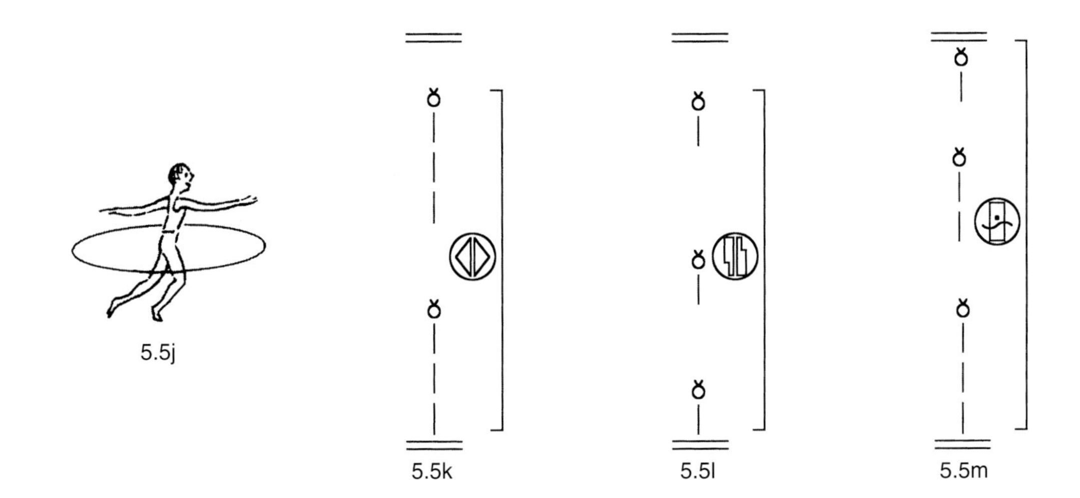
5.5j
5.5k
5.5l
5.5m

させるジェスチャーを試し、どのくらいからだを曲げると横面上のジェスチャーではなくなるのか確かめてみよう。

水平面は、からだを上下に分ける（5.5j）。この平面は「テーブルの面」とも呼ばれる。この平面上では、水平や前後の方向にも動く。腕にとっては肩、脚にとってはヒップの高さでこれと平行した水平面がある。

1 平面での動き

次元の方向から生じる３つの平面は、動きの中心となり得る。二次元上、つまりある平面上で動くことに集中すると、動きは平らな円盤上で起きているような、もしくは円盤を磨いているような様相となる。特に腕についていえることだが、曲げたり回転したりする動きによって、興味深いパターンの幅が広がる。あえて平面にこだわり、動きを限定することで、新しい創造につながるのである。直立の状態からジェスチャーをするとき、横面や前後面と比べて、水平面上で行うのは容易ではなく、その表現は限定的なものとなりがちである。水平面での動きは、もちろん床と平行な水平でなければならないが、多少の自由度は認めるべきである。

平面上で１つ、もしくは連続的な動作をする場合、動作記号の脇に、垂直で角型の括弧を書き、その中に平面の記号を書いて表す。例を示すと、5.5kが横面、5.5lが前後面、5.5mが水平面で行う、異なる持続時間の動作を表している。

5-6 ▶ 27の主要な方向

前後左右の方向についてはすでに説明したが、これらの間にはさらに斜めの方向が存在する。

1 斜めの方向

前後と左右の次元の間には、5.6aのような斜めの方向が４つある。斜線のとがった先は、どこへ向かうかを表している。

5.6aの４つの斜めの方向を加えると、5.6fのような中央を基点とする方向の円ができる。

では、この方向の円に、低いレベルや真ん中のレベルあるいは高いレベルといったレベルを加えてみる。

5.6g～5.6iは、高いレベル（5.6g）、真ん中のレベル（5.6h）、そして低いレベル（5.6i）の方向の範囲を表している。例えば腕を考えた

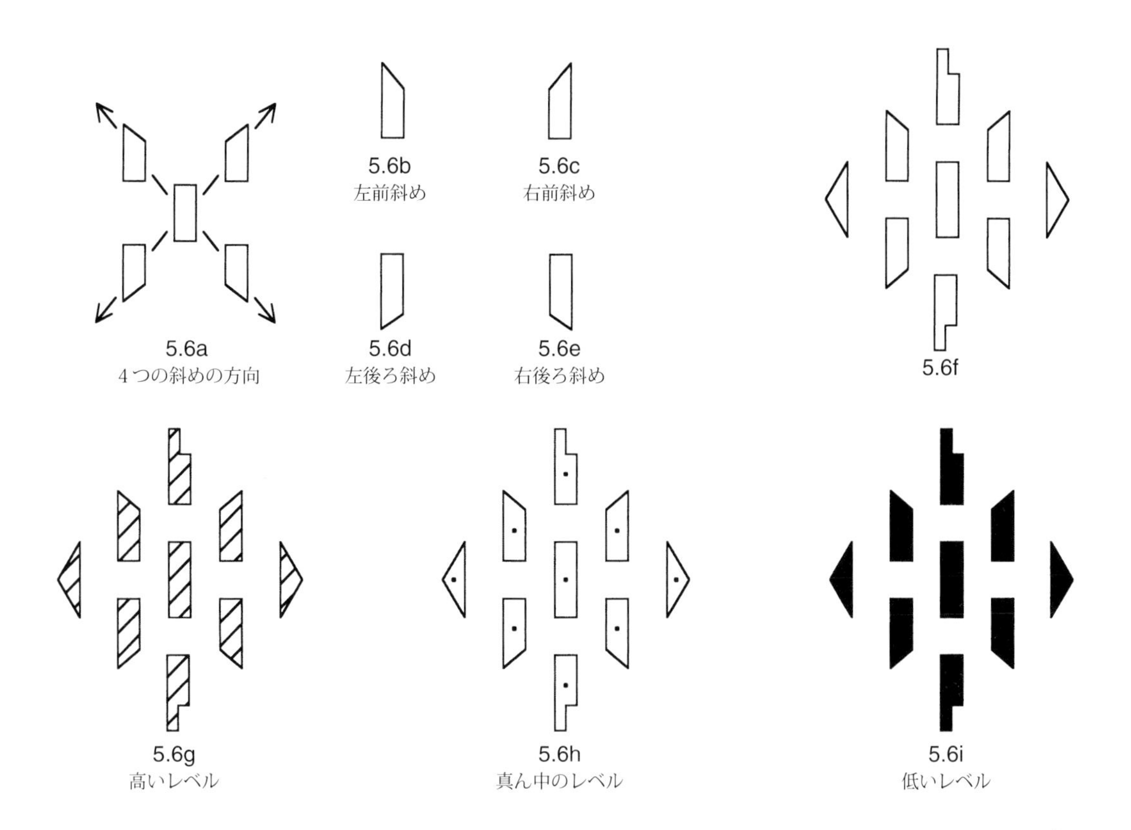

とき肩は方向の中心となり、手はその肩に触れることができる。このように四肢の先端はその中心を方向づけるので、ここでは「プレイスの高いレベル」が方向に含まれている。

ほとんどの構造化された動きの様式には、これらの主要な方向がみられる。ところが多くのダンススタイルでは、規範となる動きの方向は中間的なものである。例えばクラシックバレエの場合、横や前に腕を伸ばすとき完全な水平線上にはなく、いくぶん低めになる。スペインのダンスで腕を頭の上に上げるときは、少し頭の後ろにもってくる。ほかにもこのような方向のバリエーションの例は多いが、ここでの目的からはそれるため、挙げないことにする。

2 空間の中で認識できるポイント

空間上には、移動するときに目標とするポイントや、通過するポイントが無数にある。その数の多さ、豊かさには圧倒されてしまうほどである。だが、人間の目は、空間でのわずかなレベルの違いを認識することができない。微妙な方向の違いを演じ分けることも難しい。ある空間のポイントからわずかにずれるという小さな振動の動き以外は、私たちにとって角度の違いをはっきりと認識できるのは15度からである。この本では、45度という大きな変化と、のちほど取り上げる微細なずれという2つの方向のみを取り上げる。

5-7 ▶ジェスチャーの方向とレベル

四肢のジェスチャーの方向とレベルは、四肢の基点となるつけ根から先端への、空間のラインによって判断する。腕の場合、つけ根は肩、末端は手となり、方向の中心点、プレイスミド

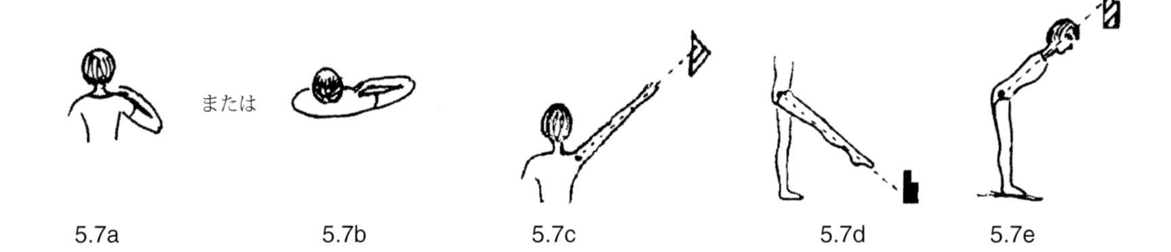

5.7a 5.7b 5.7c 5.7d 5.7e

ルは肩となる。5.7aと5.7bは、腕のプレイスミドルの位置の２つの可能性である。脚の場合は、つけ根はヒップ、先端は足*4となる。胴体のつけ根は股関節で、肩のラインが先端である。5.7cで腕のラインは、つけ根である肩から横上にある。5.7dでは、脚のラインはつけ根であるヒップから前の低いレベルにある。5.7eでは、胴体のラインはつけ根であるヒップから前の高いレベルへと向かっている。続くジェスチャーを伴うトラベリングも、このやり方で説明できる。

1 方向性のある動作とトラベリングの組み合わせ

トラベリングは、方向性のある動作を伴うこともある。この場合、どちらの動作も同等に重要なため、２つの記号を並べて表す。5.8a～5.8cのトラベリングと組み合わせたいろいろな方向へのジェスチャーに取り組んでみよう。

ジェスチャーの記号がトラベリングの記号の右側にあればからだの右側、左側にあればからだの左側でジェスチャーをすると思ってしまうかもしれないが、そうではない。方向の記号はからだの右、左、もしくは両側のいかようにも解釈できる。5.8d～5.8fは、サーキュラーパスを伴うジェスチャーの例である。

からだ全体の上げ下げ（垂直上の変化）もまた、パスの記号の外側に置かれる。からだ全体は5.8gの記号で表す。

ここで、トラベリングの方向はレベルの表示がないことに注意しよう。5.8hのようにパス記号の外側にレベルがあれば、これはステップのレベルを表す。方向やレベルの記号が**パス記号の中**にあれば、これは上に向かう、下に向かうといった、**パスそのもののレベル**を表している。

トラベリング、方向性のあるジェスチャー、からだ全体のレベル変化を組み合わせると、多くの組み合わせが可能であり、これらはそのうちのほんの一例にすぎない。

2 練習課題20に関する注意点

この課題はシンプルなため、さまざまなバリエーションで行うことが可能だが、基本的な指示は以下のとおりとなる。

この課題においてどの程度自由な解釈が可能かという点で、疑問が出てくるかもしれない。6小節にある後ろへのステップは、後ろへの動作を伴ってもよいのだろうか。そういうステップはトラベリングとみなされるのか。最初の疑問に関しては、それが大きなステップであり、体重移動がきちんとできていれば、答えはイエスである。２つ目の疑問に関しては、元の位置から大きく離れてはいけない*5。しかし体重移動は、方向の動きを明確にするために必要になることもある。

ある方向への動きの結果は、静止の間でも保たれる。一般的に新しい動きが起きると、静止も含め前の動きの結果は自動的に消える。４小節のように、「○」という保持記号がつく場合は、サークリングをする間に横への高いレベルの

＊4　くるぶしから下。
＊5　そうなるとトラベリングとなる。

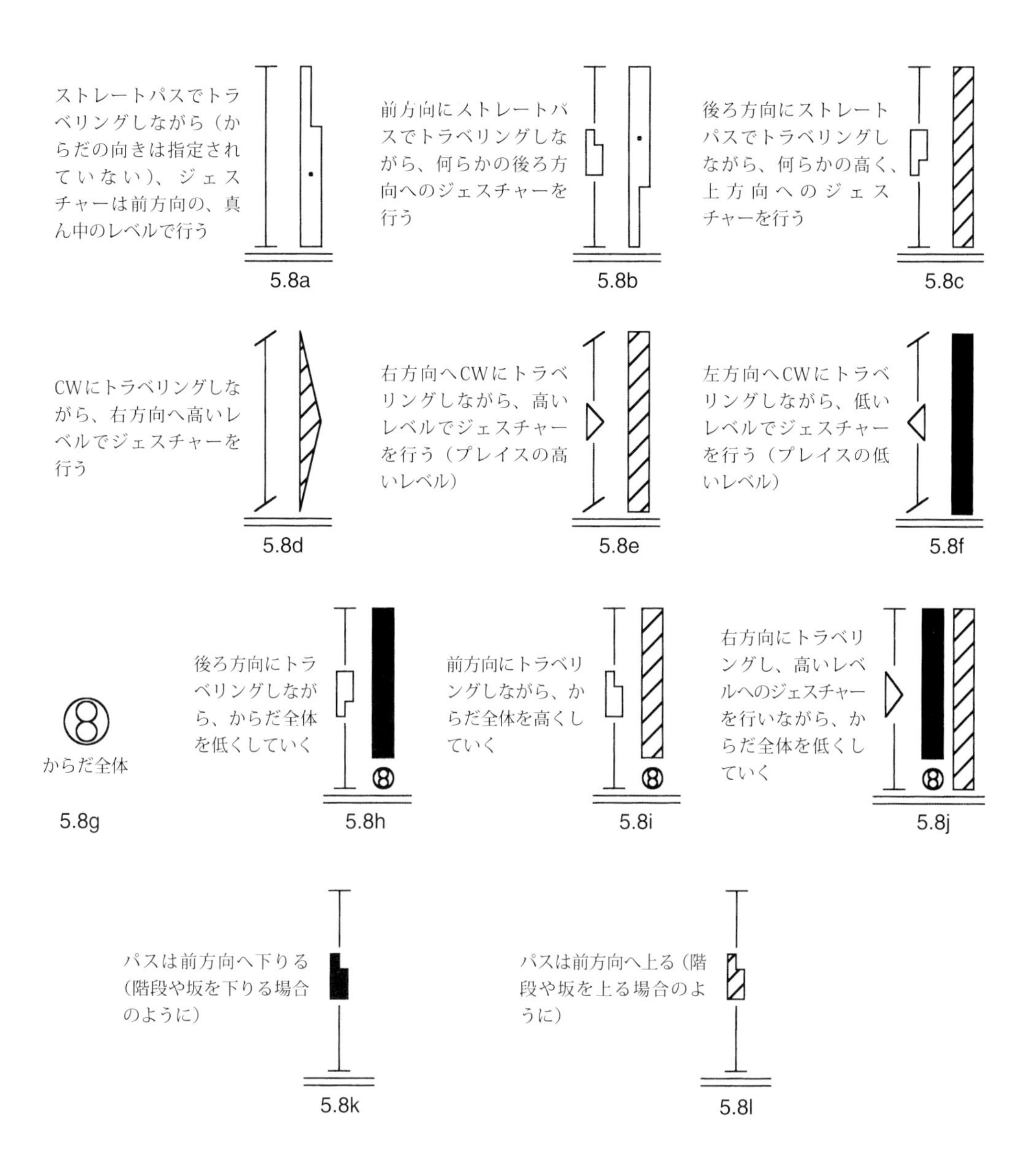

ジェスチャーを維持し続けることに注意しよう。このジェスチャーは５小節の新しいジェスチャーに移る際に自動的にキャンセルとなるのである。７小節では、サークリングをする間に横への低いレベルのジェスチャーは残してもよいし、やめてもよい。

足はトラベリングに使うため、それに伴う方向の動作は、おもに腕や胴体となりがちである。それらのジェスチャーの多様な可能性を探究してみよう。

１小節のアップビートの横には繰り返しを示す「÷」があり、８小節のカウント４の終わりにも再び出てくる。これは、この課題を２度演じることを表している。括弧の中の小節の数は、２回目を演じたときのものである。同じ課題を繰り返すとき、前の動きとまったく同じものを繰り返す必要はない。同じ指示であっても、さまざまな解釈をしてよいのである。８分の５拍子にはなじみがないかもしれないが、この課題用に作られた音楽なので、演者を正確な時間のパターンへと導くだろう。

練習課題 20　方向性のあるジェスチャー

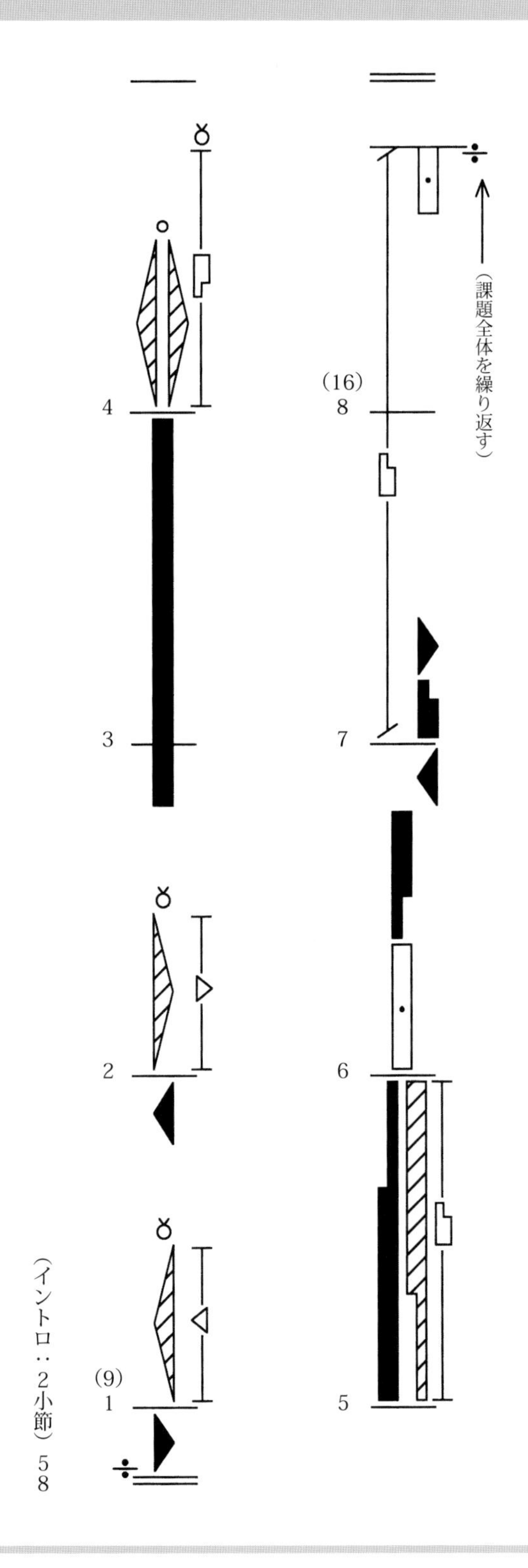

3 練習課題21に関する注意点

この課題では、トラベリング、方向、そしてスプリングを組み合わせてみる。最初のスプリングには低いレベルの準備が必要であり、スプリングが空中で２カウント使うため、両腕はからだと同じように空中に投げ出されやすい。しかし、ほかの可能性もある。スプリングに伴うジェスチャーには、四肢をすべて使う必要はない。例えば、両ひじは落としておいて、低いレベルにある腕や手を左右対称か、もしくは片方を一方より高く上へ向かって伸ばすことができる。

大きいスプリングは、両足で踏み切り両足で着地するジャンプが適しているが、踏み切りや着地を片足で行い、もう片方のひざを胸のあたりまで上げて、上方へのジェスチャーを表現することもできる。５小節では、空中にいる間脚全体を使うのではなく、ひざだけを横に広げることもできる。

演者の向きを示す、正面を示す記号に着目してみよう。

観客や部屋の正面を向くという意味

部屋（舞台）の後ろを向くという意味

正面を示す記号は、開始のポジションを示すときと、演者の向きが変わるときに出てくる。ターンのあとやサーキュラーパスのあとに記し、新しい方向を明確にする。８小節で正面が変わり、11小節で元に戻ることに気をつけよう。

練習課題21　方向性のあるトラベリングとスプリング

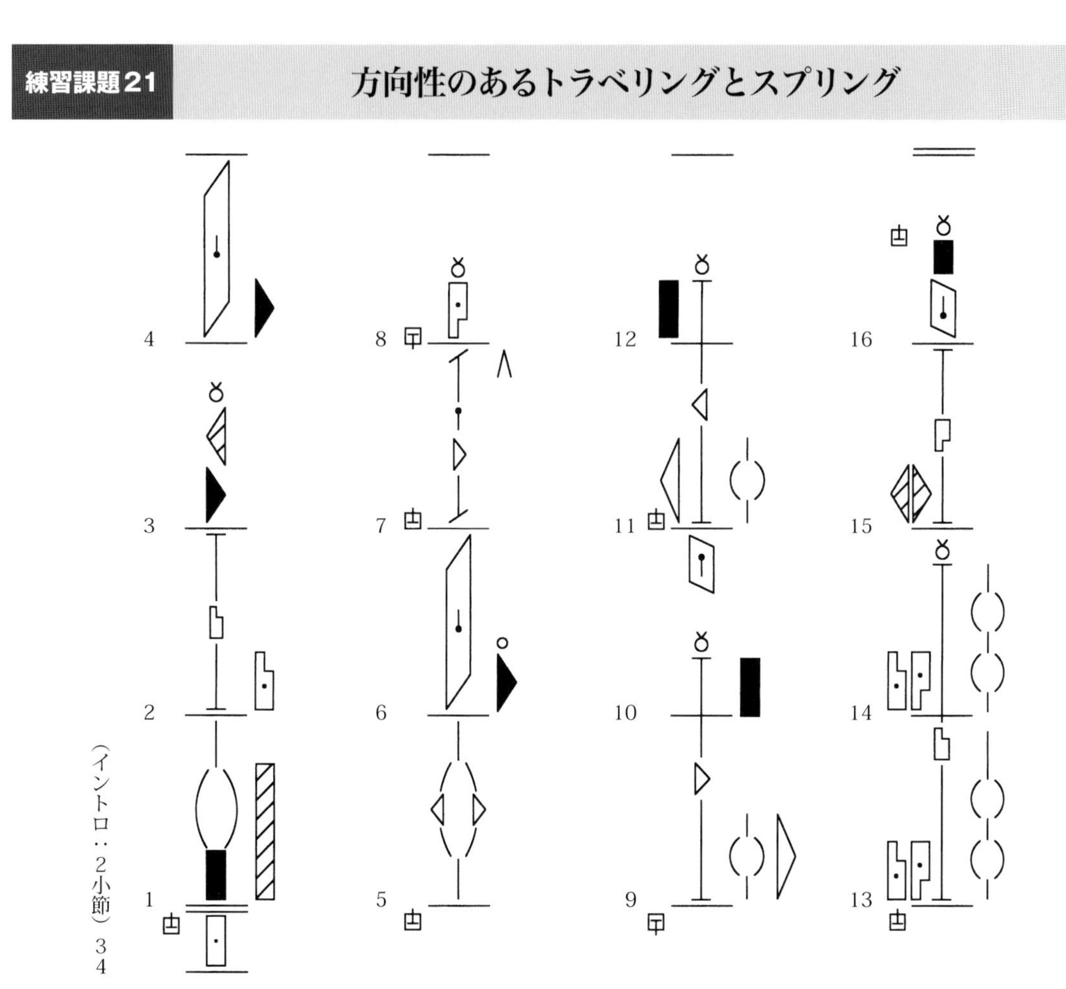

5-8▶プレイス（センター）の解釈

5.9aは、すべての方向の中心である「プレイスミドル」を表している。5.7a（p. 92参照）で図示したように、腕や脚を使ったジェスチャーでは、その先端がつけ根の近くにあるときにプレイスミドルとなる。モチーフ記譜法におけるからだ全体のプレイスミドルとは、からだのニュートラルな状態やポジションを意味する。5.9aがスタートのポジションとなるとき、この記号は5.9bのように両脚がそろい両腕が下がったシンプルな立ち姿を意味する。そしてこれがニュートラルなポジションとみなされる。立って待っているとき、しばしば5.9cのように腕を軽く曲げ、ひじはウエスト近くに、手のひらは胸の近くにあてることがある。このポジションでは、腕が緊張すると、腕の置き方に特別な意味が生じてしまうため、リラックスした状態でなければならない。四肢が緊張すれば、人の目はそこに注目してしまう。手足や胴体のエネルギーを使わず、筋肉をリラックスさせると、受け身的でニュートラルな印象を与える。5.9aのプレイスの真ん中のレベルが低いレベルのサポートのあとにくると、それは通常の立った状態に戻ることを意味する。

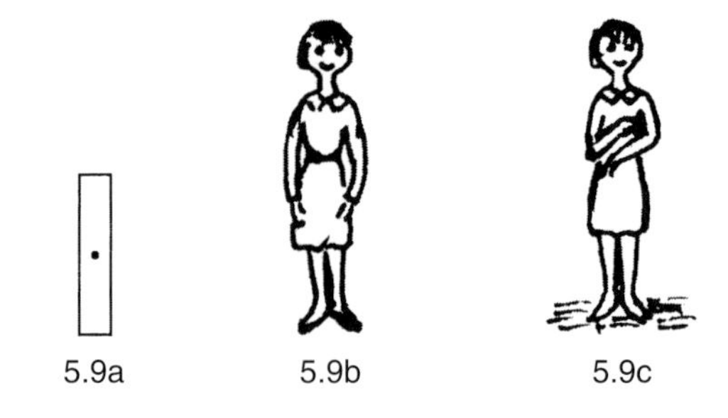

5.9a　5.9b　5.9c

5-9▶方向性のある動作における解釈と表現

方向性のある動作における原理は説明したので、より深い考察をさらに加えていきたい。まず方向性のある動作の表現の範囲について取り上げてみよう。

前で、水平な方向という指示はどう解釈すべきだろうか。例えば、5.10aを右腕で行う場合、何種類のジェスチャーが可能だろうか。この方向における表現の幅はどのくらいあるのだろか。

からだは前を向いて歩くようにできているので、通常は顔も胸もこの方向を向いている。要するにからだの前面は信頼する人に向ける側であり、コミュニケーションの方向である。

5.10bは、男性が誰かに向かって動いている図である。前に出した腕のジェスチャーと、前傾した胴体の姿勢変化は調和がとれたものである。5.10cでは、前傾しているのは腕のジェスチャーのみで、胴体における前傾斜の姿勢変化はない。ひと目見ただけで、5.10cの姿勢は5.10bよりも前方への表現が弱いことがわかる。5.10dでは、前へのジェスチャーに後ろへの動作が伴っている。胸と頭を前からそらすと

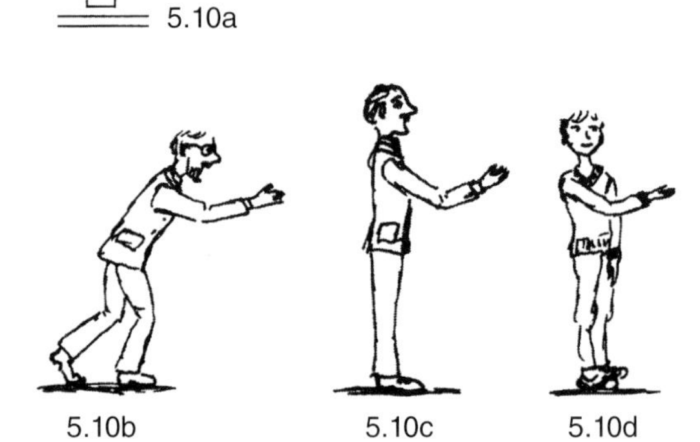

5.10a

5.10b　5.10c　5.10d

いう動きは、不信や気が進まないこと、恐れ、何らかの否定的感情、引き込もりがちな気持ちなどの表現を生み出している。

どの方向への動きも、空間での広がりの度合いによって表現性の強弱が決まるのではない。腕や脚を使った表現よりも、わずかな動きのほうが表現力をもつ場合もある。5.10eは前に傾くという、わずかだが表現力の強い姿勢、5.10fは後ろへ身を引く人の図である。

5.10gの横の真ん中のレベルの記号はどのように解釈できるだろうか。5.10hのようにまっすぐ横に伸ばした腕は、表現的なジェスチャーというよりは踏み切りの遮断機（5.10i）のように見えるかもしれない。それよりも、からだをわずかに傾けたり移動したりするほうが、より強く方向を表現できる。5.10hと5.10jを比べてみよう。これらの違いの多くは、動作のどこに力点を置くか、強調するかなどによっている。動きの質は実際に動いてみればすぐに把握できるが、図では表しにくい。

次に、5.10kの垂直な上方向への動きについて考えてみる。上を見上げるというジェスチャーは、「上」という方向をより強く表す。胸を上げたり、片手をわずかに上げたりするジェスチャーを伴った5.10lは、つま先立ちをして腕を頭より上に伸ばす機械的なジェスチャーの5.10mよりもより強く「上」を印象づける。

上向き、下向きのジェスチャー、つまり水平面の上下がもつ意味は、一般的によく知られている。上への動きは大きな喜びや希望、願い、高尚な考え、高みにある存在への祈りなどを表す。からだを上に持ち上げることで、自信や自己主張を表現する。「上」は重力や運命に逆らう方向なのである。それに対して「下」は重力に身を任せる方向であり、運命への服従、あきらめ、落胆、絶望を表す。上下のもつこのような意味合いはよく知られている。これらをはっきりと認識することは、パフォーマンスや振り付けの表現性を高めるうえで有益である。

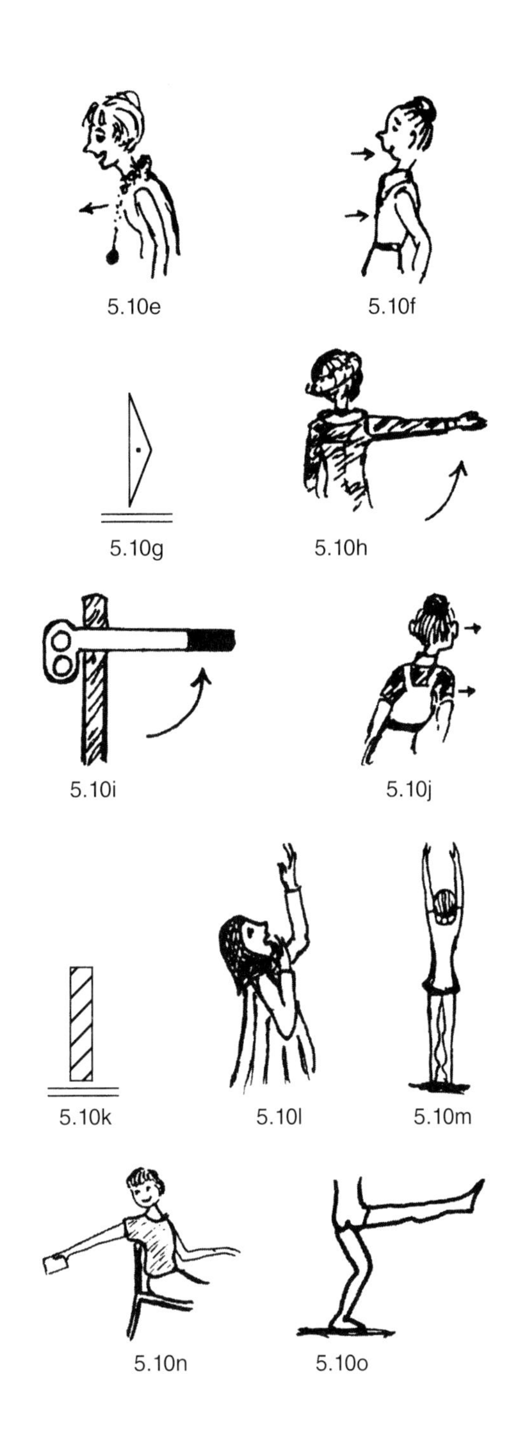

前後のジェスチャーでは、からだの片側を使うことで、空間の幅を広げることができる。片腕を使うとき、必然的に上半身も付随し、片脚を使うとヒップも付随する。前の方向はからだのそのほかの部位で表す。5.10nでは、腕が後ろに伸びるとき、上半身も後ろに向くことを表

す。5.10oでは、ヒップが動くことで、脚をより前へ伸ばせることを示している。

それぞれの方向でどのくらい違った表現ができるのか、また、顔の向きを伴うジェスチャーは、どのくらい方向の表現性を強めたり弱めたりできるのかについて考える必要がある。これまでに挙げた例はすべて、1つの方向を表すものである。次に2つの方向を使った表現について探究してみる。

5-10▶2つの方向の表現

1 前後の2つの方向

5.11aは水平上における前後同時の動きで、両方に均等に引っ張られている。5.11bのスケートやダンスで用いるアラベスクはよく知られている例である。5.11cは、両腕と片脚が後ろに伸びていても、前に伸ばした胴体と前を向いた顔によって、2つの方向が十分に表現されている。

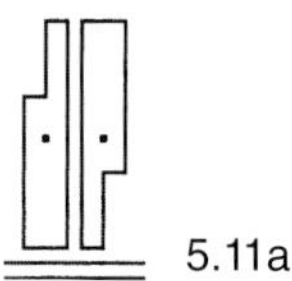
5.11a

5.11b

5.11c

2 横の2つの方向

◉横の開かれた方向

からだは横にシンメトリーの構造にできているので、バランスのとれた横の動きのほうが、前後の動きよりも心地よく行いやすい。これは横への開かれた方向では特に明らかである。5.12a～5.12fは、一見シンプルなポジションを表した例である。脚も横に開いたときの表現

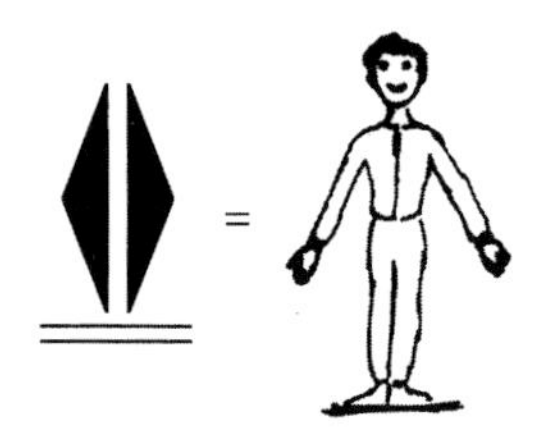
5.12a
シンプル、控えめ：「ここにいます」、または「どうぞご自由に」

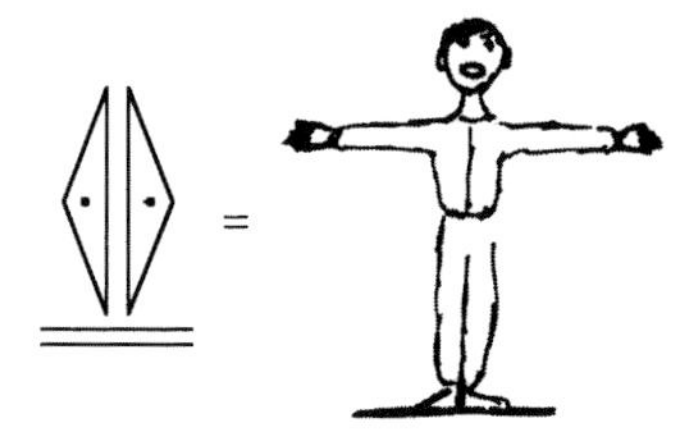
5.12b
「ようこそ！」、または「さあどうぞ！」

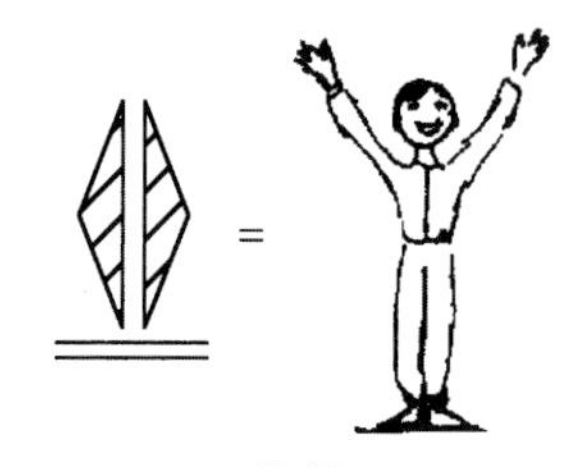
5.12c
「すごいニュースですね！」、または「お願いです。静かにしてください！」

5.12d
「これが私です。何も隠すことはありません」

5.12e
開示、自己主張、命令：「何でもかかってこい！」

5.12f
「うまくいった！」「勝ったぞ！」

の変化、腕のレベルから生じる違いに注目しよう。いくつかの一般的な解釈は5.12a～5.12fのとおりである。脚を開くと、自信、安定、自己主張の表現となる。

◉横の反対の方向

横面における反対方向への引っ張りは、胴体を傾けるときに起こる。5.12gでは自由になっている脚が胴体や腕と反対の方向に伸びている。このようなポジションは、腕を脚と同じか逆の方向に伸ばす前後面上の動きであるアラベスクと比較できる。5.12hは5.12gとよく似たポジションではあるが、片足の支え（垂直なサポート）から地面に横たわっている状態への変化が、全体的な表現に影響している。

◉横の2つの方向の交差

からだを交差させるジェスチャーは非日常的であり、より様式化した動きに適している。日常生活においてからだは人や物のほうへ向き、前向きのジェスチャーが用いられることが多い。

横の2方向の交差（5.12i）は、開かれた2方向とはっきりと対照をなす。両脚と両腕がからだのセンターラインで交差することで、5.12jのみじめなピエロのように、隠れることや自己防衛、世間との断絶などを表している。これは、5.12kのように胴体にひねりが入り、観客から背を向ける場合に特にいえることである。

3 垂直の次元と垂直のコラム

まっすぐに立った状態のとき、ジェスチャーは胴体を囲む垂直なコラム（枠）内で、垂直な次元での上下の動きに限られてくる。このコラムは、肩の上まで広がっていると考えることができる。5.13aにあるように、このコラムの「内側」で、上（胴体の近く）、下（脚の周り）に動きが起きる。地面に近づいた低い動きを手でする場合、からだを曲げる必要がある。したがってこのときは、垂直のコラムは見ている人にはわからなくなる。しかし演者にとっては、垂直の次元というコンセプトは残っているので、コラムを感じることができる。先に述べたように、垂直の線は5.13bのような長方形で表す。この記号の中に垂直のアドリブを加えた5.13cは、垂直の線上ならどこでも、どんなレベルでもよいことを表している。5.13dはこのコラムのアイデアを表している。

5.12g
5.12h
5.12i　5.12j　5.12k
5.13a　5.13b
5.13c　5.13d

◉垂直の反対への方向

反対に向かう方向は、それぞれが十分に引っ張り合うとき、強い緊張状態が生まれる。5.13eのように上下の動作を組み合わせると、興味深い組み合わせになる。これは5.13fのように、片腕を上に伸ばし、もう片方の腕を下げて表現できる。下向きのジェスチャーに対しては、顔を高く上に向けることで反対の方向を表現することもできる。これらの組み合わせは、ある特定の緊張状態をもたらす。例として、スペインのダンスにみられる、体重を下にかけながら上半身を強く持ち上げた姿勢、もしくは上体を引き上げつつ、ひざを深く曲げたグラン・プリエでバランスをとることが挙げられる。からだは重力に従って下に落ち込みつつ、上に向かうジェスチャーをすると、絶望を表すことができる（5.13g）。様式化した動作の多くには、からだの２方向への「引っ張り」、すなわち重力に従うことと逆らうことのエネルギーから生まれる２つの緊張がみられる。

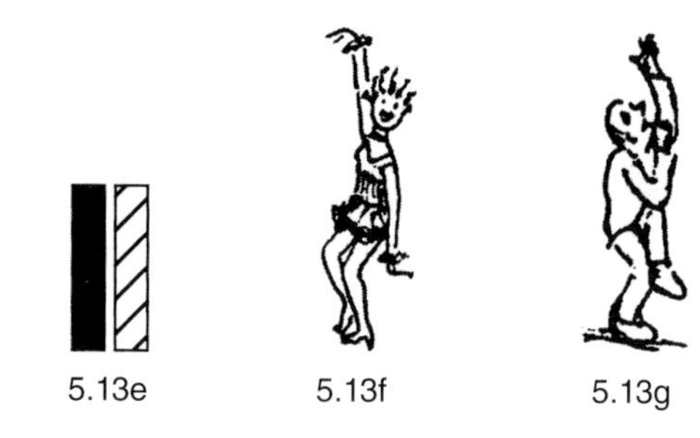
5.13e　5.13f　5.13g

5-11 ▶方向性のある動きのパス

水平の前方向、まっすぐ上、横の高いレベル（斜め上）、横の低いレベル（斜め下）などといった方向の通過点はなじみやすいものだ。腕や脚を使ったジェスチャーに関しては特にそうである。方向の指示を受けた際に、一番よく行われるのが四肢をその方向に伸ばすことである。こうした方法は確かに表現力をもっているが、方向を表す最適な表現方法とはいえない。方向性のある動作は、まっすぐなパスを通るジェスチャーによって、最も効果的に表現される。この場合、到達点と進行方向（パス）が１つで、同じ動きで表現されるからである。

このような動作は、からだの中心近くから始まり、ストレートパスを通るときに起こる。5.14aは、前への動作に備えてセンター（プレイスミドル）になることを示している。5.14bのパンチの動作がこれを表す。5.14cのようなキックは、足をヒップに近づけてからけり出すと、後ろのほうにより体重がかかる。

多くの動きは空間の中心から始まり、周辺へと向かう。腕を使ったよくある例を考えてみよう。5.14dのように、手は肩に近いレベル（プ

5.14a
5.14b
5.14c
5.14d　5.14e

レイス）から始まる。そこから水平に前へ進み(5.14e)、腕が水平上に前の到達点へと伸びた状態で終わる（5.14f)。

ここでの運動、つまり進行方向への動きは、前への水平である。最終的な腕の到達点も同様である。そのためこの動きは、5.14gのように上からカーブを描いて到達点に向かうよりも、前への水平を強く表現できる。カーブで移動する場合、見る側からすればどこでその動きが終わるか予測できない。腕の動きが終わって、ようやく到達点が前への水平だとわかるのである。

5.14hのカーブの動線は、与える印象も機能もまったく異なる。腕は下から始まり前方向へと上昇し、止まるまで目的や到達する方向を知るすべがない。カーブのパスは、到達点を重要視せず、動き自体を楽しむためにあるともいえる。脚の動きの場合、このようなカーブしたパスは5.14iのようにボールを空中にけり上げるサッカーのキックとして機能的である。このときも脚のジェスチャーがどこで終わるかはわからない。

5.14j、5.14kは、右腕が前への水平に動くところである。腕の先端である手が、このパスを描いている。始まりや終わりが前への水平ではないため、手の動きが止まれば前への水平に進むという方向性も途絶えてしまう。方向性は動いている間のみ鮮明なのである。このような方向の知覚、進行方向については、のちに詳しく説明する。

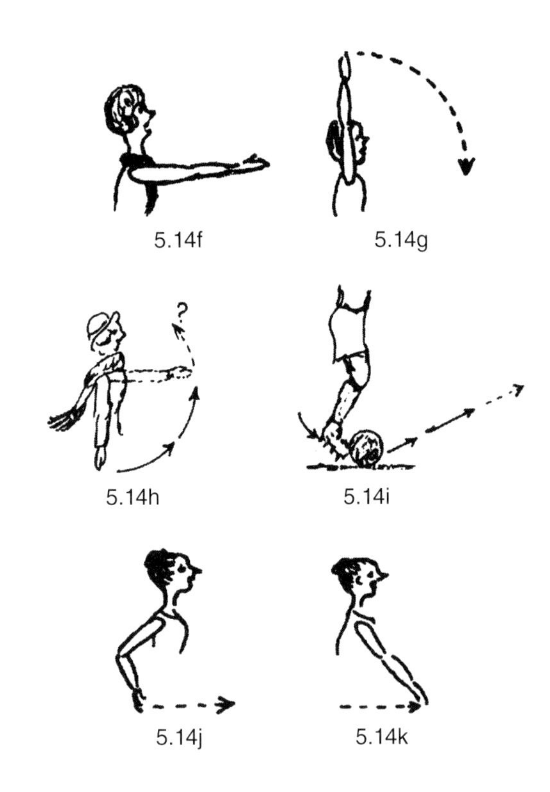

5.14f 5.14g 5.14h 5.14i 5.14j 5.14k

5-12 ▶ 到達点とモーション

からだの軸上でどのような方向性のある動きができるのか、その可能性を探究するうえで不可欠なのが、**到達点とモーション**という２つの枠組みである。本書ではこの２つの枠組みについてごく概略的なことに触れておきたい。

1 到達点

方向性のある動きの表現についてはすでに述べてきた。5.14bは指示された方向へ腕を伸ばす様子を、5.14hは5.14bと同じ方向へ別の方法で動かす様子を描いている。この２つは、与える印象が異なるだけでなく、土台となるコンセプトも違っているのである。5.15aは5.15bのように高いレベルへの到達を意味する。この到達点は、5.15cが示すように高いレベルへの到達を目指した動作としても表すことができ

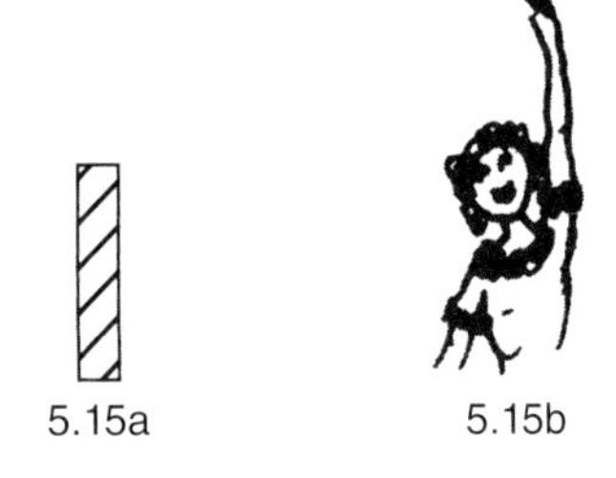
5.15a 5.15b

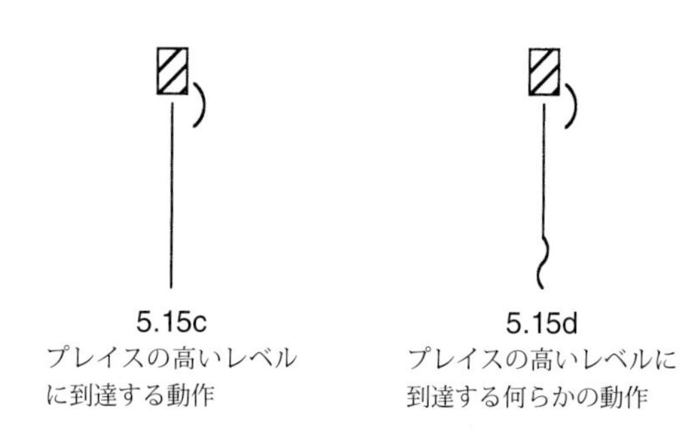

5.15c
プレイスの高いレベルに到達する動作

5.15d
プレイスの高いレベルに到達する何らかの動作

る。5.15dの「どのような動作でも」が示すように、どうやってその到達点へたどり着くかは、まったく自由である。

2 モーション

動作の際、演者の目的意識はしばしば方向の到達点ではなく、方向へ**向かっていく**という行為に向けられる。5.16aの縦に伸びた「∨」は、モーションがある状態へ「向かうこと」を表している。5.16bは高いレベルへのモーション、すなわち垂直な上への動きを表す。どの程度上に移動するかについての指示はなく、5.16cや5.16dに描かれているように、多くの場合距離はあまり問題にならない。到達点の項目で目にしたような到達を目指す動作に対し、動きの意識は「近づくこと」にある。5.16eの逆さまの「∧」は、「遠ざかること」を表す記号である。5.16fは、高いレベルから遠ざかる動きを示している。結果としては下向きの動きになるが、動きの意図は下がることではなく、上から遠ざかることにある。

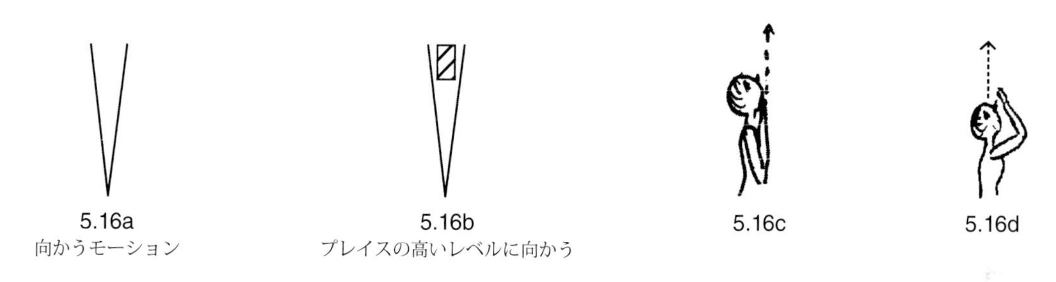

5.16a
向かうモーション

5.16b
プレイスの高いレベルに向かう

5.16c

5.16d

5.16e
遠ざかるモーション

5.16f
プレイスの高いレベルから遠ざかるモーション

第5章の総覧

方向

特定のレベル

どのような方向でもよい

垂直線上でどのような方向でもよい

低いレベル

真ん中のレベル

高いレベル

主要な方向

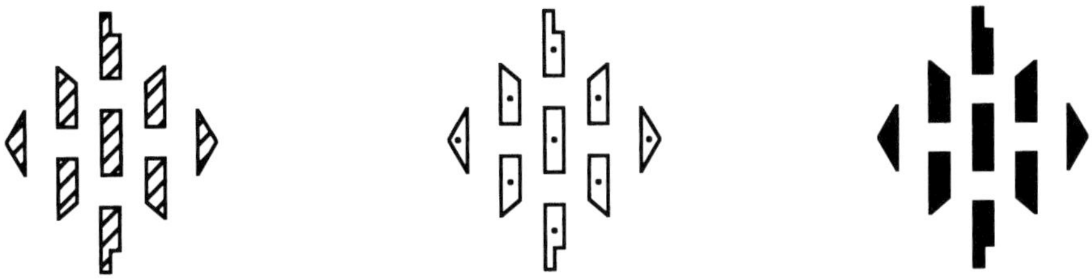

高いレベル

真ん中のレベル

低いレベル

次元

横面

前後面

水平面

次元の応用

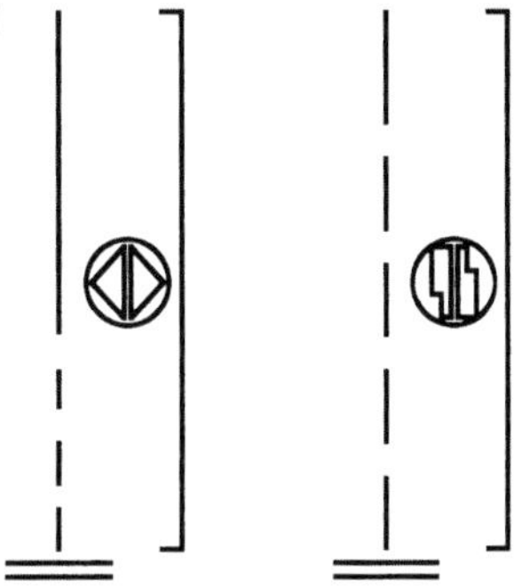

横面で動きを行う

前後面で動きを行う

からだ全体

からだ全体の記号

からだ全体が垂直上で低いレベルになる

からだ全体が垂直上で高いレベルになる

キャンセル記号

保持記号

同時に行う2つの方向性のある動作

前後の動作を同時に行う

開かれた左右の動作を同時に行う

閉じられた左右の動作を同時に行う（横の2つの方向の交差）

モーションと到達点のコンセプト

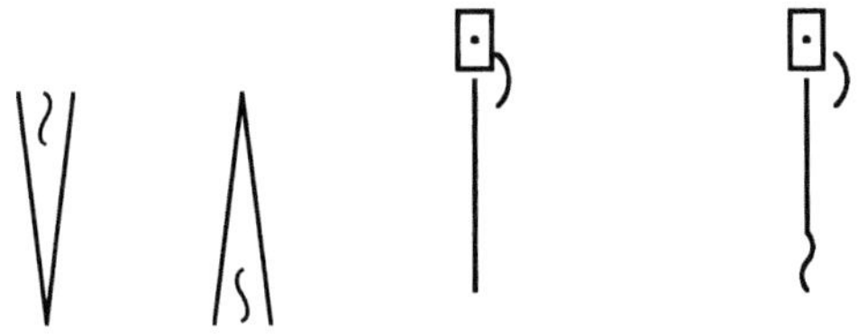

向かうモーション

遠ざかるモーション

プレイスに到達する動作

プレイスに到達する何らかの動作

第6章

方向
——空間のさらなる探究

第５章で検討してきた27の主要な方向とそれに関連する動きに加えて、この章ではさらに広い側面から方向について考えてみたい。空間内を動くときの自由度に加え、方向やレベルの自由な解釈のしかたなど、とても一般的なことについても探究する。ここではそうした自由度が、動きのパフォーマンスや表現に対していかに影響するのかを見ていきたい。

6-1 ▶球体の中での動き——キネスフィア

第５章においてトラベリングの説明の際、部屋を想定した**一般的空間**について触れた。この空間とは「共有物」、つまりみなで使う場である。部屋の中を移動する動きは「**移動の動き**（locomotor movement）」と呼ばれ、これを行う際、演者は自分のからだの中心を移動させる。移動をしないその場での動きは、からだの中心である軸の周りを動かすことから、「**軸の動き**（axial movement）」と呼ばれる。こうした動きができる空間は「**私的空間**（personal space）」と呼ばれる。これは、１点にとどまりながら手足が届く空間であり、その中を動くことができる泡のようなものだ。この球体が「キネスフィア（kinesphere）」と呼ばれる。

キネスフィアの中は、私たちが「届く」空間である。手足を動かし、曲げ、伸ばすことができ、末端である指先とつま先で大きな円を描くことができる。この球体内では、手足だけでなく胴体も傾けたり、ひねったり回したりすることができる。キネスフィア内の空間を動く際には、その空間があたかも形あるものであるかのように、四肢で感じ取ることが必要である。雲の中を動くときに、その雲を「感じる」ようなものである。

6.1aは、演者を取り囲むキネスフィアである。地面に寝た場合には、この球は半分になる。6.1bのようにあおむけになったとき、キネスフィアの前半分だけを動くことができる。うつぶせになればその逆のことがいえる。6.1cのように、からだの右側を下にして寝れば左半分だけを使えるし、左についてもまたその逆である。私たちが移動すれば、この球体も一緒に移動する。

これは個人の空間、つまり「私的空間」であ

6.1a

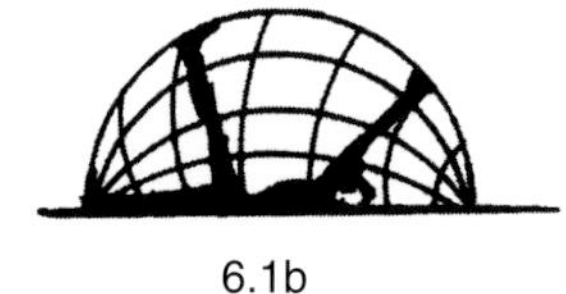

6.1b

6.1c

り、親しい間柄の人とだけ共有できるものである。

この球体内でできるさまざまな動きや腕、足、胴体、また腕と胴体、脚と胴体を組み合わせた動きなど、位置を変えずにできるあらゆる動きの可能性を試してみよう。「近くの」スペース、つまりからだの中心に近い空間を探ってみよう。この近い空間を動く際、注目するのは腕や脚、胴体の角度ではなく、近さという距離である。

次に「遠くの」空間、キネスフィアの周辺を探ってみよう。動きの重点は、腕や脚を伸ばすといった拡張する動作ではなく、キネスフィアの最大限の領域に届くことにある。遠くの空間を探すためには四肢を伸ばさなくてはならない。そして、この拡張には、胴体の動きがかかわってくるだろう。これにはいくつかの行い方があるが、トラベリングになってはいけない。軸の動きはまた別に解説をする。

地面に寝てみよう。立った状態から寝て、そこからまた立ってみる。このときに球体を、つまり空気とあなたによって満たされた大きな風船を想像してみよう。風が風船のそばを吹くと、風船の中の空気が動き、それによって埃(ほこり)がたちのぼり、宙に浮き、旋回する。あるいはこの球体を、完全にあなたが中に入った大きな水の塊と想像したらどうだろう。この水の塊に絵の具を垂らしてみる。あなたが動くと、絵の具は色のついた渦巻きや細い線へと変化する。絵の具を、別の位置から垂らした絵の具と混ぜてみる。すると、「水」の中を動くことで、あなたはキネスフィアのすべての部分を「感じる」ことができるだろう。

6-2 ▶基本的な方向性のあるエリアでの動き

次に、主要な次元的方向の**エリア**（**areas；領域**）における、ジェスチャーの動きについて考えてみよう。一般的な前方向へのジェスチャーはからだの前のエリアで行い、後ろ方向へのジェスチャーはからだの後ろで行う。同じように横へのジェスチャーはからだの右側と左

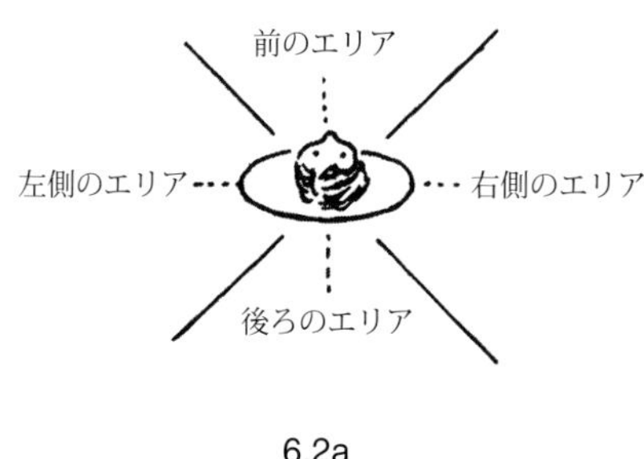

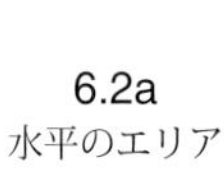

6.2a
水平のエリア

6.2b
垂直のエリア

側で行う。6.2aは、上方から見たこれらのエリアである。6.2bに描かれているような、上方向のエリア（水平線よりも上）と、下方向のエリア（水平線より下）についても考えてみよう。

概して方向性のあるエリア（directional areas）におけるジェスチャーは一般的に理解しやすく、また行いやすい。弧や「8」の字のような曲線を描くジェスチャーを使うと、与えられたエリアを最大限に活用しやすい。下方向に動き、床に座った状態になると、その状態でできる脚のジェスチャーは水平か、高いエリアでの動きに限られる。寝た状態では、腕についてもこれと同じことがいえる。すでに述べたように、キネスフィアでは使えない部分が生じる。からだを支える部分にかかわるような体勢の大きな変化は、方向性のある動きの表現の幅に影響を及ぼす。最もバリエーションが豊富で、そのために動きの範囲が最も広くなるのは、立った状態のときである。

このようなさまざまなエリアでの動きを試してみよう。到達点をはっきりさせるのではなく、例えば前のエリアでのジェスチャーが後ろや横のエリアで行ったものとどう違うかを意識するようにしよう。また、上方向のエリアでの動きを試し、下方向のエリアでの動きとどの点で大きく異なっているかを探ってみよう。

これらの方向性のあるエリアを探ることは、真っ暗な見知らぬ部屋の中にいるようなものである。腕を恐る恐る伸ばしたり、足を伸ばしたりして、そこに何があるかを探ってみる。右には何があるだろうか。左、後ろ、上はどうだろうか。何か障害物はないだろうか。動ける空間はあるだろうか。やがてすべてのエリアを探り終えると、自由に動けることがわかる。

方向性のあるエリアを探る際に、スカーフやリボンを視覚的補助として使うのもよいだろう。各エリアでの空中のデザインを楽しみつつ描けるし、可動域がわかる。こうした実践によって、エリアを表現する可能性についての理解と身体的な経験が豊かになるだろう。動きを構成する際、あらゆる面での動きを探っていくうえで、このような探究が役に立っていく。

1 真ん中のレベル(水平)のエリア——水平面

水平線をイメージしてみよう。もちろん床と平行であるということである。腕は肩のレベルにおいてとても楽に動かせるし、ほとんどのダンサーにとっては、ヒップのレベルでの脚のジェスチャーはとてもやりやすい。ここでいう水平のエリア（horizontal area）とは、6.3aに図示された実際の水平線よりも、いくぶん上下の空間を含む。水平線から上下にずれた動きになっても、その変化が目立たない付随的なものであれば、水平の表現の枠内にとどまっている。水平的な円を描くジェスチャーは、いくらか上へずれて行うことで、三次元的な表現を際立たせる。このとき上への動きはまったく強調されない。

胴体を水平に向けると、強い印象を与える。アイススケートのアラベスクと呼ばれる動きはまさにこれである。胴体を後ろへ傾けて自由になっている脚を前へ出したり、あるいは胴体を水平に横へ傾け、両腕と自由なほうの脚を横へ

水平のエリアでの動き

伸ばしたりする。ダンスでは、このような姿勢は次の表現への移行を表すもので、通過点である。胴体を水平にする場合（胴体のみでも腕のジェスチャーを伴う場合でも）、支持脚を曲げているほうが行いやすい。

6.3bのように、胴体を水平方向に傾けると、頭を正面に向けることによって下方向への表現を避けることができる。胴体を水平方向に置くことは、ちょうど水に浮かぶように、浮く感じになるかもしれない。実際、腕の動きは平泳ぎを思わせる。

2 エリア記号の説明

6.3cは「エリア」を表す記号である。これを6.3dのように「どのような水平のエリアでもよい（any horizontal）」の記号と組み合わせて、すべての水平レベルのエリアを含む、真ん中レベルのエリアであることを表す。

水平のジェスチャーは、ひざを曲げた状態でもできる。しかしながら、その場合は足の動きが制限される。ひざを曲げる動きは、後ろに伸ばすジェスチャーをするとき、とても安定する。ひざを曲げていると、座った状態から寝た状態へと移行しやすい。水平のジェスチャーを模索する際、しばらくはあおむけになってやってみるとよい。「ちょっと待って。床に寝ているのだから、水平ではなく**“下”**ではないか」と思うかもしれない。空間的に垂直線との関係でいえば、確かにそのとおりである。しかし、からだだけに注目すれば、水平面上にいることになる。腕や脚を、曲げるなり円を描くなりすることで、さまざまな水平方向へと動かせる。脚は完全な円を描くことができる。横から移動し、頭上を通過し、反対側を通って元の位置に戻ってくる。床をなでるように腕を回すこともできる。胴体の動きもつければ、足の先を通る大きな円を描くことができる。からだの横側を下にして寝そべると、方向の感覚は変わるが、水平であることに変わりはない。この場合、水平のエリアには多くの動きの可能性がある。うつぶせになったときには、動きのバリエーションは限られてくるため、からだを横にした状態からもう片側へと姿勢を変えるときに通過点にするのがよい。

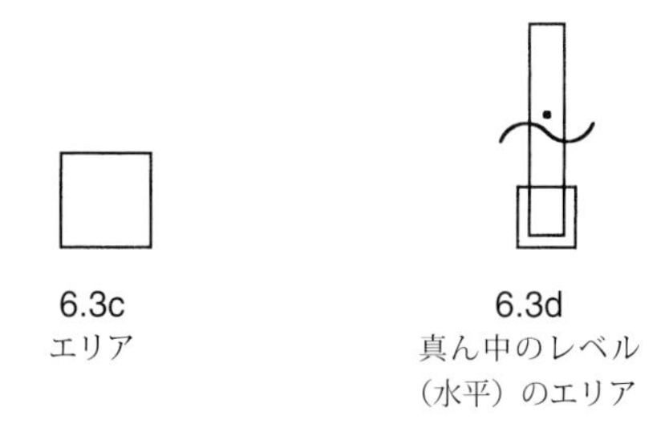

6.3c
エリア

6.3d
真ん中のレベル
（水平）のエリア

3 高いレベル（上方向へ）のエリア

水平エリアの上にある、上方向のエリアを模索する最も簡単な方法は、手を使うことである。また、からだを上に持ち上げる、ひざを持ち上げる、脚を高く伸ばすなどの動きでも表現できるだろう。

先に述べたように、上方向への動きは、大きな願い、喜び、恍惚（こうこつ）、また祈りや、到達できないものへたどり着こうとする状態も表すだろう。上は誇らしい感情を示す方向である。重力に拘束されていないということである。天国は下ではなく上にあり、上方向へのジェスチャーは、高尚な考えや高みの存在との対話、宗教的な概念を想起させるだろう。

すべての方向への動作において、頭の動かし方、つまり視線を向ける方向によって表現はがらりと変わる。上方向へのジェスチャーをしているときに、顔が下を向いているか上を向いているかでは、意味が変わってくる。6.4aでは、「エリア」の記号が「あらゆる上方向の、あるいはレベルの」を表す記号と組み合わさって、6.4bのような、高いレベルのエリアでの動きを表している。

立っている状態で、次の動きを試してみてほしい。片腕を上げて上方向のジェスチャーをし、顔は上を向き、もう一方の腕も動きに加える。ほかにどんなことができるだろうか。ほとんど

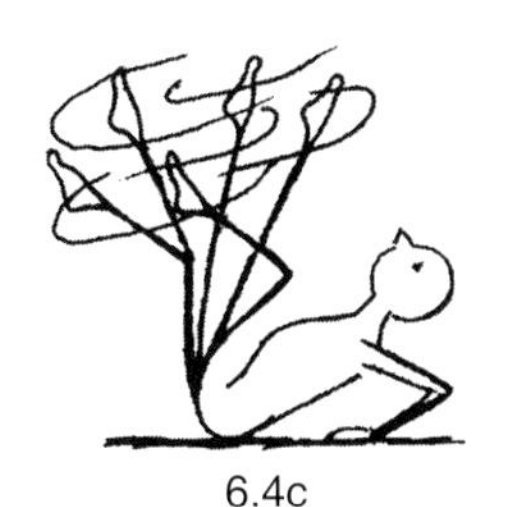

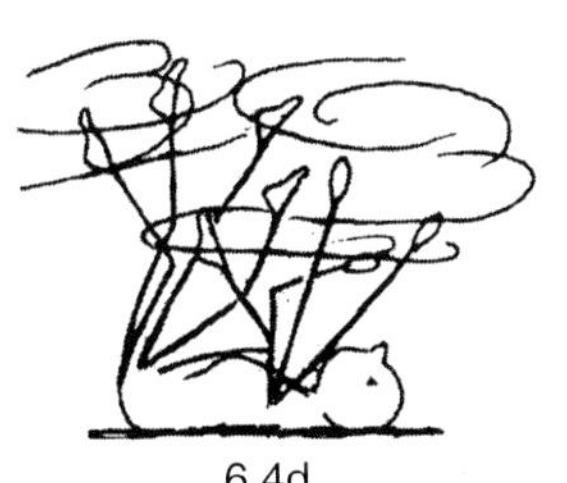

6.4a　6.4b　6.4c　6.4d　6.4e

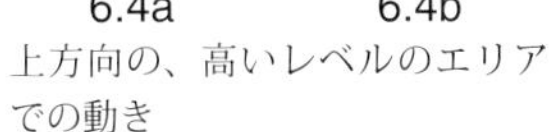

上方向の、高いレベルのエリアでの動き

の人は脚を上に高くまっすぐ伸ばせないので、エリアでできる脚の動きは限られてくる。しかし腕は、上のエリア内にとどまりつつ、エリアの周縁部に円や「８」の字などたくさんの入り組んだ曲線の「軌跡」を描くことができる。

片腕だけを動かしたり、両方同時に動かしたり、交差させたりすれば、さまざまなバリエーションが生まれる。しかし、腕をまっすぐに伸ばした状態だけでは、バリエーションは限られたものとなる。軽く曲げたり深く曲げたりしてみよう。腕の連続的な動きを試し、エリアを広げていく一連の動きをやってみよう。また、回転させてみると、空間をより三次元的に使うことができる。上半身にひねる動きを加えれば、より可動域が広がり、後ろの上方向のエリアを使う動きがやりやすくなる。上半身を後ろに反らすのもかなり効果的である。

上で述べたことは、ひざをついたりしゃがんだりしながらでも行うことができる。からだ全体の位置をひざがつくところまで低くすれば、上方向のエリアである要素がなくなってしまうように思えるが、実はそうではない。高さが垂直線上にあるように、エリアはその人をとりまくキネスフィアと関係している。ひざまずくときは、ひざから上を高くする、あるいはからだのどこか一部を上に持ち上げたりすると、上方向を印象づけることができる。上半身と腕を使ったさまざまな動きを試し、タイミングやダイナミクスを変えながら、動きのバリエーションを探してみよう。

ひざまずくのとは違い､座った状態になると、脚もキネスフィアの上方向のエリアで動かすことができる。このとき胴体は後ろ方向か横方向に傾けなければならないだろう。また、6.4cのようにおそらく手で体重を支える必要がある。

6.4dのように、寝た状態のまま、腕や脚で上方向のエリアで動きを行うことは簡単である。6.4eの肩で支える姿勢のように、骨盤や逆さにした胴体などを加えれば、脚を使ってできる上方向へのジェスチャーが増える。寝た状態から座った状態へ、ひざまずく状態から立った状態へ、そして上方向へ跳ぶまでの一連の動きを行ってみよう。さまざまなやり方があることがわかるはずである。

これまで動きの可能性とその結果を意識的に検討してきたが、それらがどんな印象を与えるかを確認してみよう。そしてこの「状態」から完全に脱却し、からだ全体をニュートラルな状態にして、筋肉を緊張から解放させてみてほしい。おそらくからだを軽くゆすったり、だらりと床に寝たりするのがよいだろう。

それでは、あらためて上方向のエリアの動きを行ってみよう。ただし今度は自分の内側の感情、手先や腕を動かしたい、頭を使いたい、胸を広げて持ち上げたいなどの内的な欲求にまかせてバリエーションを生み出してみよう。つまり、動きは感情から生まれるものであり、頭で考えて動くものではない。心の赴くまま連続した動きに取り組んでみよう。この構成は自然にできてくるもので、見ていて面白いのはもちろん、演じる価値も当然生じてくる。

4 低いレベル（下方向へ）のエリア

キネスフィアの水平よりも下方向のエリアでは、脚は斜めに出すとジェスチャーをしやすい。これと同様に、腕もまた、胴体を曲げると下方向へのジェスチャーがしやすくなる（6.5a）。表現という視点からいうと、下は謙虚さや悲しみ、絶望などの方向である。おじぎをするときはからだを低くするし、恥ずかしいときは顔をうつむき加減にする。実際、表現という視点では、地上に関係した、もしくは地への方向である。

6.5bは、「どのような低いレベルでもよい」の記号と、エリアを表す四角い記号を組み合わせたものであり、これで低いレベルのエリア全体を表す。

低いエリアを探究するには、立った状態でいると幅広い動きができる。脚を斜め下に向ければ、床に触れたり、床の上を滑らせたりすることができる。腕を下に向けたジェスチャーは、胴体の動きを加えることでバリエーションが増える。股関節のところでからだを曲げるのが効果的である。しかしこのとき、胴体を水平方向にとどめたまま動かさないようにしないと、顔を下に向けていたとしても、下方向のエリアという印象が弱まってしまう。胴体を使いながら腕のジェスチャーで下方向の印象を強めるには、必ずしも水平より下に胴体をもってくる必要はない。しかし、下方向への動作は、見る側がしっかり見てとれ、さらにダンサーが感じとれるものでなければならない。到達した位置が重要なのではない。ここでもまた、タイミングとダイナミクスによって違いが生じるのである。

低いエリアでの動きは、一般的によりなじみがあり行いやすい。したがって、このエリアでは実にさまざまな動きが考えられる。最初の探究を終えたら、次に内的欲求から生まれる低い

下方向へ、低いレベルのエリアでの動き

エリアでの動きを試してみよう。

寝た状態で低いレベルのジェスチャーができるのは、ベンチなどに寝たときである。こうすれば6.5cのように、水平より下で腕や脚のジェスチャーをすることができる。

5 前方向のエリア

前方向のエリアの動きには6.6aのように広さの幅があり、また6.6bのように上方向や下方向など、すべてのレベルで動くことができる。また、からだの近くや離れたところでも同様である。

前方向のエリアでの動きは6.6cのように表す。この記号は、どのようなレベルでもよいことを表している。しかし、明確にレベルの省略を示すことから、しばしば6.6dのように垂直のアドリブ記号を加えた書き方のほうが好まれる傾向にある。6.6eは前方向のエリアでの動

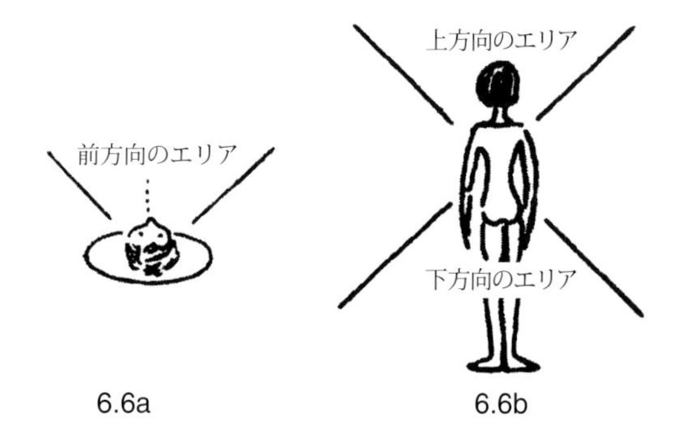

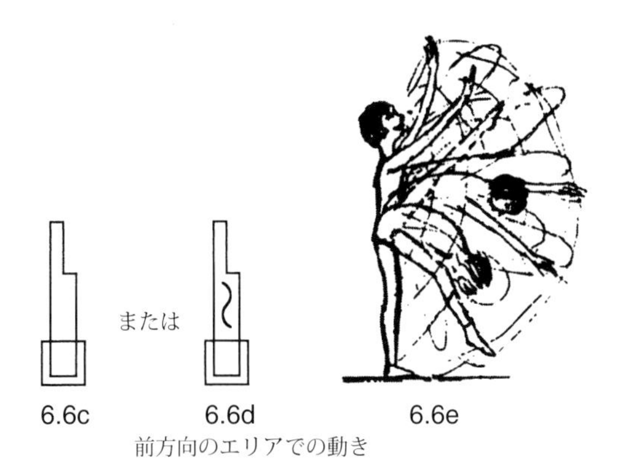

前方向のエリアでの動き

きを図示している。

方向性のあるエリアを探究する際には、動きの選び方に気をつけよう。からだの片側だけでする動きか。腕を使ったジェスチャーなら、腕だけでするものか、それとも胴体の前への傾斜などからだのほかの部分も一緒に使うのか。脚ならば、ほかの動きに伴うジェスチャーなのか、一部分だけのものか。前方向への動きでは、体重移動を伴うのか。胴体と手足が一緒に前方向へ動くなら、どうやってバランスをとればよいのだろうか。

6 後ろ方向のエリア

後ろ方向のエリアではどんな動きが可能だろうか。前方向の動きに比べると、可動域はかなり限られてくる。6.7aのように、後ろ方向へ腕のジェスチャーをする際には、肩の関節を回転させ、胸の動きを使い、上半身をわずかにひねらなければならないことが多い。そのために回転しても、正面が変わるわけではない。からだのほかの部分は、それまでと同じ前後の方向性を保っている。後ろ方向に胴体を傾けるときには、バランスをとるために片脚をわずかに前方向へ動かす必要があるかもしれない。しかし、ここで重要なのはやはり後ろ方向への動きであり、前方向への脚の動きは目立つものであってはならない。6.7bと6.7cの記号は、どのようなレベルでもよい後ろ方向のエリアを示している。

7 横方向のエリア

からだは垂直の中心線によって左右対称に分かれる。まずは片側だけを探究してみよう。

横方向のエリアを探究すると、開いた状態では、つまり右側なら右の手脚を、左側なら左の手脚を使えばさまざまな動きができることに気づくだろう。次に、からだの中心線で手脚が交差した、閉じた（交差した）ジェスチャーを試してみよう。開いた状態と閉じた状態では、大きな違いがあることがわかるだろう。その違いは、身体的な限界や制約という意味での自由度

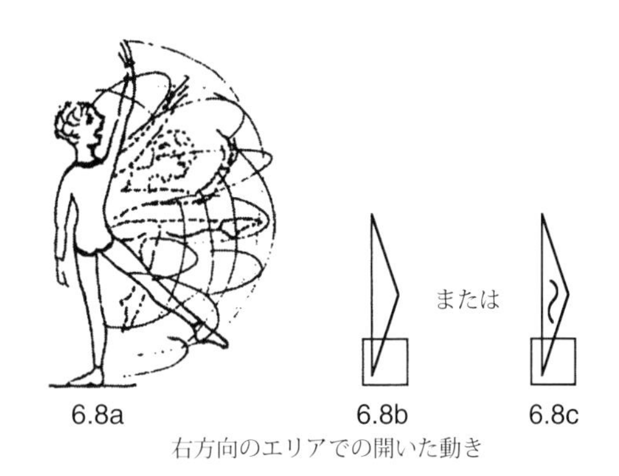

右方向のエリアでの開いた動き

6.7a　6.7b　または　6.7c

後ろ方向のエリアでの動き

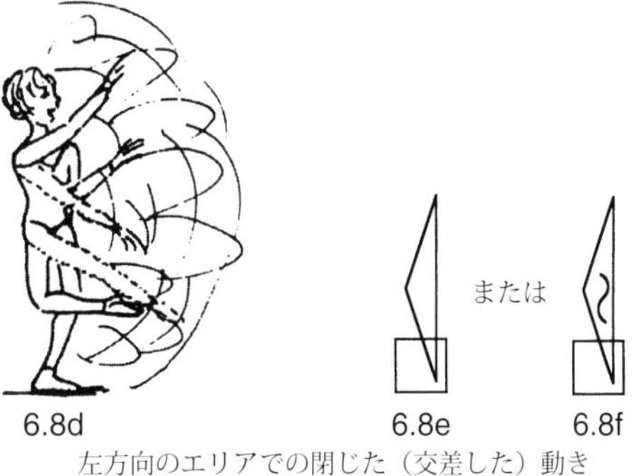

左方向のエリアでの閉じた（交差した）動き

の差だけでなく、表現においても対照的である。

6.8aの図は開かれた横方向エリアのジェスチャーを示している。右側の場合は6.8bまたは6.8cの記号で表す。脚や腕のジェスチャーには胴体の動きを加えてもかまわない。

6.8aとは対照的に、6.8dは閉じた、もしくは交差した状態を図示している。6.8eと6.8fはからだの右側が左方向のエリアで交差していることを示している。演じるのは楽ではないが、このような動作はとても表現的であり、また、あまり自然な動きではないからこそ、コミカルなダンスやグロテスクなダンスにおける誇張した形として、もしくは普通とは異なる身体デザインとして、よく用いられる。

6-3▶特定方向のエリア内での動き

これまで見てきたように、どのような方向でもよいとする記号は、「エリア」を表す記号と組み合わせて、「どのような方向のエリアでもよい（any directional area）」を意味する（6.9a）。6.9bは高いレベルのエリアを表し、その動きは6.9cと6.9dのようになる。6.9eのように高いレベルのエリアに特定すると、6.9fや6.9gのように範囲が限られる。このやり方を用いて、おもな27方向のエリアを定めることができる（6.9h ～ 6.9j）。

1 27の主要な方向のエリア

6.9h ～ 6.9jはそれぞれのエリアでのおもな27の方向を示している。

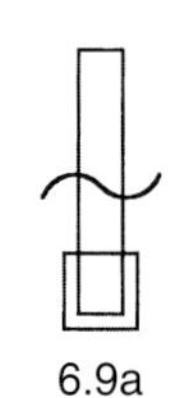

6.9a
どのような方向のエリアでもよい

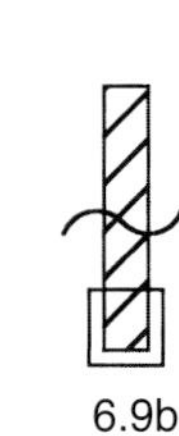

6.9b
どのような高いレベルのエリアでもよい

6.9c　6.9d
高いレベルのエリアでの動き

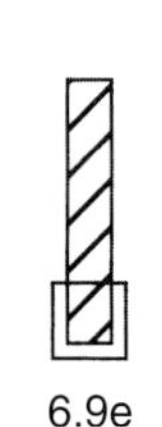

6.9e
高いプレイスのエリア

6.9f　6.9g
高いプレイスのエリアでの動き

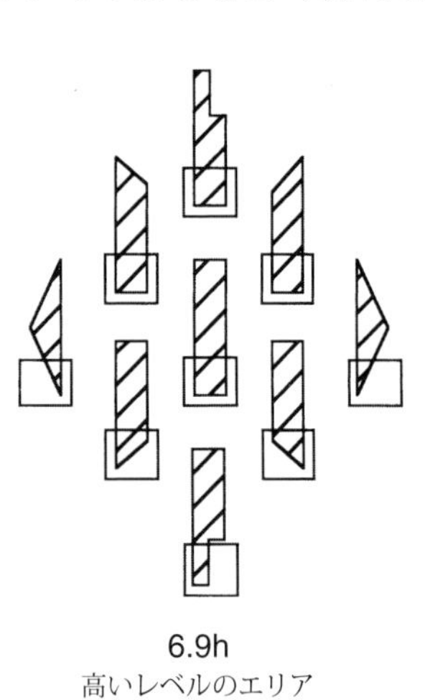

6.9h
高いレベルのエリア

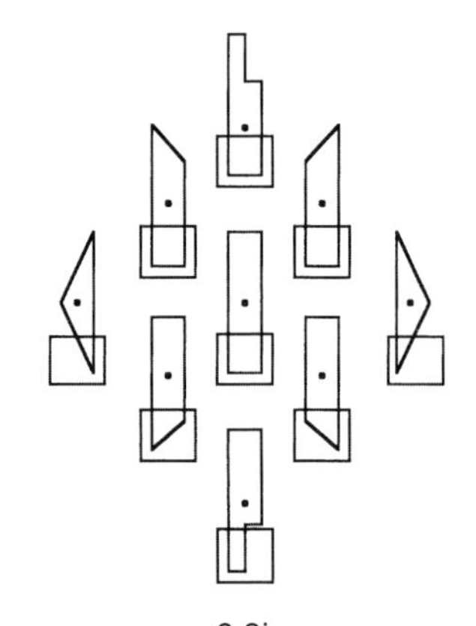

6.9i
真ん中のレベルのエリア

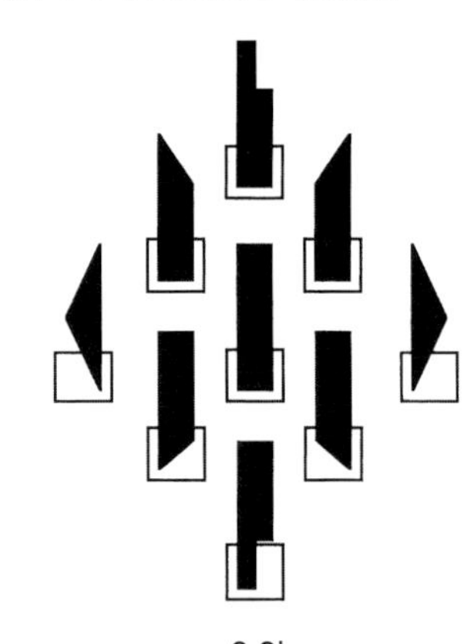

6.9j
低いレベルのエリア

練習課題22　ジェスチャーのための方向のエリア

ここでの学習で大切なのは、方向性のあるエリアの自由度を知ることと、方向を特定しない広いエリアと、方向を特定されたエリアとでは動きにどういった違いが生じてくるのかを感じることである。この学習の始まりでは、高いプレイスですばやく動き、高いレベルのエリアの動きがそれに続く。次に、より制限された高いレベルのエリアでの動きを行う。その次には低いエリアでの動きから真ん中の前方向のエリアでの動きへと続く。このような一般的な空間を使う際には、動きが面白くなるように工夫してみよう。5、6小節の前にあるすばやいその場での動きは、真ん中の横方向のエリアへの移行がしやすくなっている。この到達点への移動がどのように使われているか、8小節の真ん中のプレイスのエリア内での動きと比較して考えよう。1小節と8小節にみられる休止は、静止とは異なる。最後を締めくくる、わずかなアクセントに注目してみよう。

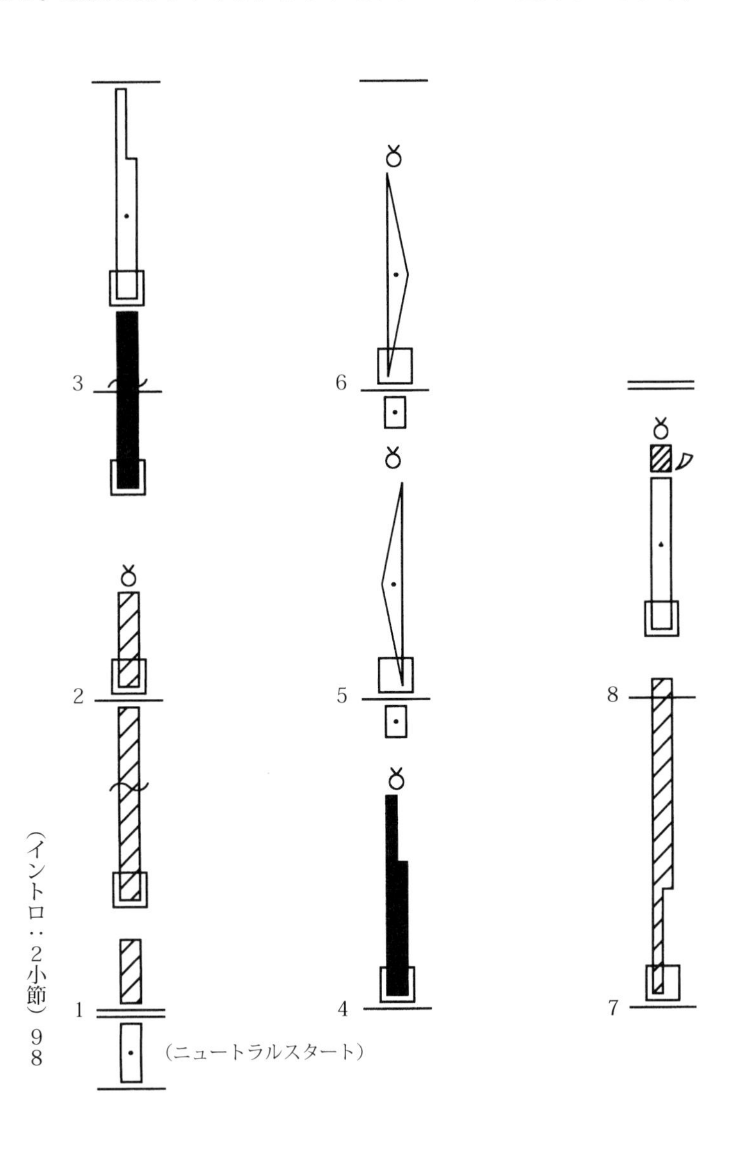

6-4▶開かれた方向：開かれたレベル

1 特定のレベルでの方向の選択の自由

方向性のあるエリアでの動きはモーションであるのに対し、方向を定めない特定のレベルでの動きは、到達点へ向かう動きとなる。特定のレベルの中で、到達点となる方向を自由に選べる。

6.10a～6.10cに示した例はすべてレベルが示されている。しかし、水平のアドリブ記号が表すように、演じる方向は自由に選んでよい。よって6.10aの「どのようなレベルでもよい」の指示記号に従うと、前後でも左右でも、斜めでもどのようなレベルの方向ででも演じることができる。6.10bの「どのような真ん中のレベルの方向でもよい」でも、6.10cの「どのような低いレベルの方向でもよい」でも同じように、方向は自由に選択できる。

6.10a
どのような高いレベルの方向でもよい

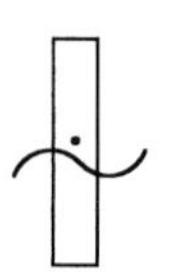
6.10b
どのような真ん中のレベルの方向でもよい

6.10c
どのような低いレベルの方向でもよい

2 決められた方向でのレベルの選択の自由

6.10dのような中に何もない方向記号では、レベルが定められていない。そのことをはっきり示す場合には、6.10eのような垂直のアドリブ記号を加える。これらの記号に従うと、上(高いプレイス）と下（低いプレイス）との間において、与えられた方向ならどのレベルでも演じることができる。このことはすべての方向にあてはまる。その例として6.10fと6.10gの右方向へのどのようなレベルでもよい動きなどが挙げられる。

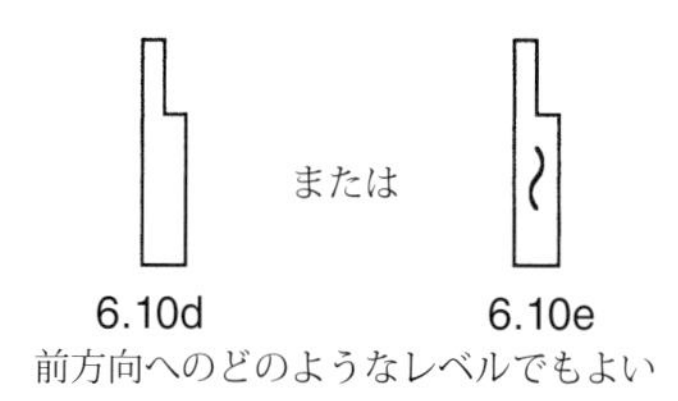

6.10d　6.10e
前方向へのどのようなレベルでもよい

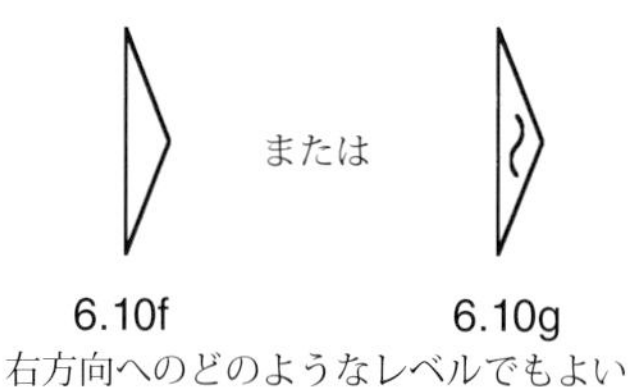

6.10f　6.10g
右方向へのどのようなレベルでもよい

6-5▶開かれた方向のパフォーマンスにおける自由度

さまざまな方向への動きを表現するには、からだ全体を使ってもよいし、胴体と手足を同時に、あるいは別々に動かしてもよい。LODでは、「ジェスチャー」とは体重移動のない動きとされている。では、ここからは方向性のある動作をする際にどのくらいの自由度があるのかを探究してみよう。

1 前後のジェスチャー――前方向

6.11aの中に何も書かれていない方向記号は、レベルを指定しない、前後面での前方向への動きを示す。6.11bもこれと同じことを示すが、縦の垂直のアドリブ記号を加えることでレベルが自由であることを強調している。この場合、6.11cの図のように、腕のジェスチャーを終えるのは前後面上の前方向であればどこでもよい。6.11dでは腕は前上の位置で終わっているし、6.11eでは前方向の水平な位置で終わっている。また6.11fでは前下の位置で終わっている。レベルが指示されていれば、終わり方はもっと限られてくる。手足がどの方向を向いて、どんなレベルにあるのかは、腕または脚の先端とつけ根の位置関係で判断する。腕でいえば、手が先端で、肩がつけ根である。

次にこのような前後の指示を、より一般的なやり方で考察し、どんな動きができるかを考えてみよう。方向の動きには手足だけを使ってもよいし、より強い印象を与えたいのであればほかの部分を一緒に動かしてもかまわない。ただし、指示されたものでない限り、ほかの部分の動きが目立ちすぎてはいけない。

よって6.11aの記号が示す前方向への動きは6.11gから6.11jのように解釈できる。6.11gでは、ジェスチャーも姿勢も顔もすべて前向きであり、統一された方向の表現となっている。では6.11hはどうだろう。片ひじが後ろ向きである。これでは前という意味が損なわれてしまってはいないだろうか。それともこれは、スタイルをつくるための振り付けの飾りであり、興味を引くための動きなのだろうか。6.11iは6.11gと比べてどうだろうか。腕を後ろ方向へ動かすことで前方向の印象は弱まっただろうか。6.11jは脚を使った前方向へのジェスチャーだが、バランスをとるために後ろ方向に傾いている。この後ろ方向への傾きによって、前方向へ向かう印象が薄れただろうか。動きの重点が明白に前方向のジェスチャーに置かれ、バランスをとるための後ろ方向への傾きが強調されないのであれば、前方向の印象が弱まることはない。実際にさまざまな動きを試し、最も表現したい動きを損なわないようにするためには、方向性を伴う動作はどの程度までつけ加えることができるのかを考えてみよう。

前後の動きでできるすべての表現を試してみる必要はあるだろう。何かを差し出したり受け取ったり、誰かに共感するために近づくような

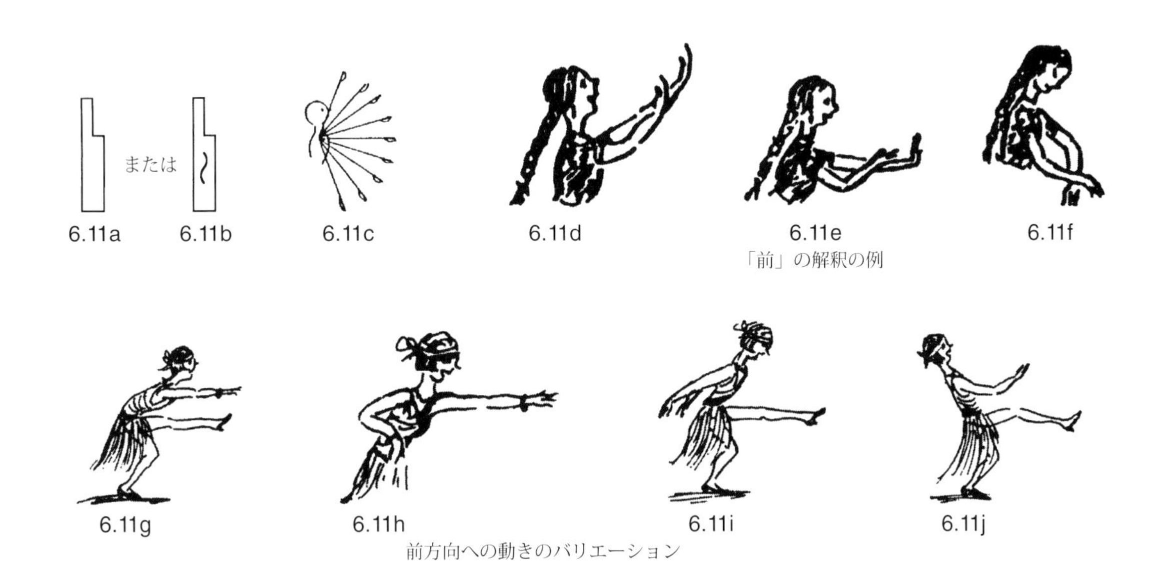

「前」の解釈の例

前方向への動きのバリエーション

自然な表現から、そうでないようなものまで、同じ前方向への動きでも幅は広い。腕を片方だけ使うのと両方使うのとではどのような違いが生じるのかを試し、また、腕のジェスチャーを「支持」し、表現力を高めるための胴体の角度の度合いもさまざまに試してみるとよい。腕の動きと同じくらい、あるいはより重要になる胴体の動きを試してみよう。このとき、腕の動きの役割はたいして重要ではなくなる。

前後の方向を使って単純な動きをデザインしてみてもよい。日常動作としては意味がなくても、ジェスチャーの動きとその最終的な到達点により､表現力のある動きを試してみるとよい。この動きはからだのさまざまな部位をわずかに曲げたり伸ばしたり、回したりひねったりすることで、より表現力が豊かになる。ただし、これらの動作はあくまでつけ加えるだけであり、主となる方向の動きを損なうものであってはならない。

2 前後のジェスチャー――後ろ方向

からだの構造上、後ろ方向への腕のジェスチャーはほかの方向に比べてかなり制限されてしまう。後ろ方向への左右対称なジェスチャーは特に制限され、パフォーマンスにバリエーションをつけることは難しい。後ろ方向への動きには、引き下がる、激しい不快感の表現、見るために後ろに反るなどがある。

6.12cのように腕を後ろ方向へ強調すると、後ろへの低い方向を表せる。この例では胴体も後ろ方向へ向かっており、脚をわずかに前方向へ出してバランスをとる必要があるだろう。この脚のジェスチャーは目立ってはならない。つまり、力を使わないニュートラルな動作でなければならないのだ。もしこのジェスチャーに力を入れすぎると、2つの方向に重点が置かれてしまい、前後が平等な動きになってしまう。胴体の傾きを強調し腕のジェスチャーを目立たなくすることで、後ろ方向を表すことになる。6.12dでは脚のジェスチャーが後ろという方向を強調しており、腕と脚は等しく重要な動きをしている。6.12eの顔を後ろに向ける動きは、「後ろ方向」という表現をうまく高めている。6.12fの頭の動きも後ろ方向を向いている印象を強めるが、この場合は、腕と脚を一緒に後ろ方向へ突き出すことで、後ろ方向の水平が強く表現されている。

3 左右のジェスチャー――横方向

横面上での方向の動きも、同様のバリエーションを示すことができる。6.13aの中に何もない横の記号、あるいは6.13bのよりはっきり

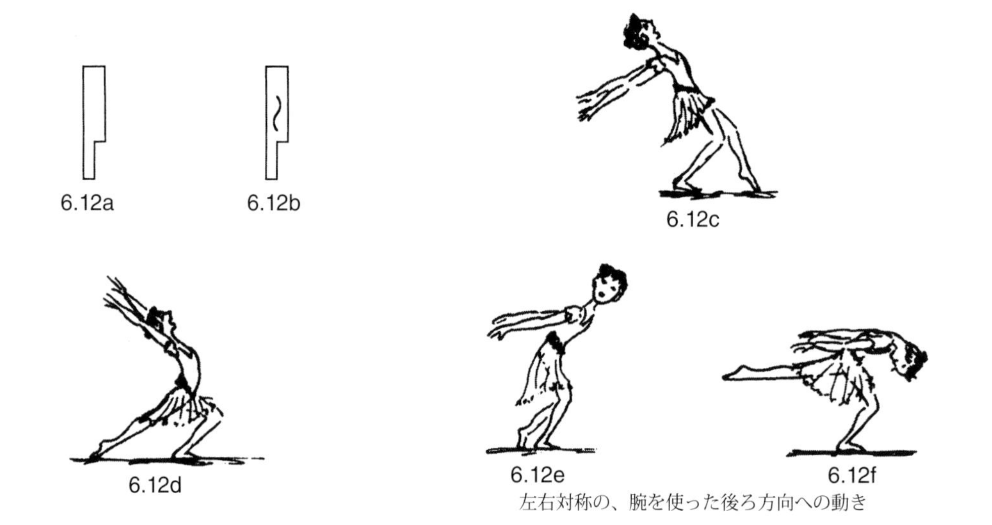

左右対称の、腕を使った後ろ方向への動き

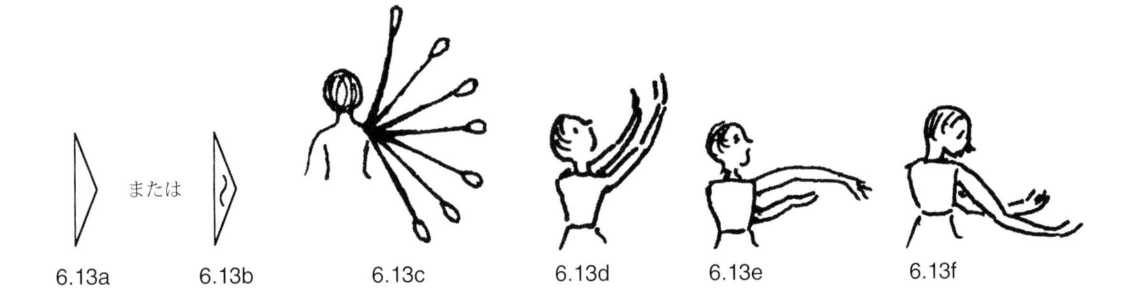

6.13a　6.13b　6.13c　6.13d　6.13e　6.13f

自由であることを示した記号は、6.13cのような横面のあらゆる場所でのジェスチャーを示す。レベルについて何も言及がなければ、横であれば上から下までどこでジェスチャーを終えてもよい。6.13dから6.13fに示したのが考え得る解釈の例である。これらの例ではすべて両腕が同じレベルにある。それぞれの腕のレベルが違っていても、横でさえあれば6.13aの指示に従っていることになる。

6-6 ▶ 方向の定義の発展

第５章からこの章にかけて、さまざまな方法で方向を検討してきた。それらは、ある特定のポイントに向かう動きから、特定のポイントが指示されていない方向エリア内での動きまで、幅広いものであった。ここで、方向について最も一般的なものから最も特定的なものまで、概観的に考察してみたい。

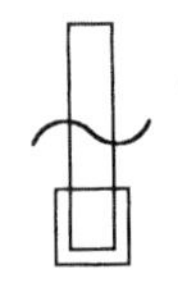

6.14a
どのようなレベル・方向でもよいエリア

6.14b
どのような垂直のレベルでもよいエリア

1 エリアをより特定化する

最も幅の広い指示、つまり方向の動きで最も自由度があるのは、6.14aのどのようなレベル・方向でもよいエリアである。もう少し具体的になると、6.14bの、どのような垂直のレベルでもよいエリアとなる。方向が明確に示されると、その方向でのあらゆるレベルに着目できる。6.14cの前方向のエリアは6.14eに描いたようなものである。これと同じように、レベルはすべての方向エリアにおいて、自由である。ただし中に何もない方向の記号には、6.14dのような横のアドリブ記号を加えたほうが好まれることが多い。アドリブ記号があることで、レベル

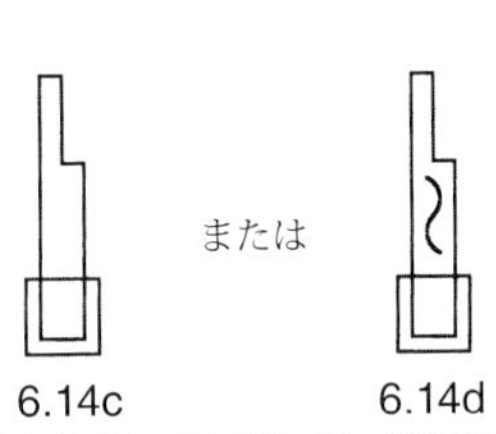

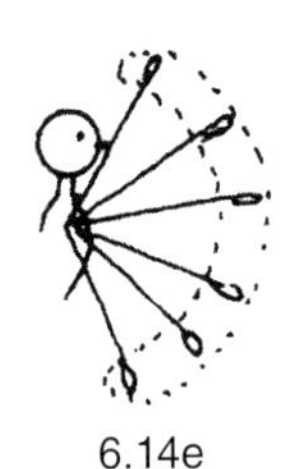

6.14c　6.14d　6.14e
どのようなレベルでもよい前方向のエリア

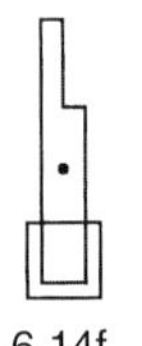

6.14f　6.14g
真ん中のレベルの前方向のエリア

を示すのを忘れたわけではないことが明確になる。

特定の方向におけるレベルのエリアを示すと、6.14fと6.14gのように、動きはさらに限定される。

2 方向をより特定化する

ここでは幅広い方向のエリアから離れ、より特定化された方向に焦点をあて、より詳細に検討をしてみよう。すでに触れたように、どのようなレベル・方向でもよい動きは、6.15aで示すことができる。6.15bは垂直線上でのどのようなレベルでもよいことを示している。6.15cや6.15dは、どのような前方向のレベルでの動きでもよいことを表わしている。6.15dはレベルが自由であることが強調されている。6.15eはこのような動きの選択肢の範囲を描いている。

より特定化して、6.15fは前方向への水平方向を示す。モチーフ記譜法においては、このような方向のパフォーマンスに正確さは求めていない。そのため6.15gのように横にアドリブ記号を書き、だいたいは真ん中のレベルで前方向への動きであることを示す。実際にこの動きは6.15hのようになる。6.15jのように厳密に横に動くなら、6.15iのように、「正確に」を表すアスタリスク（*）を方向記号の脇に書く。ある特定の方向にもとづいた、より限定された到達点と比べ、エリアには三次元的な幅があることに着目しよう。

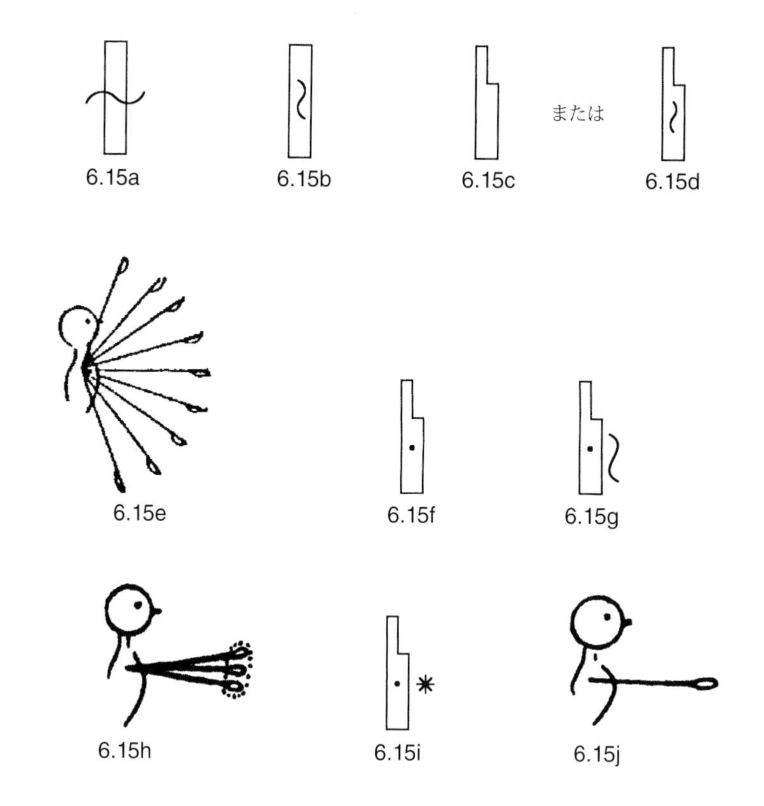

第6章の総覧

エリア——空間のエリア内でのジェスチャー

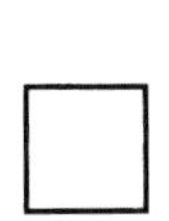

エリア

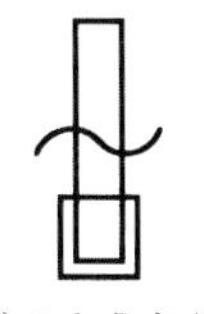

どのようなレベル・方向でもよいエリア

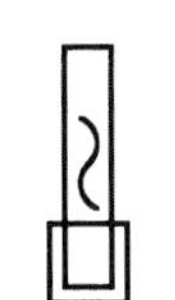

どのような垂直のレベルでもよいエリア

どのような真ん中のレベルの方向でもよいエリア

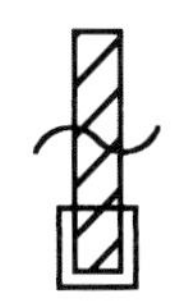

どのような高いレベルの方向でもよいエリア

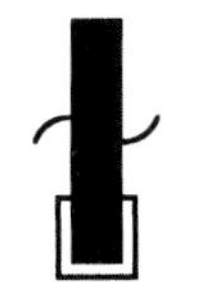

どのような低いレベルの方向でもよいエリア

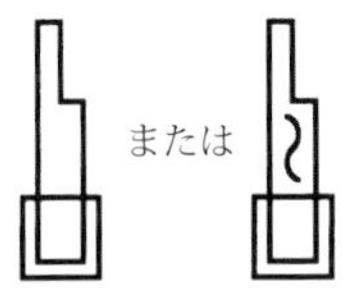

どのようなレベルでもよい前方向のエリア

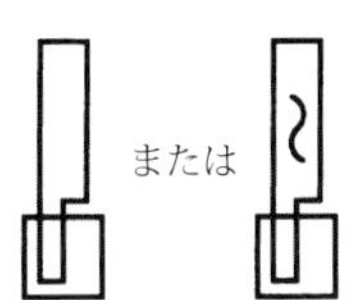

どのようなレベルでもよい後ろ方向のエリア

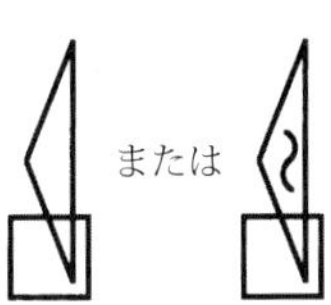

どのようなレベルでもよい左方向のエリア

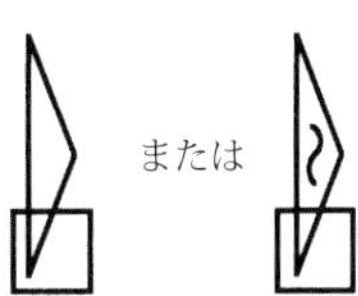

どのようなレベルでもよい右方向のエリア

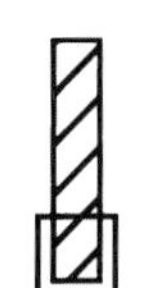

高いプレイスでの方向のエリア

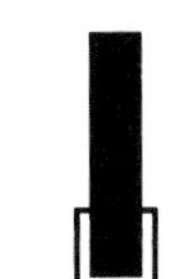

低いプレイスでの方向のエリア

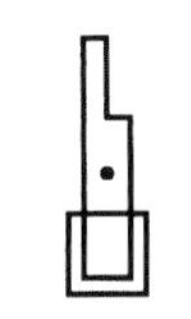

前方向の真ん中のエリア

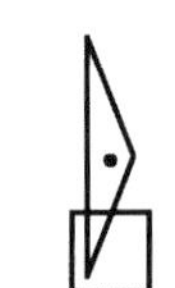

右方向の真ん中のエリア

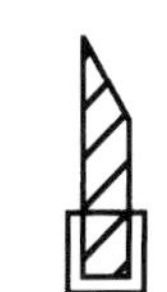

左前斜め方向の高いレベルのエリア

27の主要な方向のエリア

高いレベル

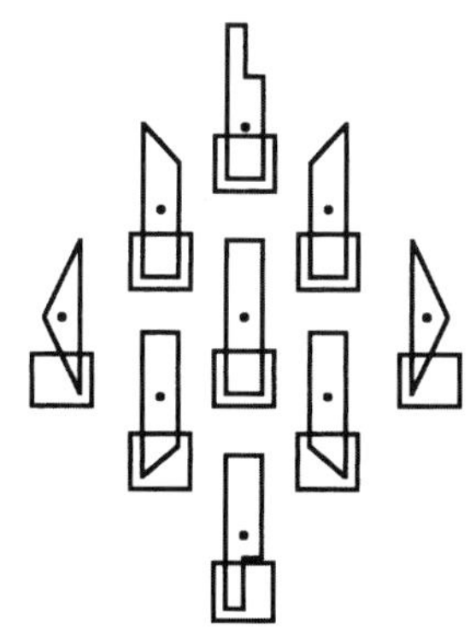

真ん中のレベル

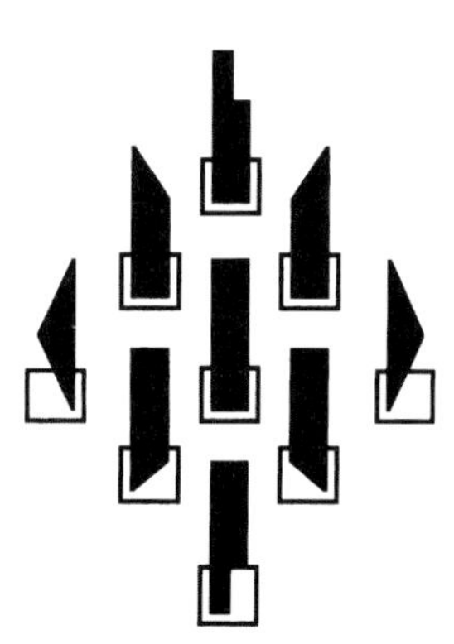

低いレベル

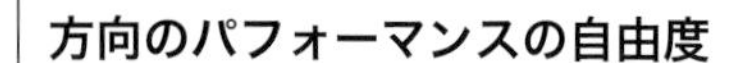

方向のパフォーマンスの自由度

どのような高いレベルの方向でもよい

どのような真ん中のレベルの方向でもよい

どのような低いレベルの方向でもよい

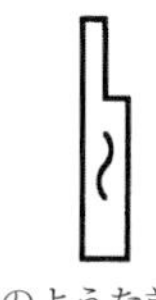

どのような前方向のレベルでもよい

どのような右方向のレベルでよい

さらに特定した記号

どのような方向・レベルでもよい

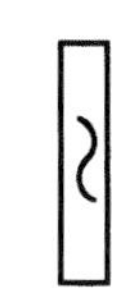

どのような垂直線上のレベルでもよい

どのような前方向のレベルでもよい

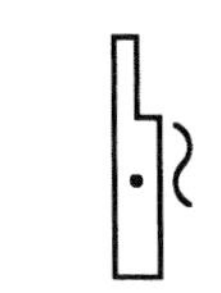

水平におおよそ前方向へ

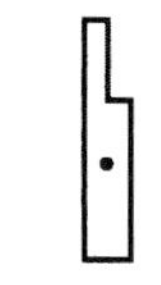

水平に前方向へ

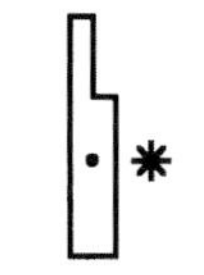

正確に水平に前方向へ

レベルの移動と組み合わせ

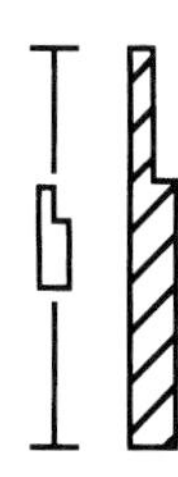

前方向へトラベリングしながら、前方向の高いレベルでジェスチャーを行う

パスは前方向へ上る（坂を登るように）

第7章

曲げる、伸ばす

何かシンプルな動作をするとき、自分では意識していないかもしれないが、確実に２つ、あるいは３つの解剖学における主要な動作がかかわっている。からだの関節や手足を動かす筋肉の性質により、関節を曲げたり伸ばしたり、手足を回転させたり（またはひねったりする）ことができるのである。曲げる（flexion)、伸ばす（extension;伸張)、回転という３つの基本的な動作は、あまりに日常的な機能であるために意識しないことが多い。したがって、それらがさまざまな動きの中で、いつどのように作用しているのかをあえて考察する必要がある。

日々の生活における曲げ伸ばしの動作が無意識に行われるのは、そのような動作がたいてい何かほかの理由のために行われるからである。私たちの多くは眠るときはからだを丸くして横になり、朝にはあくびをしてストレッチをする。とても寒いときには暖かくするために、からだを丸めて曲げる。これらの例は私的な動作であって、通常の観客を前にしたパフォーマンスとは異なる。靴下を履くときや、靴のひもを結ぶときもまたからだを折り曲げなければならない。深いクロゼットの奥や、高い棚の上に手を届かせようとするとき、からだが伸びるだろう。内気な感情は人を縮こまらせ、喜びの感情は拡張をもたらす。これらの曲げ伸ばしの例は、外部の対象物、目的、感情によって起こるものである。曲げ伸ばしは、それぞれいくつかの具体的な形態の「一群」につけられた名称であり、この章ではその基本の形に焦点をあてる。

キネスフィア内での空間の使い方は、手足を最大限に伸ばして届く「広がった空間（reach space)」を探る周縁的なジェスチャーから、からだの「近くの空間(near space)」を使った、曲げたジェスチャーまで多岐にわたる。これらの中ほどにあるのが「中間の空間（medium space)」である。

ここでは身体的な曲げ伸ばしの程度を、「少し」と「たくさん」、「わずか」と「際立った」という言葉だけで表す。

7-1 ▶ 曲　げ　る

曲げる動作の性質とは何だろうか。曲げる動作とは、次に挙げる動きを含んでいる。中心に

7.1a
丸くなった子猫

7.1b
しぼんだひまわり

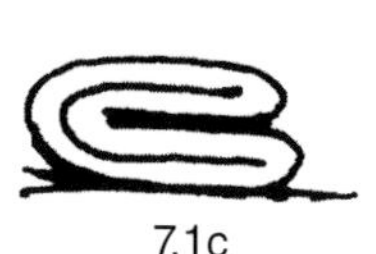

7.1c
畳まれたじゅうたん

7.1d
丸まったシダ

7.1e
曲げたはさみ道具

7.1f
アドリブ

7.1g
少し曲げる

7.1h
大きく曲げる

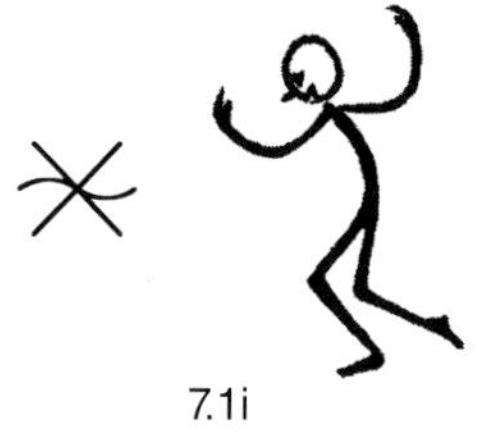

7.1i

7.1j

向かって引っ張る、小さくする、折り畳む、縮む、曲げる、閉じる、内転させる、せばめる、収縮させる、曲線を描く、丸める、これらが曲げる動作にあたる。

これらの動きは、蛇が後退しながら丸まる、猫が丸くなる、草花が閉じてしぼむなど、それぞれ異なるイメージを引き起こす。多くの場合、パフォーマンスの方法は違っていて、そこにこそ異なる表現を探求する世界がある。曲げる度合いはおそらく部分的な場合と、全体にわたる場合があるだろう。1つの動作は、1つの関節だけにかかわっている場合と、複数にかかわっている場合がある。動きのアイデアがからだ(からだの中心)にある場合と、外側にある場合、より少ない空間を占める場合などがある。引くという動作は、喜びのうちに自分を抱きしめたり、もしくは他人や危険、おそらく恐怖心から逃れようとしたりする場合にも起こる。

今は、曲げ伸ばしという動作の種類に着目し、詳しい度合いには踏み込まない。しかしながらこの点については、概略的な区分が必要であり、それらを「少し(小さい)」と「多い(たくさん)」の2通りで表していく。

7.1gは曲げることを示す記号であり、7.1fの「どのようなものでも」というアドリブ記号が含まれている。したがって、曲げる形は完全に自由である。7.1hのように二重の線を使うと、曲げる度合いが大きくなることを示す。本書では、この記号は動作を強調するものとしてよく用いられる。

小さく曲げる場合の範囲は、自分のからだに向かって半分くらいまでである。より大きな度合いで曲げるときは、半分を超えて自分に近づく。7.1iと7.1jはそれぞれの度合いの説明を絵に描いたものである。

7-2▶伸 ば す

伸ばす動作にはいくつもの形があり、異なるコンセプトを含んでいる。どのような考え方、意図、目的がこの動きの領域に属するのだろうか。手を伸ばす、ストレッチをする、引き伸ばす、開く、離す、広げる、拡張する、中心から離れる、だんだん大きくなる、成長する、などがそれにあたる。そしてこれらの伸ばす動作もまた、異なるイメージや動きの性質を喚起するのである。

曲げる動作と伸ばす動作は互いにパートナーであり、どちらか1つが作用すれば、もう片方が付随するようになっている。何かを取るために手を伸ばし、それを見るために近くに引き寄せる。朝起きて丸まって寝ている姿勢から、体を伸ばす。息を吸うとき肺を膨らませ、息を吐くとき肺を縮ませる。1つの動作は次の動作の準備であるともいえる。からだは閉じたり開いたりという感覚を楽しむのである。夏の暑い日差しの中で草原や砂浜に寝転がり、冬になれば暖炉の前で縮こまるなど、ほかにも数え切れないほどの例がある。

これらの動作がどのようにダンスの動きに関連しているのだろうか。どのように芸術的に作用するのだろうか。ダンスでは、2つの全く逆の動作をただ楽しむために行う。『牧神の午後』の音楽から喚起される身体的な喜びを思い起こしてみよう。ジェローム・ロビンス版では、男の子が無気力に手足を伸ばし、それからからだを小さく縮ませていた。バレエにおける連続的な動きの多くは、からだの曲げ伸ばし、からだに根ざした動作によって構成されている。しかし、とりあえず最初は、シンプルで自然な動きで考えてみよう。微細なことにこだわる様式についてはのちほど取り上げよう。

7.2fは伸ばすことを示す記号であり、「どのようなものでもよい」という選択の自由を表す記号を含んでいるため、この段階では形は自由である。伸ばす度合いがとても大きくなると、記号は7.2gとなる。

通常手足は「まっすぐ」の状態のため、たくさん伸ばせる余地はない。7.2hのように腕がリラックスしていて体の横でぶらさがっている

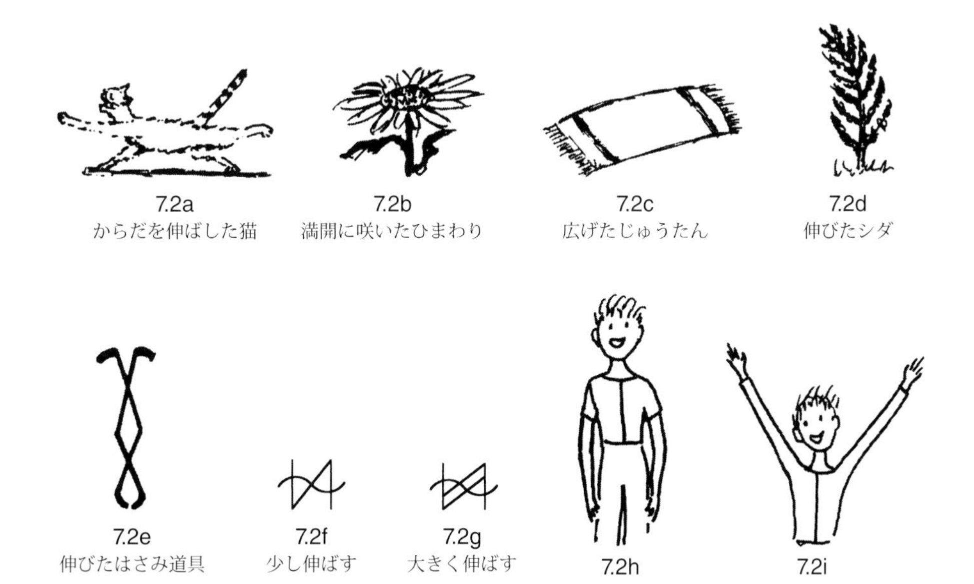

7.2a からだを伸ばした猫
7.2b 満開に咲いたひまわり
7.2c 広げたじゅうたん
7.2d 伸びたシダ
7.2e 伸びたはさみ道具
7.2f 少し伸ばす
7.2g 大きく伸ばす
7.2h
7.2i

7.2j

7.2k

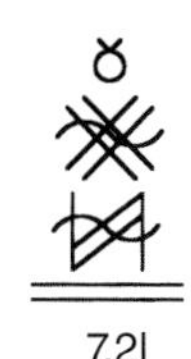
7.2l

とき、そこから伸ばす度合いには限界がある。7.2iのように腕をまっすぐにすると、より伸びた状態になる。腕をさらに伸ばすには、7.2jのようにからだ全体を巻き込む。

シンプルで基本的な動きのパターンは7.2kのように表すことができる。ここでは大きく曲げたあとに大きく伸ばし、その後静止が続く。もしもこれを何回か繰り返すと、空間的に、また強調の仕方やそのほかの面において多様にすることができる。7.2lの例では、大きく伸ばしたあとに大きく曲げ、その後静止が続く――これは大変異なった結果を生み出すことになる。このパターンも同様に、たとえタイミングに大きな変化がなくても多くの解釈の可能性があるだろう。

1 伸ばす：用語

本章において、"extension"という言葉は、長くする、伸ばす、引き伸ばす、差し伸べる、広がる、という一般的な意味合いで使われている。解剖学的な専門用語では"extension"は違った意味が与えられており、「屈曲」の反対の意味ということで使われている。例えば解剖学では、手首を手前に曲げること（つまり内側に、手のひらのほうへ曲げること）を「屈曲」と呼び、そして手首を後方に曲げること（つまり外側、手首の表側に曲げること）を通常「伸展」と呼ぶ。同じように、胴体を前方に曲げることを「屈曲」、そして後方に曲げることを「伸展」と呼ぶのである。このような"extension"という言葉に対する特別な意味合いは、解剖学を勉強している学生にとってはとても紛らわしいものであり、そして本書においては異なる動作分析の方法を知ることとなる。専門用語を使う際には一貫性と論理性というのは重要である。ダンスなどでは、胴体を後ろに曲げる動作は、緩んだ状態でカーブ（曲げる）を描くように表現できるし、後方へ引っ張って伸ばしてアーチを描くこともできる。これらの場合、伸ばす動作も曲げる動作も、1つの動きの中に組み合わさっている。

7-3 ▶曲げる動作・伸ばす動作の持続

曲げる動作や伸ばす動作には、突発的に行う場合と持続的に行う場合がある。持続時間を表すには、曲げ伸ばしの記号を長くするのではなく、それらは一定のサイズのままにしておく。垂直の動作線を加えて、その線の長さで曲げる動作や伸ばす動作の持続時間を表すことになる。例えば7.3aはとても短い時間を示しており、すばやい動きを表す。7.3bのようなとても短い動作線は、短い持続時間を強調している。7.3cは、7.3bに比べてゆっくりとした動きであり、7.3dではより持続時間の長い曲げ伸ばしの動作を表している。これは二重線のときも同じように適用される。はじめにどの動作であるかを示し、次に持続時間を示す。この垂直の動作線は、動作の時間の長さだけを表すので、「持続線（duration line）」と呼ばれる。7.3a〜7.3dのパターンが、それぞれの時間の使い方によってどのように変わるのかを検討してみよう。

曲げる、伸ばすの記号だけでも速く動くことになるが、すばやさが強調されることはない。もしもシャープで急な動きにしたい場合、7.3eのようなアクセントがつけ加えられる。したがって、例えば7.3fでは、急なアクセントのついた伸ばす動作をしたあと、急なアクセントのついた曲げる動作が続く。

それぞれの例を繰り返し踊ってみよう。7.3gではゆっくりとした、持続的な伸ばす動作のあと、急なアクセントのついた曲げる動作をする。7.3hでは曲げ伸ばしの２つの動作の持続時間は同じであり、まるで休むことなく吸ったり吐いたりする呼吸のようである。7.3iは、短く伸ばす動作が、長い継続的な曲げる動作へと変わる例である。これらの例は、基本的な記号でのみ説明されている。しかし、曲げ伸ばしの動作には、もっとたくさんのバリエーションが考えられる。7.3gは、例えば、ゆっくりと誰かに向かって手を伸ばし、突然それを引っ込めるという動き、つまり何か恐ろしい行為に対するおびえの反応を表しているのかもしれない。または、風船が最後に割れるまでゆっくりと膨らんでいくような動きとしても考えられる。7.3iは、釣りで魚を釣るために糸を遠くまで投げて、そして何かしらの抵抗があり、ゆっくりと自分のほうに引き寄せる動きかもしれない。シンプルな譜表を演じるためのアイデアを探してみよう。そして、物語や特別にドラマチックな内容ではなく、純粋な動きそのものを楽しんでみよう。

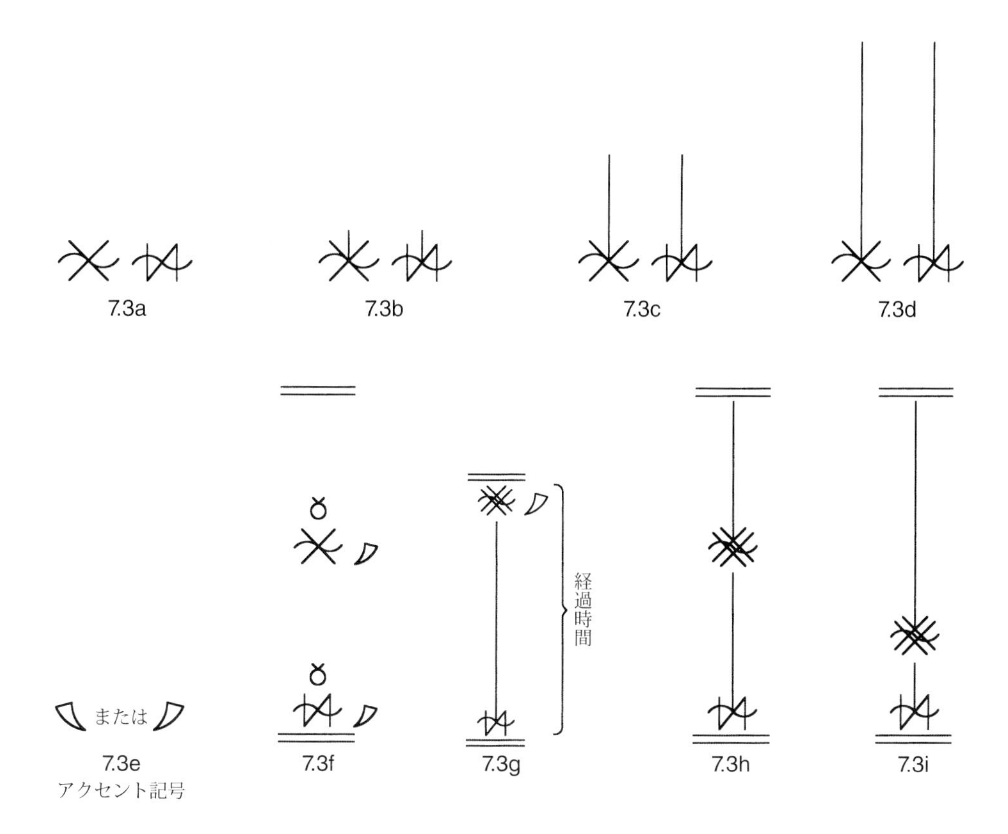

7.3a　7.3b　7.3c　7.3d

7.3e アクセント記号　7.3f　7.3g　7.3h　7.3i

練習課題E（伴奏曲なし）

持続と曲げ伸ばし

この課題では、タイミングや曲げ伸ばしの動作がパートナーと同じだったり逆になったりしながらかかわっていく。デュエットを行うための構成に着目してみよう。

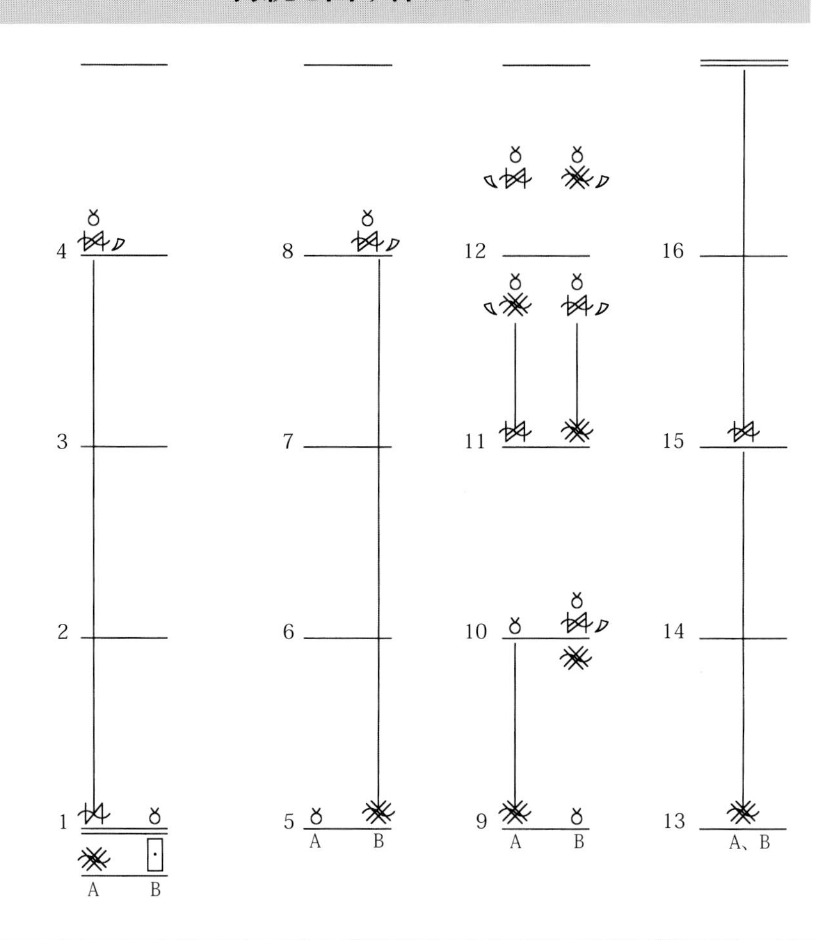

7-4 ▶どのような度合いでもよい、曲げ伸ばしの動作

これまで、曲げ伸ばしの動作には、2つの度合いがあると述べてきた。しかし、演じる側がその度合いを選びたい場合もある。アドリブ記号を曲げ伸ばしの記号の下に加えることで、「どのような度合いでもよい」を表す。7.4aの例は曲げる度合いが自由であることを表しており、7.4bは伸ばす度合いが自由であることを示している。タイミングに関しては通常どおりである。7.4cは自由な度合いでゆっくりと曲げることを示しており、7.4dはゆっくりとした、度合いが自由な伸ばす動作である。

7.4a
度合いが自由な曲げる動作（どのような曲げる動作でもよい）

7.4b
度合いが自由な伸ばす動作（どのような伸ばす動作でもよい）

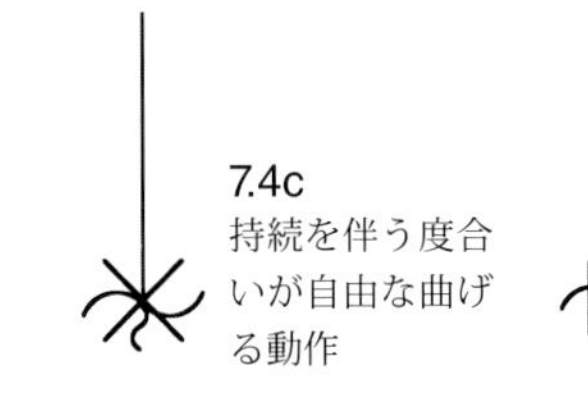

7.4c
持続を伴う度合いが自由な曲げる動作

7.4d
持続を伴う度合いが自由な伸ばす動作

7-5 ▶ほかの動作と組み合わせた場合の曲げ伸ばし

曲げ伸ばしの動作は、すでに言及してきたトラベリング、スプリング、方向性のある動作などの動きに加えることができる。7.5aは伸ばしながら右横への動作を行い、そのあとで曲げながら下への動作を行うことを示している。このとき、横への動作が伸びる必要はなく、横への動作とは別にほかの部分が伸びてもかまわない。7.5bでは7.5aと逆である。曲げながら横への動作を行い、次に伸びながら下に向かって動く。この場合､胴体と片方の腕を近づけつつ、もう一方の腕と脚は横への動きを行ってもよい。下に向かう動きでは、腕やひじを伸ばしたり、多様な空間に向かって腕を伸ばしたりしてもよい。下向きの動きではたいてい脚が曲がるが、曲げることに表現としての意図があるわけではない。

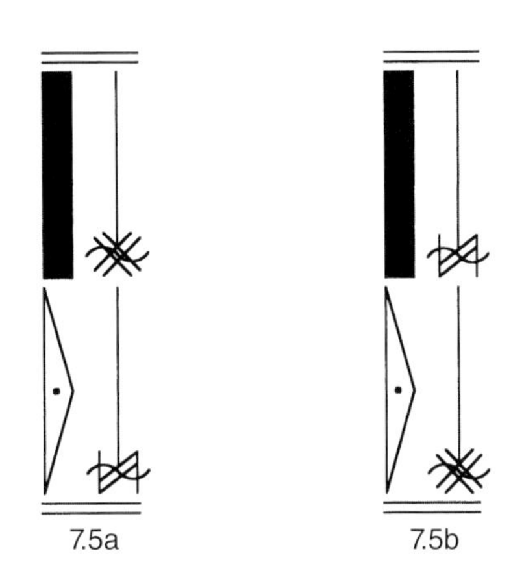

1 練習課題23・24に関する注意点

この課題では伴奏音楽に､「ゆっくり」と「速く」という２つの選択肢がある。同じ教材でも、音楽の質が異なると動きのスタイルが異なってくる。速い音楽は、考える時間が少なくなるため、より練習して曲げ伸ばしの筋肉的なパターンを覚え込まなければならない。速い音楽ではユーモアが生まれることもあり、そのスピードに合わせるために、手を使うなど、より小さな動きの多用が考えられる。

突発的な曲げ伸ばしの動作と、持続的な曲げ伸ばしの動作との相違をしっかりと観察しよう。９小節と11小節の曲げ伸ばしの持続的な動作には、３つのわずかなアクセントがついている。アクセントがあっても手足はしっかりと動き続けなければならない。持続的な動作にアクセントがつくと、必然的にダイナミズムが生まれてくる。音楽によってエネルギーがさらに引き出されるのだ。

リズムの面では次の点に気をつけなければならない。６小節と７小節にあるように、小節線の直前にくるすばやい動作に備えること。細かい部分を正しく行うには、音楽がかなり参考になる。しかし、重要なのはその動きをどのようにとらえて行うかにある。そのようなすばやい動作は、小節線のあとにある強い拍の準備にすぎない。音楽なしで練習をすると、準備にすぎない動作に重きを置いてしまい、その次にくる動作との関連性を理解しないということがしばしば起こる。ここでの課題では、そのような動作の関係性は明らかであり、速いリズムの曲げる動作は次に続く伸ばす動作の準備として位置づけられている。

練習課題23の音楽を聴いて、興味深い解釈を見つけよう。次にもっとジャズ風な音楽の練習課題24を聴き、対照的な解釈を探してみよう。わずかなアクセントがはじめのほうに出てくるが、これは動きの連続性を際立たせる作用をもっている。

注目すべきは、10小節の左右両方の横方向への動作である。14小節で、伸びる動作の後ろにある低いレベルでの保持（「〇」の記号で記されている）は、15小節で真ん中のレベルに戻るときにキャンセルとなる。

練習課題 23・24

トラベリングを伴う曲げ伸ばし

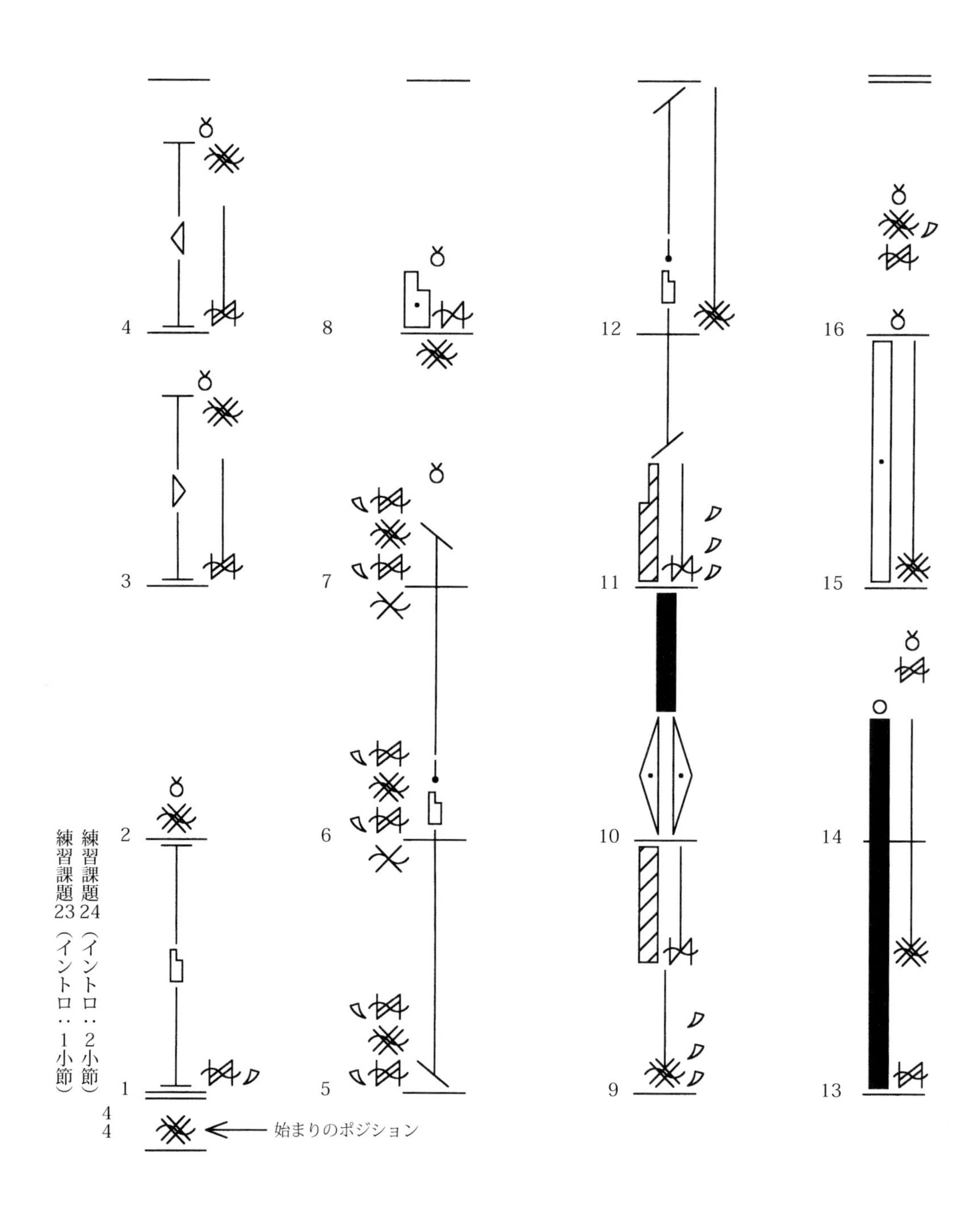

7-6 ▶ スプリングと曲げ伸ばしの組み合わせ

跳躍するとき、脚は片方もしくは両方とも曲がっている場合と伸びている場合の両方のパターンがある。脚は伸びたり、広がったり、引っ込めたり、縮まったり、もしくはこれらすべての動作が混ざることもある。

7.6aは、跳躍している際に伸びる動作が起きることを示している。この動作では、おそらく脚だけではなく腕や胴体も使うと思われる。スプリングの記号の横に曲げ伸ばしの記号が描かれた場合、7.6bのようにからだ全体を使った動作であることを示している。7.6cでは、7.6dに描かれたように、跳ぶと同時にからだ全体を曲げることを示している。

スプリングの記号において、空中を表す線のところに適切な記号を挿入することで、からだが宙に浮いているときに左右どちらの脚に曲げ伸ばしが起きているかを示すことができる。

7.6eはからだが宙に浮いているときに右脚を伸ばすことを表しており、7.6fは両方の脚を伸ばすことを示している。7.6gは左脚を曲げており、7.6hは両脚を曲げている。7.6iでは、右脚を伸ばすと同時に左脚を曲げる。もし、何の記号も書いていなければ、空中での特別な脚の動きへの指示はないという意味である。

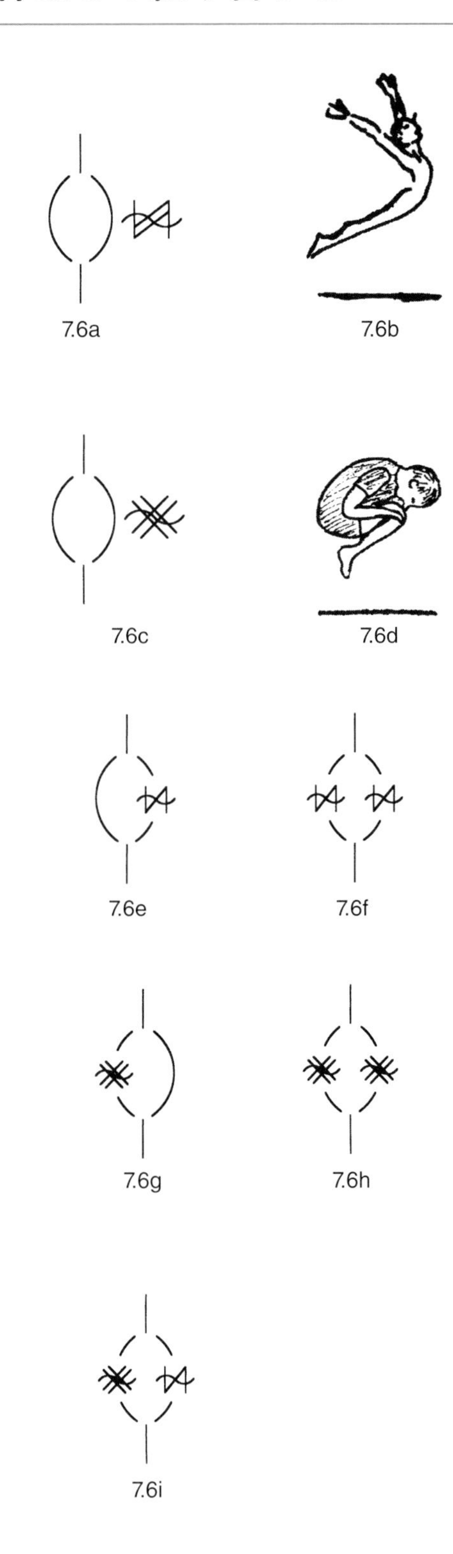

練習課題 25　曲げ伸ばしを伴うスプリング

空中での脚の動きに曲げ伸ばしを加えることで、５つの基本的なスプリングの型がより特色豊かなものとなる。

この課題用の音楽は、レントラー（Ländler）というドイツもしくはオーストリアを起源にもつ農夫の民族舞踊の伴奏音楽であり、陽気で愉快な感じを演出する。しかし、この課題を演じるうえで個人のエネルギーのレベルは、くだけて無駄を省いたやり方から、活気に満ちあふれたやり方まで広範囲に及ぶ。

スプリングの選択は自由であるとはいえ、脚のジェスチャーを見ると、ホップかジャンプが思いつくかもしれない。８小節から９小節への移行に着目してみよう。８小節の終わりのスプリングは、読みやすいように、３段目のはじめにもキャレットが記され、繰り返しを指示している。「＜」や「＞」の記号は「キャレット」と呼ばれ、「同じ」という意味である。ここでは、９小節直前のスプリングが８小節最後のスプリングと同じであることを表している。

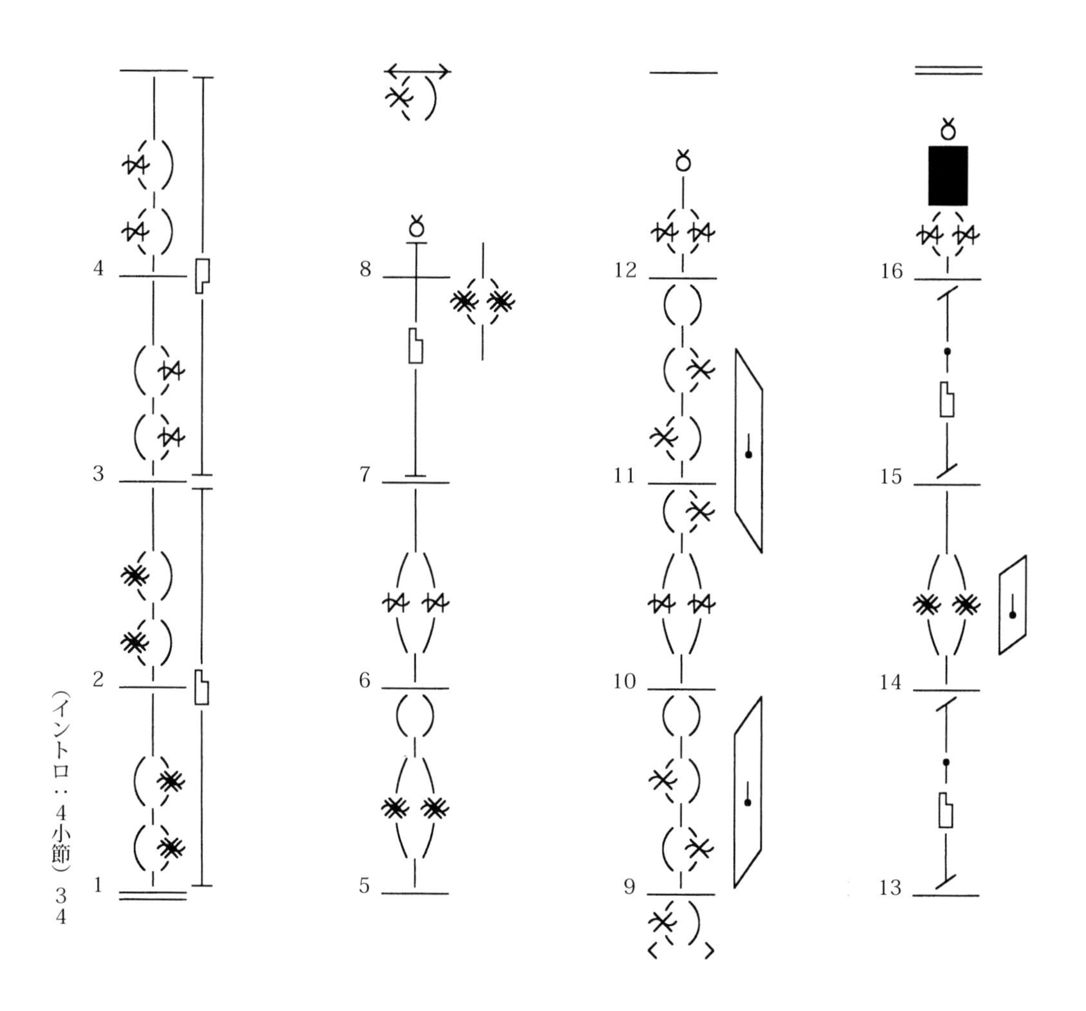

7-7 ▶ 演　じ　方

1 意図：方向性のある動作と曲げ伸ばし

片方の手足を伸ばすという動きにおいて、それが伸ばすこと自体を意図しているのか、特定の方向や目的を指示しているのかの判別が難しいことがしばしばある。その違いは演じ方や表現のしかたによって、明らかにすることができる。しかし、２つ以上の四肢が同時に違う方向に向かって伸び、さらに胴体も使っていると、伸ばすという基本的なメッセージがより明白になってくる。四肢の１つが弧を描いていると、方向性が弱まる。車輪の中心からまっすぐに延びている鉄の棒のような、中心から広がっている直線のほうが、方向の意図が明らかである。

もう１つの方向性に関する問題は、からだを大きく縮ませるときに浮上してくる。中心に向かって閉じる動作は、同時に地面近くで低くなることでもある。それはただ低くなる動きと安易にとらえられがちである。もし、動きのアイデアを忠実に実行した場合、深く縮む動きなのか空間的に低くなっただけなのかは明白である。いくつかの要素がその違いを指し示す。下のほうに低くなったとき、脚はたいてい曲がり、からだ全体が地面近くに下がるが、胴体が縮む必要はない。首がリラックスして頭が下がり、わずかに背骨が丸くなるのは下に向かう際に付随する自然な現象だが、これらはわずかな動作であるべきなのだ。立った状態からからだ全体は深く縮むことができるが、支持脚を少しだけ曲げて、もう片方の浮かせた脚を胴体に向けて曲げ入れることで、下向きの動きととらえにくいようにすることができる。縮むときに動く四肢の軌跡によって、下向きの動きかどうかが明確になるのである。

2 モーションもしくは到達点

ここまで私たちは曲げ伸ばしの動作の一般的な使い方を見てきた。しかし、曲げ伸ばしの特定の**状態**（到達点に至った状態）、特定の角度や、または曲げたり伸ばしたりしているときの進行状態である**モーション**そのものを楽しむ場合はどのようにするべきかという問題が生じてくる。もし曲げる動作がすばやければ、すぐに到達点に達するであろうし、ゆっくりと時間をかければ、目的地に到着するだけでなく、モーションそのものを楽しむ余裕があるだろう。この段階では、曲げ伸ばしの動作は、モーションそのものを示す場合と、到達点を指示する場合の両方がある。

7-8 ▶ ダイナミクス：力

第４章において、「パー」がエネルギー消費とどのような関係にあり、重力との関係でエネルギー使用の変化にどうかかわってくるのかについて見てきた。同様に、ある特定の動きをするとき、力やエフォート（effort; ラバンの運動理論における動きの質を表わす用語）がどのように作用しているかについても度合いがある。

その動的な性質には、穏やか（gentle）、強い（strong）、緩む（relaxed）、だらけた（limp;「彼女の体はたるんでいる」という表現のように）、などがある。

何かを意識したり、警戒したりするとき、エネルギーは標準レベルであるパーからわずかに上がる。動きの中で、わずかなエネルギーの上昇は繊細なジェスチャーとして現れることもある。もし何かに触れるとき、その触れ方が軽い

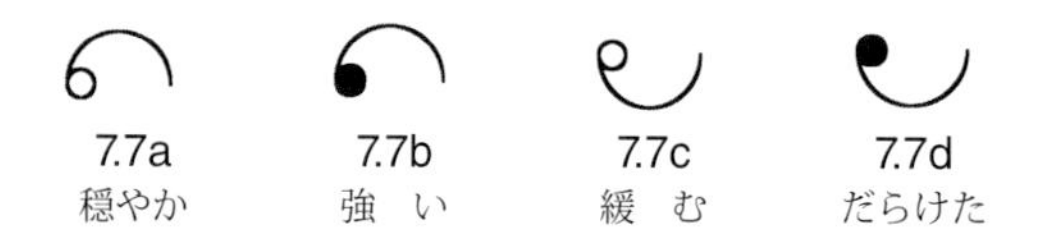

優しいものだったとすれば、それはときどき「繊細な接触（“fine touch”）」と呼ばれることもある。この穏やかな動きの性質は7.7aによって示される。（エネルギーの上昇を示す）上向きの弓状の曲線に、少ないエネルギー量を表す白い丸がつく。この丸はいつでも曲線の弓状のラインの最後に位置している。エネルギーが増すと、7.7bのように黒い丸をつけて、力強い動きや姿勢を表す。力強いジェスチャーは、くぎを打ちつける、丸太をのこぎりで切る、頑固な犬を引っ張る、などの動作時によくみられる。これらの動作では、個人のパーのレベルをはるかに超えたレベルの力が必要とされる。対象物がない場合、見えない対象物に向かって押し出すジェスチャーのように、筋肉の反作用を使って緊張を生み出すことができる。白黒の丸の配置に関して、第４章で触れた重力に従ったり逆らったりを弓状の曲線の中央に配置して表すことと比べて、この章での丸の配置の違いに注目してみよう。

エネルギーの低下は、首、肩、胴体、手といった筋肉群の緩みをもたらす7.7cではリラックスした状態を表している。通常のパーのエネルギーレベルは、重力に逆らっていないため、うなだれるような、わずかに下向きの動きとなる。より大きく通常の筋肉の緊張を解くと、いつしかからだは倒れるだろう。例えば、肉体的に骨の折れる仕事を終えたときや、精力的に働いたあとに気持ちのよいソファに身を沈めるときのように。このようなとき、すべての緊張やエネルギーは解放されている。7.7dは、そのようにエネルギーが著しく低下することを表している。

たとえ重力とのかかわりや使い方に着目していなくても、私たちは重力と無関係ではない。しかし、動きの背景となる意図や意識が重力ではなく、からだの状態に置かれる場合がある。ここで示した力の強弱の記号は、どのような動きを行うか、動きの質を示している。動きの質は動作の一部や全体に加えたり、単一なもしくは連続的な動きの中で徐々に増やしたり減らしたりすることもできる。

1 ダイナミクスの質の持続

7.8aの最初に使われている強さは、この動きが続いていく中で消えていく。7.8bでは、この力み、強さは動きの最後にのみ現れている。7.8cの例では、単一動作が穏やかに、軽いタッチで行われることを示している。記号が縦の角括弧の中にあり、括弧の長さは持続時間を意味している。7.8dでは３つの動作を強く実行するようにと指示している。7.8eでは２番目の動作のみを強くするという指示で、１番目の動作は強い動作の準備であり、３番目の動作は強さがなくなり元に戻ることを示している。7.8fは7.8eをまた別の方法で示している。

力の増減は、縦の増加の記号（「∨」の記号）もしくは、減少の記号（「∧」の記号）を用いて示す。7.8gでは、演者が移動すると、エネルギーレベルが徐々に下がっていく。7.8hで

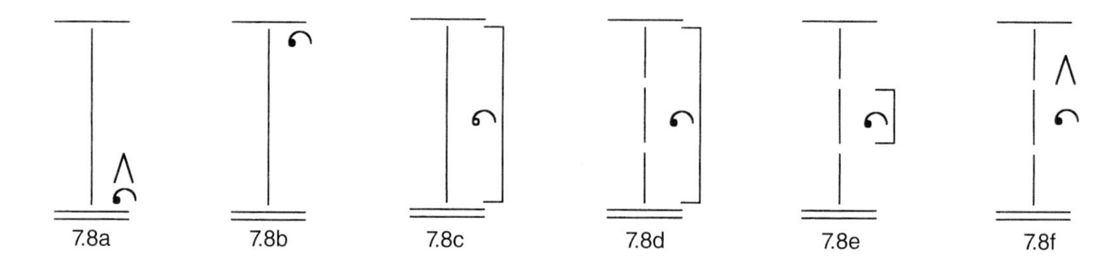

は、動きの最後にいきなり崩れ落ちることが指示されている。7.8iでは持続的な動きを続けながらも力はどんどん弱まっている。7.8gが持続的な動きの中で思考や感情が徐々にリラックスしていくのに比べ、力が弱まっていく7.8iでは基本的な概念がまったく異なる。

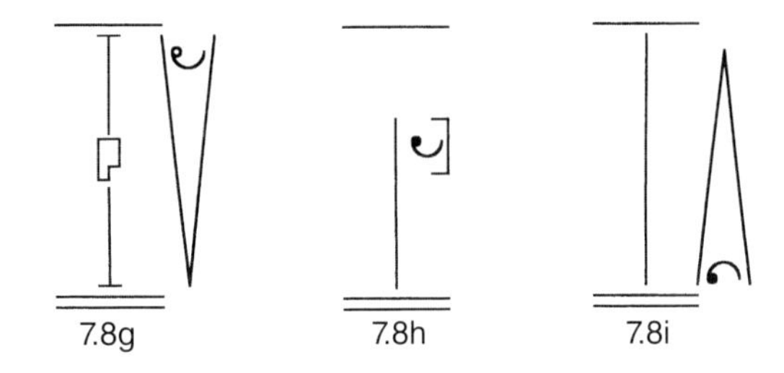

練習課題F（伴奏曲なし）　ダイナミクス：力

この課題では、多様な質のジェスチャーを伴ったトラベリングを行う。もし足で移動するなら、ジェスチャーは腕や胴体、頭などで行わなければならないが、どれを選ぶかは自由である。はじめに強い持続的なジェスチャーを行い、次に力が弱くなるジェスチャーを行う。3小節では、2つの強いジェスチャーを同時に行う。5小節から12小節の円形の移動では、最初は強く、次第に弱くなっていくジェスチャーを行う。4つの穏やかで軽いタッチのジェスチャーが続き、そしてたくさんのリラックスした、速い、おそらく揺り動かすようなジェスチャーなどが続く。最後の持続的な動きは、崩れ落ちることで終わっている。

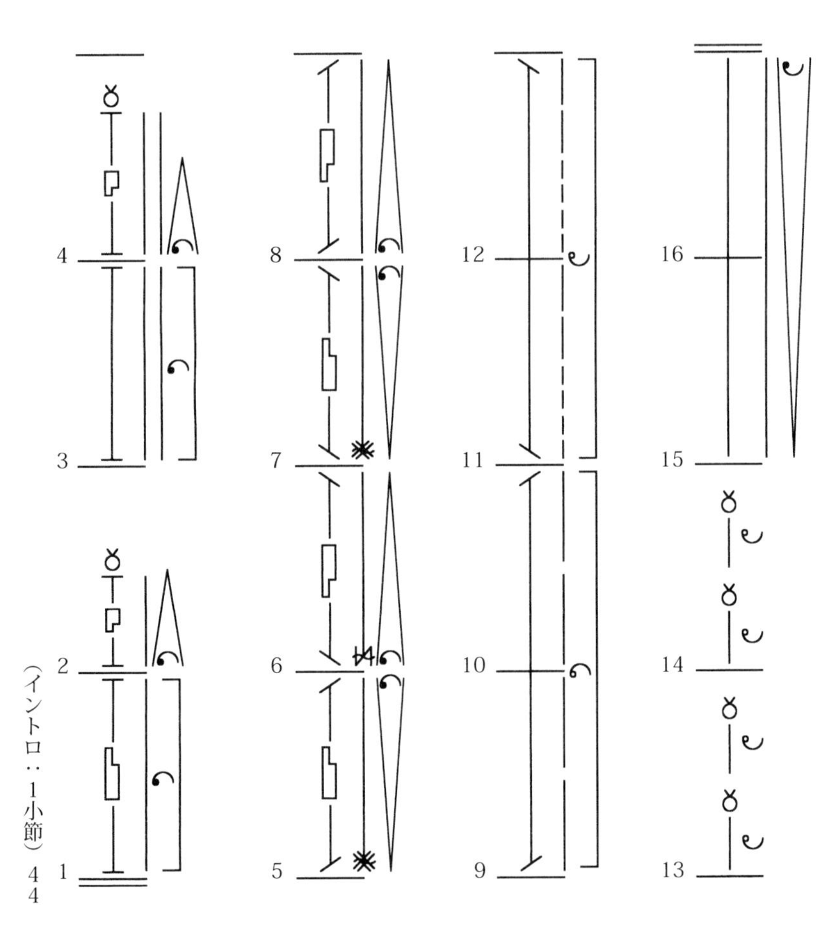

7-9▶ダイナミクス：強調と非強調

ジェスチャーのインパクトは、強調の度合いによって変えることができる。例えばからだから離すような、広がるジェスチャーを考えてみると、強調の記号は動きのはじめ、中間もしくは最後につけることができる。それらに応じて、伝えたいメッセージは変わるだろう。会話の中での強調が、どれだけの効果を上げるのかはよく知られているし、ある語句が強調されるとき、意味に変化が生じることも知られている。ほかの言葉よりも、1つの単語（もしくはひとかたまりの語句）に注目を集めることができる。わずかに語気を強めることによって、発話の一部分が目立つ。このように一部分を目立たせる場合、どのような要素が必要だろうか。またそれらは動きについても同じなのだろうか。

それらの要素とは、強調、エネルギーのわずかな増加、タイミング――これは特に少し間をとること、そして（会話において）声の調子を変えることなどがある。ジェスチャーの場合は、ちょっとした方向の逸脱や、手の回転を含む腕の回転などが考えられる。空間面での誇張も要素のうちに入るし、もちろん「共鳴する」胴体や頭、もしかすると重心の変化といった、付随して起こる動きなどもこれと同じように要素となる。

ルドルフ・ラバンによって考案されたラバノーテーションとエフォート・シェイプ理論では、これらのわずかな変化を詳細に説明しているが、本書では私たちはただ強調をもたらす動きの質や表現性の変化のみに焦点をあてる。それぞれの人にとって、動きのどこを強めるのかは異なるだろう。7.9aは強調の記号であり、力強さを意味する記号と関連性がある。アクセントの記号と似ており、強調記号の尾の部分は、それを行う動きに向かっている。7.9bは右斜めに向かうジェスチャーであり、はじめに強調がある。7.9dでは最後が強調されているのに対し、7.9cでは中間に強調がきている。

強調の記号をアクセント記号と混同しないことが大切である。これはまったく違った意味合いをもっている。アクセントは瞬間的なエネルギーの増大を意味する。強調がたいていわずかなエネルギーの増加を必要とするのも事実だが、しかし、それは急なものである必要はなく、もっと引き延ばすようなものであり、時には少しゆっくりした動きとなる。7.9eのように、強調の記号が縦の角括弧の中にあると、全体の動きが強調されることを示している。

非強調は、強調の反対であり、会話の中では声が小さくてしばしば低い状態を表す。動きでは、エネルギーのレベルが下がっている状態を示す。標準となるエネルギーレベルがないと、体の一部分は見る者の注目をひきつけることがなく、強調されていないジェスチャーはほとんど目立たなくなる。7.9fは、非強調の記号を示しており、弱い、リラックスするなどの記号と

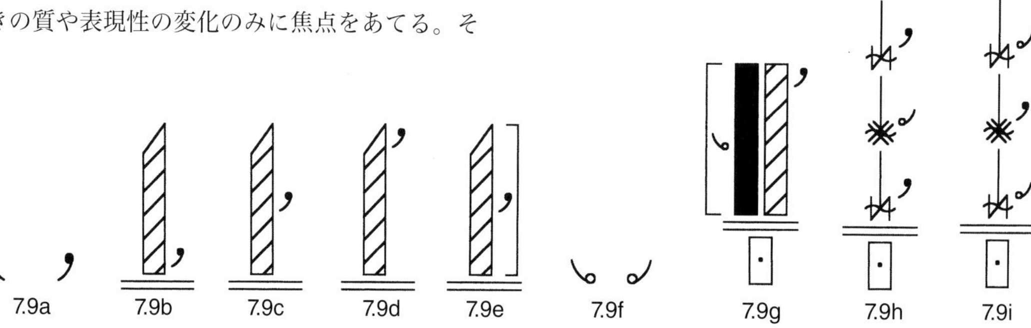

関連している。7.9gでは、左のジェスチャーが強調されず、これによってすべての注目は最後に強調がくる右の動きへと向けられる。

7.9hの例では伸ばす、曲げるという動きが繰り返されるパターンになっていて、伸ばす動きを強調し、曲げる動きは元に戻るような役割を果たしている。7.9iでは曲げる動きを強調し、伸ばす動きは曲げる動きを繰り返すための準備のような役割を果たしている。これを、腕のジェスチャーで試してみよう。交互に強調を配置させることは、「青い空、青い空（blue sky, blue sky）」と「空が青い、空が青い（sky blue, sky blue）」と比べることと同じ意味をもつ。つまり、空が描写されているのか、もしくは色について言及されているのか、どこに強調をつけるかによって意味合いが変わるのである。

練習課題 26　強調・非強調の方向性のある動作

この課題では、方向性のある動作を普通のやり方で、あるいは強調を伴う、あるいは伴わないやり方で演じるものである。指示された方向の中で、微妙な違いの範囲を探求してみよう。

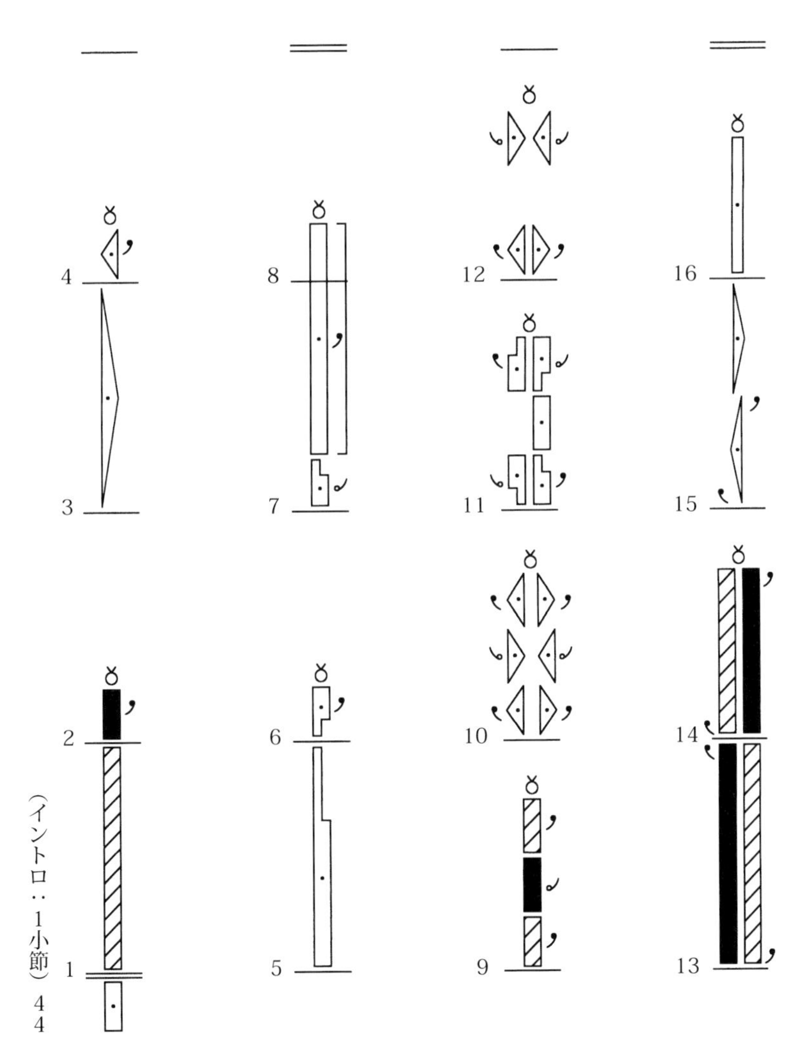

第7章の総覧

曲げる

どのようなものでもよい

少し曲げる動作（どのような種類の曲げる動作でもよい）

大きく曲げる動作（どのような種類の曲げる動作でもよい）

伸ばす

少し伸ばす動作（どのような種類の伸ばす動作でもよい）

大きく伸ばす動作（どのような種類の伸ばす動作でもよい）

曲げ伸ばしの度合い

度合いが自由な曲げる動作（どのような曲げる動作でもよい）

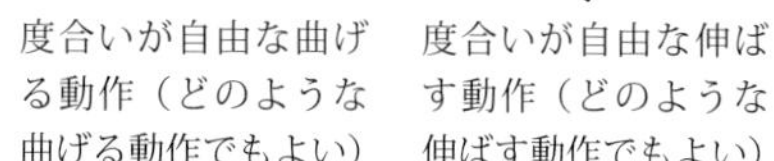
度合いが自由な伸ばす動作（どのような伸ばす動作でもよい）

持続時間

短い持続時間

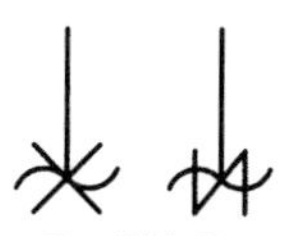
長い持続時間

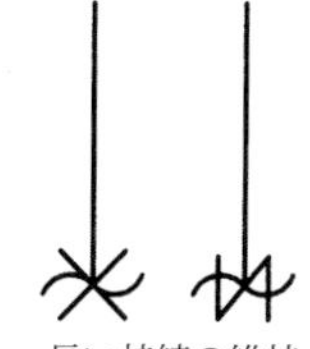
長い持続の維持

組み合わせた動作

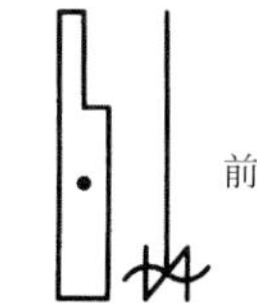
前に伸ばす動き

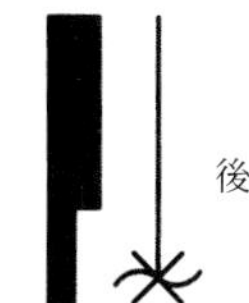
後ろに曲げる動き

キャンセル

遠ざかる

前の動作が無効になる

スプリングとの組み合わせ

からだ全体

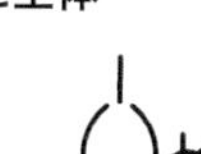
スプリングをする間に伸ばす

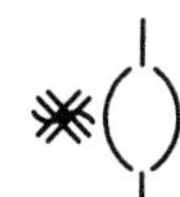
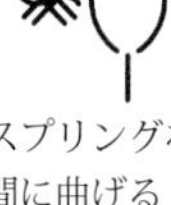
スプリングをする間に曲げる

脚

右脚を伸ばす

両脚を曲げる

ダイナミクス

穏やか

強い

緩む

だらけた

強調の記号

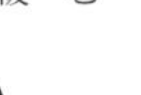
非強調の記号

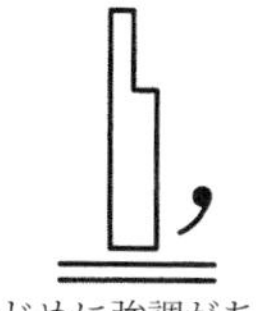
はじめに強調がある

終わりに強調がある

終わりに強い動作がある

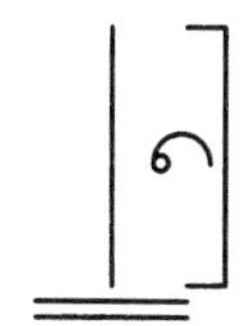
穏やかな1つの動作

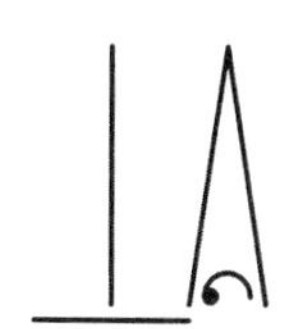
強さが減っていく1つの動作

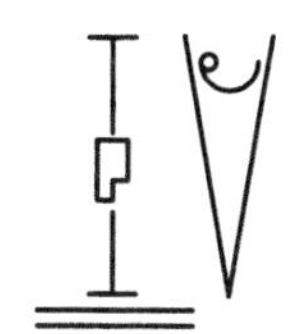
緩みが増していく1つの動作

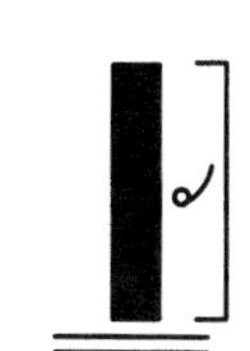
非強調の下への動き

第8章 ローテーション、レボリューション、ターン

この主題を検討する前に、まず用語を見てみよう。「ローテーション(rotation)」「レボリューション (revolution)」とは何か。「レボリューション」とは、からだの中心を軸とした連続的な動作であり、からだ全体で回り、回転することを意味している。事実上、「ローテーション」「レボリューション」「ターン」の3語はほぼ同じ意味として使われるが、動作によってこれらの用語は適宜使い分けられる。ターニング(turning)、レボービング(revolving) の類義語として、ピボッティング(pivoting)、スウィヴェリング(swiveling)、フェアリング(whirling)、ローリング(rolling)、ウィーリング(wheeling)など、回る動きを表す用語はたくさんある。これらの語の多くは、部分的に、もしくは全体的にサーキュラーパスを指し示す。「ターン」は回転に使われている一般的な用語である。

私たちは普段の日常生活で使うターンやローテーションという用語から何をくみ取っているのだろうか。これらはどのような動きなのだろうか。例えば、不快な光景から「目を背ける(turn away)」ことがある。このからだの動作は、部分的に回ること（支持足での旋回)、もしくはからだを回転させる（ひねる）ことである。病気が劇的に変化するとき、「峠を越す (turn the corner)」と表現する。「形勢が逆転すること (turn the tables)」は反転を意味する。また「交代で物事を行うこと」を“take turns”という。「心の中でじっくり考える[*1] (turn over in one's mind)」という表現も同じ考えに戻るという意味で、やはり同じサーキュラーのパターンが成り立っている。

8-1 ▶どのようなローテーション、レボリューションでもよい

ローテーションに着目してみよう。これはどのような全身運動だろうか。床に横になっている状態であれば、鉛筆のように転がる動きを意味している。片足で立っているならば、コマのように回るスピンになる。すばやく回転すれば爽快(そうかい)な感覚を味わうことができる。イスラムの

＊1　心の中で同じことを繰り返し考えること。

踊る修道僧が意図的に行う持続時間の長い回転は、恍惚（こうこつ）状態をもたらす。彼らは、「ゆっくり」と「速く」を交互に、反時計回りに回転するが、トランス状態になるまで回転を止めない。回転は異なる速度で行っている。このように回転速度は、表現だけでなく機能にも影響する。

体操でよくみられる側転、宙返り、前方向へのとんぼ返りなどの回転の形を考えてみよう。基礎的な形は体操、曲芸、タンブリング*2、ダイビングにも導入されている。しかし、これらは特別な技能を必要とする。まずは、最初に床を使った、より日常的な動作を考えてみよう。ここではあらゆる回転に通じる、からだ全体とその内部に起こる基本的な事実に着目したい。からだの特定の部分では、局所的に回転が生じる。しかし、この章では、3軸によるからだ全体を使った回転に焦点をあてていくことにする。

詳しく見る前に、回転といえるものを自由に考えてみよう。8.1aはレボリューション、ローテーション、ターンなどすべてにあてはまる記号で、回り方は演者に任されている。

次の一連の連続した回転を行ってみよう。立った状態でゆっくり回転し始め（8.1b）、回転を続けながらからだを低くする（8.1c）。おそらく片足での回転となり、それからひざをつき(8.1d)、次にヒップをついて(8.1e)横になる(8.1f)。そして回転を続けながら再び立ち上がる。起き上がるときも継続して回転を続けよう。

速度を遅くしてみたり、からだを曲げたり伸ばしたり、回転しながら下がったり上がったりするほかの方法も探してみよう。例えば手や足を押すなど、いろいろな方法で回転し続けてみよう。床についたらでんぐり返しをし、そこから手足を閉じて転がってみよう。次に全身が1本の線になるように手足を伸ばして転がってみよう。基本的な回転動作は、それに伴うほかの動作で変化が生まれる。それぞれの変化は独自の表現や感情を生み出す。それらを発見し、楽しんでほしい。

立っている状態では、片足、両足、または片足と両足を組み合わせた回転が考えられる。回っている間に少し、あるいはたくさん移動することもある。純粋なローテーションは、移動せずにその場で行う。頭、胴体の動き、そのほかのジェスチャーなど回転に付随する動作は、主となる回転動作を妨げないものがよいだろう。特色となる動きは、はっきりと目立つものにするべきである。

私たちは動きについて、これまで何を検討してきたか。ローテーションは軸を中心に行われる。立っている状態では、回転（ピボット）は垂直の軸を使うが、同じからだの動作でも、横になった状態では転がる移動になる。1方向に向かって回転し続けることで、トラベリングになる。表現の点からいえば、例えば人や事物に向き合う、または部屋の別の方向を見るなどの状況に応じて、小さな回転が起こることがある。単に進路を変えるために起こることもある。この場合、重要なのは回転ではなく進路である。あるいは回転動作それ自体を目的として起こることもある。小さな子どもたちは、いったんコマのように回る動作を発見すると、非常に楽し

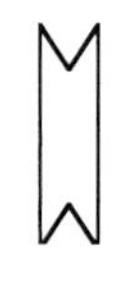

8.1a
どのようなターン、ローテーション、レボリューションでもよい

8.1b

8.1c

8.1d

8.1e

8.1f

＊2　床運動などで行われる一連の回転技。

んで行う。スケーターが見事な回転の連続でクライマックスを表現すると、それは芸術となる。ダンサーは、上演中に演技を忘れ、とっさに即興しなければならないとき、「迷ったら、ターンをしろ」と教えられている。

1 練習課題27に関する注意点

ここでは、からだ全体を使ったローテーションを詳しく見てみよう。これは非常に一般的といえるので、さまざまな方法で演じることができる。下への動作をジェスチャーではなくからだ全体で行うことを指定するには、からだ全体の記号を示す。回転を十分に楽しむと、次の回転が自然に生まれ出てくることもある。

最初のローテーションは真ん中のレベルの状態から始まるので、両足で行われがちである（必ずしもそうである必要はない）。低くなったあとの床の上での転がりは、ひざか腰を使った回転（ピボット）や旋回が起こり得る。保持記号に注目しよう。「○」は6小節で真ん中のレベルに戻るまで、低いレベルを保つことを表している。9小節の間は、再び保持記号が現れる。これは15小節で真ん中のレベルに戻るまで、低いレベルを保持することを表している。

練習課題 27　どのようなローテーションでもよい

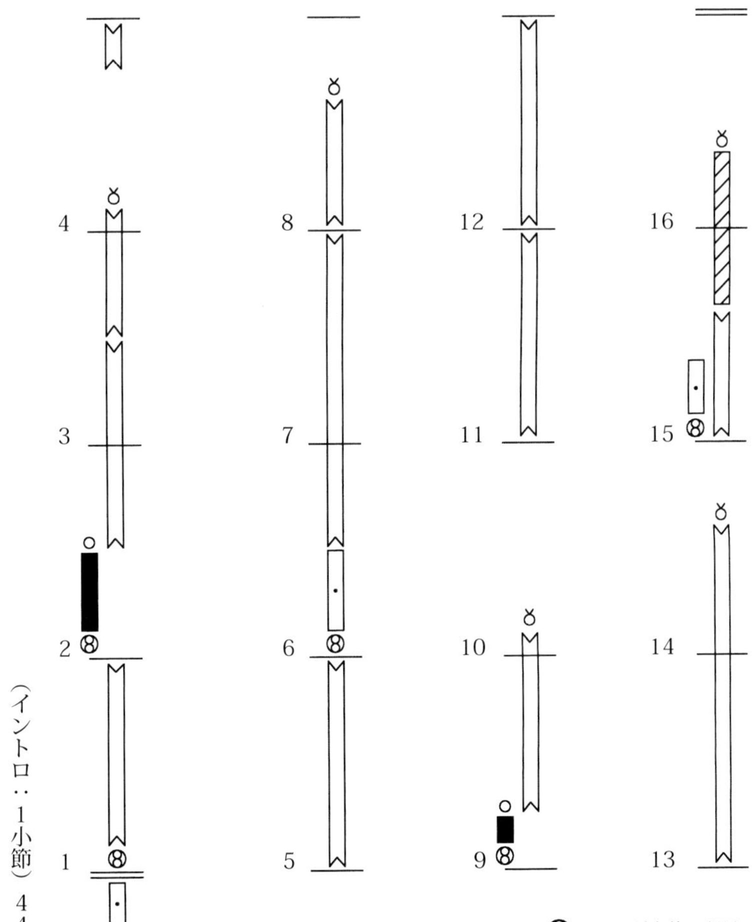

（イントロ：1小節）4/4

※ ⑧ はからだ全体の記号。

8-2▶特定のローテーションの形：ピボットターン

ターンやピボットは機械的動作あるいは行為であると思われがちだが、それはおそらく日常生活で機械的な回転をする無機物がきわめて多くみられるからであろう。例えばCDのディスクのように。ターンに関する最初の「アイデア」、その動作の始まりを（ほかのすべての動きと同様に）意識することが重要である。ターンのイメージや発想はからだの中心である胴体の反応を引き起こす。片足で立っている状態でのターンを考えてみよう。ターンは胴体から始まり、足での回転は**最後の瞬間だけである**。その意味では、ターンは連続した動きだといえる。連続的ではなく、からだ全体でターンをするのは、外部の力が回転を起こすときのみである。

怒りを表現するなど、回転が感情的な欲求に基づくときに、ターンが胴体から起こることがより明確に見てとれる。劇的な状況は内的動機が明らかになりやすい。クラシックバレエでは、優雅さが最重要であるため胴体の準備は隠される。

第3章で述べたように、最もよく知られている回転のしかたは、からだが垂直軸の状態で行うものである。図示した左への回転の8.2aと右への回転の8.2bは、すでに学習ずみである。

1 左右ターンの選択

ターンの方向を選択できるようにするには、8.2cのように記号を組み合わせる*3。この記号は、演者が左右どちらでも選択できるように、2つの方向が重なった記号となっている。8.2dでは伸ばす動作をしながら、どちらの方向にターンしてもよい。そして静止後に、曲げながらまた左右どちらかにターンすればよい。決められた動きの連続とは異なり、方向を選択できる自由がある。

8.2eのシンプルな動きのシークエンスは、ターン、曲げ伸ばし、静止が組み合わされている。この一連の動きは最初に床の上で、次に立った状態で行ってみよう。このシンプルな指示に対し、異なる解釈を見つけてほしい。

静止のあと、伸ばした状態は残ったままか、またはなくなってしまうだろう。モチーフ記譜法では、重要なのは次にくる動きであり、前の動作を続けるか、止める、すなわち取り消すかについて選択の余地がある。最初に立った状態、次に座った状態、最後に床に横になった状態で8.2fを試してほしい。ターンの度合いはまだ指

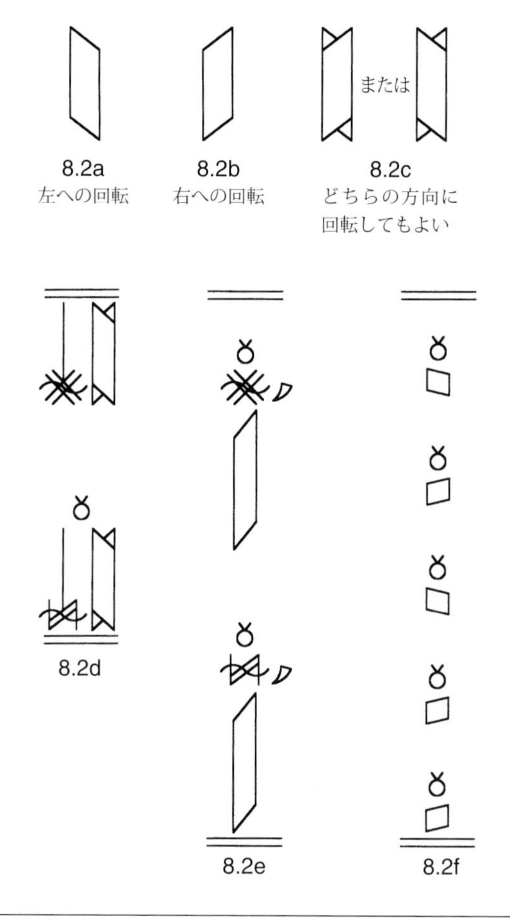

＊3　ラバノーテーションでは、ジェスチャーのために組み合わせた記号は、四肢がどちらの方向でもなく平行なままにして回ることを示している。モチーフ記譜法におけるからだ全体のためのこの記号は、左右いずれかにターンすることを意味する。

示されていない。1回転を望む傾向があるが(前の状態に戻りたいという生来の欲求のため) 1/4回転や1/2回転でもよい。それぞれのターンを同じ度合い、または違う度合いで、いろいろと試してみよう。動作（ターン）と（すばやく回る）タイミングは指示されているが、選択の余地はたくさん残されている。両足に重心をかけてターンする場合は、脚が交差し止まってしまうので、回る角度が限られてしまう。もし足を適切な側に交差させる準備をしておけば、スペイン舞踊の人気のステップのように回転をかなりすばやく行うことができる。

ターンに伴う動作のタイミングはさまざまである。8.2gでは、ぴたっと同時に行う動作を示している。右にターンするときに曲げ、閉じる動作が行われる。短い静止のあと、再び右に回るが、今度は伸ばす動作を伴う。8.2hでは部分的重複がある。まず、曲げる動作が始まる前にゆっくりしたターンが半分まで終わり、2回目のターンのはじめで伸ばす動作がすばやく行われ、そのままターンは続く。特に指示はなくても伸ばす動作を続ける傾向にあるが、演者は伸ばし続けるか止めるかを選ぶことができる。これらは、1つのゆっくりとした動きか、いくつものターンで行われる。一連の短いフレーズは、フォークダンサーやスケーター、またはバレエダンサーが演じるかもしれない。後半の2つにある伸ばす動作は、バレエのアラベスクかもしれない。一連の動作は床に横たわった状態でもできる。この場合はまったく違った結果となる。腰での旋回やひざでの回転は可能な例である。どのようにからだを支持するかは述べられていない。

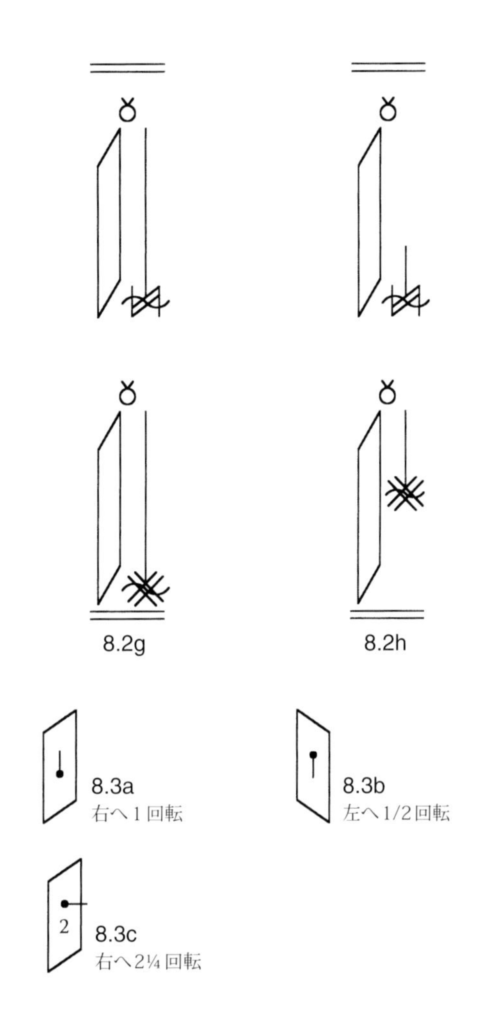
8.2g　8.2h

8.3a 右へ１回転　8.3b 左へ1/2回転

8.3c 右へ2¼回転

2 ピボットの度合い

第３章で､3.8a ～ 3.8fのような回転（ピボット）の度合い､正面の変化の度合いを見てきた。時計回りか反時計回りかを把握し、ターン記号内にある黒いピンを読むことによって、ターンの度合いを知ることができる。8.3aでは右へ１回転、8.3bでは左へ半回転、8.3cでは右へ2¼回転することを指示している。

8-3 ▶ 宙　返　り

矢状面の回転、ローテーション、すなわち前転後転は、誰にとっても子ども時代からなじみ深いものだろう。車の車輪のように、これらの回転は側面の横軸をとる。

8.4aは同じ位置で回り続ける車輪を描いていて、車輪は回り続け移動することはない。

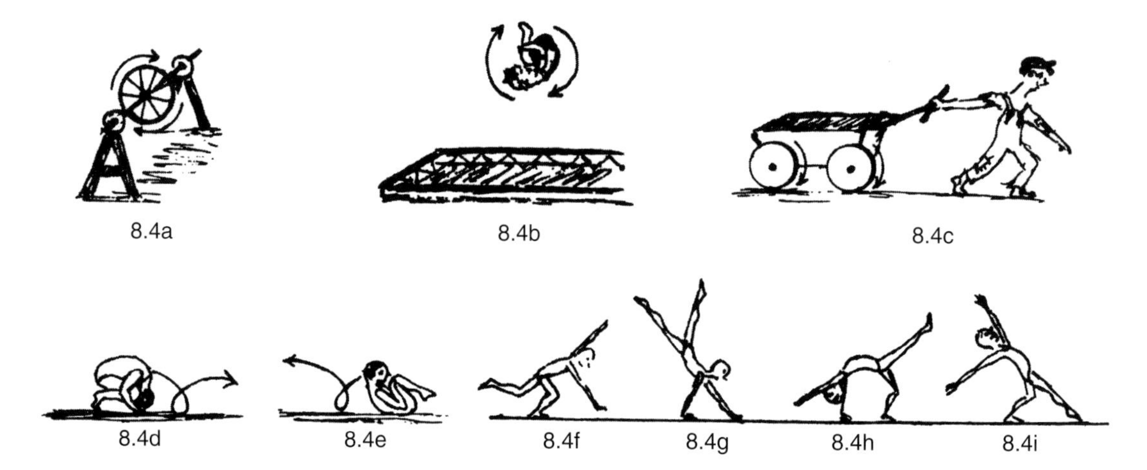
8.4a　8.4b　8.4c
8.4d　8.4e　8.4f　8.4g　8.4h　8.4i

8.4bはトランポリンを使って空中で同様な回転をしている人の図である。垂直な上昇はあっても、水平な場所の移動はない。

乗り物を移動させる場合のように、車輪が地面と接触しているのなら、地表を回転し移動が起こる（8.4c）。

地面の上ででんぐり返しをする場合も同様で（8.4d）、宙返りの回転になり、始めた地点で終わることはない。後転は8.4eのように、後方に移動して終わる。

宙返りという用語は一般的にからだを「引き寄せる動作」、すなわち折り曲げて回転する動作を意味している。しかし、この回転の形は、胴体と四肢が伸びた状態で行うことも可能である。8.4f～8.4iで描かれているように、通常の形は前方に「前方向へのとんぼ返り」をし、片手ずつで矢状方向の腕立て側転を行い、最後に片足ずつ前の方向に「歩行」する。

1 宙返りの表示

宙返りの方向で前方、後方どちらでもよい場合は、8.5aの前後を組み合わせた記号で表す。前方宙返り（前方回転）は8.5bに、後方宙返り（後方回転）は8.5cに示されている。

前方宙返りと後方宙返りの記号は単に図式的なものではなく、興味深い根本的な法則に基づいている。8.5dにあるように、前方回転はからだの左右が内側へ回転することによってできている（右側は左方向に、左側は右方向に回転する）。もし2人の人があなたのそれぞれの腕をとって内側にひねったら、からだが前方に宙返りして回転せざるを得ないことがわかる。もし両腕を外側にひねられたら、徐々に後ろに宙返りすることになる（8.5e）。つり輪の体操選手は、前後宙返りをするとそれに応じて両腕がひねられることを知っている。

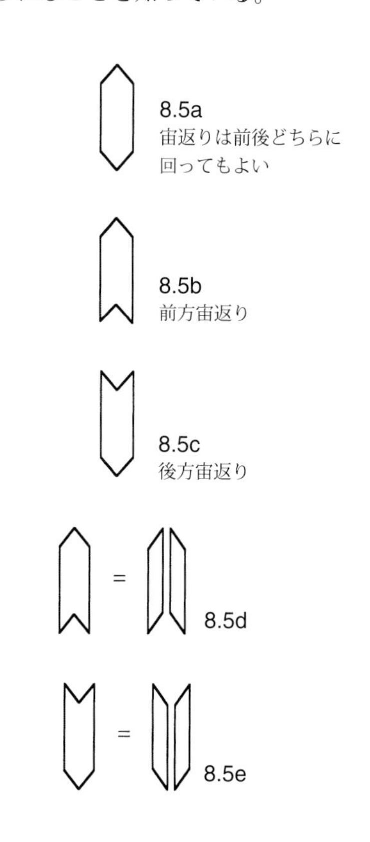

8.5a 宙返りは前後どちらに回ってもよい

8.5b 前方宙返り

8.5c 後方宙返り

8.5d

8.5e

2 宙返りの度合い

8.6a
1回転の前方宙返り
8.6b
2¼回転の後方宙返り

宙返りの回転の度合いを示すためには、記号の中に数字を記す。宙返りは正面が変わることはないので数字が利用される、つまり演者の宙返りの方向が決まると、ほかの回転と同様に、正面も変わらない。ピボットターンで使われた黒いピンは、自動的に正面位置の移動を含むので、宙返りの記号では使わない。8.6aと8.6bでは宙返りの度合いを指示する数字が書き込まれている。

8-4▶側　　転

宙返りの場合、回る方向にからだの正面、背中を向けるが、側転では進行方向にからだの右側または左側を向ける。矢状面の軸の周りを、横面上に回る。ここでは車輪のイメージが異なり、8.7aのように車輪にぴったりと接しているかのような図になる。回転の軸はからだの中央を突き抜ける矢状面の軸となる。

側転のような回転は、8.7bのように水平に移動せずに、空中で行うことができる。

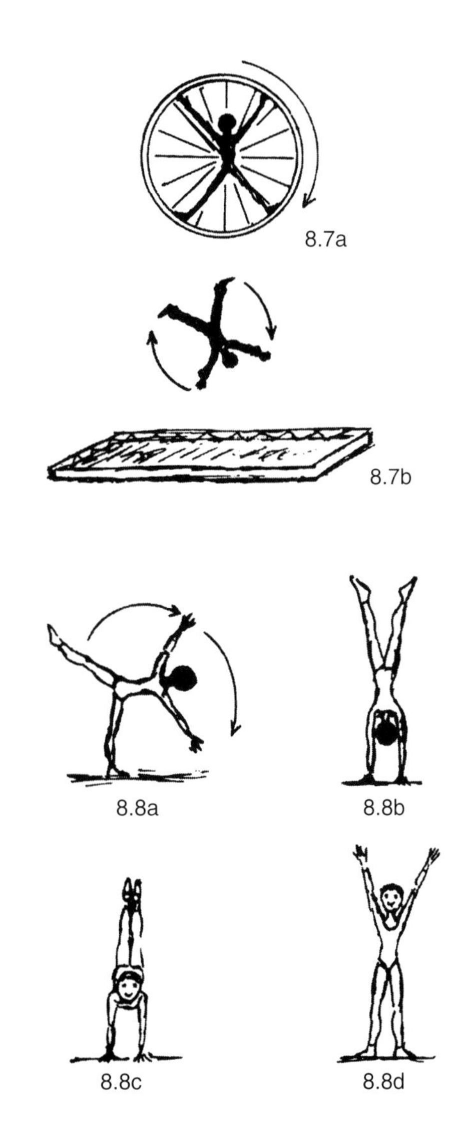
8.7a
8.7b
8.8a
8.8b
8.8c
8.8d

1 側転の正面位置の変化

多くの人は、完全な側転が垂直軸での回転を含むことに気づきにくい。側転を1回転行うと、元の正面位置に戻る。しかし、側転の中間地点では、正面位置が半分変化する。完全に平らな側転の場合には、演者の正面は同じ方向を向いたままであるため、垂直な軸での回転が行われたことに気づきにくい。しかし側転が中間地点までいったときにからだの軸を中心にして半回転するため、演者は反対方向にからだを向けることになる。8.8aは演者が見ている者に背中を向けて側転を始めるところで、8.8bは半分まで終えたところである。

8.8bでは、演者がまだ背を向けている状態である。しかし、8.8cのように頭を持ち上げ背中を弓状に曲げたとき、違った印象を与えることに注目しよう。顔と両手が前を向いている

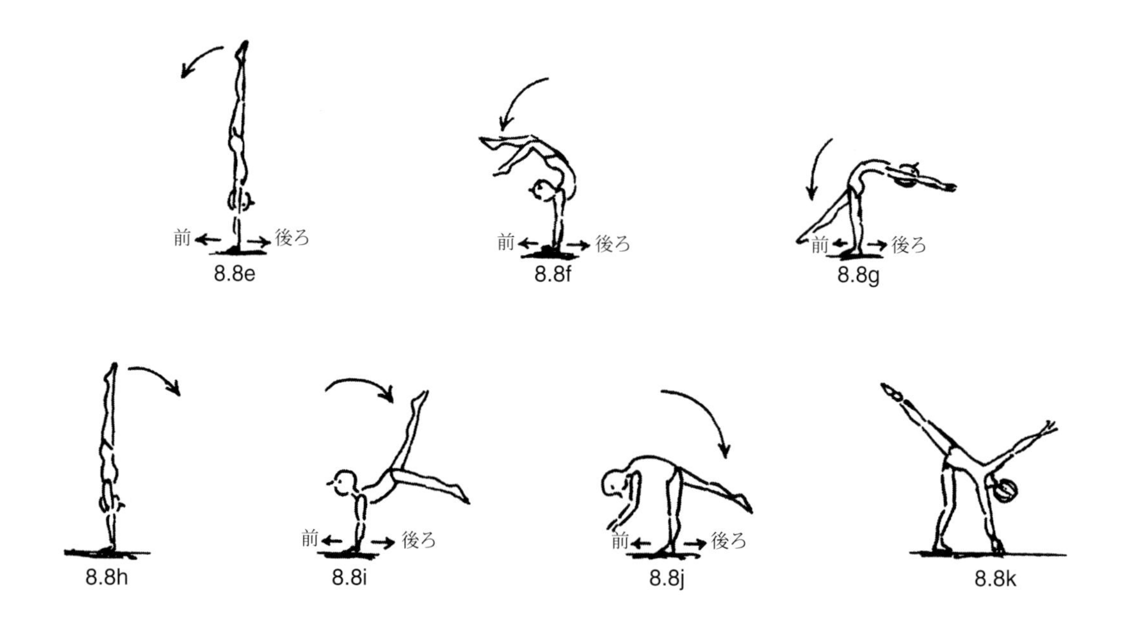

ので、こちらを向いていると感じるかもしれない。脚が前後どちらかを向いて地面につくとき(結果的に立ち位置に変わりはない)、演者が見ている者に向かって立っていることが明らかである（8.8d)。

人は横向きのとき、何が起こっているのかがわかりやすい。8.8eでは人が直線上で逆立ちをしており、手は前を向いており、鼻は後ろを向いている。8.8fのように、人がもっと自然にからだを曲げていると、前方向が強調される。8.8gでは、両脚が前方に下りてきて（「宙返り」の中間地点)、演者が前方向に向いてまっすぐ立とうとしている状態である。8.8h ～ 8.8jでは､脚を後ろ側に下ろそうとしていて(後方「宙返り」の中間地点)、演者は再び前方向を向こうとしている（8.8j)。ゆえに8.8eにおいて最初間違っているように思えても、前と後ろの指示は正しいのである。

からだが曲がったまま側転を行う初心者を見ると、1回の側転の中で1回転が起きていることがよりわかりやすい。側転が半分まで終わって正面位置が変化するのは、最初の手に体重をかけて2番目につく足が地面を離れたその瞬間だけである。8.8kではからだがあともう少しで下を向くところであるが、すべての体重が手に移動するまで見ている者のほうを向かない。

2 側転の表示

これまで見てきたように、側転はからだの垂直な軸を中心とした回転を含むために、側転の記号は8.2aと8.2b（p. 140参照）のターン記号に基づくものとなっている。側転記号の上と下についている矢じりが横の回転を示し、8.9aは左への回転となる。8.9bの点線の矢印は、記号の先端がどちらの方向に動くかを視覚的に

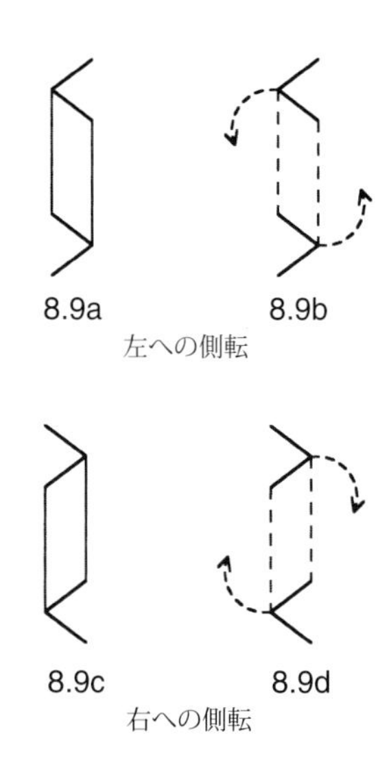

左への側転

右への側転

表している。同様に、8.9cは右回りの側転を示し、8.9dは視覚的にその方向を示している。側転が左右双方を示す場合は8.9eのようになる。左右の複合的なターン記号を含むが、実用的な面から、矢じりは1方向のみ記される。

一連の動きを行う際には、すみやかに左右の方向を決定するが、紙面上では選択の自由を残したままである。

3 側転の度合い

側転では正面位置が変わってしまうので、その度合いの示し方はピボットターンの度合いの表し方と同じである。8.10aは右回りの半回転を示し、8.10bは左方向への1回転を示している。

4 側転 対 ログロール

側転型の回転は、抱え込みの姿勢で床に横になった状態でもできる。空間的には側転の軸、すなわち矢状軸の前後であるが、感覚的には、地面を移動するので8.11aのようなログロール(logroll/logrolling)により近い。8.11bのように、四肢がからだの線に沿ってまっすぐ伸びた状態であると、からだの縦軸を中心として回るログロールとなるのは明白である。立っている状態で、からだの垂直な軸を使ったピボットターンで使用される回転の記号(8.11c)に角張った弓をつけ足すと、次の章で紹介するログロールとなる。回転記号の最初と最後にこの支持棒をつけることで(8.11d)、ターンの間ずっとからだが床の上にあることを示す。すなわち継続した回転を示す。

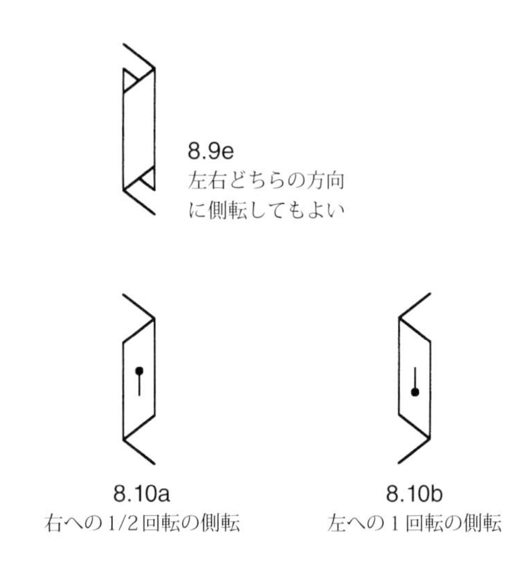

8.9e
左右どちらの方向に側転してもよい

8.10a
右への1/2回転の側転

8.10b
左への1回転の側転

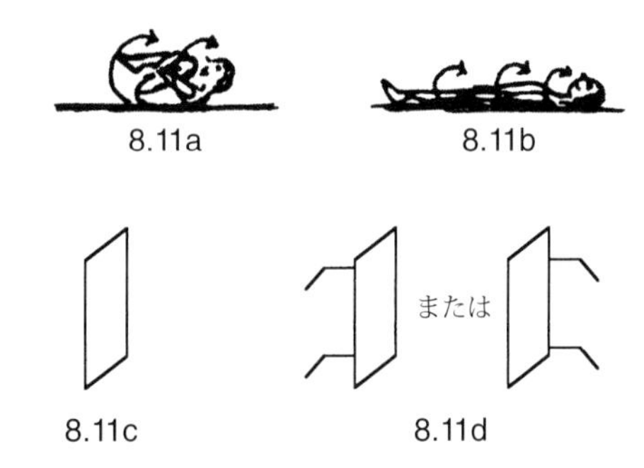

8.11a

8.11b

8.11c

8.11d

8-5 ▶ 水平な旋回

8.12aのように床にうつぶせになり、8.12bのようにあおむけになるとき、垂直な軸に対して水平に回る車輪のようにからだを旋回させることができる。

四肢が伸びて開いた状態では、その先端が円の経路を示す。床に横たわっている状態で、垂直な中心点を時計回りもしくは反時計回りに回るとき、滑りやすい床が望ましく、手足をうまく使うことで、からだをうまく回すことができるだろう。もしくは8.12cのように外側からの力で回転させることもできるだろう。8.12dでは人が横向きで横たわり、2人の人が、一方は手をつかんでおり、もう一方は足をつかんで回転させている。同様な回転は、8.12eのように、両手両足をつけた状態でもできる。ここでもまた、四肢が胴体を回らせていて、それによりそ

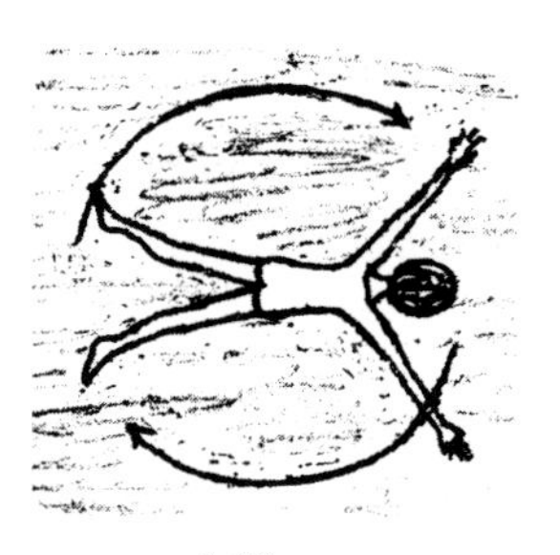

8.12a

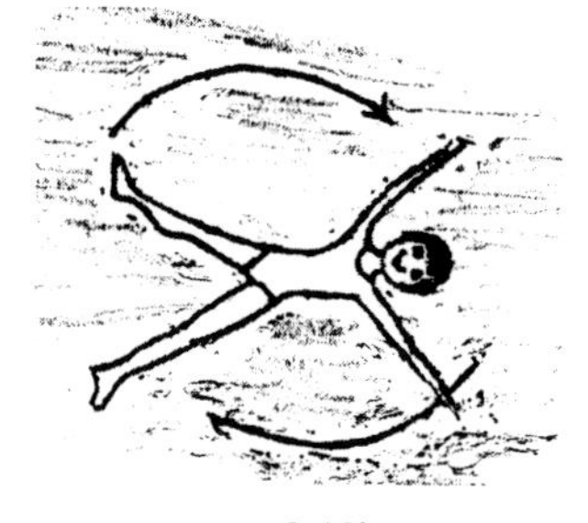

8.12b

8.12c

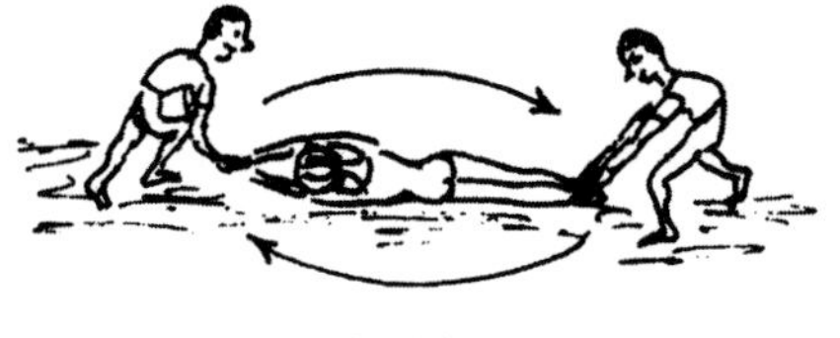

8.12d

8.12e

の場での回転が生まれている。このように、ある１点での水平な旋回は可能であり、通常の床上のサーキュラーパスと同様に、垂直な軸をもつ。肩、腰、ひざなど、からだのどの部分も垂直な軸になることができる。

1 水平な旋回の表示

8.13aで見られるサーキュラーパスの記号は、トラベリングの説明ですでに慣れ親しんだものである。8.13bのようにある地点での保持の記号をつけ足すことで、回転はその場のもの、すなわちからだが旋回するということになる(8.13c)。8.13dは旋回の方向を選択できることを示している。

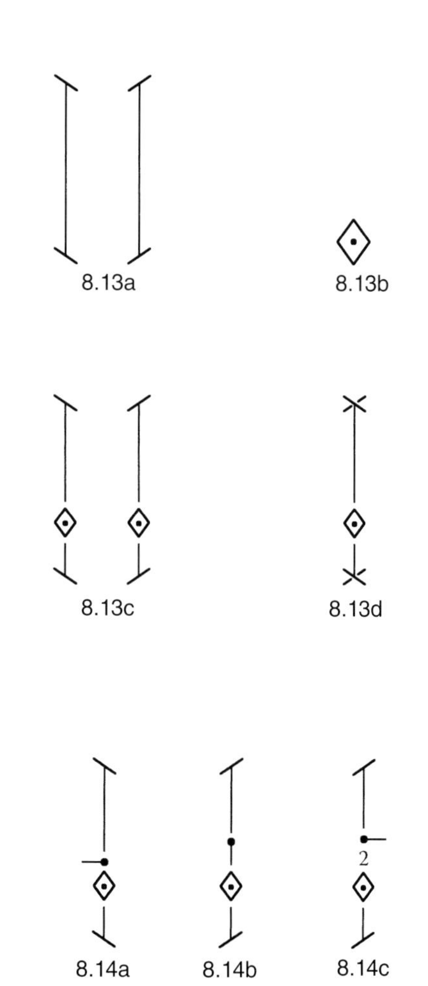

8.13a 8.13b 8.13c 8.13d 8.14a 8.14b 8.14c

2 旋回の度合い

正面位置が変わるので、サークリングやピボットターンと同じく黒いピンが旋回の度合いを示す。8.14aは左に1/4回転し、8.14bは右に1/2回転することを示す。8.14cでは、右に2¼回転する。

3 ピボットから旋回への移行

8.15aのようにピボットターンにおいて四肢

が水平に伸ばされるとき、右足を垂直な軸としたピボットターンであることがはっきりと見てとれる。8.15bではスケーターが四肢と胴体を平行な状態にしており、両腕と左足の先端が円の経路を描いている。

8.15cで注目すべきなのは、たとえ支え足を曲げていても、垂直な軸（点線で示した部分）が存在するということである。8.15dでは、ひざを軸とした回転であっても、垂直な軸の感覚はまだあると説明できる。胴体が床の上で支えとなる、あるいは1つ以上の支えがあり水平面が強調されるときに、水平の旋回が強く強調される。空中での旋回は特別な訓練を必要とするので、ここでは取り扱わない。

8.15a

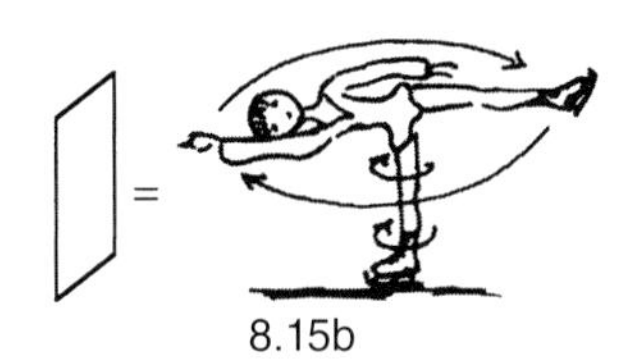

8.15b

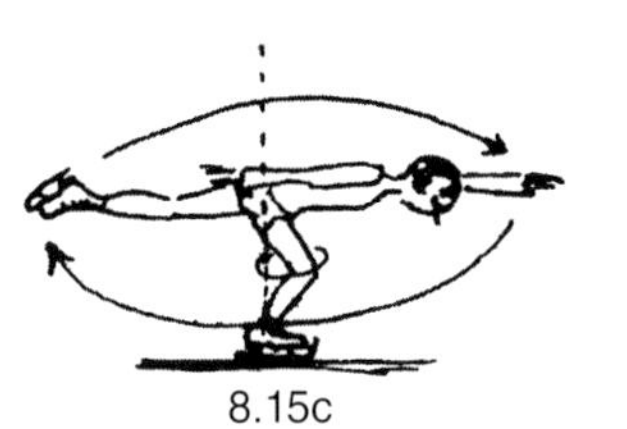

8.15c

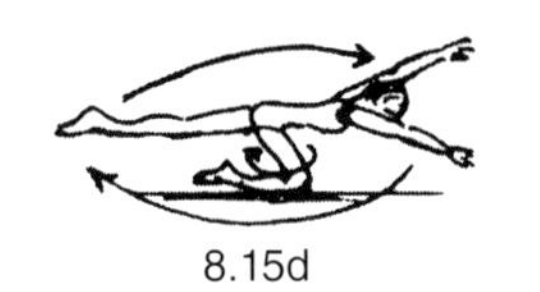

8.15d

4 水平な旋回のほかの表示

水平な旋回の軸はピボットのときと同じ垂直な軸なので、ターン記号の中に軸を書くことでも表すことができる。

8.16aは重力の垂線に基づいて書かれており、垂直な軸を示す。横たわっているとき、8.16bの記号はからだを軸にして回っていることを表し、8.16cでは垂直な軸を明確に指示している。水平な旋回に関して、場合によってこの表記のしかたはサーキュラーパス記号よりも適切かもしれない。水平な旋回の度合いは、サークリングやピボットターンと同様に黒いピンを使って示す。

しかし、同時に異なる2つの回転が起きるとき、際立たせるために水平な旋回はサーキュラーパス記号で示すほうがよいだろう。これらの特定の形の理解は、からだの中に起きる回転やひねりをさらに探る際に役立つ。

これらのさまざまな回転は、いろいろな面で動きの幅を広げ豊かにすることができる。体操やダイビングなどにおいて、これらの回転は組み合わせて表されることが多い。

8.16a
垂直の（基準となる）方向の十字

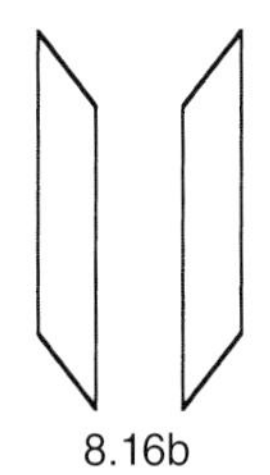

8.16b

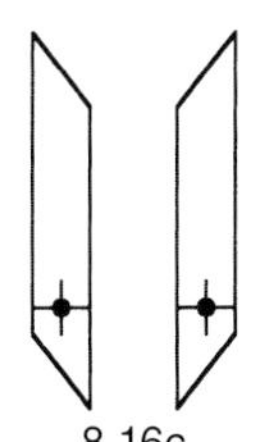

8.16c

練習課題 28　ターン、レボリューション、ローテーション

ここでの課題は、いくつかの解釈ができる。からだ全体での曲げ伸ばしがあることで、どのような回転が起こるかが予想できる。しかし、回転の最中、または回転と回転のつなぎ目でからだのどの部分が支えになるのか明確な指示は述べられていない。5小節と9小節の回転は、旋回か転がりになる点に着目しよう。また11小節の休止を伴う回転の表示にも注目してみよう。

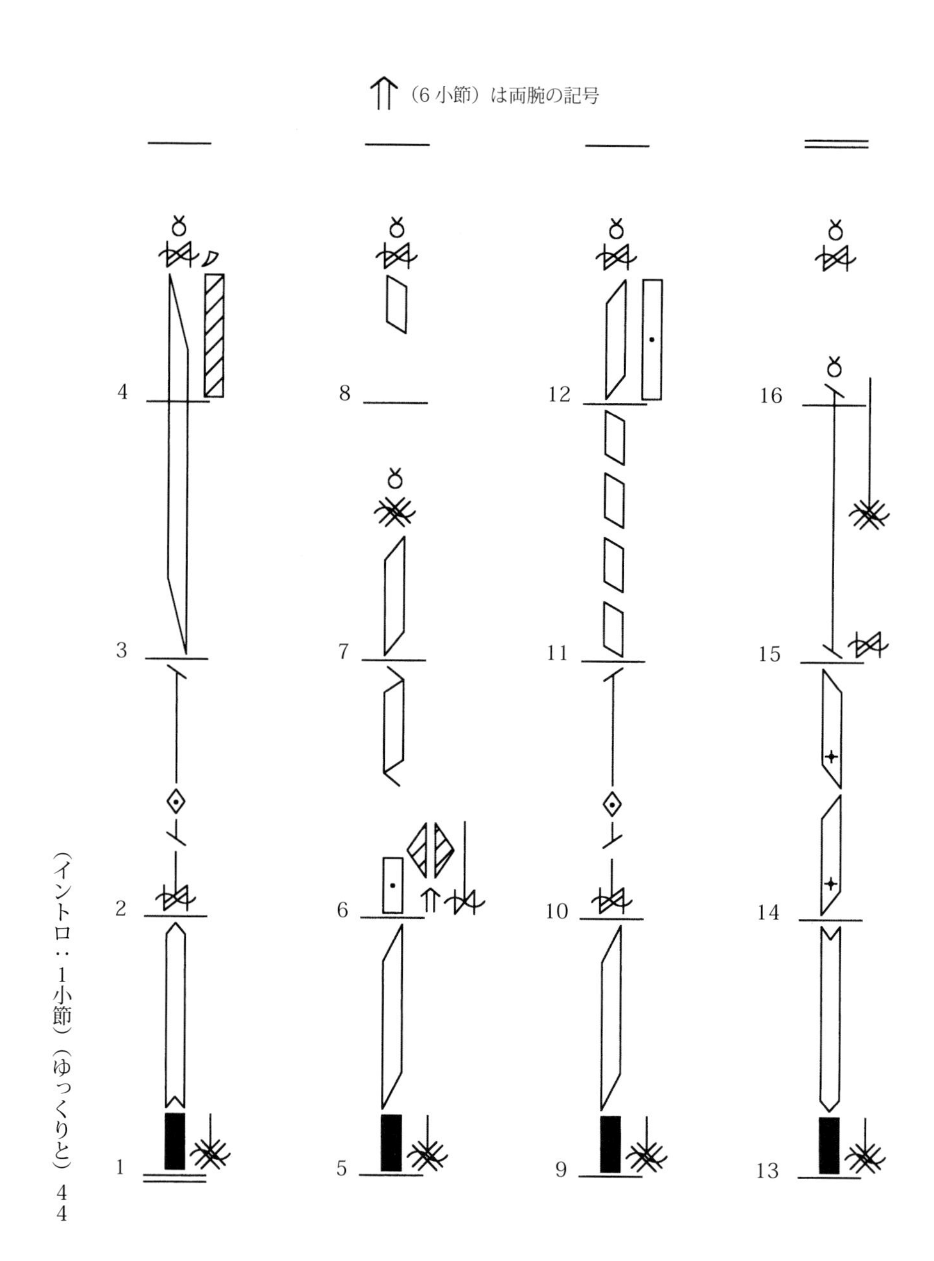

5 ターンとスプリングの組み合わせ

ターンとスプリングを組み合わせることで、さまざまなバリエーションが可能になる。8.17aは、両方が同時に行われているという非常に起こりやすいパターンである。２つの記号を並べて書いてあることが、両方が等しく重要であることを示している。スプリングの種類や度合いは指示されていないが、右に回ることは表示されている。

それでは、おもな動きがターンで、１つか複数のスプリングが加わる場合に注目してみよう。8.17bでは、明確にスプリングはターンの始まりと終わりに起きる。

8.17cはスプリングがターンの間の**どこかに含まれる**ことを示している。インクルージョンボウの垂直線は真ん中が切れており、そこに何を含むべきかを表す。この場合はスプリングの回数やどこで行うかは自由である。8.17dで３回スプリングが行われると表示してあるように、回数を特定したい場合は数字を書き込む。

8.17eでは、跳んでいる間にターンを行うということであり、ピボットやターンへの踏み込みもないことがわかる。8.17fは、ターンの間に４回のリバウンドスプリングを行うことを表す。

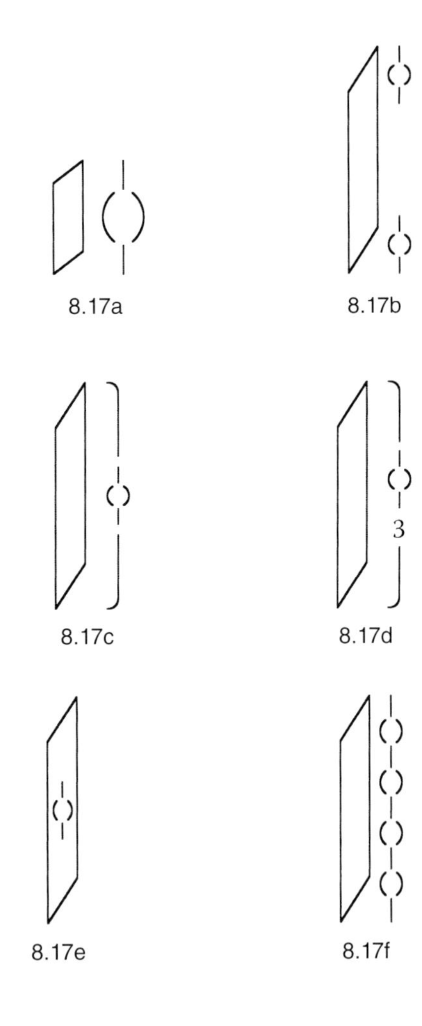

第8章の総覧

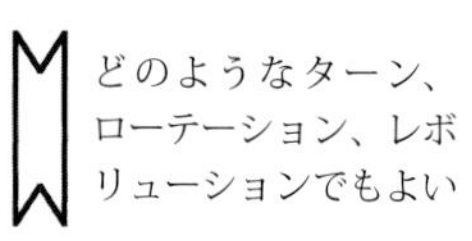
どのようなターン、ローテーション、レボリューションでもよい

からだ全体

ピボット
垂直な軸を中心にして回転する

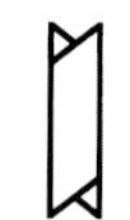
どちらの方向にピボットしてもよい

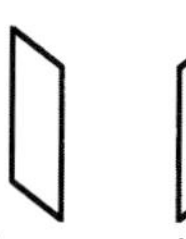
左への回転　右への回転

宙返り
横軸を中心にして回転する

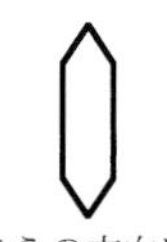
どちらの方向に宙返りしてもよい

前方宙返り

後方宙返り

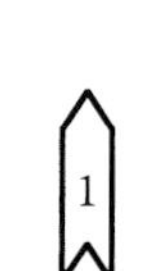
1回転の前方宙返り

側　転
矢状面の軸を中心にして回転する

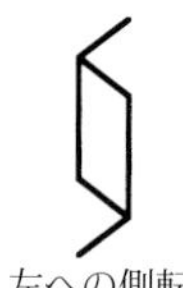
左への側転

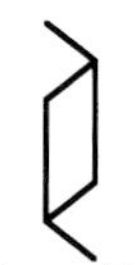
右への側転

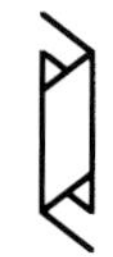
どちらの方向に側転してもよい

右への1/2回転の側転

水平な旋回
からだが水平面の状態で、垂直な軸の周りを回転することを示す2つの方法

水平な旋回をどちらの方向にしてもよい

左CCWへの水平な旋回

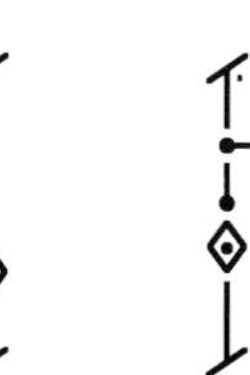
右CWへの水平な旋回　右CWへの1¼水平な旋回

垂直な軸

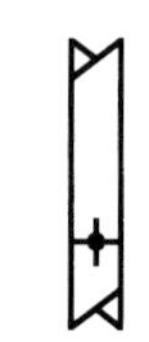
水平な旋回をどちらの方向にしてもよい

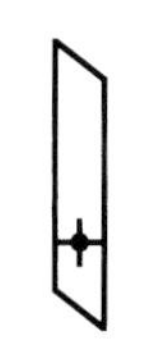
左CCWへの水平な旋回

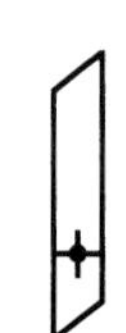
右CWへの水平な旋回

スプリングとターンの組み合わせ

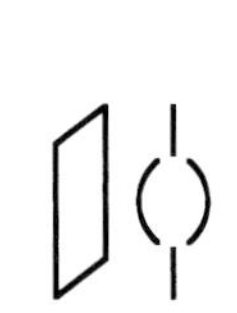
右回転と同時のスプリング

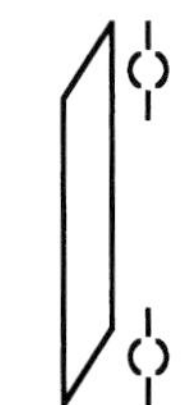
右へのピボットターンの始まりと終わりにスプリング

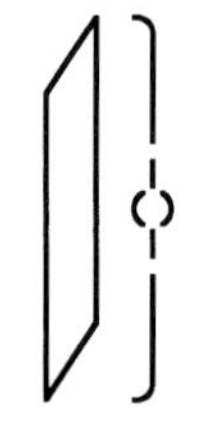
右へのピボットターンのどこかでスプリングを行う

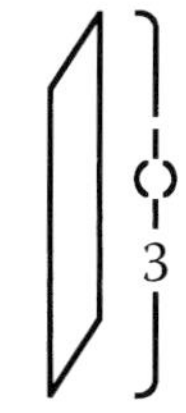

右へのピボットターンのどこかで3回のスプリングを行う

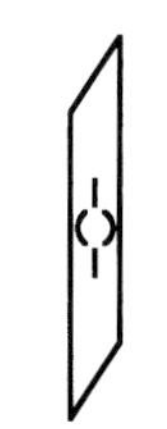
右へのピボットターンの間に、スプリングを継続して行う

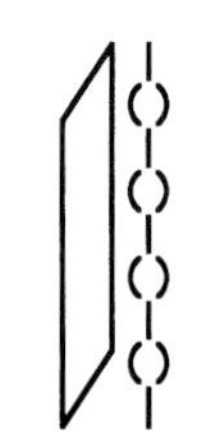
右へのピボットターンの間に、4回のリバウンドスプリングを行う

第9章

からだのサポート、サポートの変化

重力が存在するがために、私たちはからだの一部を床や家具などに支えられて過ごしている。この状態があまりにも自然であるため、私たちはそのことについて考えもしない。特定の状況においてのみ、私たちは自分のからだの支えがどのようになっているかに気づき、それを意識的に変えることがある。いすが硬すぎるとき、私たちは体重をより楽なほうへと動かし、別のところに体重をかける。体重の負荷がかかることで、からだの部位に疲労を感じる。例えば、足に痛みを感じた経験のある人は多い。浜辺に横たわって読書や日焼けをするとき、私たちはからだを回転させることによって座ったり、何かに寄りかかったり、また横たわったりと、頻繁にからだの姿勢を変える。

体操やアクロバットには、特に器具を用いることによって、からだのサポート（support；体重をかけること）の方法や変化の可能性が数多く生じる。サーカスの空中曲芸師にとって、支点となる場所はしばしばわきの下であり、ひざ裏であり、足首の関節でさえあり得る。ここでは、より日常的な、専門的でない例を見ていくことにしよう。

体重はからだの1つの部位か、もしくは同時にいくつかの部位でもサポートできる。単一のサポートの場合、それは左右どちらかの足、もしくはひざ（これはあまり簡単とはいえない。なぜならひざの皿は体重を支えるには適していない）、ヒップの片側、肩、頭のみ、右手もしくは左手、そして以前にミスター・ユニという曲芸師によって披露された、指1本によるものがある。

支点が2カ所の場合、2本足、片足と片ひざ、片足と片手、片足と片側の肩、片足と頭、片ひざと片手、片ひざと頭など多岐にわたる。サポートの部位は3つ、4つ、また5つでも可能である。これらのすべては、体重がかかった状態だけでなく、サポートからサポートに移る変化の過程も詳しく検討されるべきである。興味深いサポートのしかたの多くは、特別な身体技術なしで行うことができる。

9.1a～9.1zは、サポートの部位が1つから4つまで発展していく中での例である。

9-1 ▶サポートの部位の数

1 1つの部位

9.1a　9.1b　9.1c　9.1d
9.1e　9.1f　9.1g

2 2つの部位

9.1h　9.1i　9.1j　9.1k
9.1l　9.1m　9.1n　9.1o
9.1p　9.1q　9.1r

3 3つの部位

9.1s　9.1t

9.1u　9.1v　9.1w　9.1x

4 4つの部位

9.1y　9.1z

9-2 ▶ サポートの表示

9.2aの角ばった記号は、体重をかけること、すなわち、サポートのみを示している。9.2bは、動作線がつくことによって、動作の終わりに新しいサポートに移行するという一般的な指示を与えている。動作線の長さはこの移行の時間を示している。9.2cは新しいサポートへすばやく移動することを示している。9.2bの例はからだのある部分への「ローリング（roll/rolling）」、もしくは足で行うウォーキングの動作を示しているかもしれない。

重心の移動は、２つの大変異なるカテゴリーに分けられる。

⑴ヒップからひざというように、からだのある部分からすぐ近くの隣接する部分への移行の場合で、ローリングという用語が使われる。

⑵足から足、足から手などの離れた部分への体重の移行。一般的に、ウォーキングやステップと呼ばれている。

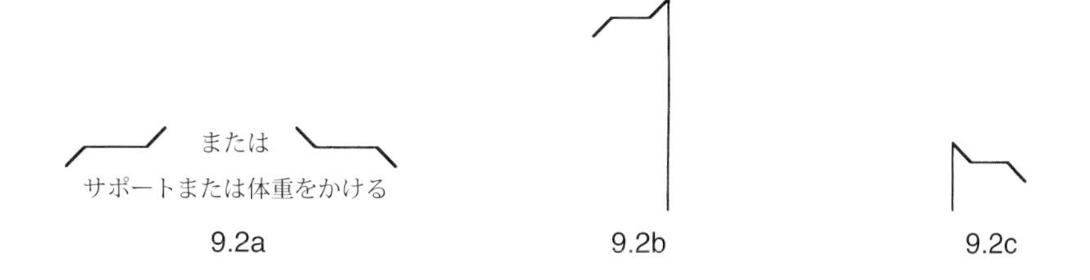

9.2a　9.2b　9.2c

9-3 ▶隣接するからだの部位間の移行——ローリング

まず「ローリング」を取り上げてみよう。よい例としては、ひざを曲げた状態からヒップの片方で座った状態への動き、つまり体重が太ももからヒップに沿って移行する動きが挙げられる。その次に、もう片方のヒップへ、もう片方のひざへと沿って移行する。胴体が床についているとき、体重を移行しやすい方法は、ログロールや宙返りのように転がることである。宙返りのときはからだを丸くする必要がある。そうすると足がヒップに近くなり、足とヒップの間でなめらかなローリングが行われる。

ローリングのさまざまな形は、種類やスピードによって、コントロールや調整が必要となる。一般的には、ローリングはバランスを失うことや落下の問題がないため、「心地よく」感じられる。面白い転がりとして「モンキーロール」がある。これは両足首を握り、くるぶし以下をそろえ、足を外側に開き、背中を丸めたものである。転がりをからだの右側あるいは左側へ向かって始めて、そして背中を通って反対側へ移行し、再び座る位置に戻って終わる。最初と同じ位置へ戻るには、このようなローリングを通常３回行う必要がある。

ローリングの表示は、回転の記号に基づいている。9.3aはからだの軸を中心としたすべての回転を示している。ローリングを示すためには、これにサポートの記号を加える。9.3bは回転中に支える部位がたくさん変化することを示している。このような連続的な回転の表記は、最初と最後に１つずつサポート記号をつけることで簡略化することができる。すなわち、9.3cでは、最初から最後まで転がることを示している。

同様に、9.3dのログロールに示されているように、サポート記号を省略することでより簡略化できる。サポート記号は9.3eのように記号のどちら側に書いてもよく、意味に違いはない。例えば、9.3fは左右どちらかへのログロールを表している。

9.3gは、床上での前方、後方のいずれかへ転がるでんぐり返しを示す。9.3hは前方へのローリングを示している。演者はうまく行えるように無意識にからだを丸くする。空中での前方宙返りは9.3iのように示される。これはもちろん、単に宙返りを指示しただけであり、それをどのように行うかについての説明はない。

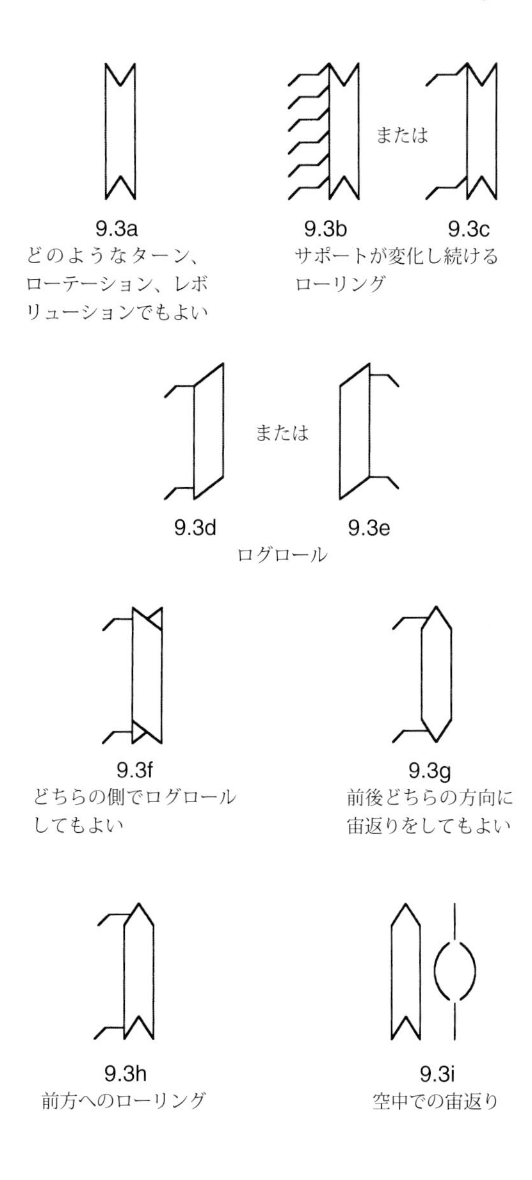

9.3a どのようなターン、ローテーション、レボリューションでもよい

9.3b 9.3c サポートが変化し続けるローリング

9.3d 9.3e ログロール

9.3f どちらの側でログロールしてもよい

9.3g 前後どちらの方向に宙返りをしてもよい

9.3h 前方へのローリング

9.3i 空中での宙返り

胴体の異なる部位を床につける

この課題では、ローリングによってサポートを変化させる。前面、背中、もしくは側面など胴体のどの部位がサポートとなるかについては、胴体のどこが表面になるかで表す。胴体の記号の該当部分に、表面を意味する小さな「しるし」、もしくは線をつける。

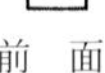
前面

後面

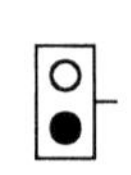
右側

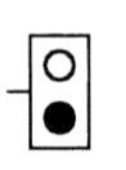
左側

両足

両肩

開始ポジションより前にある基本線は、視覚的に譜面をより独立したものに見せる効果があるため、通常は加えられる。

6小節で胴体を引き寄せ、8小節で伸ばすまで、折れ曲がった状態のままでいる。9小節ではログロールの方向は自由となっている。

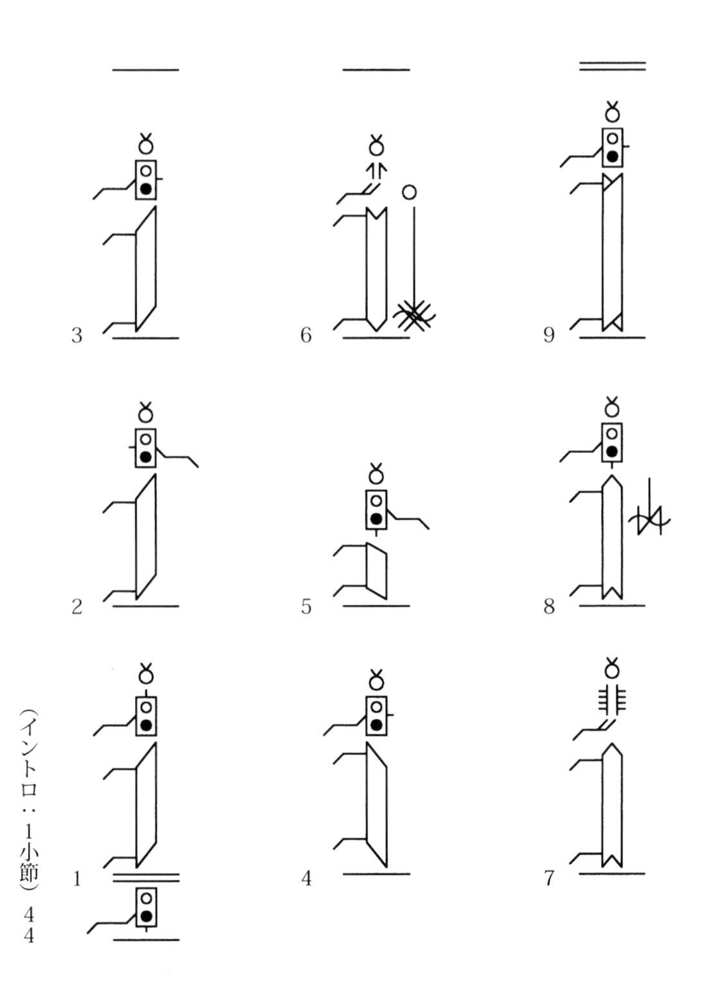

9-4▶からだの離れた部分への移行——ステップ、ウォーキング

すでに言及したように、ステップやウォーキングはからだの手足の間での体重移動に対してつけられた一般的な言葉である。ウォーキングはたいてい足で行うが、ひざや手で行うこともある。座っているとき、私たちはヒップでウォーキングすることによって、前後に少しずつ進むことができる。そのようなウォーキングは「対になった部位」で行われるものである。あまり一般的でない方法としては、足から頭、片ひざからひじなどの体重移動、すなわち「対になっていない部位」へのステップがある。そのような方法では、ヒップ、ひざ、ひじ、手首が手足の役割を果たし、ローリングは起こらない。

9.4aは体重移動の基本を示す、一般的な記号である。何らかのステップを示すときは、これが9.4bのようになる。こうした即興のステップは足で行われると思われがちだが、ほかの可能性も試してみる必要がある。9.4cでは、左へのターンが3つのステップとともに行われることを示している。まずこれを足のサポートで行ってみよう。次に、ひざや対にならないからだの部位でのバリエーションを探ってみよう。9.4dは2つの体重移動を伴う横への低い動作を示しており、ひざと手を使うことを示唆している。単にバランスを保つために傾くのではなく、両足に体重をしっかりと乗せるようにしよう。

新たなサポートの方向を示すときに、方向記号とサポート記号は組み合わせて使用することができる。9.4eの前への動作は、新しいサポート、つまり何らかのステップで終わる。9.4fの低いレベルでの後ろへの動きは、おそらく片手か（太ももの先端である）片ひざを使った新しいステップで終わる。9.4gはプレイス、つまりどの方向でもなくその場での体重移動を示している。動きの組み合わせを徐々に多くすることで、求める連続的な動きを、より的確に指示できるようになる。

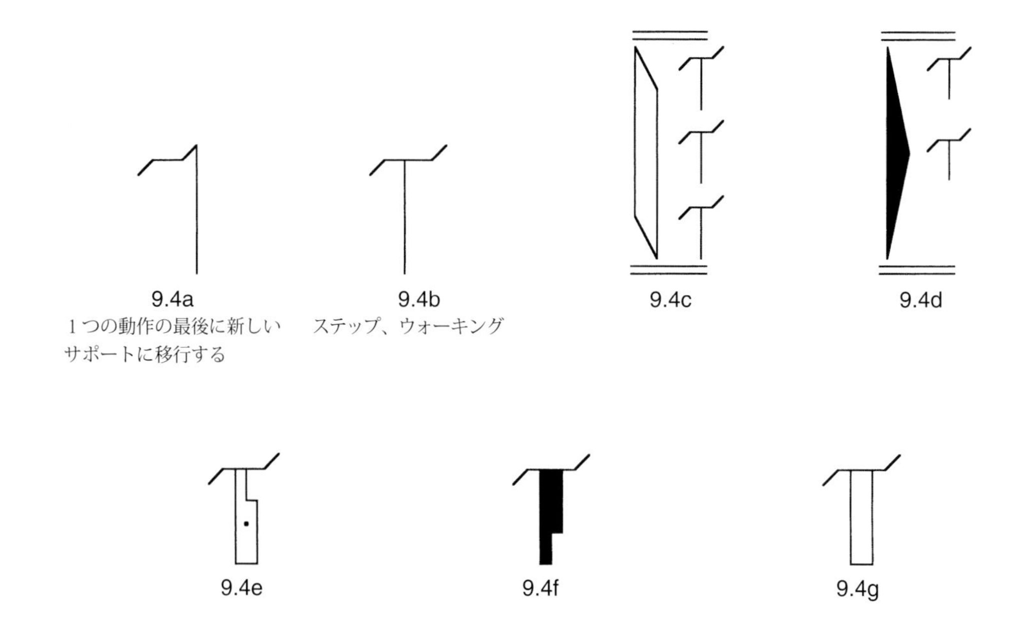

9.4a 1つの動作の最後に新しいサポートに移行する

9.4b ステップ、ウォーキング

9.4c

9.4d

9.4e

9.4f

9.4g

9-5▶からだのおもな部位を示す記号

次は、体重をかけるからだの部位の特定である。からだの部位の記号とサポートの記号を組み合わせて示す。9.5aはからだのおもな部位、領域や関節を示す記号である。どちらか一方の手やどちらか一方の足などの指示は、概略的な記号として次項に示す。

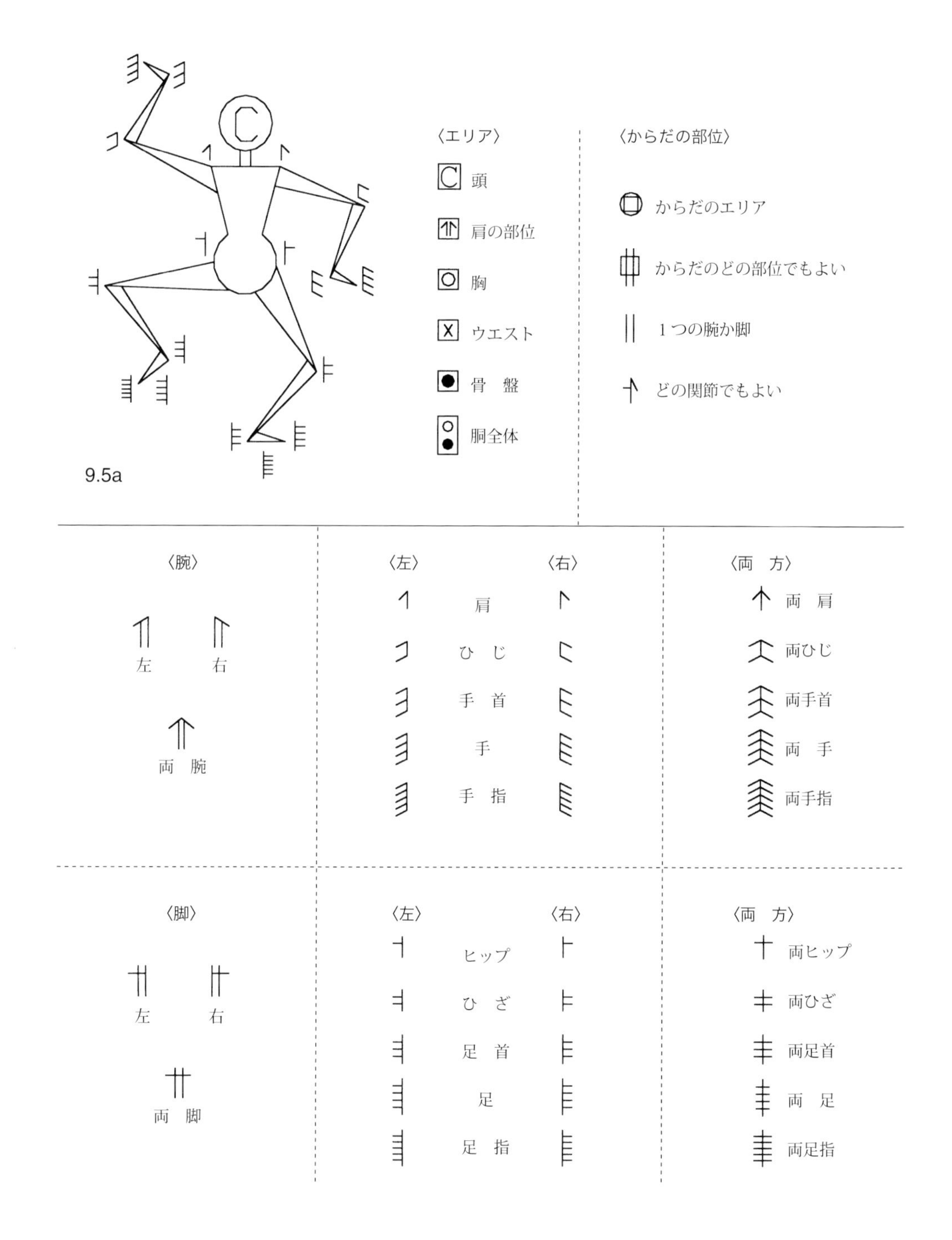

9.5a

1 両方のからだの部位を示す記号

両手両足を使う場合は、9.6aや9.6cのように左右両方の記号を書くことによって、もしくは9.6bや9.6dのように２つの記号を１つに組み合わせることによって示す。例えば、9.6eおよび9.6fは両ひざ、9.6gおよび9.6hは両ヒップ、9.6iおよび9.6jは両肩を示す。

両肩を示す結合した記号は、9.6lのような矢印と混同するのを防ぐために、9.6kのように書かなければならない。ヒップの記号を書くにあたっては、片方のヒップを示す9.6mは、9.6nの横向きのピン(画びょう)と区別するために、短い横線を中心の少し上に書く。両ヒップを示す記号は9.6oもしくは9.6pである。

同時に２つのからだの部位でサポートする場合、9.6qのようにサポート記号を１つから２つに変えて書く。サポートが３つの場合、9.6rのように書く。ひざまずく動作のとき、たいていはひざから下はバランスを保つために床につける。ひざから上が垂直に伸びているときは、ひざから下は主となる胴体の体重はサポートしない。

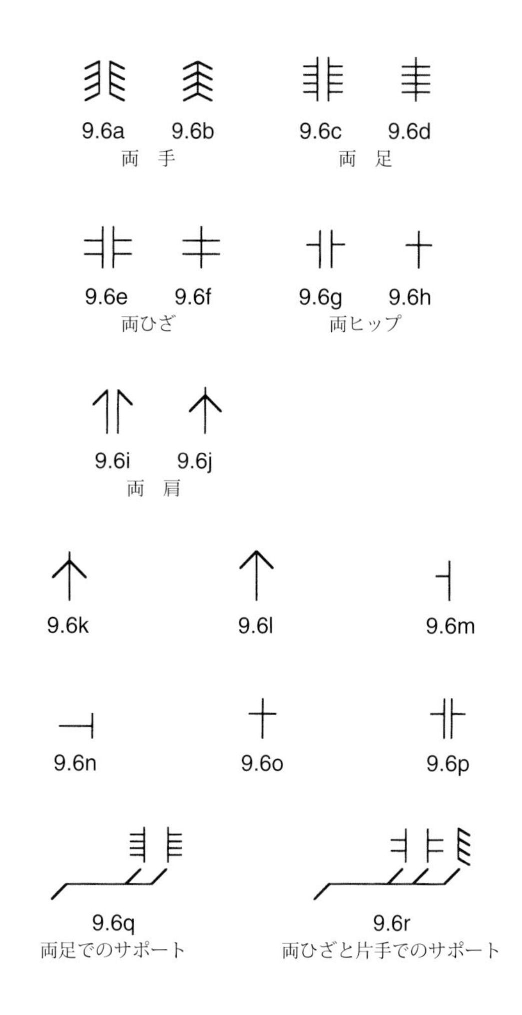

2 「どちらかの側」「どちらか、もしくは両方」を示す記号

手や足などで、どちら側を使うか選択できることを示すとき、9.7aの「どちらかの側」を示す記号を対となったからだの部位に加える。「どちらかの側」記号は短い垂直線（この垂直線はからだを左右に分けることを表す線でもある）と、水平の「どのようなものでもよい」を意味するアドリブ記号を組み合わせることによって「どちら側でもよい」という意味となる。この記号は対となったからだの部位の前に書く。

「どちらか、もしくは両方」についての説明はおそらく必要だろう。これは、9.7gのように丸印の中に小さな垂直のアドリブを書いた、「いくつの数でも」を意味する記号によって表す。これを対になっているからだの部位に適用すると、片方か両方といった選択の幅を意味する（9.7h、9.7i）。

からだの部位については、詳細を検討する前

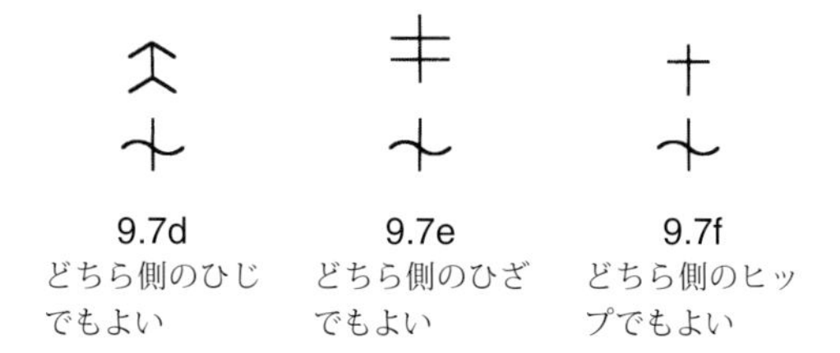

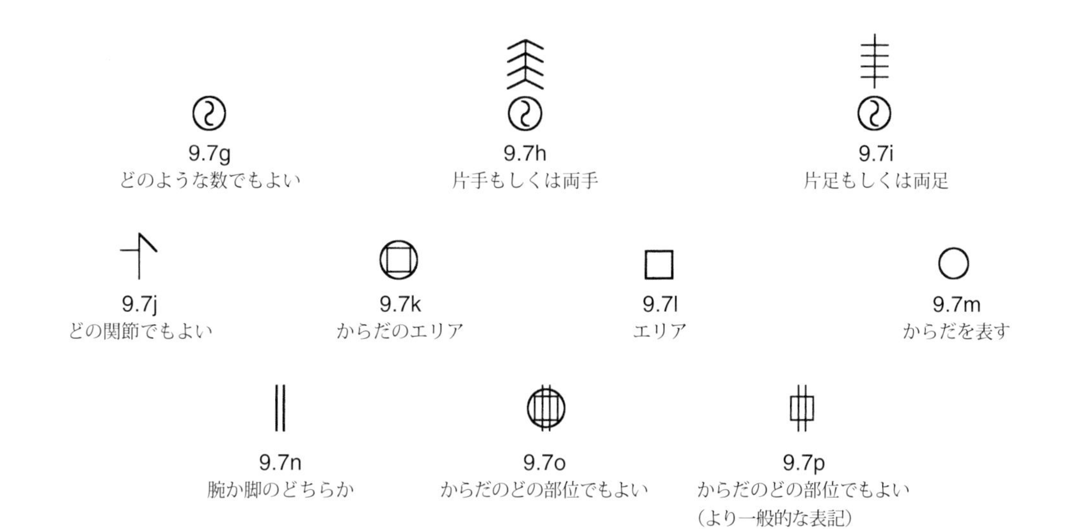

に、より大まかな説明が必要である。9.7jは「どの関節でもよい」を示す記号である。これは肩とヒップの記号を組み合わせて作られている。9.7kはからだのエリアを示す記号であり、からだを表す9.7mの丸印の中に9.7lのエリアを示す四角の記号を組み合わせて示す。9.7nの記号は「四肢のうちの1つ」、すなわち腕か脚のいずれかを表す。9.7kと9.7nの2つの記号を組み合わせることで、9.7oの「からだのどの部位でもよい」ことを示す。この記号はたいてい9.7pのように簡略化されることに留意しよう。

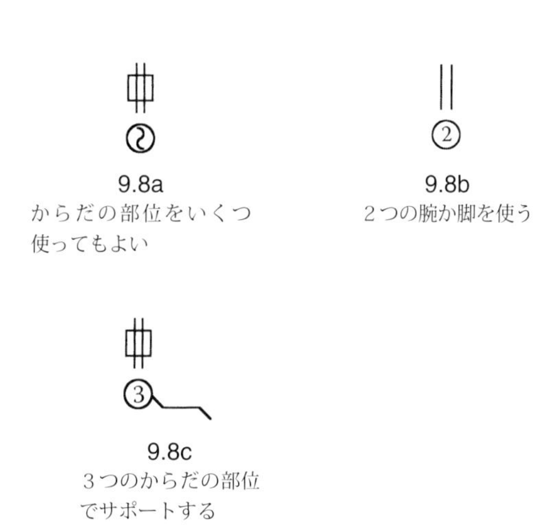

3 四肢やからだの部位の特定の数

すでに見てきたように、「いくつの数でもよい」というのは、丸印の中に垂直なアドリブ記号を書いた9.7gで示す。それゆえ、9.8aは「からだの部位をいくつ使ってもよい」ということを示す。特定の数は適切な数を書き込むことで示す。例えば、9.8bは四肢のうち2つの部位を使うことを示し、9.8cは3つのからだの部位をサポートに使うことを示している。

4 支えられるからだの部位——体重を受けるからだの部位

体重をかける記号が下方に傾いているのは、

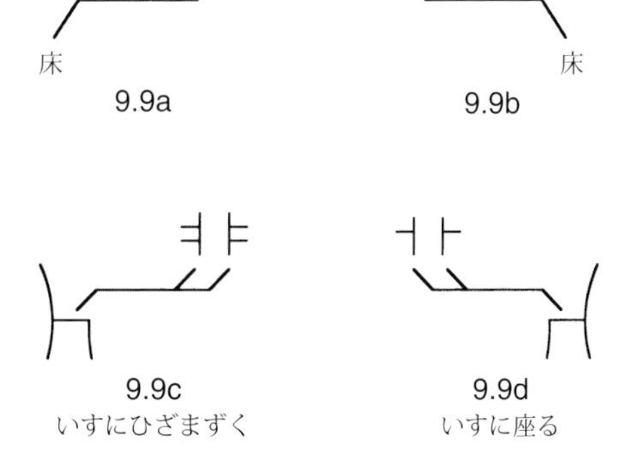

ある理由がある。9.9aや9.9bのように、記号の一番上の先端にサポートされる部位（ひざや手など）が書かれ、一番下の端には何によって支えられているかが書かれる。特に何も書かれていないときは、サポートする部位は床と考える。9.9cはいすにひざまずいた状態を示し（いすが描かれていることに留意しよう）、9.9dはいすに座った状態を示している。

9.9eのサポートの弧線（support bow）の終わり、つまり上部のほうは、新しいサポートが確立された瞬間を表している。

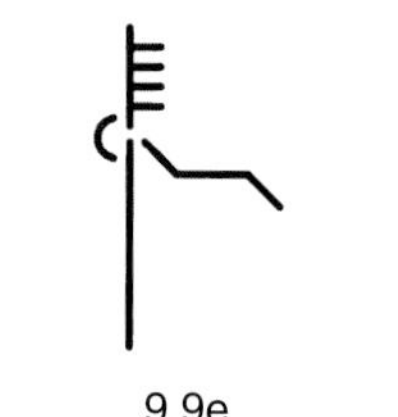

9.9e
新しいサポートに移行する

5 持続的なすばやいステップ

ステップは、伴奏の音楽の構成によって連続的に繰り返されるかもしれないが、アドリブのタイミングによって起こることも頻繁にある。一般的なタイミングとしては、9.10aなどのような垂直の波線を用いて、持続的なすばやいステップが簡潔に説明される。この記号はアドリブ記号に関係していて、「前もって指示された動きを自由に続ける」という意味をもつ。9.10bでは、何らかの非常にすばやいステップを示す。9.10cのように、波線がより大きくなるほど、ステップはゆっくりとなる。9.10dはひざでの速いウォーキングを表している。

これらの指示は、9.10eのように、ほかの動作と組み合わせることもできる。ここでは左右どちらかへのターンを伴いながら、持続的なすばやいステップが行われる。おそらく「対になった」ステップ、つまり両足もしくは両ひざによるものである。9.10fでは、ひざによる左へのウォーキングを示している。歌を歌うときのビブラートやトレモロ[*1]のようなすばやい揺れる動きを示すように、動きが速ければ速いほど、波線は小さくなる。

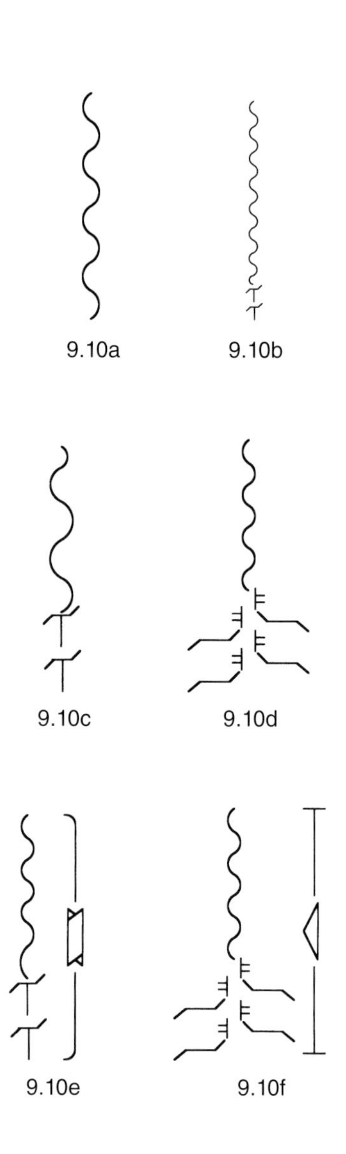

9.10a　9.10b

9.10c　9.10d

9.10e　9.10f

＊1　震音。

練習課題G（伴奏曲なし） からだの異なる部位でのサポート——ステップ、ローリング

この課題では、サポートの変化、すなわち（「対にならない」と「対になった」）ステップとローリングを比較していく。

片足のステップから始まって片足のサポート、片ひざでひざまずく動き、片方のヒップで座る動き、片ひざと片手に体重をかける動きなどへと発展していく。これらのサポートの移行には多様な方法が可能であり、どのようにするかは演者次第である。「どちら側でもよい」の記号に留意しよう。

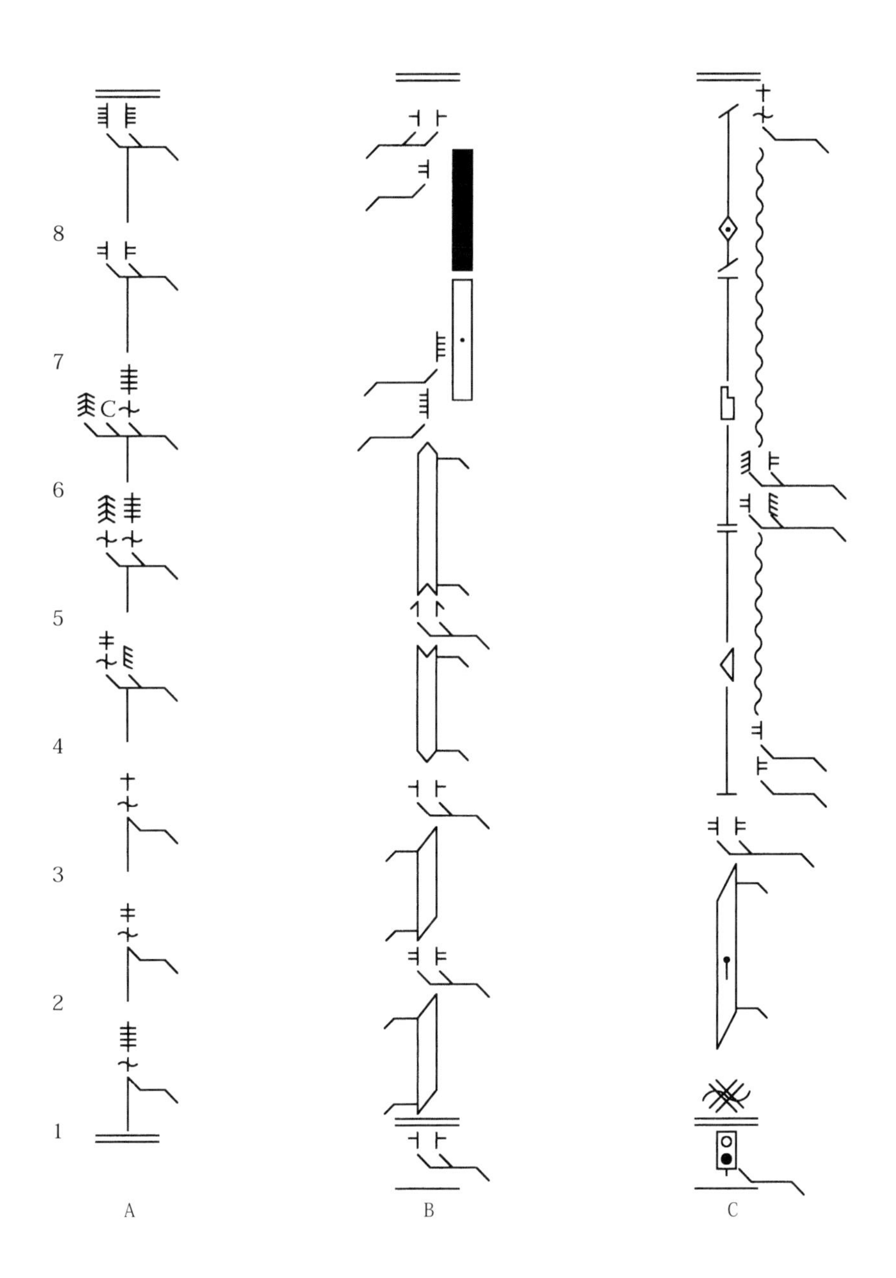

9-6 ▶足におけるサポートの変化――ウォーキング、ステップ

1 単一のステップのしかた

足から足へと体重を移行させるウォーキングは、私たちがその過程を気にも止めないほど自然な動作である。何が起こっているのか、本当に私たちは理解しているのだろうか。そして、連続的な動きの中で必要に応じてステップを修正することができるのだろうか。歩くことや体重の移行は、実際どのようにして行われているのだろうか。

いったいステップはどこで始まり、どこで終わるのだろうか。その場で行うステップを除いて、ウォーキングを行う足はステップが行われる方向へと向かう。この場合は、前方へのステップということができる。

9.11aは右足が自由な状態であり、ステップをする準備ができている。9.11bでは、足は前へと動き、地面に触れている。それと同時に、体重はわずかに前へと移行している。しかし、右脚の動き（地面に触れてはいるが体重がかかっていない状態）は、ステップに必ずしもつながらない。多くのこのような動きは、実際ステップなしでも行われる。9.11cではステップが行われることが明らかである。なぜなら体重がサポートしている左足のつま先からさらに前に移行しているからである。これは、右足への体重移行の、標準的な準備状態である。前へと体重を移行するとき、9.11dのように両足でからだを支える状態になる。前へのステップにおいて、通常はこの瞬間にかかとが地面を離れる。そうして体重は9.11eのように完全に新しいサポートへと移行し、体重のかかっていない左脚は地面を離れ、次のステップへとつながる準備やジェスチャーを開始する。**完全なステップや体重の全移動**は、全体重が次のサポートに移るまでは完了したとはいえない。9.11dのように、ただ両足が開いた状態であるのは、単なる半分のステップであり、完全なステップではない。

一連のゆっくりとしたステップを試し、体重が持続的に移行していくのを感じてほしい。何が起きただろうか。次のステップを始める前にいったん停止しただろうか。ステップを完全に簡素なものにするより、むしろ好きなように歩いただろうか。準備のための脚が、不必要に華やかなジェスチャーとなっていただろうか。放たれる脚はもう片脚の横へと目立つように動かすことで、重要性が増しただろうか。もしくは脚のジェスチャーは特に重視されず、単にステップをするためだけのものだっただろうか。ウォーキングの基本的な動作としてはこれが正しいだろう。

ウォーキングの形は、からだのサポート、脚の曲げ伸ばしや回転の状態、どのように足を地面につけて体重を移すかなどによって大きく変わる。シンプルなウォーキングでも、深く観察してみると人によって明確な違いがあることがわかる。

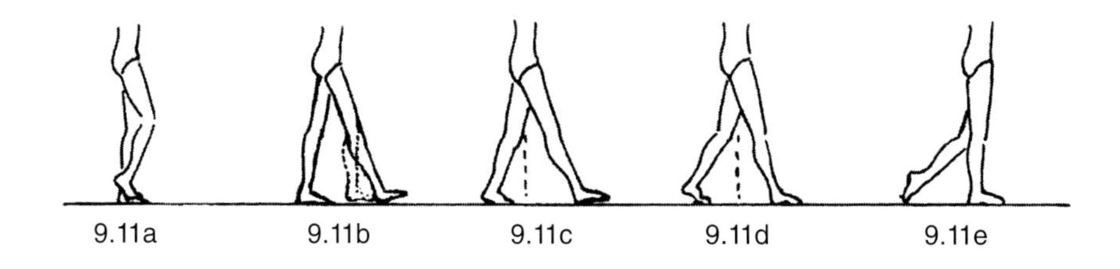

2 ウォーキング、ステップの表示

右足から左足へのウォーキングやステップを記号で最も詳細に記すと、9.12aのようになる。この表記は最初に右足、次に左足に体重をかけて終わる動作を示している。9.12bと9.12cはからだの末端部分におけるステップを示す記号である。足によるウォーキングはとても一般的な動きなので、9.12dのような両足によるサポートを表す特別な省略記号が用いられる。左足によるステップは9.12e、右足によるステップは9.12fのように表す。9.12gは、座ったあと、もしくはスプリングのあとの着地のような両足でのステップを示す。9.12hはどちらかの足でのステップを示す。9.12iはどちらか、もしくは両足で体重を支えるという選択を示している。

9.12jは左足から始めるすばやい4つのステップを示す。9.12kは右足でのゆっくりした1つのステップを示している。9.12lでは、はじめのステップはどちらの足で行ってもよく、続くステップはそれに応じて交互に行われることを示す。

3 足でのステップに関する方向とレベル

ステップの記号に方向の記号を組み合わせると、どの方向にステップを行うかを示すことができる。9.13aはどちらかの足による前へのステップを示す。9.13bは左足による左横へのステップを表す。9.13cでは右足による後ろへのステップを示している。

通常の両足で立っている状態は、9.13dのような真ん中のレベルのサポートで表す。

曲げたひざで立った状態(バレエではドゥミ・プリエ)は9.13eのように低いレベルの記号で示す。つま先で立った状態(バレエではルルベ)は、9.13fのように高いレベルの記号で表す。

動作線、すなわち方向記号の長さは体重移行に費やす時間の長さを示す。9.13hはゆっくりとした、横への低いレベルのステップを、9.13iは中くらいのテンポでの、前への真ん中のレベ

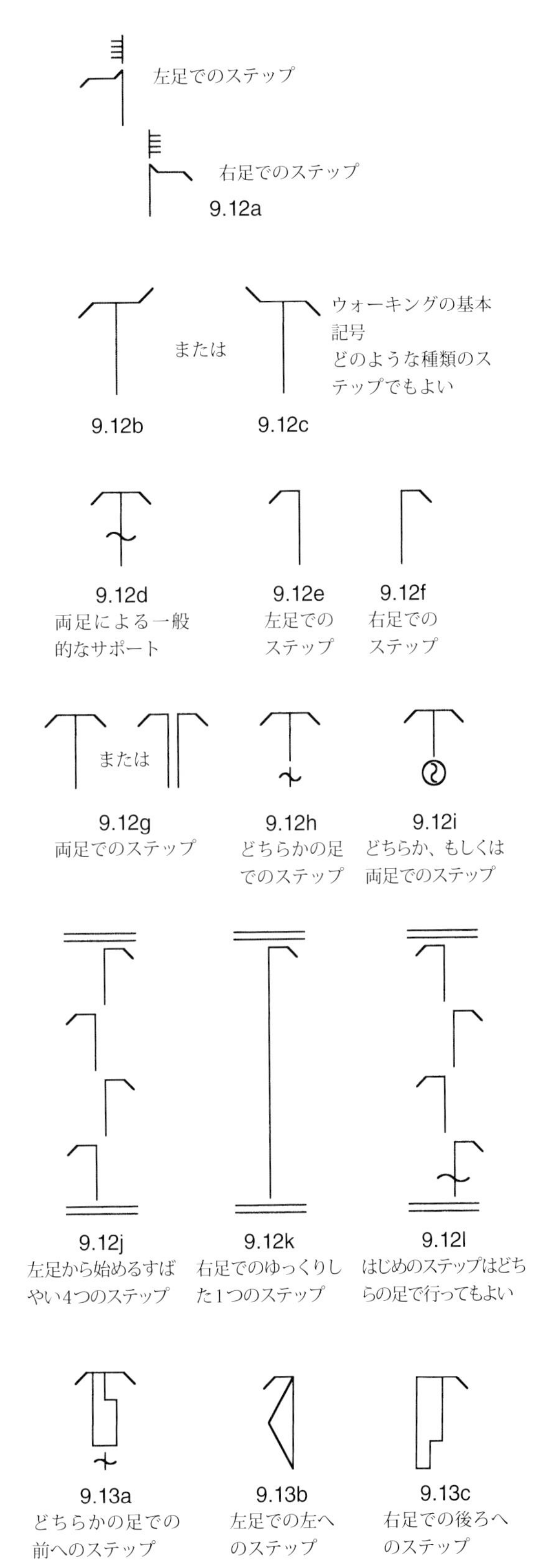

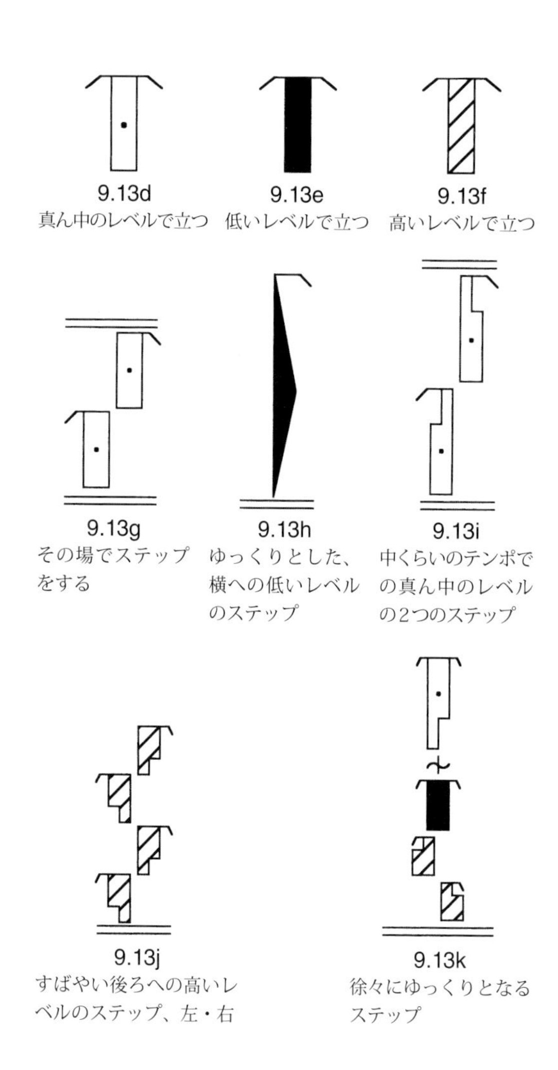

9.13d 真ん中のレベルで立つ

9.13e 低いレベルで立つ

9.13f 高いレベルで立つ

9.13g その場でステップをする

9.13h ゆっくりとした、横への低いレベルのステップ

9.13i 中くらいのテンポでの真ん中のレベルの2つのステップ

9.13j すばやい後ろへの高いレベルのステップ、左・右

9.13k 徐々にゆっくりとなるステップ

ルの２つのステップを示している。9.13jはよりすばやい後ろへのステップを、9.13kは徐々にゆっくりとなるステップを示している。最初は高いレベルでの左右への２つのステップ、次に両足をそろえてひざを曲げ、最後にどちらかの足で、後ろへのゆっくりとしたステップが続くことを示している。「どちらか」の指示は、後ろへのステップのタイミングに含まれる。

4 トラベリング、体重の移行によるターン

ローリング、ステップ、ウォーキングの動作はさまざまな理由により行われる。なかでも最も明白なのは、移動するために行う場合である。それでは、このトラベリングに関して、どのような種類があるのか見てみよう。9.14aはストレートパスの基本記号である。両足でサポートしながら地面上を動くことから、ウォーキングやランニングは最もよく行われるが、パスの記号そのものはそれらを指示しているわけではない。ローリングを望むのなら、9.14bのようにストレートパス記号の中に「どのようなローリングでもよい」を表す記号を挿入する。これを書くことで、トラベリングがローリングによって行われることを示す。同様に、もし必要であれば、ステップ、つまりさまざまなからだの末端部を用いたトラベリングは9.14cのように示すことができる。9.14dは足でのトラベリングに特定している。

9.14eのひざでのウォーキング、もしくは9.14fの手でのウォーキングは、9.14gおよび9.14hのように記すこともできる。パスの記号の中に挿入することで、どのような方法でトラベリングが行われるかを表すのである。9.14gはひざでのトラベリングを、9.14hでは手でのウォーキングによるトラベリングを示している。ステップ数や、左右どちらから始めるのかは示されていない。9.14eおよび9.14fでの「<」または「>」というキャレット記号を用いることによって、同じからだの部位を使い続けることを示している。

ステップが体重の移行に集中しているとき、その動きは前述の9.12k（p. 163参照）で示したように、たいていゆっくりとなる。

9.14iは足のステップで行われるターンを示している。9.14jはステップを含む回転を示している。いつ、何回ステップを行うかについては自由に選べる余地がある。9.14kの縦のインクルージョンボウはすでに見てきた。9.14lは、ターンの途中のどこで２つのステップが行われるのかを示している。最初に右足、そのあとに左足というステップは、両ステップともかなり速い体重の移行となる。9.14mでは、同じく２つのステップが行われるが、それぞれはゆっくりとした移行であり、ステップ間には途切れがない。

ターン記号もしくはパス記号における動作の

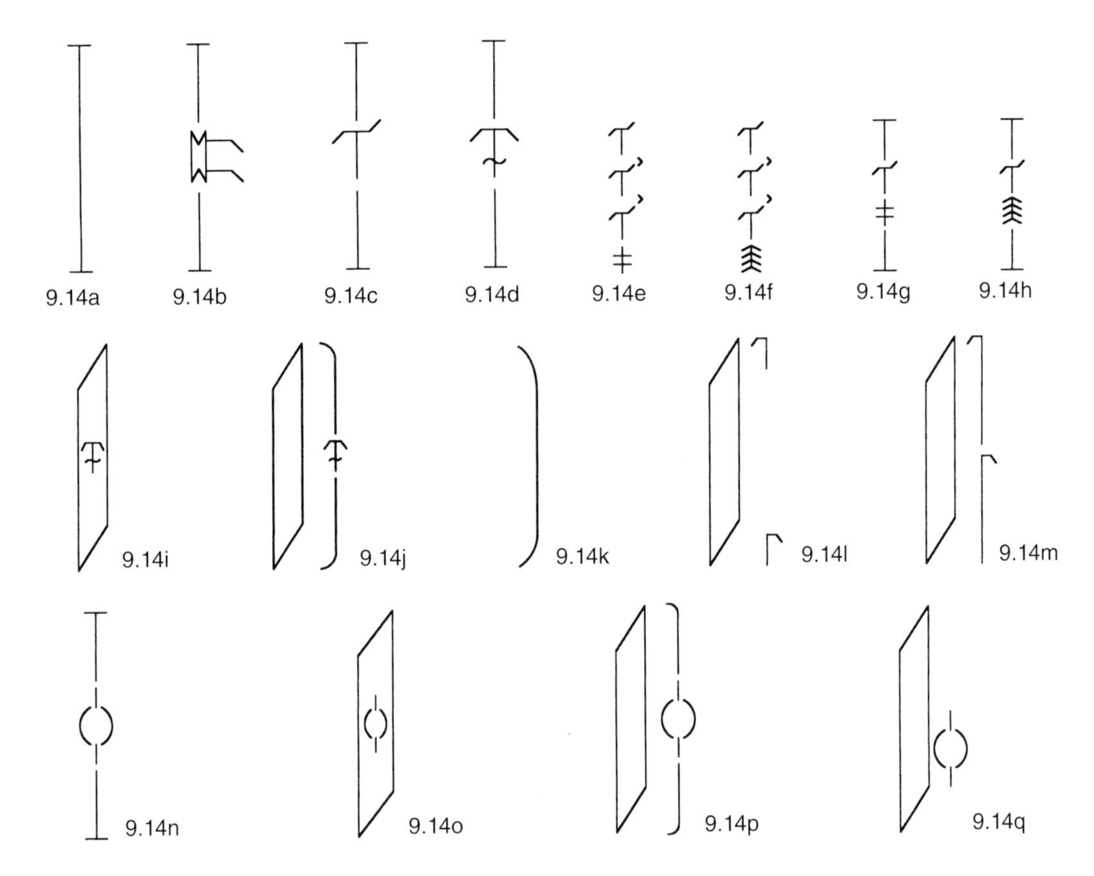

指示は、どのように主となる動きが行われるかを示している。9.14iに比べて、9.14nは、走ったり、ホップやジャンプなど跳ねたりしながらのトラベリングを示している。スプリングをしながらのターンは9.14oに示される。これと対比されるのは9.14pで、スプリングが含まれるべきことを示している。9.14qでは、ターンの最初に1回だけスプリングが行われる。

5 練習課題30に関する注意点

この課題は、横たわった状態から始まる。横たわりがうつぶせなのか、あおむけなのかなどについては明らかではない。次に行われるログロールは何度行ってもよく、座った状態に導く動作へと、休みなく続いていく。その後ひざまずく体勢へ、そして立った状態へと移行する。後ろにヒップがつくまでしゃがみ込み、そこから肩でサポートするところまで後ろへ転がる。これはすぐにトラベリングへとつながっていく。9小節と10小節では、トラベリングの行い方がパス記号の中で示されている。

11小節の前後の記号に注意してほしい。方向指示が記号の左右のどちら側に書かれていても、意味に違いはない。これは単に、読みやすい側に書かれているだけである。この段階で、私たちはまだからだの左右の動きを特定していない。そのため方向記号は左右どちらに解釈してもよいし両方と解釈してもよい。11小節のはじめにおいて体重は右の手とひざにかかっているので、方向を伴うジェスチャーはからだの左側で行われることになる。

第5章の練習課題20（p. 94参照）で言及したように、モチーフの譜面で繰り返しが行われるとき、まったく同一の動きが繰り返しで行われるべきか、同じ題材、同じ指示が異なって解釈され得るのかという疑問が生じるかもしれない。解釈を規定するものはないため、その解釈は演者次第であり、自由に楽しんでよい。

練習課題 30 サポートの変化

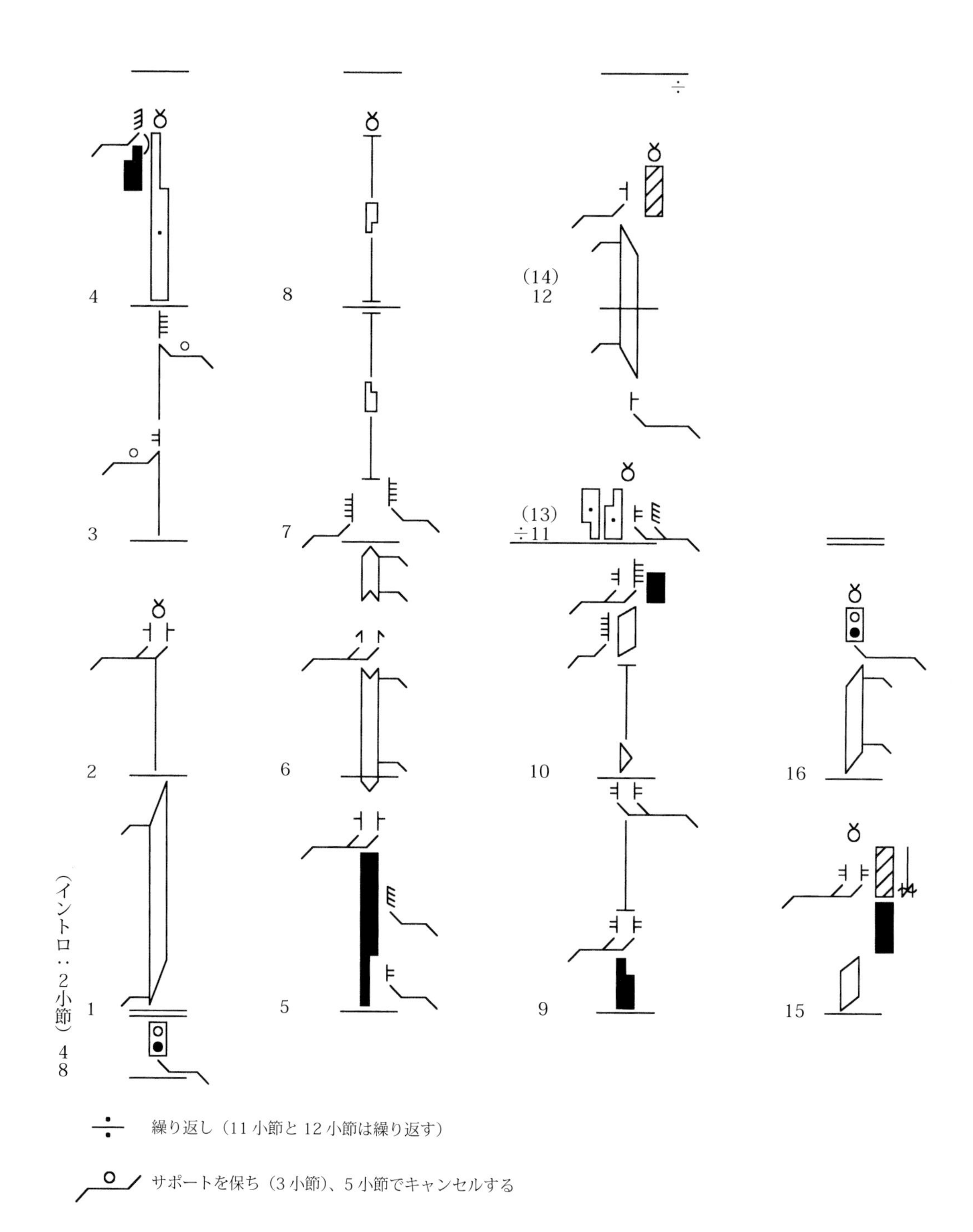

÷ 繰り返し（11 小節と 12 小節は繰り返す）

サポートを保ち（3 小節）、5 小節でキャンセルする

第9章の総覧

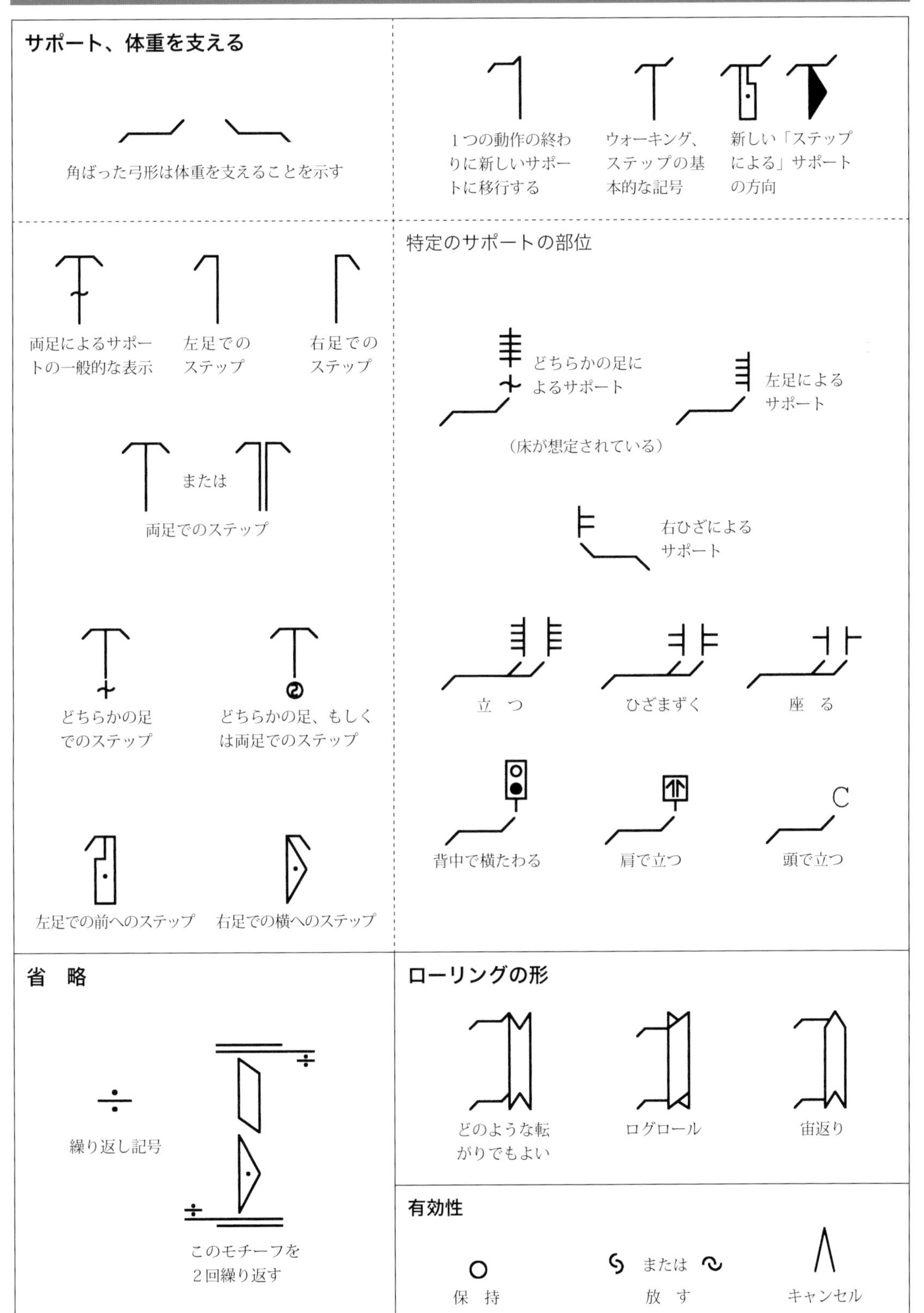

サポート、体重を支える
角ばった弓形は体重を支えることを示す
1つの動作の終わりに新しいサポートに移行する
ウォーキング、ステップの基本的な記号
新しい「ステップによる」サポートの方向
両足によるサポートの一般的な表示
左足でのステップ
右足でのステップ
または
両足でのステップ
どちらかの足でのステップ
どちらかの足、もしくは両足でのステップ
左足での前へのステップ
右足での横へのステップ
特定のサポートの部位
どちらかの足によるサポート
（床が想定されている）
左足によるサポート
右ひざによるサポート
立　つ
ひざまずく
座　る
背中で横たわる
肩で立つ
C
頭で立つ
省　略
繰り返し記号
このモチーフを2回繰り返す
ローリングの形
どのような転がりでもよい
ログロール
宙返り
有効性
保　持
または
放　す
キャンセル

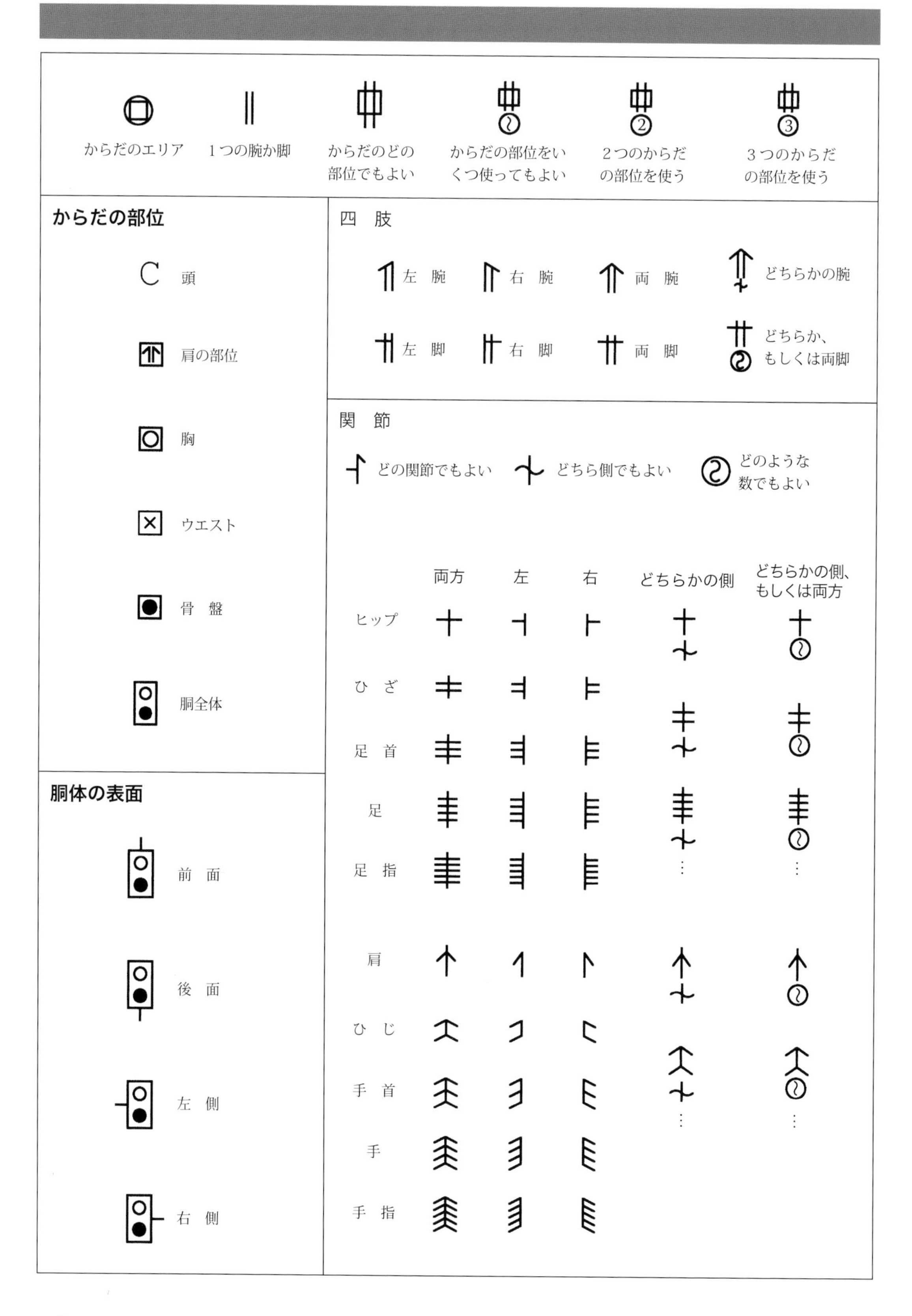

からだのエリア
1つの腕か脚
からだのどの部位でもよい
からだの部位をいくつ使ってもよい
2つのからだの部位を使う
3つのからだの部位を使う
からだの部位
頭
肩の部位
胸
ウエスト
骨盤
胴全体
胴体の表面
前面
後面
左側
右側
四肢
左腕
右腕
両腕
どちらかの腕
左脚
右脚
両脚
どちらか、もしくは両脚
関節
どの関節でもよい
どちら側でもよい
どのような数でもよい
両方
左
右
どちらかの側
どちらかの側、もしくは両方
ヒップ
ひざ
足首
足
足指
肩
ひじ
手首
手
手指

第10章 バランス、バランスの喪失

バランスの保持は日ごろ意識することのない動作のひとつである。私たちは幼少期に2本足でバランスをとることを覚え、日常生活においてバランスをとりながら活動している。あえてバランスを保とうと意識するのは特別な場合に限られている。凹凸道を行く場合や、小川の上にかけられた板の上を渡ろうとするときは気をつかうものである。それ以外では、バランスを崩し、ちょっとつまずいたり転倒したりしたときに、足の裏の一部が体重を支える基底となっていることを思い知る程度である。体操やアクロバット、ダンス、スケートというパフォーミングアートにおいては、このバランスに意識の重点が置かれている。バレリーナがトゥシューズの先端でバランスをとり（10.1a）、曲芸師が揺れる綱の上を魅力的なステップで歩き、アクロバティックな曲芸さえこなしてしまう（10.1b）のには驚くばかりである。

10.1a　10.1b

10-1 ▶ バランス感覚

ダンサーには、生まれつきバランス感覚が優れた人もいれば、苦労して身につける人もいる。実際、バランスはとろうとすればするほど失敗しやすい。これは、体内の感覚や調和が、技への集中というより、適切な筋感覚を通して習得されるものだからである。物体が小さな土台の上でバランスをとるために厳密さが求められるように、からだの中でも適度な緊張が必要であり、無駄があってはならない。上下へのエネルギーの流れを感じて背筋を伸ばし、からだの内側を高く引き上げる意識をもつことでバランスを達成できる。片足のつま先で立つとき、ダンサーは足ではなく上向きのエネルギーの流れに集中するべきである。頭部を天井に向けて持ち

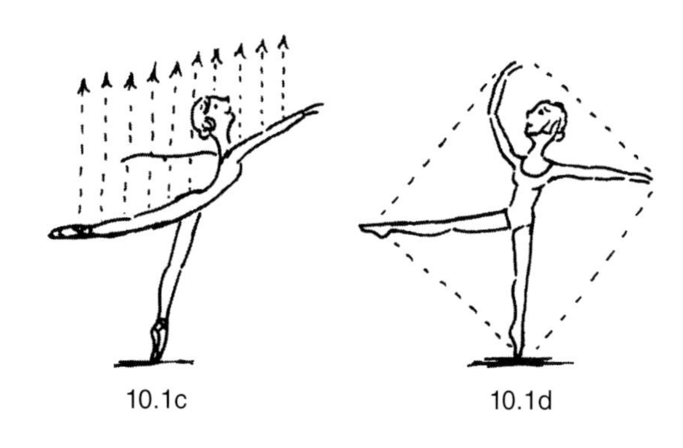

10.1c　　10.1d

上げるようなイメージで、からだを運ぶのである。風船から垂れ下がった見えない糸が、からだの内側の筋肉を持ち上げる（10.1c）ように意識すると、バランスをとれるのである。ダンサー自身があえて「バランスをとろう」としているのではない。空間いっぱいまで届くように手足を伸ばすと、バランスをとる助けになる。バランスを保った姿勢をとるときには、手足を結ぶ線が「電気器具のコネクター」となり、空中にイメージした形の中に空間の緊張を生む(10.1d)。手足の動作を伴う場合は、その動きのエネルギーが空間を広げて床をしっかりと押す力となり、空間的な緊張状態を作り出す。このようにして空間への意識に集中することによって、からだの中の筋肉に意識を向けるのとは対照的に、ダンサーは落ち着いた状態で、楽しみつつバランスを保てるのである。釣り合い(poise）という言葉は、内的なバランス感覚と関係している。静止状態を保つポーズ(ポジション）の多くは、釣り合い、すなわち身体的感覚と内的感覚や意識の両面でのバランスが要求される。バランスには集中力が必要である。しかし、多くの場合、外に向かって流れるべきエネルギーは集中することで内向きになり、バウンド・フロー[*1]の状態となりがちである。からだの周りの空気がバランスを助けるかのように、エネルギーは外向きに流れるように意識するべきである。感覚だけではすべてのバランスに関する問題を解決できない。ダンサーは、これらのポイントに加えて、いかにしてバランスが表現力を高めるだけでなく実用的な目的で使われるのかを知っておく必要がある。

1 バランスのとれた状態——重心をからだの中心に置く

この章では、バランスのとれた状態から、完全にコントロールを失ってバランスを崩すまでの状態について探究したい。バランスという概念はとりたてて新しいものではなく、身体動作のトレーニングにおける初期の段階から取り入れて練習するものである。しかし、特に意識して「バランスをとって」いない場合、からだの垂直な中心軸を特に意識するには、考える力と筋感覚的な理解が必要である。バランスの力学的な側面を探究し、理解を深めるためには、まず日常の中で、立った状態で重心を垂直な中心軸（バランスがとれるからだの中心の線上）に置くことから始める。両耳を結んだ線の中央から垂直な線を下に伸ばしていき、くるぶしの骨の前に届けば、からだの中心線が正しくとれているはずである（10.2a)。バランスの線（体重の中心、重力の垂直線）を見つけるというのは、どのような感覚なのだろうか。その答えは、

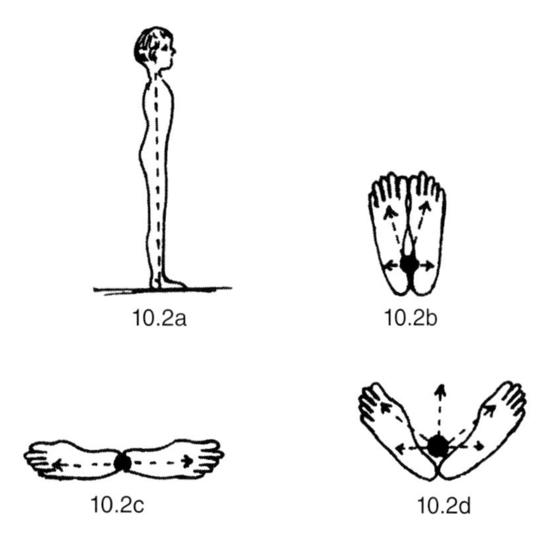

10.2a　　10.2b

10.2c　　10.2d

＊1　ルドルフ・ラバンのエフォート・シェイプ理論における束縛された身体動作を指す。

各自がバランスをコントロールする経験を積み、解剖学的にからだを理解することで導き出される。静止に関して述べると、両足による静止でも、バランスを意識することは重要である。

両足を合わせて立ち、足の裏が支えられる限りの範囲で体重をさまざまな方向に移動させて、バランスがとれるポイントを探す。10.2bのように、足を閉じて平行にした状態では、どれくらい体重を移動させることができるのか、試してみよう。10.2cのように、かかとをつけて最大限につま先を開いたときや10.2dのようにつま先を楽に開いたときについても実験してみよう。この3つのうち、10.2dのように足が三角形の2辺になるようなポジションが最も安定している。この三角形の重心が、端に近づくほど、不安定なポジションとなる。足が平行な状態では横への移動が、つま先を完全に開いた状態(10.2c)では前後への移動がほぼ不可能である。

2 バランスを助けるイメージ

ダンスを踊るとき、一瞬または間をとったバランスの保持は、見ている者に表現的なインパクトを与える。何回もターンするときやゆっくりとレベルを変えるとき、ひざを深く落とした姿勢（バレエのグラン・プリエ）のように脚をいっぱいに曲げるとき、またはレベルの変化を含む、体重を持続的に移動させるときなど、ダンサーは静止しているときも、動いているときもバランスを維持している。各動作に適したイメージを見つけると、望む効果を得られやすくなる。

重心をからだの中心に置いたポジションから、10.3a～10.3cのようにゆっくりと脚をいっぱいに曲げる（グラン・プリエ）場合には、10.3dのように、ビーズ玉が垂直な糸に沿ってスムーズに伝い下りていくようなイメージで、重心を下へ移動させる。これと同じイメージで、元の位置まで重心をスムーズに上方へ移動させる。重心を上下させるという動き全体を通して、脚の筋肉の動きや関節の柔軟さに意識を集中するのではなく、からだの中心をコントロールして流れるように動いてみよう。このイメージがもたらす技術的な利点はさておき、重心が中心にあり、調整されていて、「バランスが調和している」感覚を集中的にイメージすることができる。結果として得られる安定感が表現力を高めてくれる。このようなバランスへの集中は、振り付けの動きを明確に表すために、もしくはジェスチャーを行っている際の統合的なコントロールを得ようとするときに起きるのかもしれない。

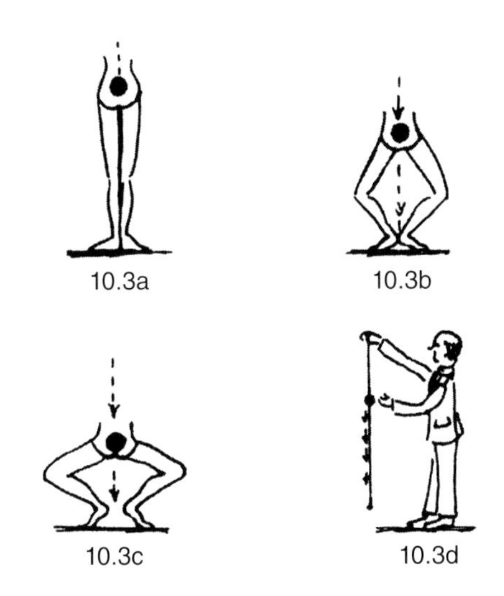
10.3a 10.3b 10.3c 10.3d

重心を片足からもう一方の足へと移すプロセスの中で、すべての瞬間においてバランスが必要となる。からだの構え、腕、頭、胸部などを調節した動きは、何も考えずに歩いているときとは大きく異なる。片足からもう一方の足へと重心をある方向に向かってゆっくりと移すことは、前進、特に1つのステップの中でからだを上下させるような場合におけるバランスの調整を体験するにはよい方法である。

3 重心の中心、集中を伴うバランスの表示

物には何であれバランスの中心がある。人間の場合は、からだの各部位が動くため、重心の中心（Center of Gravity；以下C of G）はからだの動きや各部位の位置に応じて変化する。

したがって、からだにおけるC of Gは固定的ではなく、移動し続ける点となる。通常、多くの場合に直立時の重心は骨盤の上端にある。移動においては、正確にこの位置である必要はない。10.4aを、重心を示す記号とする。バランスがとれた状態にあるとき、C of Gは10.4bのように上下に伸びた垂直な線上にある。ここでは、おもにサポートしたうえでのバランスに着目する。サポートをするものは、通常は床であるが、物でもパートナーでもかまわない。

普通に立ったとき、すでにバランスは存在する。それでは、いつバランスに言及したり注意を向けたりすればよいか。バランスとはこのようなものであると定義する必要があるのか。次の動きのシークエンスに着目してみよう。10.4cで示した動きの流れの終わりに、バランスのとれるところを見つけてみよう。前方へのすばやいステップを３つ踏んだあとに、高い位置へのすばやいステップを１つ踏んで静止してバランスをとる。片足でバランスをとっている間、もう一方の自由な足はいくつかのポジションがとれるので、１つ選んでみよう。バランスは自由となった足が何か明確なポジションをとれば、より簡単に得られるのである。このようにバランスは意識することが重要であり、それを強調するためにC of Gの中心化についてこれまで触れてきた。つまり、集中してバランスを意識することが要求される場合、それが最初であっても移行中であっても、あるいは最後の段階であっても、バランスを示す記号が必要となる。

[注意：現在では“Center of Weight”という言葉が、“Center of Gravity”の代わりによく用いられている。この本では、これらの言葉は同じ意味合いをもつものとする。]

垂直なライン上にある、C of Gを示す記号には２つの機能がある。フォール（fall/falling；落下）が起きるとき、垂直ラインを示す記号はバランスをとり戻す瞬間を表す。バランスを保つ状態を理解したら、C of Gの記号は重心の中心へと特定な意識を求める。どれくらい長い間、この意識が続くべきなのか。10.4eでは、上へ動く際にはバランスに対する意識を保つよう指示しているが、前へのトラベリングまたは前方への動作においてはバランスの意識を保持する指示はない。しかし、半回転する間にバランスの意識をとり戻している。10.4fでは、はじめから中心の意識があり、ターンの終わりまで持続していることを示している（保持記号「○」で示されるように）。ターン終了時点で10.4dのキャンセル記号によって、保持されたバランスの意識がなくなったことが示されている。バランスはトンベやフォールした場合にもキャンセルされる。

C of Gの記号

10.4a

重心の中心でバランスがとれている状態

10.4b

10.4c

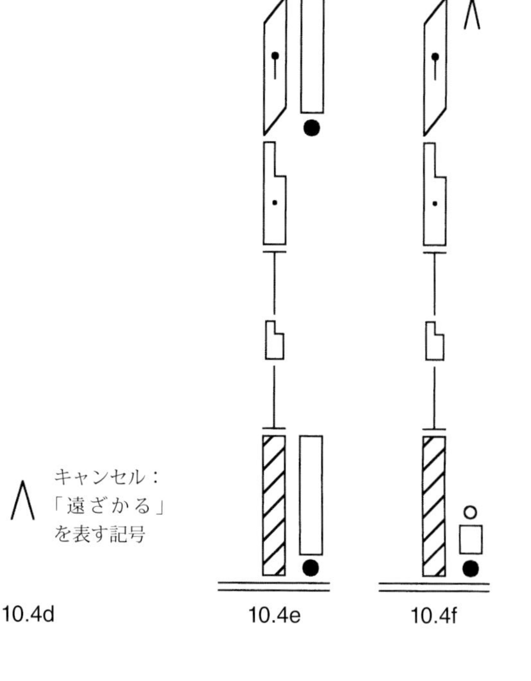

10.4d　10.4e　10.4f

練習課題 31　バランス

ここで注意を向ける対象は垂直ライン上のバランスである。ここでの最初の動きは、バランスを意識しながらゆっくりとからだ全体を起こすことである。反対に、3小節のようにからだを屈曲させつつ低くする場合には、バランスを意識せず、指示された2つの動作を意識する。持続を示す記号の「○」はある状態を保つための、特別な指示を表していることに注意しよう。6小節と8小節にある「遠ざかる」を表す記号は、そのとき保っていた状態（指示）をキャンセルすることを示している。

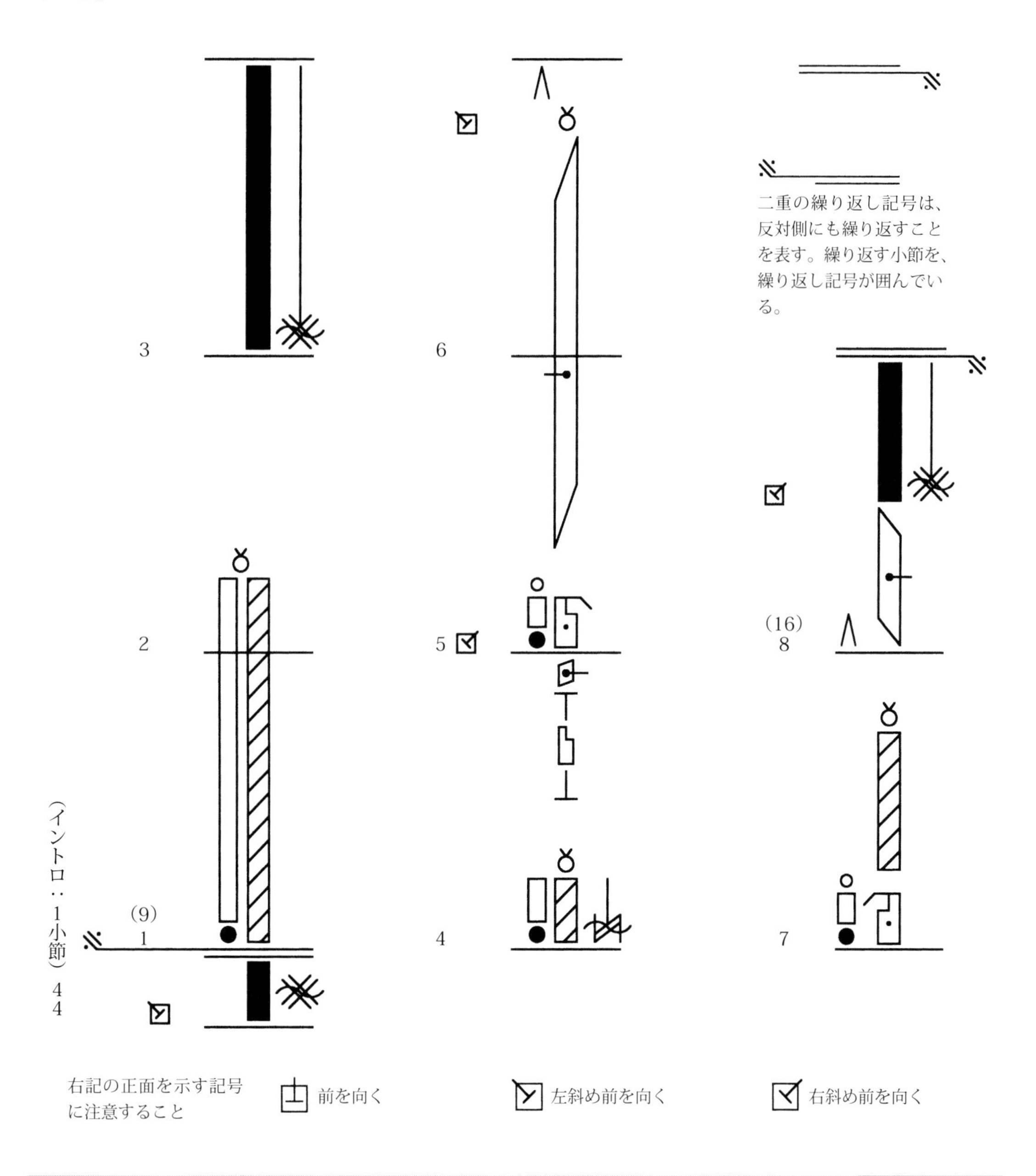

10-2 ▶ 重心の移動

バランスをとった状態からフォールするときのプロセスは、バランスが保たれたままサポートの範囲内でC of Gが移動 (shift/shifting) することである。

1 自然な重心の移動

スーツケースなどの重い物を運ぶとき、からだのC of Gは自然と荷物とは反対側に移動させてバランスを保つ。腕や脚の位置を変えるなど、わずかな調整も行われる。腕を振り上げるときや脚を前後に持ち上げるとき、あるいはからだを傾けるときのように、頭部や胴体の位置が変わるとき、自然とからだのバランスの中心が移動する。10.5aのように、訓練を積んでいない人々が脚を前に振り上げると、わずかに胴体が後ろに傾くが、これは自然に持ち上げた脚の重さに対してバランスをとっているのである。しかし、10.5bで示すように、訓練されたダンサーは筋肉をコントロールすることによって、脚を上げている間でもほかの部分を静止させたままでいる技を身につけている。

身近な例を挙げれば、胴体全体が前に傾く場合に、重心の調整が行われている。この場合、10.5cで示すように骨盤が自然に後ろに移動している。10.5dのように、重心をかかとへ向けるだけで、意識的に重心を後ろに移動する必要はない。訓練を積んだダンサーは腰の移動を最小限にとどめるが、これは一般の人には不可能である。10.5eのように、室内ゲームでかかとを壁につけ、足のそばに置かれた物を拾うところを考えてみるとわかりやすい。C of Gを後方に移動できないために胴体の重みとのバランスがとれず、10.5fのようにからだが前へ倒れてしまう。10.5gに示すサーカスのピエロはおかしな角度に倒れそうになっているが、重量のある堅い靴を履くことで体重を支える部分が広くなっているからこそ立っていられるのである。

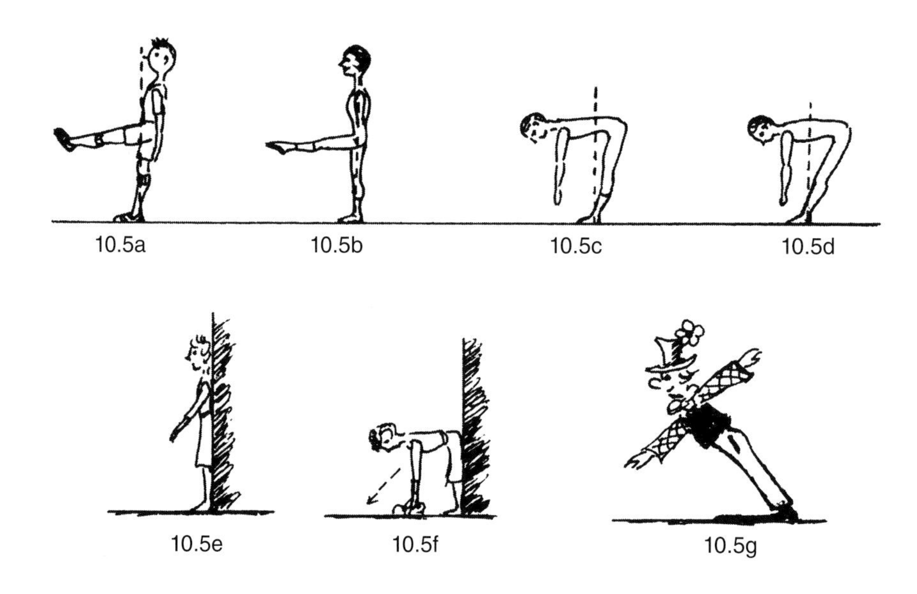

2 特定の重心の移動の表示

サポートする足のC of Gの小さな移動は、ピンで表す。ピンの先が、C of Gの向かう方向を示している。10.6aはアドリブ記号を含んでいるため、どのような方向に移動してもよいことを示している。水平の小さな動きは平らなピン（tacks）で表している。10.6b〜10.6fは4つの主要な方向へ移動し、そして中心へ戻すことを表す。10.6gでは、C of Gが行ったり来たりする一連の移動が示されている。ここでのキャレットは、重心の中心を維持し続けることを表す。10.6hでは、より緩やかな移動をピンに続く持続線で表し、小さな垂直の弓が、つながった動きであることを示している。10.6iでは、途切れない一連の円状の移動を垂直のフレージングボウ（phrasing bow：フレーズを意味する弓なりの曲線）で示している。

C of Gの位置を移動させると、シンプルなウォーキングも変化する。10.6jのように、重心を前方へ移動させながら前進してみよう。トラベリング開始における、この重心の前方への移動は消えてしまう場合もあるし、消えない場合もある。次の例は、重心移動を保つことを示している。10.6kは、10.6jと同様のウォーキングを示しているが、つねに重心がかかとの上にある。注意したいのは、これらの例では重心の移動を示しているのであり、胴体や骨盤のわずかな傾きを問題にしているのではない。重心を移動させることと、からだを傾けることは著しく異なる。10.6lでは重心を前にしつつ後退して歩くところを示している。一方、10.6m

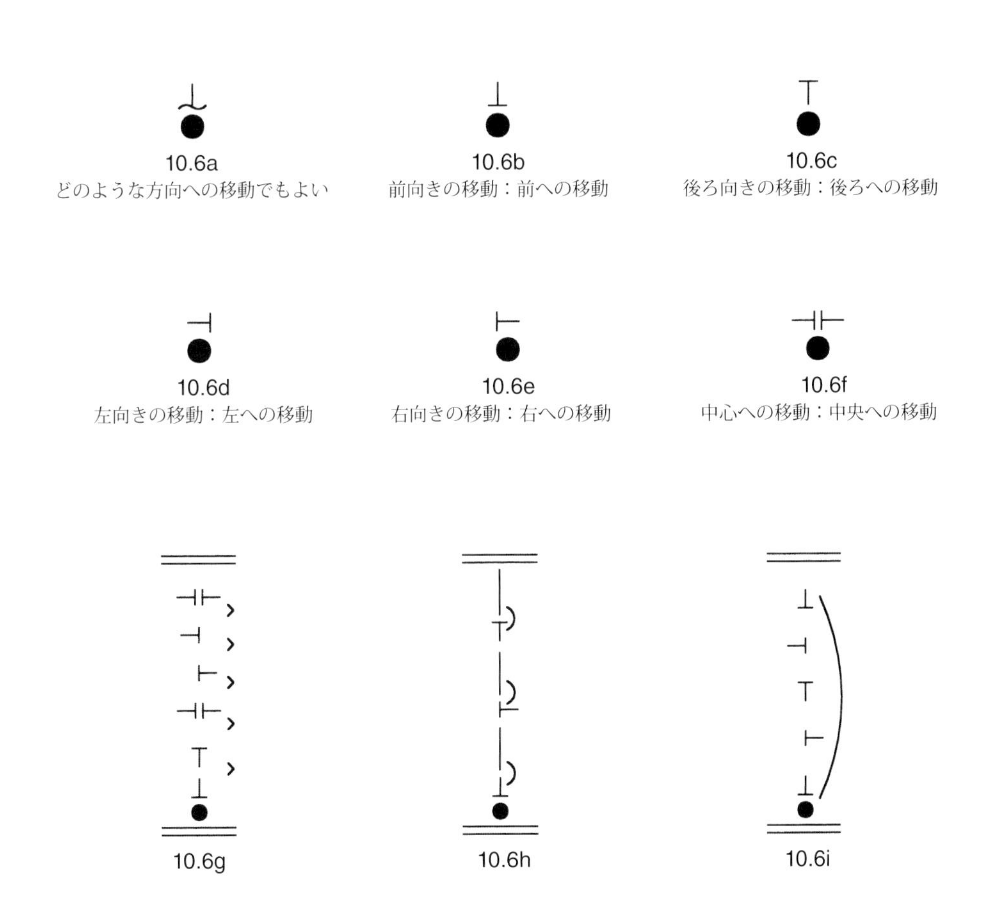
10.6a どのような方向への移動でもよい

10.6b 前向きの移動：前への移動

10.6c 後ろ向きの移動：後ろへの移動

10.6d 左向きの移動：左への移動

10.6e 右向きの移動：右への移動

10.6f 中心への移動：中央への移動

10.6g

10.6h

10.6i

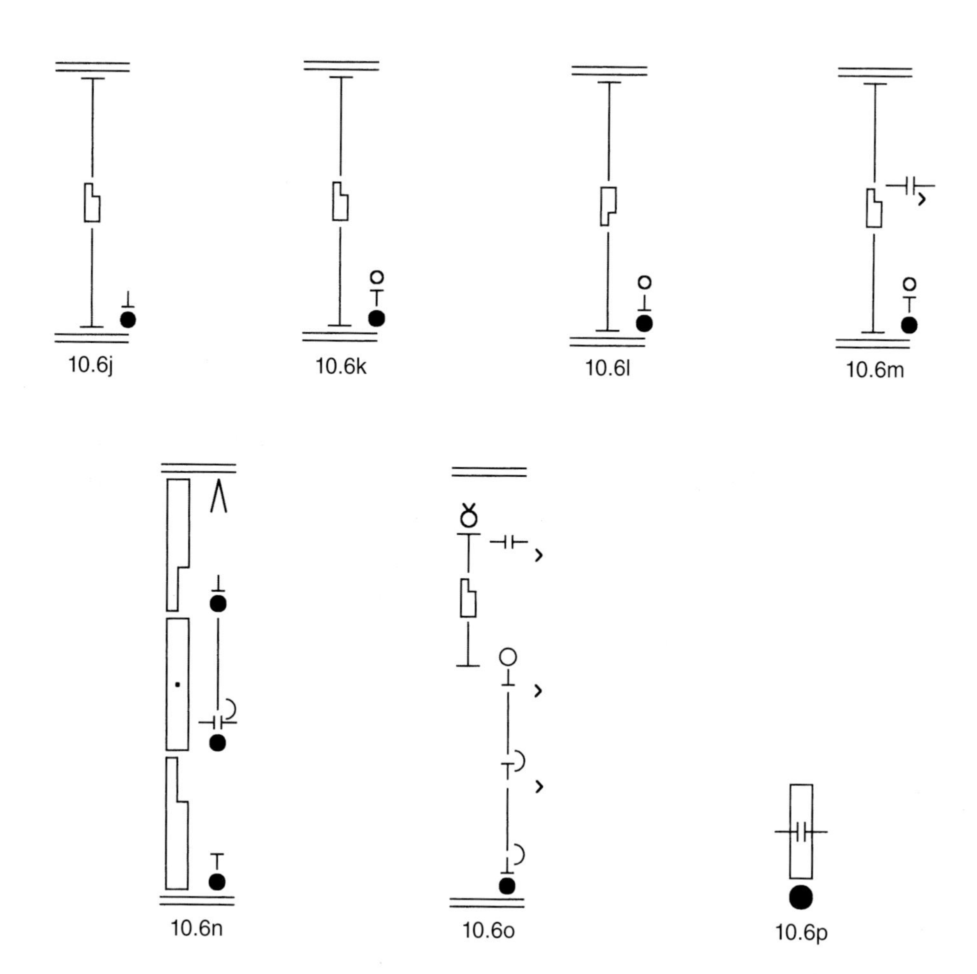

では半分ほど進んだところで重心を中心へ移動させる。

移動は方向性のある動作を伴うこともある。10.6nでは、C of Gを後方に保持したまま前方への動作を行っている。からだを中央の位置に戻すと同時に、C of Gも中心に戻る。この動作を表す直線は小さな垂直の弓なりの記号とリンクして、C of Gに向かって中心方向へと移動していく時間の長さを表している。次に後ろ向きの動作が起きるが、その間に最終的には前向きのC of Gへの移動がなくなる。主要な前方と後方への動きのレベルはダンサーに委ねられている。

10.6oでは前方・後方への継続的な重心移動のあとに、前方への重心移動を保持したまま前方へのトラベリングを行うことを示している。トラベリングが終わるころに、重心は再び中心に戻る。C of Gの記号の反復を避けるために、キャレットを用いよう。

ダンサーは重心を移動させているにもかかわらず、重心の中心はサポート（足）の基盤の範囲内にあるので、フォールすることなくバランスがとれた状態にある。真に中心でバランスがとれた状態、つまりC of Gがサポート（足）の完全な一直線上にある場合は、必要に応じて10.6pのように表示することができる。重心の移動は小さい動きであるかもしれないが、ほかの動作の表現に対して明らかな影響を及ぼし、テクニックに必要なからだの位置の補整に役立つことがある。

練習課題H（伴奏曲なし） 移動すること

この課題では、持続的に体重を移動するために、無理のない範囲で足を外側に開き、適切に体重を支えるようにするべきである。下に示した小さな動きを楽しんでやってみよう。その際、からだ全体を動かすべきであり、骨盤だけの移動にならないよう気をつけよう。

5小節と6小節に示されたフレージングボウは動きがスムーズになることを表している。また、C of Gの記号の繰り返しを省くため、「同じ」を意味するキャレット「＜」「＞」が使われている。

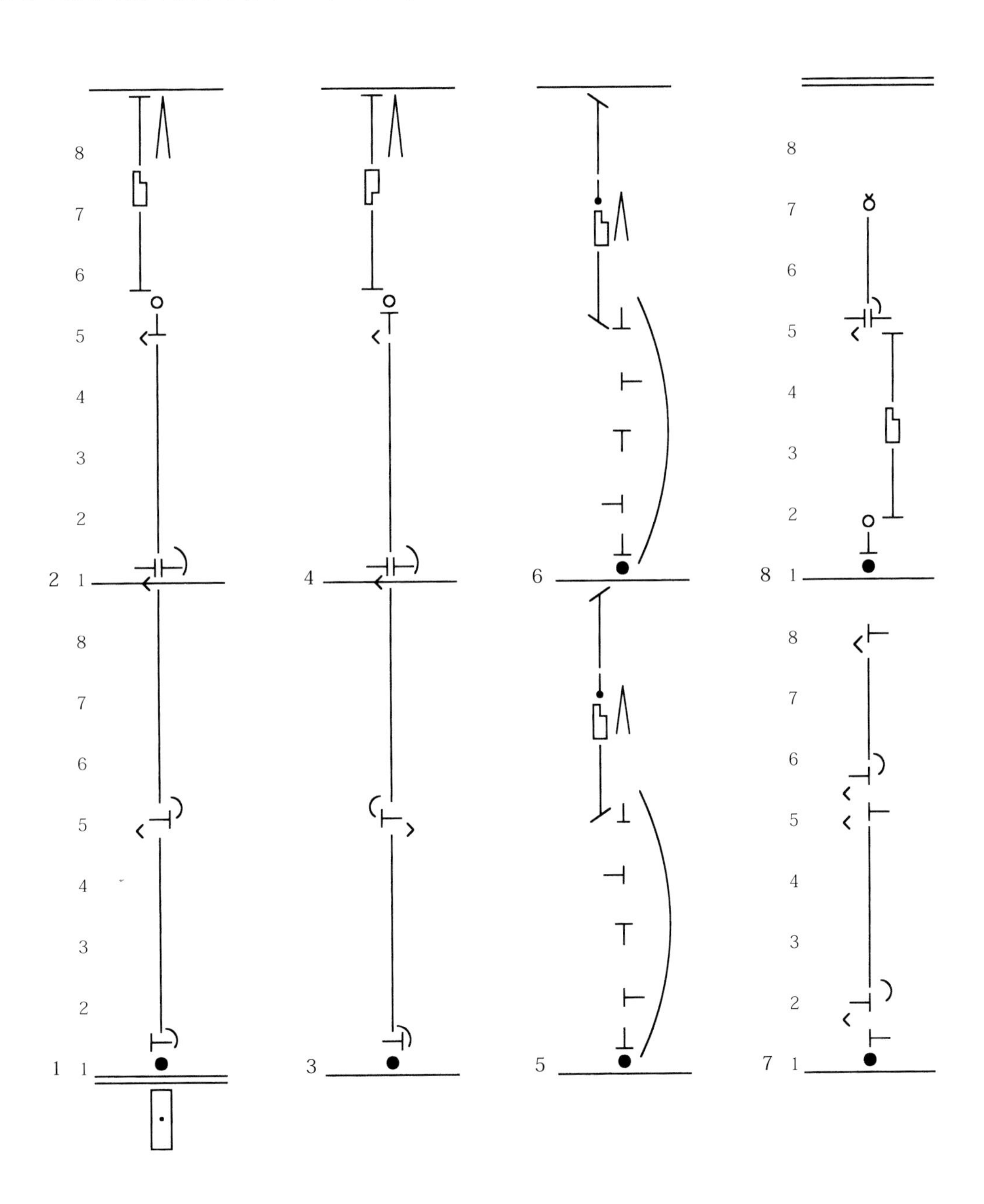

10-3 ▶ わずかなバランスの喪失

体重が移動して重心が動いてしまっても、バランスは依然として保たれている場合、C of Gはなおもコントロールされていて、サポートの基盤の範囲内にあることになる。それでは、バランスを失うのはどのような場合だろうか。10.7aのピサの斜塔を考えればよい。塔の傾斜が強まっていくと、どの時点で倒れるのだろうか。重心のラインが塔の重量を支える基盤の外に移動したときだろう。物体の重量を支える基盤が大きければ大きいほど、バランスを失うことなくさまざまな方向に重心を移動できる範囲が広くなる。

10.7bでは、ダンサーがひざとひざを離した形で床にひざまずいている。足とひざで大きな三角形を形づくり、体重をサポートしている。これによってC of Gを十分に移動させることができる。バランスを損ねることなく、あらゆる方向にからだを傾けることができる。しかし、10.7cのように片足のときは意識をバランスに向けなければならない。10.7dのように足指の腹で床に立つ場合はなおさらである。この場合には、体重を支える基盤はとても小さく、わずかに体重を動かしただけでもバランスが崩れて倒れてしまうかもしれない。10.7eのようにバレエのつま先立ちで立つ場合は、バランスはさらに危うくなる。

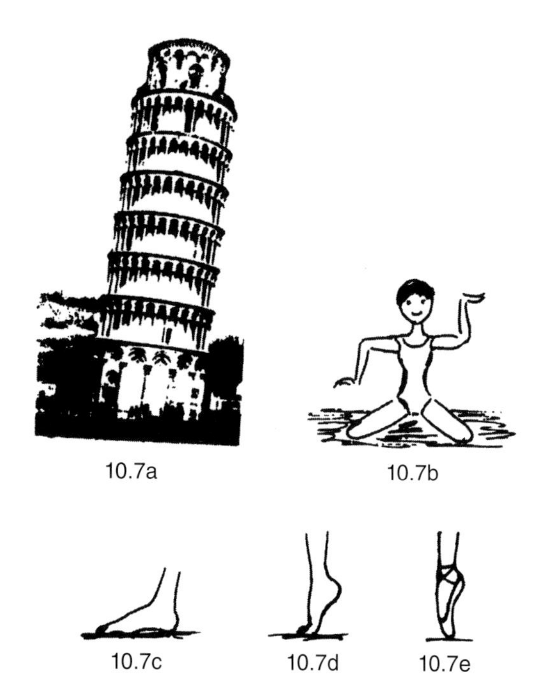

10.7a 10.7b 10.7c 10.7d 10.7e

ひとたびC of Gが体重をサポートする基盤の外に移動すると、からだはバランスを保てなくなりフォールが起きる。わずかなフォールが起こるだけで、簡単にコントロールし直すことが可能な場合があるかもしれないし、あるいは救いようがないほどコントロール不能になる場合があるかもしれない。

わずかにバランスを失った状態について考察したあと、完全にバランスを失った状態について十分に探るとよい。

これまで見てきたように、歩くというプロセスの中でC of Gはサポートの状態からわずかに前方に移動して次のステップに入る。この移動はスムーズに行われ、新しいサポートとなる足には体重を引き受ける用意ができていて、踏み出しても倒れることがない。もしサポートとなる足がしかるべき場所になければからだは倒れてしまう。走るときも同じ仕組みが働いている。からだが瞬間的に空中に浮いたあと、片足が地面に着地する。そして停止する場合は、C of Gは新たなサポートの中央に向かう。

走り続ける場合は、次の1歩を踏み切るために体重は足の長さを越え、その先に通り過ぎていく。歩くときも、走るときも、倒れる可能性を意識することはない。それゆえ、通常はC of Gについて触れる必要がない。

1 わずかなからだのフォール：動きの中でのC of G——トンベ

C of Gが新しいステップの方向に移動するとき、からだは傾き始める。動作の中でC of

10.8

Gが動くことは、あらかじめ想定できていれば楽しい経験であり、バレエ用語ではトンベと呼ばれる。両足で上方へ動き、重心はからだの中心に残したまま、次のステップの方向へ移動する。その結果、10.8のように弧を描くように動き、前に出したサポートとなる足をクッションとしてその上にからだが移動する。動きの中でC of Gの移動が大きくなればなるほど、その分大きなステップで受け止める必要がある。

「C of Gの導き(“Center of gravity leading”)」という用語に表わされるような、バランスの喪失を生み出す動きは、しばしばトンベに適応できることが多い。さまざまな方向やレベルにステップを踏み、意図的なバランスの喪失を探究してみよう。どのポイントでバランスを完全に損ない、からだが倒れてしまうのかを見つけてみよう。

2 C of Gが動いていることの表示——トンベ

C of Gの導きの記号は、垂直の弓形の線の内側にC of Gの記号（●）を置くことで示す(10.9a)。弓形線の長さはC of Gが動いている間の長さを示し、その持続時間は一様ではない。次のステップのためのわずかな時間を示すかもしれないし、同じ方向に連続的なステップを行う間中続くことを示す場合もある。弓形線は「通過している状態」を表す。弓形線の最後に、それが示す動き（この場合、動きの中のC of G)が終わり、完成することを表す。

10.9bでは、前方へわずかにからだが倒れる(C of Gの導き)。これは走りを表すのかもしれない。どんなにわずかだとしても、バランスの喪失は、すばやく移動しなければならない瞬間を生み出す。一方、トラベリングの行い方については詳しく説明していないが、このようにわずかにからだが倒れることは、歩いたり、楽しく駆け足をしたり、スキップをしたりすることにつながり得る。10.9cでは、上への動きに続いて低く後ろへステップするトンベが行われることを表している。10.9dでは特に、C of Gが右足による横ステップへとつながる様子を表している。10.9eでは、右ターンの終わりにからだが少し倒れて、左へのステップにつながっていく様子を表している。C of Gの導きの方向は、それに続くステップや経路の方向である。注意してほしいことは、導きを表す弓形線は、次につながるステップや方向とわずかに重なることである。10.9fは、トラベリングの間中、C of Gが導いていることを示している。

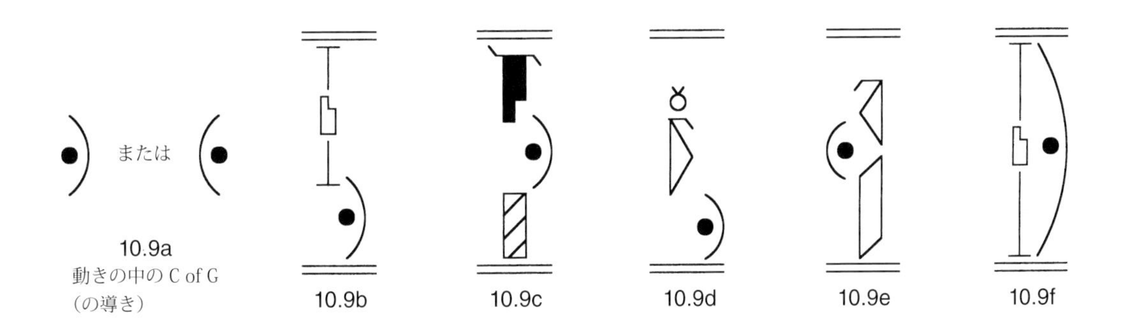

10.9a 動きの中のC of G（の導き）　10.9b　10.9c　10.9d　10.9e　10.9f

3 バランスを崩したターン

ピルエットのようにターンを複数回するときは、からだの中心でバランスをとることが必要である。しかし、ある特定のダンスのスタイルでは、ターンのはじめや中ごろ、終わりのころに、一時的にバランスが崩れる。重心が中心にある安定したターンと比べると、体重が一時的に中心から外れて不安定なものとなる。からだをスイングさせる動きは、ターンで瞬間的にバランスを中心から崩すための勢いとなるかもしれない。もしくは、安定したターンの最中に、突然胴体が反り返り、重心が外れるような動きが起こることもある。10.10aは不安定なターンを示している。10.10bはターンのはじめに一時的にバランスが崩れることを表している。この例ではそのあとバランスを再び取り戻し、重心が中心にあるターンとなることを提起している。

10.10a　10.10b

10-4 ▶ 正面を示す記号

移動経路や向く方向をより明らかにするためには、空間の中でどこを向いているかを認識することが重要である。空間の向きに関して、ここでは主要な記号を検討する。部屋や上演空間において正面が決まれば､不変となる「羅針盤」が設定されたことになる。演者の位置が中心となり、そこからさまざまな方向が出てくる。10.11aでは、「P」の文字は演者を表す。

正面を示す記号は、動きの記譜である譜面の最初の左側に記される。ターンやカーブのパスを終えたあとに新しい正面が設定される場合、新たな正面を示す記号を記す。そしてこの正面は、次に記す必要が生じるまで変わらない。部屋や舞台の方向を、からだを基準にした正面と区別するために、大文字「F」を用いる。わずかな正面の変化、例えば新しい正面に移るための少しだけのターンはたいてい重要ではない。そのためモチーフ記譜法ではこのようなターンは省略される。10.11bでは、8種の正面を示す記号の名称を紹介している。

10.11a 正面を示す記号

10.11b

練習課題 32 C of Gが動く――トンベ

トンベには、「急いで行う」よりも「引き出されるようにゆっくり」行う場合があるため、ここでは多様なトンベの動きのスピードについて扱っていく。揺れて傾くようなからだの動きは、フォールの動きを行いやすくする。特に21小節のようにカーブの経路を進む場合や、25小節から28小節のように軽快に前後に動く場合にあてはまる。フットワークを記憶できたら、腕やからだの動きを加えてもよい。4小節、12小節、29小節では積極的にバランスをとることを示している。向く方向のわずかな変化は正面を示す記号で表されていることに気をつけよう。

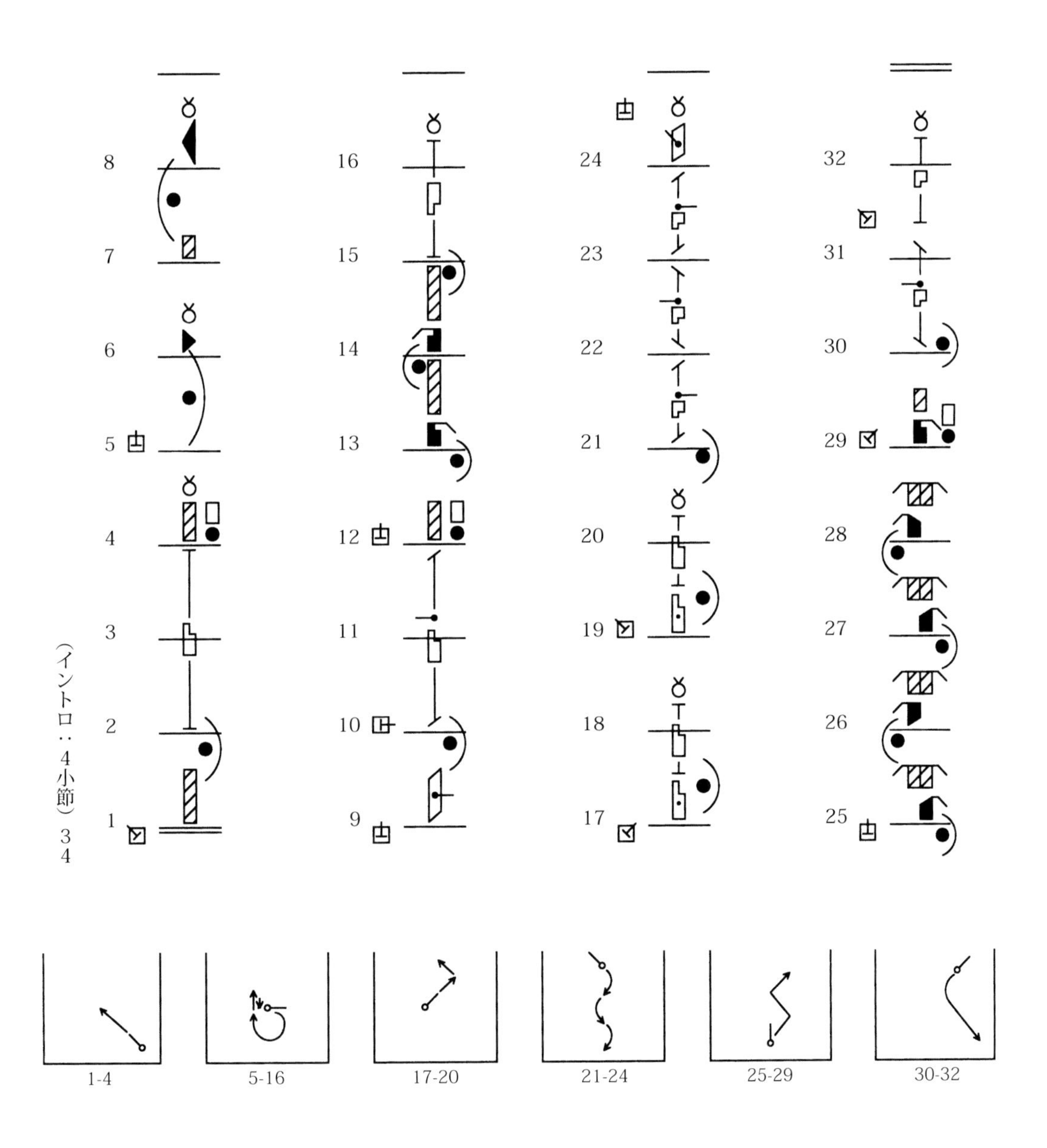

10-5 ▶フォール：完全なバランスの喪失

完全にバランスを失う経験を歓迎する人はまずいない。しかし、より正確にフォールの状態を表してみよう。悲惨なのはバランスを崩すことではなく、バランスを崩したあとに床やそのほかの堅い、けがを負いそうな物体にたたきつけられることである。フォールは、C of Gが体重をサポートする基盤上の垂直ラインからもはや外れてしまっているときに起こる。10.12aのように、C of Gは垂直ラインをはるかに超えている。C of Gが移動している状況下で、新たな体重のサポートがなければ、床に向けてからだがたたきつけられる。通常、10.12bのようにC of Gが前に突き出たあとに新たなサポートとなるのは片足である。右足をすばやく前に踏み出して体重を受け止め、転倒を避ける。10.12cのようにひどくバランスを崩す人を目にすることがあるが、再びバランスをとり戻そうと試みるにもかかわらず、10.12dのように、床に「投げ出されて」しまう。10.12eのように、からだ全体で「板のように平ら」に倒れるのは極端な場合で、勇気がいる。横や後ろに倒れる場合も同じである。このような倒れ方の場合、C of Gがたどる軌跡は直前に支えていたポイントを中心にして弧を描く。

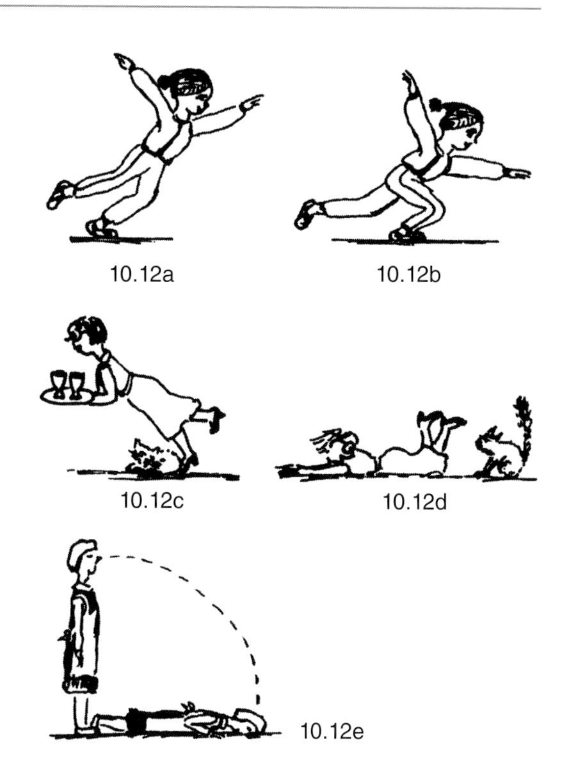

振り付けによっては、ダンサーは意図的にこのような動作ができなければならない。主人が召し使いに命令するように、ダンサーは必要に応じてフォールをコントロールすべきであろう。

1 フォールの表示

垂直ラインから外れた、すなわちバランスを失った状態を示す基本的な記号は10.13aである。10.13b～10.13dのように、C of Gが動く方向を示すことによって、フォールの方向が特定される。主要な方向の記号は、必然的にC of Gが垂直線の上にない、つまりもはやバランスがとれた状態にないことを表す。したがって「ない（否定）」を意味するスラッシュ（「／」）は、特定の方向を表す記号が用いられた場合には必要がない。また、ここではフォールの一般的な概念を説明しているので、床に近づくという低いレベルについても記す必要がない。

その場でフォールすることはまれである。そのようなフォールが起こるのは足が滑ったときやからだが持ち上がって脚が動き、からだが

まっすぐ下に倒れる場合である。このことから、フォールの基本的記号である10.13aは、10.13eのように真ん中のレベルで示される。フォールの概念を示すには、スラッシュが必要となる。

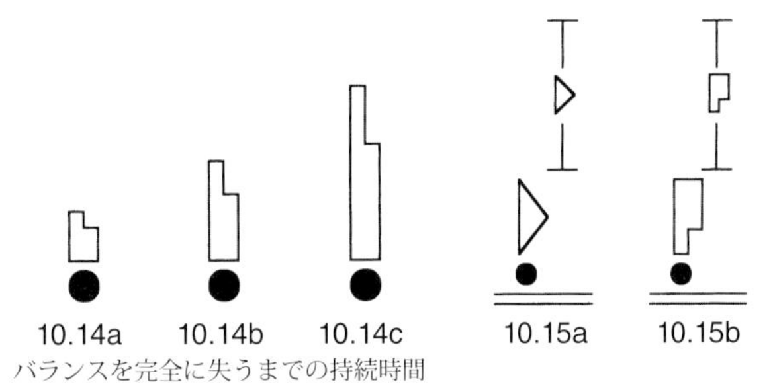

バランスを完全に失うまでの持続時間

2 バランスを失うまでの持続時間

フォール記号の長さは、バランスを完全に失うまでに**かかる時間の長さ**を示す。C of Gが体重をサポートする基底を超えて移動すると、フォールしてしまう。あとに解説するように、フォールはトラベリングによって時間が延びる場合を除けば、通常は短い時間で起こる。

3 トラベリングによるフォール

フォールからトラベリングに至るとき、フォールの方向とトラベリングの方向は同じにならなければならない。これは、トラベリングがC of Gを含む、からだ全体によるフォールのパスであることによる。例えば、前にトラベリングしている間に、横にフォールすることは不可能である。10.15aでは右にトラベリングしてフォールしている様子を示している。10.15bでは後ろ向きのフォールとトラベリングを表している。

フォールしながら走るときのように、フォールとトラベリングが同時に起こるとき、C of Gはつねにサポートの部分より先にあり、バランスを中心に寄せることができない。このような動きを行うには大胆さが必要となる。バランスをとり戻すことなしに、連続してつまずくのと同じだからである。即興でそうした走りをしてみて、いつ転倒のプロセスが始まってどこで終わるのか実際に体験してみよう。バランスをとり戻そうと意図する前に、もう戻ってきているかもしれない。フォールを防ぐのに「ブレーキ」がどのように用いられるのか観察してみてほしい。トラベリングを伴うときにフォールが起こるのは、比較的遅くなる場合も、突然の場合もある。同様に、バランスをとり戻す場合も徐々に戻ってきたり、突然に戻ってきたりする。最も突然に起こるのは、もちろん床の上に平らに倒れるか、またはパートナーに「つかまった」場合である。C of Gがバランスから外れてしまうと、コントロールするのは難しいかもしれない。しかし、ほかの人に助けてもらうか壁を使うことで完全にフォールするのを防ぐことができる。

10-6 ▶ バランスの喪失をキャンセルする

フォールを終わらせるには、次のような方法を用いる。

(1)「遠ざかる」キャンセル記号を使う。
(2)バランスに戻る。
(3)胴体が床につくなど、これ以上フォールが起きないサポートが現れる。

まずはじめに、新たなステップを踏むことでフォールを終わらせるという一般的な方法について考えてみよう。

1 新しいサポートへのフォール

両足で重心をとった際にバランスを失った場合には、10.16a、10.16bに図示されているように、C of Gの下にすばやく片足を移動することによって最も無理なくバランスを調整できる。10.16a、10.16bでは、右足を前方にすばやく動かしてC of Gの下で体重をサポートしている。この動作は10.16cに書かれており、ステップの横に「遠ざかる」のキャンセルを記すことでフォールの状態が終わったことを示している。もしそのステップが10.16dのように十分に長くない場合、足はC of Gの下に移動しないだろう。そして、依然としてフォールは止まらない。このように、一連のフォールを止める効果がないステップの連続は、10.16eのようにステップを踏むごとに持続的にフォールしていくこととなる。10.16eのフォールを示す記号のあとの持続を表す記号は、フォールの継続をはっきりと示すために用いていることに注意したい。

もしバランスを意識することが重要ならば、フォールのキャンセルは10.16fのように示され、キャレットは直前のC of Gと同じことを表している。もしフォールを持続させる記号が10.16gのように示されていない場合は、いつフォールを止めるかは演者に委ねられている。

フォールはどの方向にも、からだのどの部分でも起こり得る。10.16hはターンのあと、後ろにフォールしたあとにバランスのとれた状態で右足の上に体重を乗せたところを表している。

10.16iでは、10.16jに図示されているように、横向きにフォールして右手と右ひざで体重を受け止めている様子を表している。この場合、例えばヒップの部分などでさらにフォールする余地があるため、キャンセル記号がこのフォールの停止をより明らかに示す。10.16kではからだを低くする動きに続いて、右向きにヒップの右側へフォールする。体重がヒップや胴体の上に乗っている場合は、からだ全体でのフォールは停止している。からだは床でサポートされているためにさらにフォールすることはできない。キャンセル記号はそれゆえ不要であるが、動きを読むプロセスを助けることができる。

2 バランス喪失のキャンセル

10.17aでは、トラベリングの開始時点で早

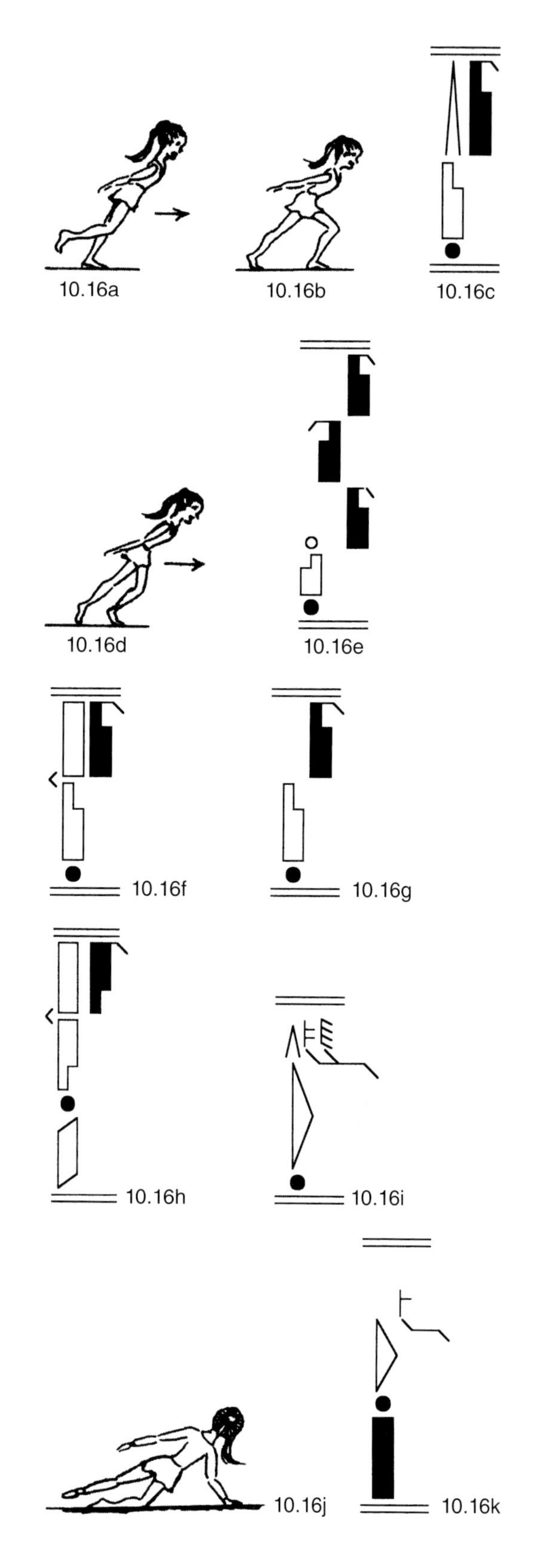

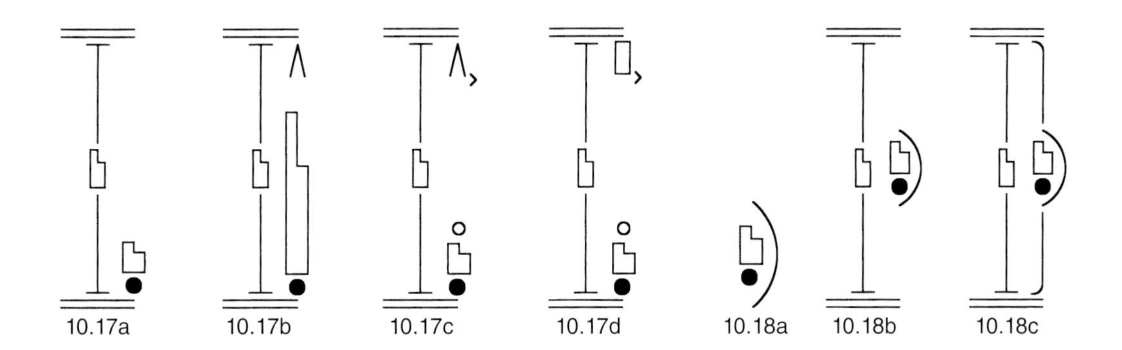

くもバランスが失われている。バランスを再びとり戻すか、フォールが持続するかについては示されていない。10.17bでは、前にトラベリングしている間に、バランスはゆっくりと崩れている様子を表している。最後のキャンセル記号はバランスをとり戻すことを示している。持続的にフォールすることを表すには、10.17cで示すように、保持記号を加えなければいけない。10.17cでは、トラベリングの初期にいち早くバランスを失ったあと、終わりに近づくまで戻らないところを表している。10.17dでは、最後のところでバランスが中心に戻ることでトラベリング中の持続的なフォールがキャンセルされる様子を表している。

3 瞬間的なフォール

10.18aのように、瞬間的なフォールについてはバランスを崩す方向を縦の弓線の中に記す必要がある。フォールの長さは経過中を示す弓線の長さで表す。このようなフォールは10.18bに図示されているように、トラベリングの間に起こるつまずきのように意図的ではないかもしれない。10.18cのようにインクルージョンボウを使うと、瞬間的なフォールがトラベリングの間のどこかで行われることを表すことができる。いつフォールするかは演者に任されている。

フォールをキャンセルするための、4つの形式について簡単にまとめたい。

フォールは、

(1)「遠ざかる」キャンセル記号を伴う新たなサポートによってキャンセルされる。

(2)からだの中心軸への意識が重要であれば、バランスを中心に戻すことによってキャンセルされる。

(3)動作が骨盤や胴体でのサポートで最終的に終わった場合にキャンセルされる。注意したいことは、片足や片ひざ、片手などを使って新たに体重をサポートしても、完全にフォールを止めることはできないかもしれないということである。もしこれらの部位で意図的にフォールを止める場合には、最後のサポートとともにキャンセル記号が必要である。

(4)「経過中の状態」を意味する縦の弓線は、動作中のC of Gを示す。これが終わることでフォールがキャンセルされる。

4 練習課題33に関する注意点

この課題では、キャレットが「同じである」ことを表し、C of Gの記号の反復を避けるために使われていることに注意してほしい。風や波など、バランスを失いがちなイメージを見つけてみよう。フォールが起きたあとにバランスをとり戻す瞬間の明確な変化に注意してほしい。この課題で行う、フォールしたあとに片足で体重を受け止めるという基本的なパターンは、フォールが短いトラベリングへとつながる。そしてより長いトラベリングとなって、最後には体重を片手や片足、片ひざで受け止めるというように展開する。

練習課題 33

フォール

9小節、11小節、13小節では正面の方向が変わっていることに注意しよう。12小節では後ろ向きに回転しているときに瞬間的なフォールが起こっている。

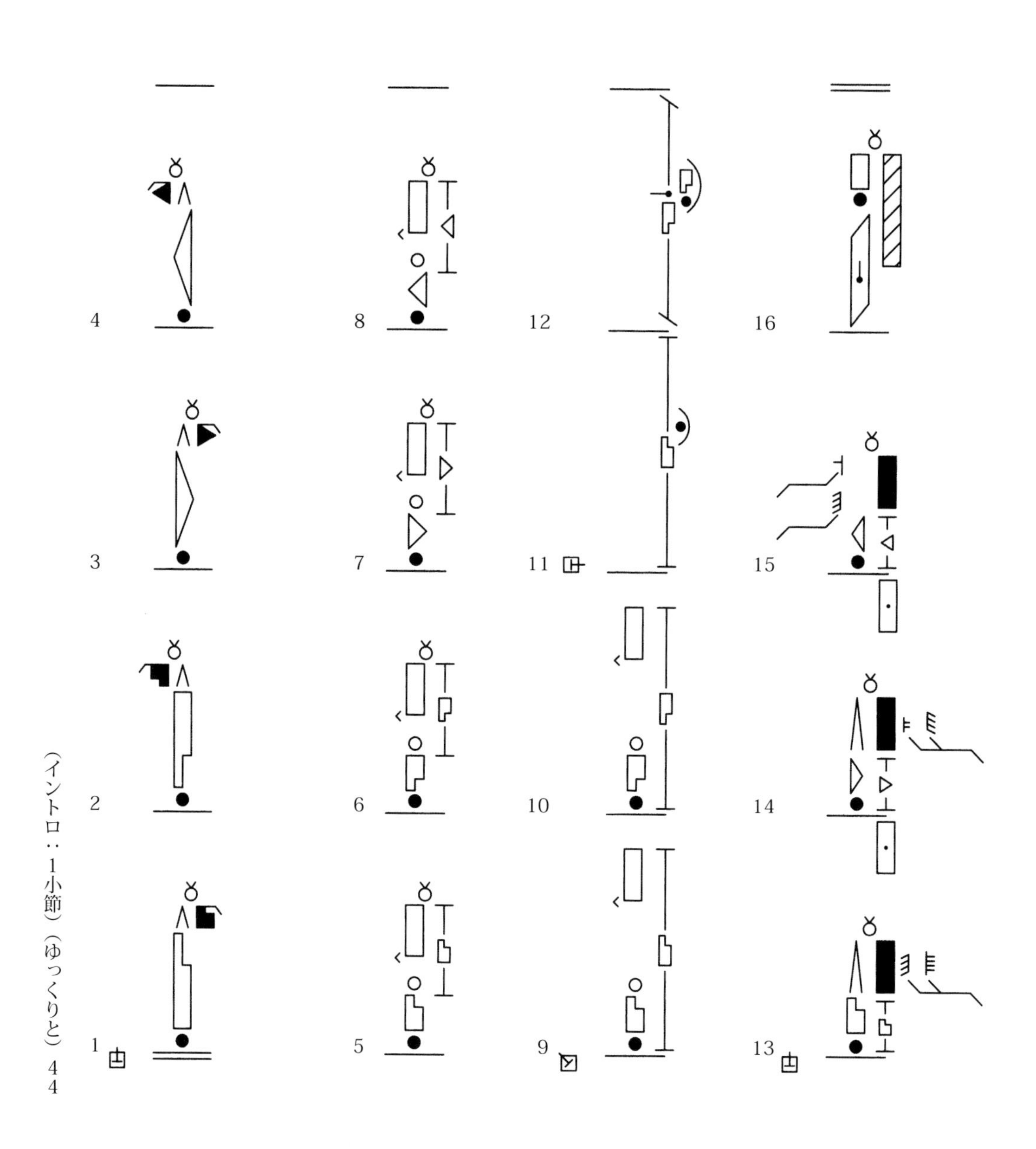

10-7 ▶からだの中心を保つセントラルフォール

"fall"もしくは"falling"という言葉は、モダンダンスにおける特定の動きのつながりや、自由に流れるような動きの型につけられたものである。これらのフォールでは、実際にバランスを失うわけではない。C of Gが中心線に沿って低くなっていることを示し、**つねに体重をサポートするポイント上**にある。これはひざまずき、ヒップを下ろし、横たわるというプロセスのような、体重をサポートする部分がひとつながりに変化することを通して起こる。この動きは通常すばやく自由に行われるため、ダンサーはC of Gがサポートするポイント上にあることに気づかない。したがって、この一連の動きはゆっくりと行うこともできる。気を失って倒れる場合、からだは弛緩して、連続して中心線に沿って下へ動いていき、ひざが折れ曲がり、からだのほかの部分もそれに続いていく。

10.19a ～ 10.19dは典型的な横方向への「ダンスのフォール」の図である。からだが「フォール」の反対方向に倒れることでバランスの補助をしている点に注目しよう。胴体を低くするために、床の上に手を滑らせつつ体重をサポートしている。直接手を床の上で滑らせて有効に活用することで、このような「フォール」は前後方向にも行われる。「岸に打ち寄せる波」のような、からだの中心を保つ「フォール」では、低くなるにつれて次々とサポートを替えてバランスをとりながら移動するため、そのC of Gのラインはより垂直なものとなる。このタイプの動きを記すには、フォールの基本的な記号に垂直な下向きの矢印をつけ加えることで、サポートを替えながらC of Gが垂直ライン上で低くなることを表す。10.19eはそのようなフォールの一般的な示し方を表している。10.19f ～ 10.19iは、主要な方向へのセントラルフォールを示している。10.19a ～ 10.19dの一連の動作は、10.19iで表される。

比較的簡単なフォールとは対照的に、高度に様式化されたグラハムテクニックで行うフォールは、からだを縮めてひねることで始まり、明確に決まっているサポートを用いながら重心の垂直中心線に沿ってからだを低くする。この一連の動作ははじめにゆっくりと、次にスピードを上げながら学んでいく。そのため、突然に床へ落下する興奮はつねにあるものの、どの点においても本当にバランスを崩すわけではない。このフォールは、例えばグラハムテクニックにある真のフォールと呼ばれるものとは対照的である。この真のフォールは片足を斜め前にスライドさせる動きから始まり、体重を両手で受け止めながら前向きに胴体を傾ける。動きを理解するうえで、本当のフォール、つまり真のバランスの喪失がいつ起きるのかをはっきりと認識することが重要である。

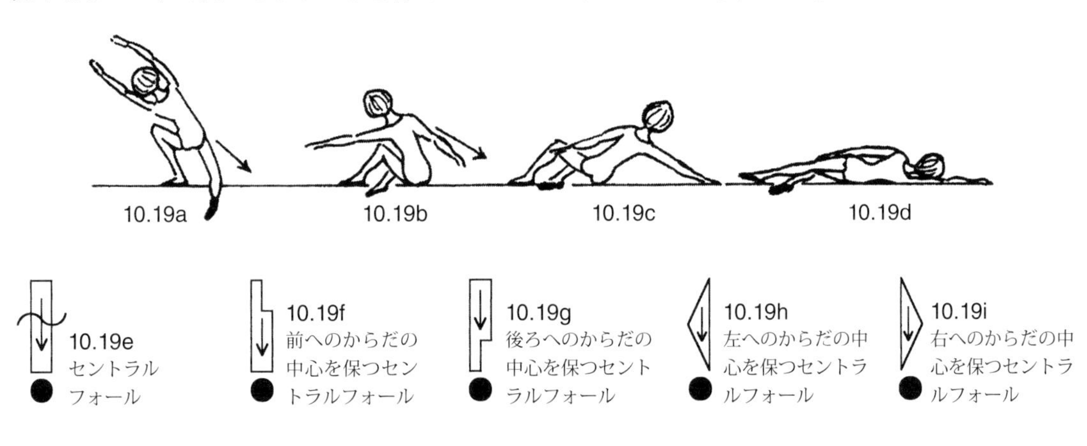

練習課題Ⅰ（伴奏曲なし）　からだの中心を保ったままのセントラルフォール

セントラルフォールについて、ここでは概要のみが書かれている。スムーズに床に倒れるためには、腕や胴体のカウンターバランスが必要である。ひざを床につけて横たわるまでの指示が書かれている。前へのフォールはよりゆっくり起こることを示し、ターンから真ん中レベルへと戻る過程はおおよそのプロセスが示されている。

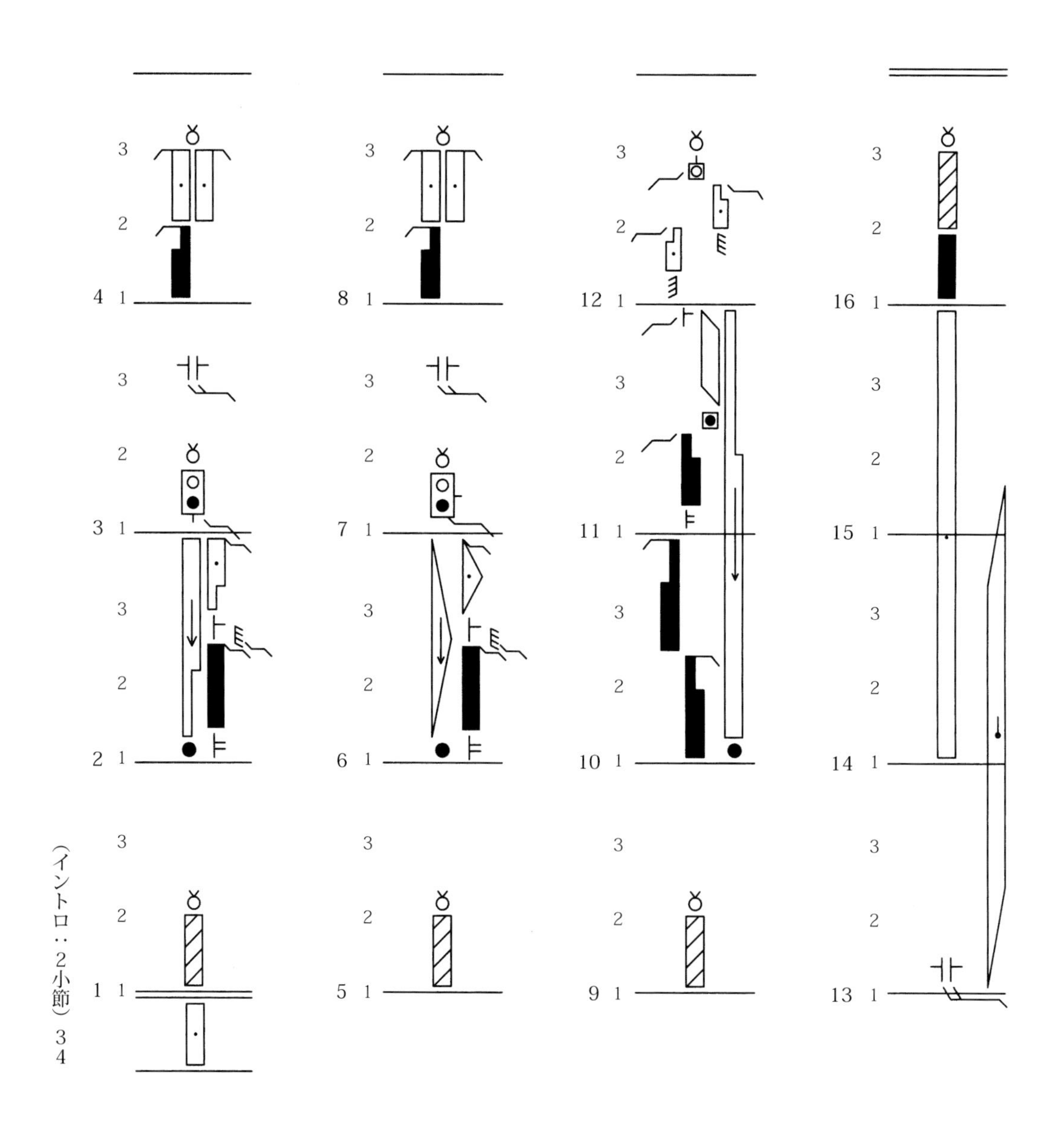

第10章の総覧

バランスがとれた状態

C of G：重心の中心

重心の中心でバランスがとれている状態

集中してバランスを保っている状態

キャンセル：「遠ざかる」記号

体重の移動

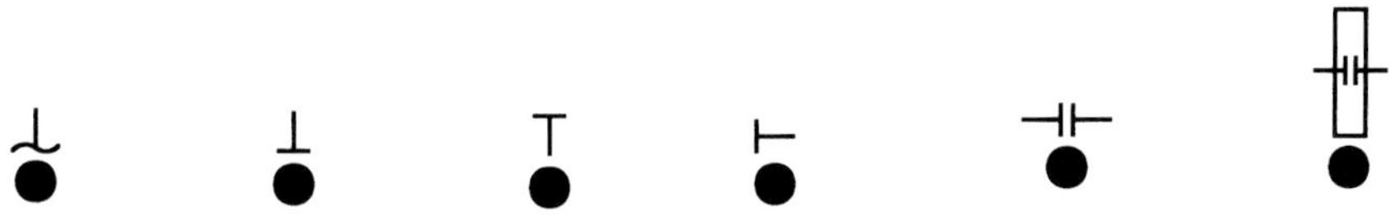

どのような方向への移動でもよい

前への移動

後ろへの移動

右への移動

中央への移動

中心でバランスがとれた状態

持続時間

C of Gを右へすばやく移動する

C of Gを前方に保持したまま動作を持続する

レガート（滑らかに）・スムーズに動く

わずかなバランス の喪失
――トンベ（バランスの喪失をキャンセルする）

C of Gが動いている状態
C of Gがからだを導く状態

持続時間

トンベからステップに移行するのに要する時間

正面を示す記号

P＝演者

斜め左前向き

前向き

斜め右前向き

左横向き

P

右横向き

斜め左後ろ向き

後ろ向き

斜め右後ろ向き

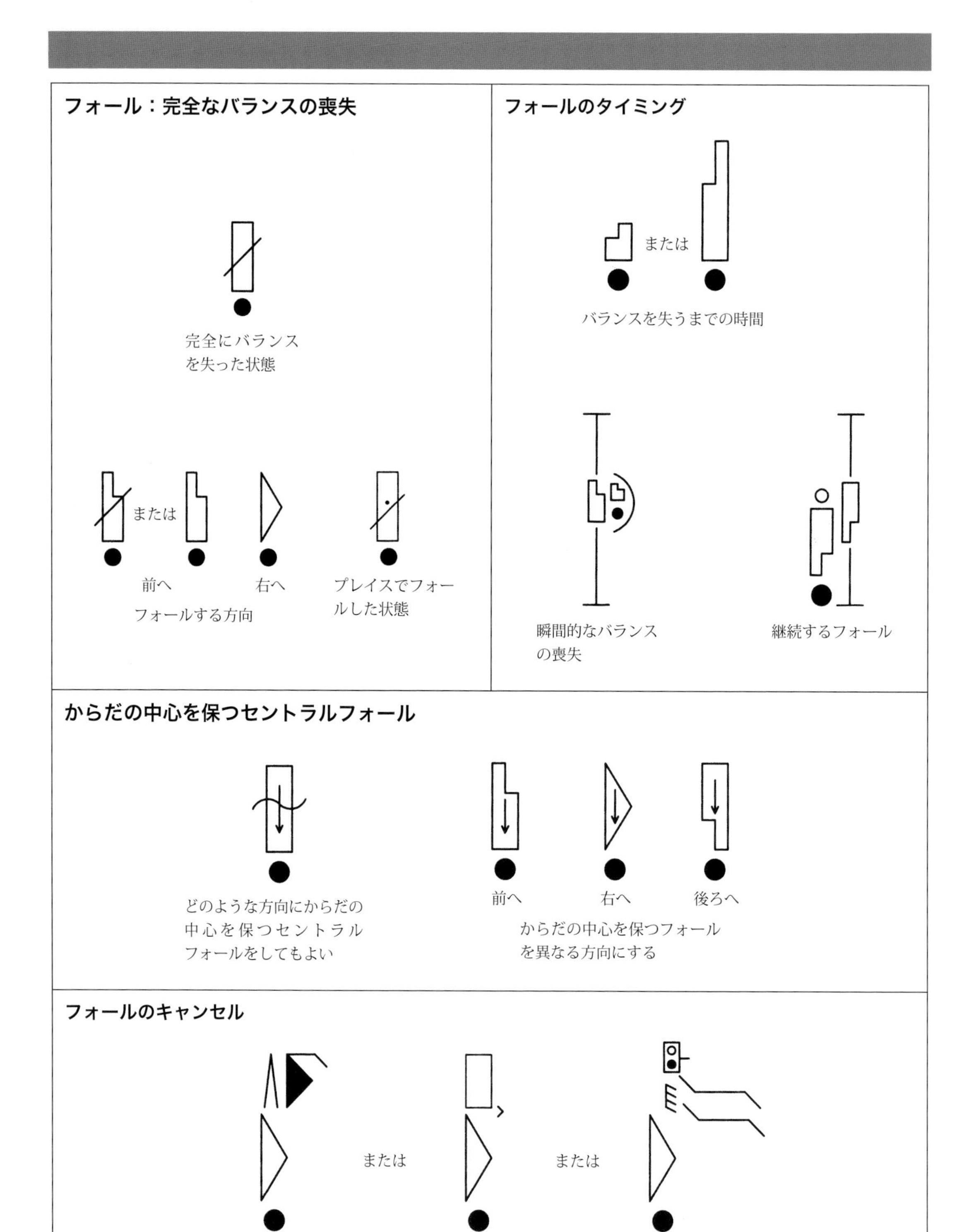

フォール：完全なバランスの喪失
完全にバランス
を失った状態
または
前へ
右へ
フォールする方向
プレイスでフォー
ルした状態
フォールのタイミング
または
バランスを失うまでの時間
瞬間的なバランス
の喪失
継続するフォール
からだの中心を保つセントラルフォール
どのような方向にからだの
中心を保つセントラル
フォールをしてもよい
前へ
右へ
後ろへ
からだの中心を保つフォール
を異なる方向にする
フォールのキャンセル
または
または
キャンセル記号に
よって、フォールが
キャンセルされる
プレイス記号によっ
て、フォールがキャ
ンセルされる
新しい動作（ここでは右
手と胴体の右面のサポー
ト）によって、フォール
がキャンセルされる

第11章 関係性

自己と周辺の環境との関連づけは、生まれてすぐに始まっている。私たちの周りには、人や物、部屋などがあり、徐々に「部屋」は家になり、村、国、世界へと広がっていく。私たちはどのようにこれらと身体的に結びついているのだろうか。赤ん坊はある人物に気づき、その人物を見て手を伸ばし、触り、つかんでみる。生まれたばかりの赤ん坊の動きは、自己と周りの環境を意識し探究する中で、曲げる、伸ばす、回すという動きを行う。次第に動作の理由、または動機に応じて機能的に導かれるようになる。赤ん坊は周りの人や物にますますかかわるようになっていくのである。

意識の発達は自己から始まり、他人、動いている物、止まっている物、周りの環境へと進んでいく。私たちは動きを探究する中で、これまでは基本的な動作に着目してきた。次は、それらの動作の目的と結果の両方について考えてみよう。多くの場合、動きによって得られる関係性（relationship）は、動き（「動詞」）そのものよりも重要である。ゆえに関係性それ自体は動作ではなく、異なる種類の動作によって生み出された結果である。

11.1a

11.1b

11.1c

11-1▶関係づけの形

ある動作の目的は、その目的を達成するための動作そのものよりもはるかに重要性を帯びているかもしれない。物に触れるために、私たちはからだを伸ばすだろう。もし物が遠すぎるのならばトラベリングも必要になり、地面にある物に触れるためにはからだを低くしなければならないなど、触れるための実際の動きは物のある場所と動く人との方向や距離の関係、具体的には前、後ろ、右、左、近く、遠く、などによって決まる。動きの形は動いている人自身には意味のないことが多い。人は自分が物に触れるためにどのように動いているのか、ほとんど自覚していない。目的やねらいといった結果だけが重要なのである。様式化された劇場ダンスでは、動作が詳細に振り付けられ、結果とその行い方の両方が重要であることもある。多くの場合において、動作のねらいが最も重要なので、ねらいを表す特別な用語や記号が生み出された。何らかの関係を表すという基本の記号（11.2）は関係性を表す２つの鍵となる記号を組み合わせたものである。これは、「エニー・フォーム・オブ・リレイティング(any form of relating：どのような関係でも)」という、開かれた可能性を示すことが必要なときに用いられる。

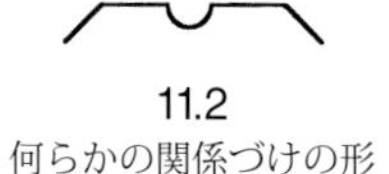

11.2
何らかの関係づけの形

それではこれから関係の形に焦点をあてて見ていこう。まずは最も程度の低い関係性から始めていこう。

11-2▶気づき——気づきという関係づけ

あなたは座って本を読んでいる。突然誰かが自分の背後から部屋に入ってきたことに気づいた。振り返って見る前に、たいてい頭や首、肩など、からだに現れたごくわずかな緊張が気づいたことを表している。これは「注目」を表す態度のひとつである。あなたの集中は、読書から他人への意識に移り変わったのである。このような意識は、神経細胞が信号を送るレーダーに似ている。エネルギーの衝撃波が、他人に向かって発せられているように見える。レーダーは適切なイメージである。なぜなら、人にはレーダーに似た、生まれつきもちあわせている意識の感覚が備わっているからである。

その感覚がずば抜けて発達している人がいる。ABの２人が狭いキッチンで働いているとしよう。「レーダー」を向けていれば、AはBのわずかな動きから、Bが必要な道具を取るためには自分が少しだけ片側にずれなければならないことを感じ取るだろう。もしAがそのような意識に欠けていたら、Bは動く前に声に出してAに避けてもらうよう頼まなければならない。

「気づき（awareness)」は演技の中ではどのように起こるのだろうか。劇のドラマチックな場面において、他人とかかわる中で起こるのかもしれない。もしくは自分のからだの中でも、両手が遠く離れているにもかかわらず、もう一方の手を意識しているときなど、気づきが起きているかもしれない。よい例は、両腕が平行の形で動いているときである。他方の腕に対しての気づきを維持しなければならない。これはパントマイムにおいて、見えない箱を運ぶときに開いた距離を同じに保とうとする両手の動作にみられる。

より抽象的な動作における気づきは、わずか

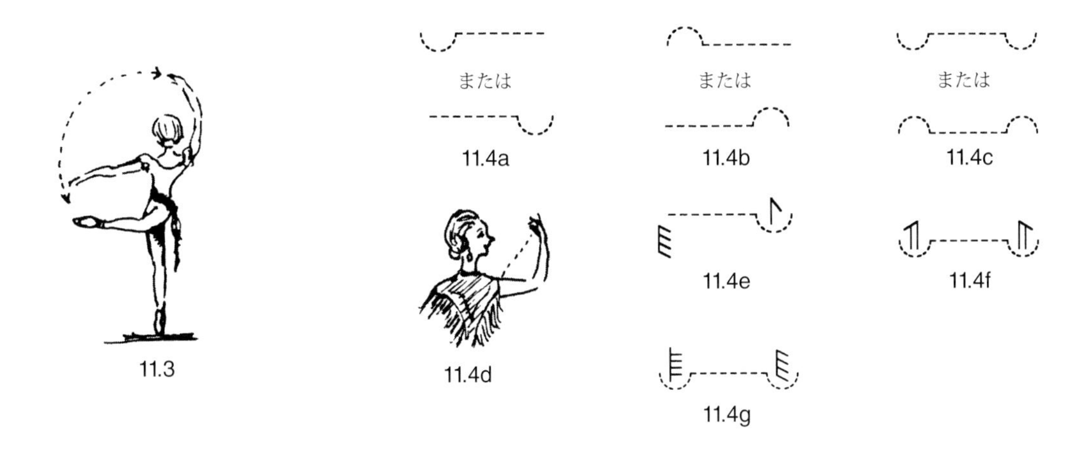

に緊張や演技の高まりを生じさせるので、演じる側も観る側も、どちらも楽しむことができる。バレエのアチチュード・ポジションでは、上がっている腕の手（先端）は持ち上げている脚の足先と関連していなければならず（11.3）、そうやって弧、またはエネルギーの曲線を完成させるのである。手足の先端の互いに対するはっきりとした動作はないが、イメージから生じる明確な運動感覚、気づきがある。多くのダンスのポーズにおいて、手足の関係は空間的な配置のみが問題ではない。ダンサーが舞台上でほかのダンサーを意識しているように、手足は互いを意識している(もしくはそうあるべきである)。このような気づきがダンスを高め、日常の単なる出来事を越えるものにしている。

気づきは関係づけの基本の形であり、多くの可能性の中で最も「能動的」ではなく、一番初期段階のものである。今私たちが関係づけの中で着目しているのはそのねらいやアイデアであり、関係づけている実際の動作ではない。

1 気づきの表示

気づきの記号（11.4aや11.4b）は、たいてい間接的で、ある程度の距離を置いた関係を示す。演者はこの気づきを引き起こす「関心を引くポイント」に関して、明確な動きを起こさない。「関心のポイント」とは、演者がかかわる人や物、もしくは部屋の一部を表している。より実用的な情報として配置をよりわかりやすくするために、記号では半円をした「カップ」が反対の方向を向いていることに注意しよう。11.4cは２人の人物間やからだにおける２つの部位間などに生じる相互の気づきを示している。点線の記号は関係が薄い状態を表す。のちほど出てくる実線は、より「強い」、能動的な関係づけを示す。

11.4dは右手が右肩に関係しているポジションを表し、11.4eはその関係づけの表記である。11.4fは左右の腕における相互の関係づけを示し、11.4gは11.3aで描かれているように、右手と右足先の間にある気づきを示している。

11-3 ▶注目——能動的な関係づけ

人や物に関係づけるねらいをもって目に見える動きを行うときに、能動的な関係づけが起こる。この様態を記すために、「注目(addressing)」という一般的な用語を用いる。多くの日常の動作の中に、注目が生じている。窓の外に目をやりながら、「あれは何だ」と考える。「そこに置いて」と見ないで机を指さしながら言う。「彼はあっちに行ったよ」と自分の頭を斜め後ろへ傾けて指し示す。

最も明らかな注目の様態は、見ること(looking at)、それに向かってジェスチャーをすること、もしくは関心のある物を指さすことである。見ることとは、からだの前面すべてをその人や物に向ける場合もあるが、頭だけで振り向く、もしくは目だけで見るということもある。「注目」という用語は、見ることが主となる行動を意味している。しかし実際は、まったく見ないこともある。関心のポイントに向けてのジェスチャーは腕や手を使って、様式化された動きは足先やひざ、ヒップ、ひじなどを使って行われることがある。そうしたジェスチャーは明確に注目を表現する。注目を生み出す動作、もしくは結果として注目を引き起こす動作には、からだをターンさせる、傾ける、伸ばす、縮ませる、シフトする、向かって動く、離れるなどがある。注目の動作とともに動作と同じ方向を見ると、注目はより大きなインパクトをもつ。

1 注目の表示

人や物に対してはっきりとした動作がとられるときには、11.5aや11.5bの記号を使う。相互に注目をする場合、すなわち2つのかかわりあっている部分があるときは11.5cのように示す。注目の記号の「カップ」は通常「上」を向いているが（11.5d)、逆向きのカップのほうが情報の伝え方として適した場合があることに着目しよう。

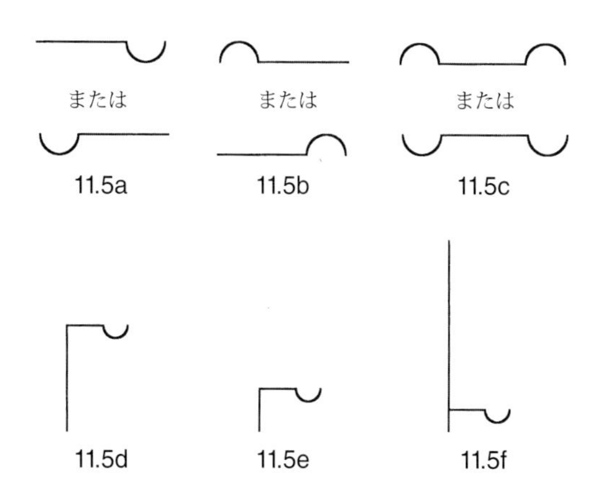

11.5a　11.5b　11.5c
11.5d　11.5e　11.5f

関係づけを発生させる動きのタイミングにかかる時間は、動作線の長さによって示される。関係づけは動きのはじめ、中間、または終わりに起こるかもしれない。関係づけが起こる瞬間は、関心のポイントが静止しているか動いているかによって変わる。

11.5dは注目で終わる動作を示している。11.5eでは注目が突然起きる。11.5fでは注目とともにゆっくりとした動作が始まる。注目の弧線は動作線につけられることに注意する。

2 注目されている人や物

注目の記号の能動的な部分は直線である。この直線は能動的に関係づけを起こす側から、対象に向かって描かれている。「カップ」の中には注目の対象となる人もしくは物が描かれている。

11.6aでは人物Aが、11.6bでは人物Bが能動的である。注目の記号は右か左、どちらか情報の構成に最も合うほうに伸びる。11.6cではAがBに注目している。11.6dは動作の終わりにいすに注目することを示している。物は絵で描かれるか、言葉で表される。

11.6eは左手が右手に注目していることを表す。11.6fでは、動作線は左手の動きのタイミングを示し、どのような動作をするかは演者の選択に任されている。11.6gは左手への横方向のジェスチャーとする。クラシックバレエにおけるパントマイムでは、「結婚」のジェスチャーは右の人さし指が左の薬指をさす。指は11.6hのように5本線の記号で描かれる。5本線に加えられた黒丸は、11.6iでは親指、11.6jでは小指、11.6kでは人さし指を表す。それゆえ、11.6lの状態は「結婚」のジェスチャーである。ここで注目の記号が左側に書かれているのは、この関係の中で能動的なのが、左の薬指に対する右の人さし指だからである。

11.6mは、胴体を伸ばした脚のほうに傾ける（関係づける）という、よく見る動作を表し

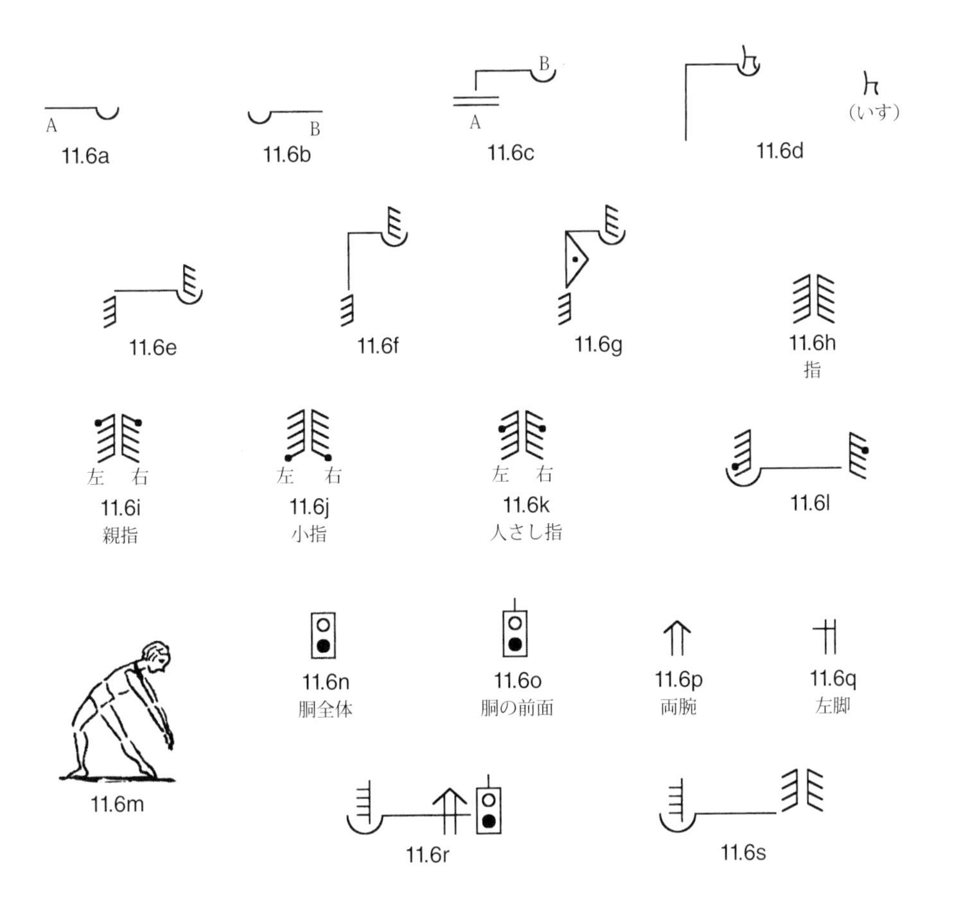

ている。このとき両腕は脚と平行線を保ちながらかかわりあっている。11.6nは胴体を表す記号である。その記号の正面に短い線をつけ足すと、胴の前面を表す（11.6o）。11.6pは両腕の記号で11.6qは左脚を示している。11.6rは11.6mのアイデアを表した記譜である。11.6mがその先端への関係づけを意図する場合、つまり手から足への「注目」であるなら、11.6sのように記される。

3 相互の注目

2人の人物やからだの2つの部位が相互に注目するとき、2つの「カップ」の記号が使われる。

11.7aでは両腕が動くにつれ、両手が互いに関係する。これは遠く離れていても起こることである。11.7cでは左腕と左脚は互いに注目していて、これは位置の空間的変化を意図している。

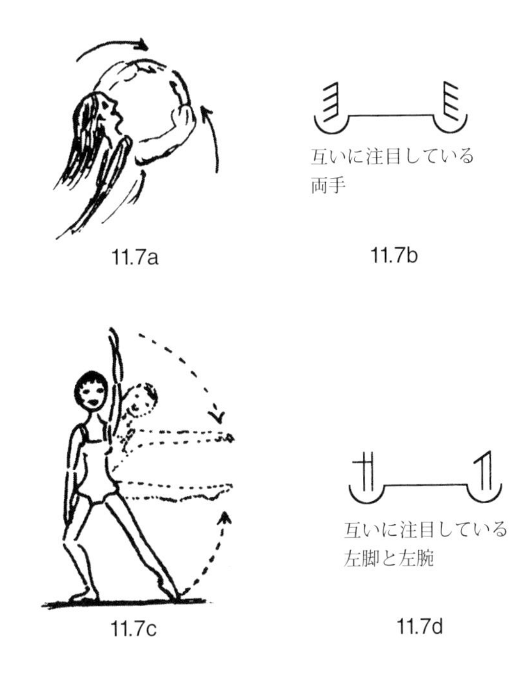

練習課題 34　気づき、注目

この課題では、さまざまな方法の気づきと注目を探求する。注目しているのがわかりやすいように、Aを右に、Bを左にというように、２人の人物を設定するのがよい。ABは互いの動きに対して、例えば注目されているのを、認識する、ターンして遠ざかるなど、何らかの形で反応するかもしれない。３、４小節で伸ばす動作を早くやり終えないために、最初にA、次にBを注目するジェスチャーは、実際には円を描く必要がある。注目が動作のはじめ、もしくは途中か終わりに起こるとき、関係づけのタイミングに注意しよう。

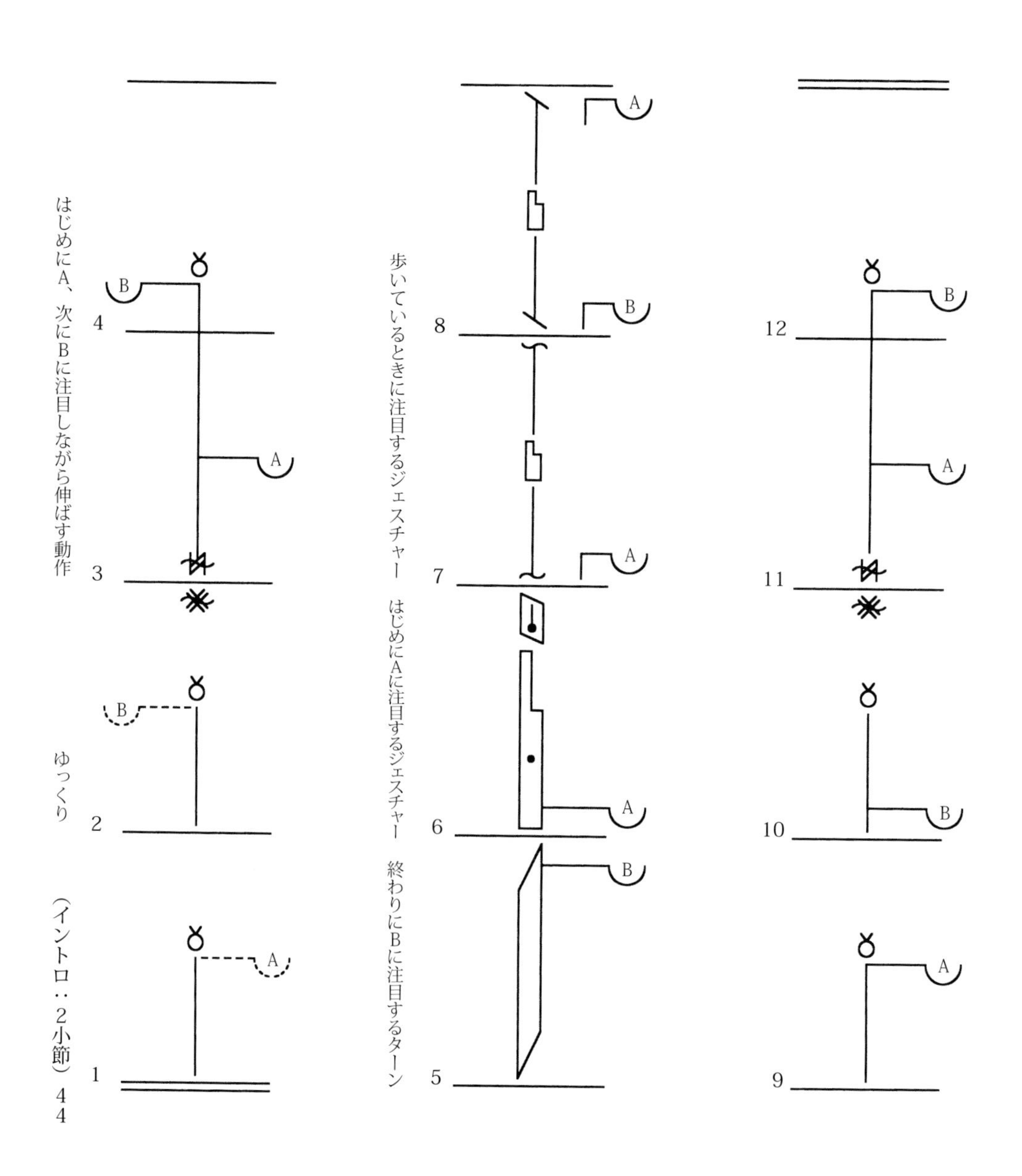

11-4 ▶向かうモーションと遠ざかるモーション

相互の関係づけが、最も消極的な様態から最も積極的な様態へと話を進めていこう。注目の次の段階は、「向かう」モーションである。そのような動作はからだの軸上にある（すなわち非移動系の）ジェスチャーである。からだや腕、脚のジェスチャー、つまり関係している人や物に向けられた空間的な所作である。それらのジェスチャーは頭や胴体を傾けたり、腕や手による動きであったりする。もしくは、例えば怒っていて、人や物をけって遠ざける動作を示したいときの脚のジェスチャーでもある。コメディではヒップ、ひじやかかとで行われるかもしれない。関心のポイントへと動いて近づくので、**向かう**ジェスチャーは重要とみなされる。しかし**遠ざかる**ジェスチャーもまた同様に重要である。遠くに動くという所作は、人をたたくために手を（実際は腕を）後ろに上げるなどの、あまり好ましくない反応や関係を示すことがある。しかし、愛する人の姿が目に入り、驚きや喜びでその人物に向かって動くために後ろに下がるということもある。

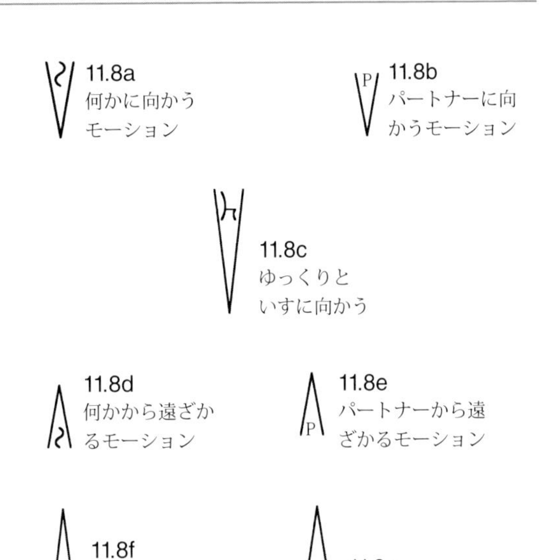

1 向かうモーションと遠ざかるモーションの表示

向かうモーションは、長く伸びた「V」の記号の中に関心のポイント（11.8aではアドリブ記号）を置くことで示されている。記号の長さは時間を表し、11.8bはパートナーであるPに向かう、すばやいジェスチャーで、11.8cはもっとゆっくりといすに向かうジェスチャーである。

遠ざかるモーションは逆さにした「V」記号の中に関心のポイント（11.8dではアドリブ記号）を置くことで示されている。11.8eはパートナーから遠ざかるモーションを示し、11.8fでは頭がパートナーから遠ざかるモーションをする。11.8gでは右腕がいすからゆっくり遠ざかるジェスチャーである。向かうモーションと遠ざかるモーションでは、演者は関心のポイントのところへは移動しない。

次の点に注意しよう。「遠ざかる」を表す「Λ」の基本記号は、それだけで使用するとキャンセルを意味する。このとき、維持されていた何かが、もう有効でない、つまり「その状態から去る」「消える」「忘れなければならない」など、どんな特定の状態も起きていないことを意味するからである。

11-5 ▶近づく／向かうパス；遠ざかる／離れるパス

近づく（approaching/approach）、すなわち人や物、部屋の一部に向かって移動することは、さまざまな理由で起こる。近づくタイミング、方法およびそれに伴うジェスチャーは多様ではあるものの、到達はしないながらも近づくという目的は同じである。近づく動機は、接近したいと強く願うドラマチックなものから、単純に実用的なもの、またはカップルが互いに近づいては遠ざかるフォークダンスの振り付けのためなど、さまざまなものがある。**遠ざかる**(retreating/retreat)、つまり移動して離れることは、必ずしも去ることを表すわけではない。後ろに移動することは、彫像や建物を鑑賞するときによりよい眺めを得るために起こる場合もある。写真家がよりよい構成を得るために遠ざかる動きをする、などである。近づいたり離れたりは、直線的なパスや曲線的なパスの上で起こるだろう。後者では、目的つまり焦点が明白でなくなる、もしくは隠れてしまうかもしれない。

1 近づく／向かうパスの表示

近づくことは移動の動作である。したがってパスの記号は、近づく人や物の記号と組み合わせることが適切である。11.9aは、パートナー(P) への接近において、どのようなパスを選んでもよいことを表す。すなわち、近づいている間にパスの種類が変わるかもしれない。11.9bはストレートパスでパートナーに近づくことを示している。11.9cのように近づきながらサーキュラーパスをするときは、演者は徐々に曲がってパートナーに近づく、つまり11.9dで描かれているよう（Yは演者）なスパイラルで近づく。これらのすべての例では、演者はパートナーに到達しない。

2 遠ざかる／離れるパスの表示

移動して遠ざかる、つまり人や場所、物から

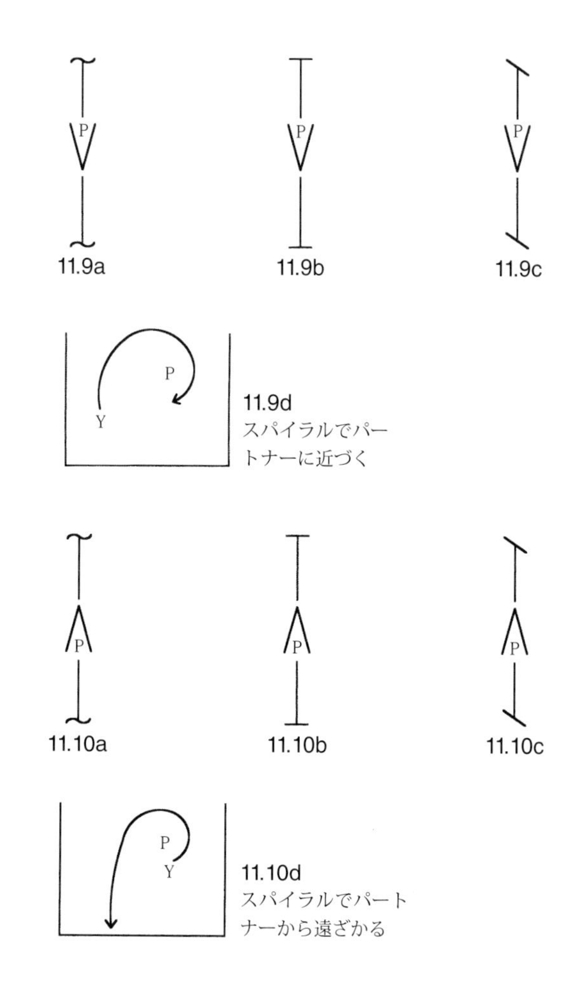

11.9d スパイラルでパートナーに近づく

11.10d スパイラルでパートナーから遠ざかる

離れる様子は、「遠ざかる」記号と適切なパスの組み合わせで表す。11.10aは、移動しながらパートナーから遠ざかるうえで、どのようなパスを選んでもよいことを示している。11.10bではストレートパスが示され、11.10cでは演者がCCW（反時計回り）のパスで遠ざかり、徐々にスパイラルしながら外に向かい、11.10dで描かれているようにパートナーから遠ざかることを示している。

11-6 ▶ 到着——パスの到達点

関心のポイントへの接近の最終段階は、その**ポイントへ到達すること**である。すなわち、到達点、人や物、部屋の一部にたどりつくことである。到達点へのパスは直接的なもの（選んだ場所への直線）から遠回り（最終的な目的がわからなくなるような、曲がったり歩き回ったり、

またはさまよったり）するものまで、さまざまである。到達点へのストレートパスはゆっくり移動することもある。まるで宿命や運命に呼ばれているというアイデアを表すように。パスが純粋に装飾的なものとして振り付けされている場合もある。例えば上品な舞踏会の場面では、ストレートパスは優雅に見えないので、ワルツで女性がフロアーを軽快に曲がりながら新しいパートナーのところに到達するときなどは、曲がったパスが使われる。

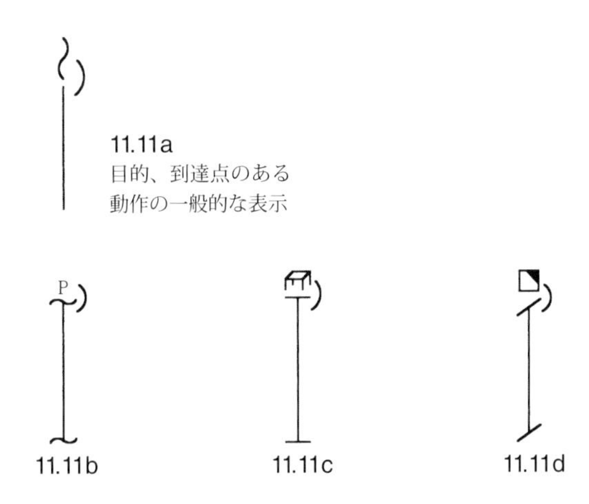

11.11a
目的、到達点のある
動作の一般的な表示

11.11b　11.11c　11.11d

1 到達点の表示

特定の到達点における動作の概念（つまり特定の状態への目的や到達）は、11.11aとして表現される。動作線の最後には目的が書かれている。ここでは目的の選択は完全に自由であることがアドリブ記号で示される。動作線に短い弧線がついており、動作の結果へとつながっている。

パスの到達点を具体的に示すために、人や物、部屋の一部などの表示をパスの記号の最後に書く。短い垂直の弧線をパスの記号につなげて目的を示す。11.11bでは、何らかのパスがパートナーにつながる（到達する）よう導かれている。11.11cではストレートパスがテーブルのところで終わり、11.11dではCW（時計回り）の曲線が部屋や舞台の右奥で終わるよう定められている（部屋のエリアの記号については、11.12a～11.12cを見ること）。

11-7▶部屋（舞台）のエリア

演者が部屋や舞台のどこで演じているかを記すことは重要である。ここでは私たちの必要性を満たす、9個の主要なエリアに分かれている。

11.12aは部屋、もしくは舞台を表す。11.12bは9個の主要なエリアを表す。これらの記号は舞台における演者の位置と、11.11dで示されているようにパスの到達点を示す。

11.12a
演じるエリア

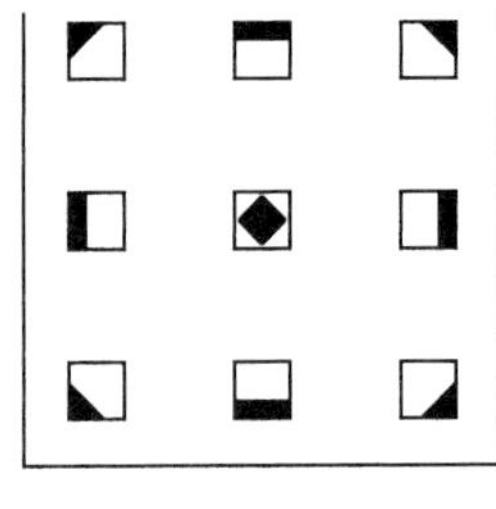

11.12b
9個の主要なエリア

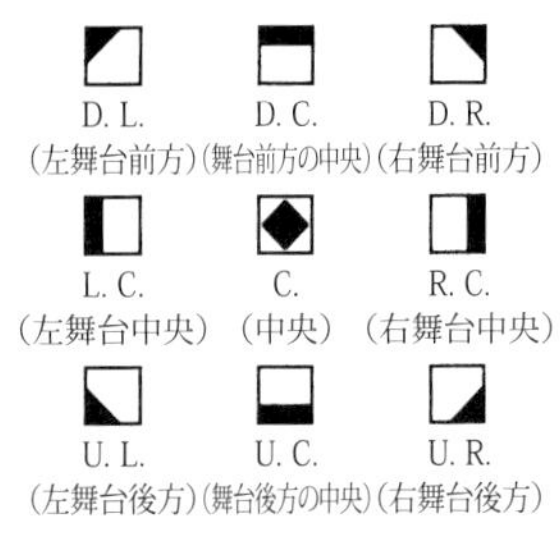

11.12c

練習課題 35　向かう↔遠ざかる、近づく↔離れる、到達点

パートナー同士がかかわり、離れて終わる

一度この簡単なデュエットの流れをつかみ、空間の使い方や距離のとり方を決定し、動きと音楽が合ってくると、動作の度合いは詳細に示されているものの、個人的な解釈の余地が生まれて楽しく演じられるようになる。3小節では、AはBに近づき、Bに向かってジェスチャーをする。6小節のサーキュラーパスの中に書かれているBは、AがBの周りを回る、つまり円の焦点がBであることに注意しよう。Bも同様にAの周りを回る。9小節の終わりでは、BはAに到達し、Aは（合流線で示されているように）Bの前に位置する。

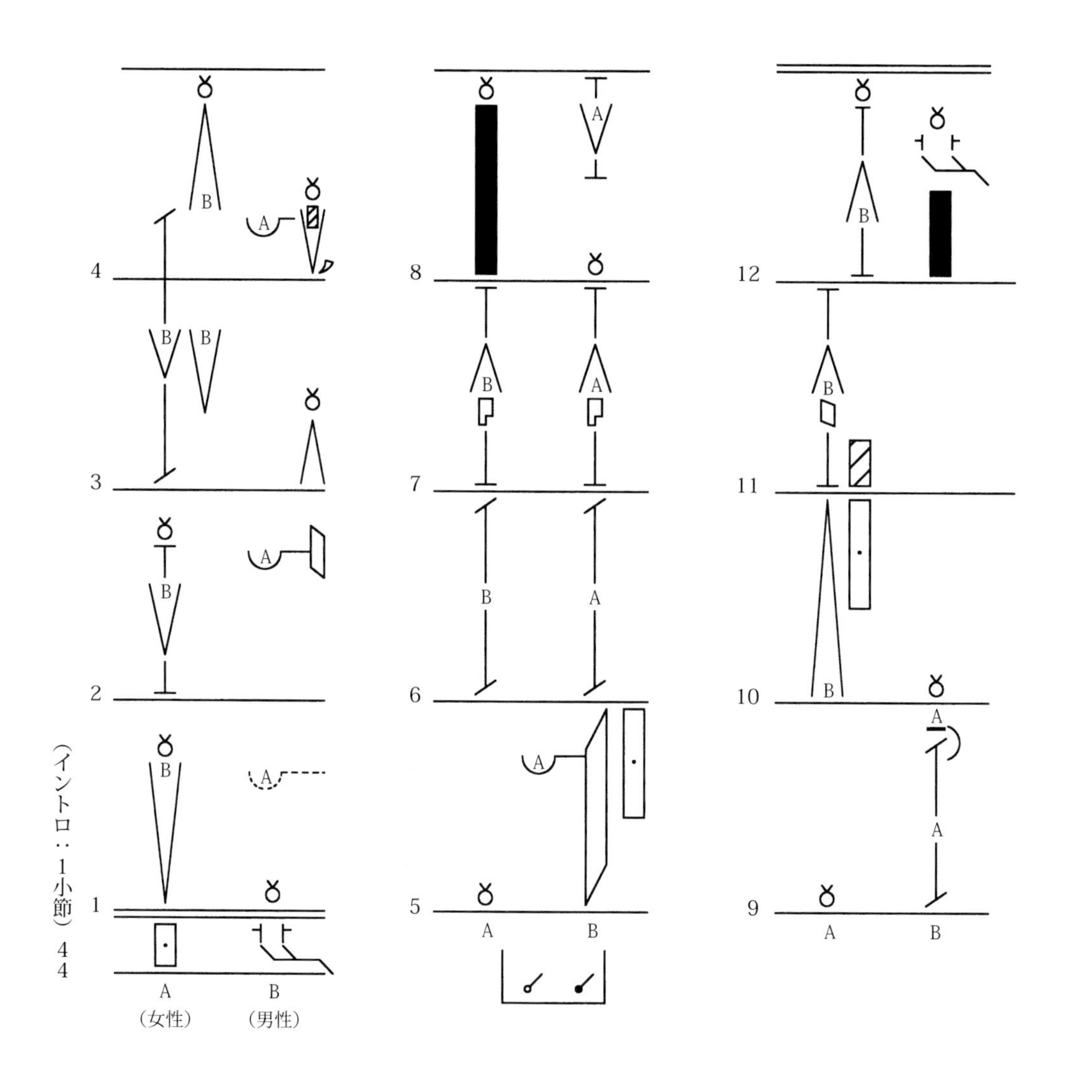

11-8▶近　　　接

器具や物を使おうとする場合など、人や物へ近づくのは、実質的な必要性から起こる場合がある。もしくは、スカルピア*[1]を刺そうとして手をナイフの近くに置いているトスカのように、ドラマチックな意味をもたせる場合もある。振り付けとしては、このような**近接（ニアネス；nearness）**という動作はしばしば日常動作の様式化した形を生み出すために使われ、それゆえ現実を1歩越えたものにする。触れずに他人の肩の近くにある手は、実際に接触が起きたとき以上の意味をもち得る。互いに近くにある手のひらは、形式化された祈りを表現する。

実際に他人に触れようとしてその直前でやめてしまうのは、ためらい、大きな愛情、感情の繊細さなどを表現する。また、「おれがお前を手にかけるまで待て」という実行前の脅しのような、抑えられた怒りを表すこともある。

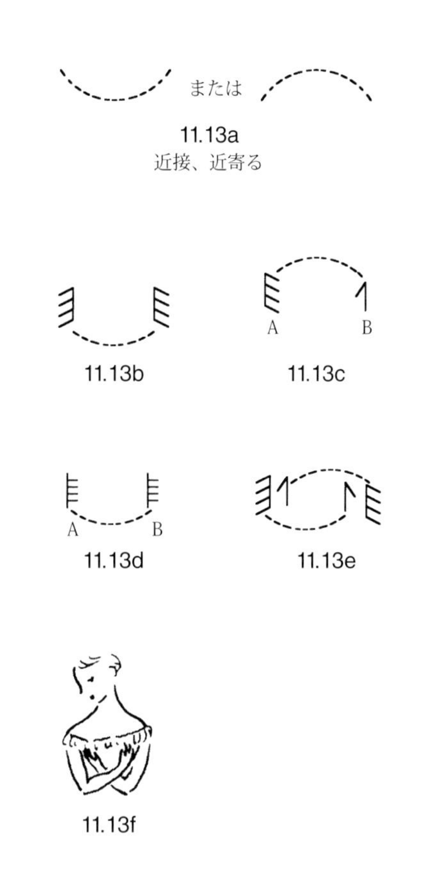

11.13a
近接、近寄る
11.13b
11.13c
11.13d
11.13e
11.13f

1 近接の表示

近接の記号は点線の水平な弧線で、上向きか下向きになる（11.13a）。この弧線はかかわっている2つの部分をつなぐ。

11.13bは両手が互いに近くにあることを、11.13cではAの右手がBの左肩の近くにあることを示す。Aの右足とBの右足が近くにあるという表示は（11.13d）、社交ダンスやほかのパートナーをもつという演技の流れの中で重要になる。11.13eでは11.13fで描かれているように、両手が反対側の両肩に近いことを述べている。

向かう動きと遠ざかる動きの長さは、「\/」の記号の長さで示される。近づく、遠ざかる、到達するに関しては、トラベリングの記号の長さで示される。関係づけの水平な弧線の記号は、特定の関係が起こる、もしくは達成される瞬間のみを示す。注目や近接などへとつながる動作の継続時間は、関係づけの形を導く動作線の長さで示す。この動作は非常にすばやいこともあるし、長く維持することもある。

11.13gはいすに近づこうとしていることを示している。11.13hは、いすに近づいて終わるジェスチャーである。近づく意図を明確にする場合、11.13hの表記がより適切である。11.13iでは、すばやい横への動きが本棚の角の近くで終わり、11.13jではゆっくりした同じ動きがランプの近くで終わる。物のどの部分が関係しているのかを可能な限り近くに示すため、弧線の先端の位置に注意しよう。

＊1　オペラ『トスカ』の登場人物。

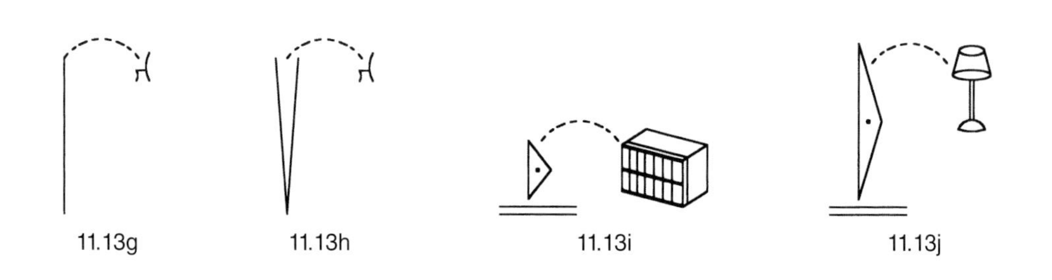

11-9 ▶囲むような動きによる近接

蝶がテーブルの上にいる。あなたは触らずにそれを隠すため、手を上に置く。手を蝶の真上で少しだけ閉じる（曲がった状態にする）。この**囲むような近接**は、手でろうそくの火が消えるのを防ぐときにも起こる。そのような接触のない囲みは、保護や優しさというような、物との特別な関係を示す。また実際に触れることのない様式化された形となり得る。

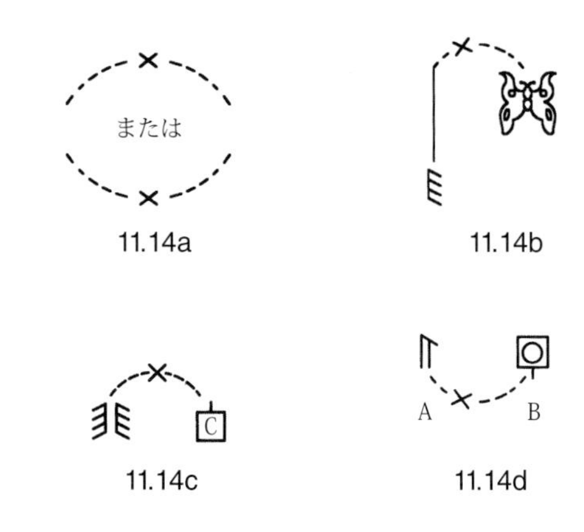

1 囲むような動きによる近接の表示

近接を表す点線の弧線は「×」と組み合わせることで、曲げる、閉じ込める、近触のない囲みを表わす（11.14a）。

11.14bは手が蝶の周りにあるが、触っていないことを示している。「×」はより活動的な側（実際に動く側、能動的に動く側）近くに配置される。11.14cでは両手で顔を囲っている。これは実際の接触なしに顔を両手に「うずめる」ようなものである。頭部の前面である顔の記号に注意すること。11.14dではAの右腕がBの背中を囲み、同情のジェスチャーを示すが、実際に抱擁は生じない。物の形に合わせて脚や手、腕などを曲げる。胸部の後ろ側の記号に注意しよう。

11-10 ▶コンタクト、タッチ

近接は接触が起こり得ることを示唆するが、実際に触る際には触覚的な**コンタクト**（contact；**接触**）、もしくは**タッチ**（touch；**触れる**）が生じる＊2。近接を描いたすべての例では、コンタクトが起こり得る。触れる理由は実際的、機能的、装飾的、もしくは表現的であったりする。スピードやエネルギーの面から、タッチの起こり方は壊れやすい物に慎重かつ繊細にコンタクトする場合から、拍手や平手打ちなどのように、突発的にエネルギーを出す場合まで幅広い。タップのように繰り返されるコンタクトは、バーバリアン・シュプラッター・ダンス

＊2 LODにおいて、コンタクトとタッチはほぼ同義と扱われ、1つの記号で表記される。

に代表されるように、ももや足首などのからだのさまざまな部位をたたいたり打ったりするリズミカルなパターンを表現することもある(11.15a)。自然なタッチは手で行われることが多いが、床に足が触れる、ひざやヒップが物を遠くに押しやるなど、からだのほかの部位でも行われる。両脚のコンタクトは、たいていカブリオール*3のように、ジャンプをしているときに起こる。2人の演者がかかわっているとき、タッチは愛撫やパンチのように、よくも悪くも相手とのより密接なかかわりあいになる。

1 コンタクト、タッチの表示

コンタクト、タッチの記号は水平な弧線である（11.15b）。この弧線は、接触する部分をつなげて記す。上向き、もしくは下向きになる。

11.15c～11.15fは、コンタクトの典型的な例を表している。

11.15cは両手間のコンタクトを示す。11.15dでは、拍手などの音が生じる強いアクセントがつけ加えられている。それぞれの手の横に書いてあるアクセントは、強くてすばやいコンタクトであり、どちらの手も能動的だということを示す。11.15eでは右手がひざをタッチしていることを示す。11.15fでは、左手がゆっくり動いて右ひじにタッチする。右手が左ひじにタッチし、左手が右ひじにタッチしているポジションは、11.15gで書かれているように水兵のホーンパイプでなじみのあるものだ。

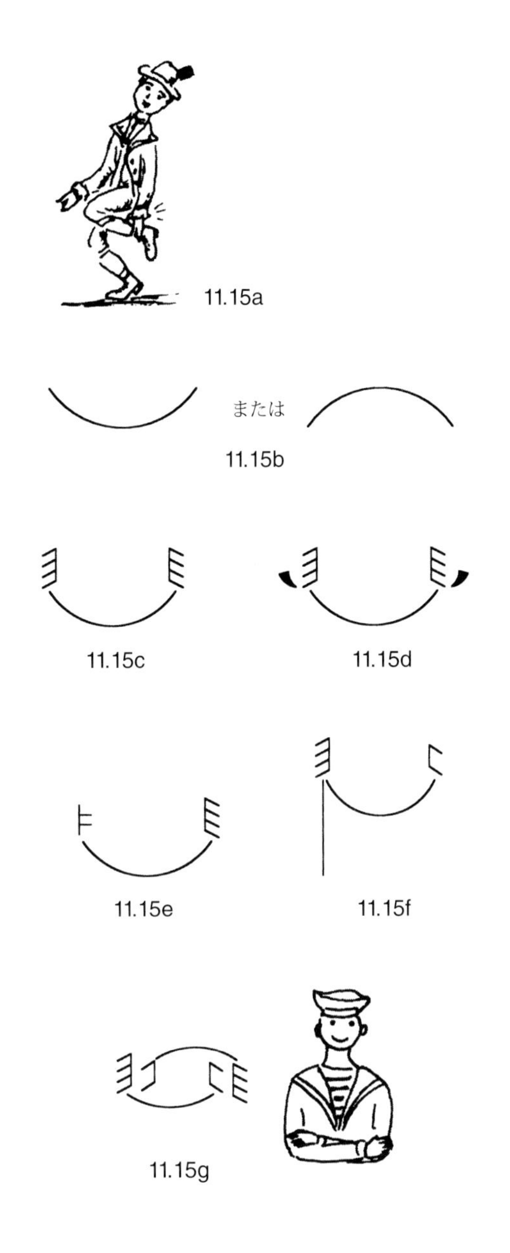

11-11 ▶ つ か む

コンタクトする際に、囲む動作を伴うときは、つかむ動きが生じる。タッチが瞬間的な出来事であるのに対し、物や自分自身もしくは他人を抱きしめたり囲んだりする、**つかむ動き（grasping）**は、通常ある程度の時間を要して行われるので、タッチに比べてより大きなかかわりを意味する。

両手は通常つかむための道具であるが、フォークダンスでひじを絡ませるときや、バーにひざをかけたり、腕が人や物を抱きしめたり

＊3　バレエにおける跳躍のひとつ。

11.16a

11.16b

11.16c

するときのように、からだのほかの部位も使われる。片脚もしくは両脚も、簡単ではないが「抱擁」をすることができる。囲むことによるコンタクトは、もっと先の段階の関係づけになる**重さを支えること**は含まないことに注意する。目的や理由によって、つかむ動きが表現する内容はさまざまになる。人の腕をつかむのは、友好的な安心感を与える、または逮捕のためなどになる。口で鉛筆を持つのも抱擁の動作のように、つかみの形になる。私たちは物を安定させるために「保つ」、つまりつかむのである。

1 つかみの表示

囲みによるコンタクト、すなわちつかみは、コンタクトを示す弧線と曲げる記号の「×」との組み合わせで書かれる。

普通に手を握ると、片方の手はもう一方の手のひらをつかみ、親指はもう一方の手の親指の内側になる。11.17bの絵では、左手が右手をつかんでいる。

11.17cは右手が左手首をつかんでいるのを表す。11.17dではBの右手がAの左手をつかんでいる。「×」はつかんだり囲ったりする動きで能動的なほうの部分、または人の近くに置かれることに注意しよう。11.17eでは握手のときのように、同等に手をつかむ。それぞれの手の近くに「×」が置かれているので、両方が能動的だということを表している。これらは振り付けの中と同じように、日常生活の中でも起こる。

フォークダンスではしばしばつかむ動きが見

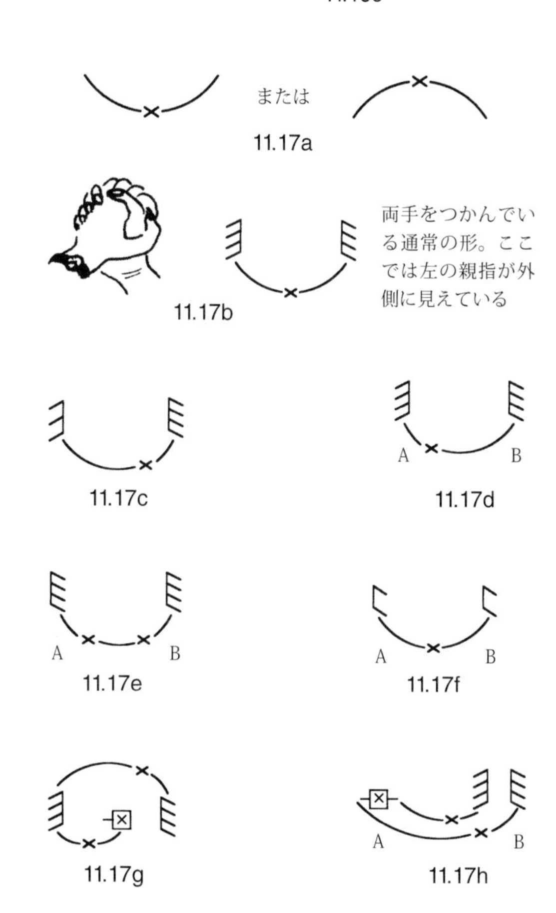

11.17a 11.17b 11.17c 11.17d 11.17e 11.17f 11.17g 11.17h

られる。スクエアダンスでするようなひじを組むことは、11.17fに示している。この例では「×」は弧線の中央に置かれていて、どちらが能動的か、もしくは両方が能動的であるのか自由に解釈できるようになっている。11.17gは左手がウエストの左側をつかみ、右手が左手をつかむという、待機のときにしばしばとられるポジションである。11.17hはBの両手がAのウエストをつかむという、フォークダンスでターン

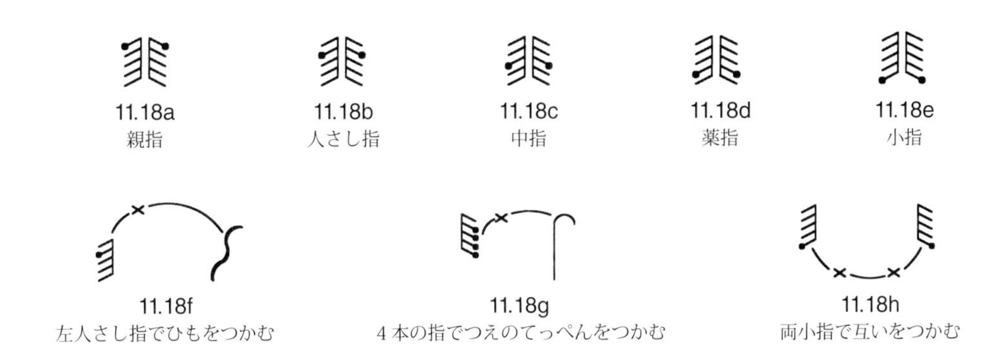
11.18a 親指　11.18b 人さし指　11.18c 中指　11.18d 薬指　11.18e 小指

11.18f 左人さし指でひもをつかむ

11.18g 4本の指でつえのてっぺんをつかむ

11.18h 両小指で互いをつかむ

のときによくとられるポジションである。

手や腕、脚を曲げる度合いは、つかむ物やからだの部位のサイズと形によることに注意しよう。それぞれの例では､つかむ際に一重の「×」だけが示されている。

2 指でつかむ

今までに出てきたつかむ際の手の使い方の例では、多くの場合、親指がほかの指に対して反対側から出るという自然の動作を表していた。ときには何本かの指だけでつかむこともできるし、１本の指だけでつかむこともできる。指の記号は11.18a～11.18eに示している。

11.18f、11.18g、11.18hは、指でつかむおなじみの例である。

11-12 ▶からみ合う

指を組み合わせたときには、手のつかみがより対称的になる（11.19a）。**からみ合あう**（interlacing）、組み合わせる、入り込ませることは二重の｢×｣で表示される。この用法は、異なる種類の囲みを示すための慣習である。

11.19aは手の全体、具体的には指のみならず手のひらもかかわっているので、手の全体の動作として書かれている。もし指をからませるときにかかわるのが指だけの場合には、11.19cや11.19dのように書かれる。

これらは手のさまざまな組み方、基本となるいくつかの可能性を表した、一般的な表示方法である。もちろんより多くの形を記すには、さらに多くを述べる必要がある。

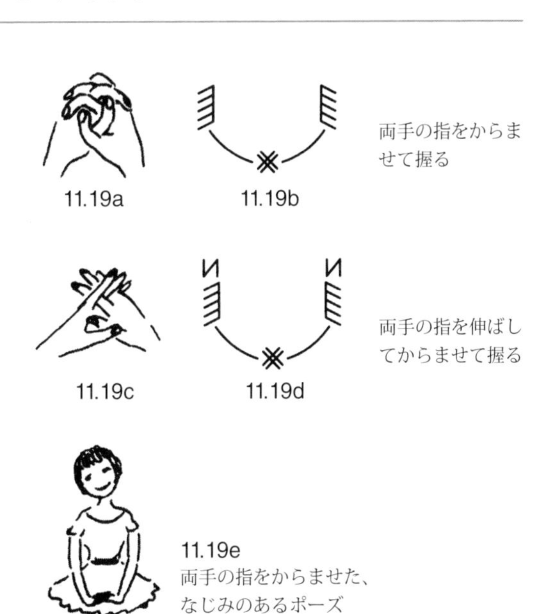
11.19a　11.19b　両手の指をからませて握る

11.19c　11.19d　両手の指を伸ばしてからませて握る

11.19e 両手の指をからませた、なじみのあるポーズ

11-13▶サポート、運ぶ

一般的にサポートはコンタクト（タッチ）と似通っているが、コンタクトには人や物を**支えたり**演者が支えられたりといった、重さを引き受けるという重要な側面がある。全部もしくは一部の重さの移行は、物に対しても起こる。部分的な移行は11.20aのように木に寄りかかったり、11.20bのようにいすの上に片脚の重さを乗せたりするときなどに生じる。パートナーや道具を伴って動くときには、さまざまな種類の**運ぶ動き**（carrying）が起こる。

運びながらサポートするというシンプルな動きは、ウエイトレスがトレーを運んだり（11.20c）、つぼを頭の上で運んだり（11.20d）というような、物（もしくは人）がからだの表面にあるときに起こる。11.20eで描かれているように、他人のひざの上に乗っている人や、11.20fのように大きなボールに支えられている人でもあり得る。これらの例では、つかみが起こっていないことに注意しよう。

11.20a　11.20b　11.20c　11.20d　11.20e　11.20f

1 運びながらサポートする動きの表示

重さを引き受けるという記号は、サポートとその変化を探究した第9章において、すでに見た覚えがあるだろう。ここでは床の上でのサポートだけでなく、物やパートナーのサポートについて見ていこう。

11.21aと11.21bの角張った弧線は、例えば手の上に羽根が乗っているように、運ぶほうと運ばれるほうがはっきりとわかっているときに用いられる。

11.21cや11.21dの弧線は、上に運ばれる物、下に運びながらサポートをする部位や物を示

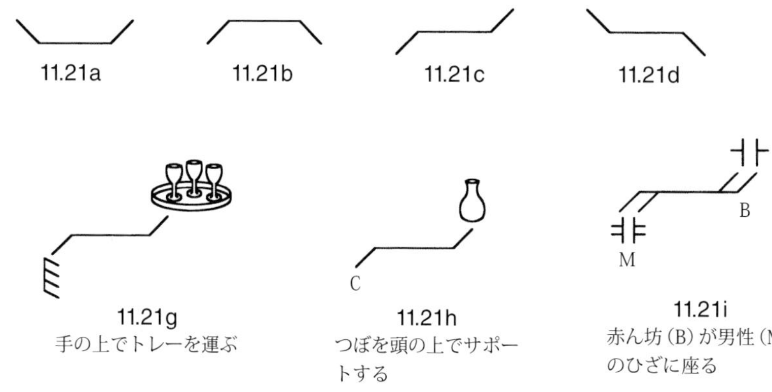

11.21a　11.21b　11.21c

11.21g 手の上でトレーを運ぶ

11.21h つぼを頭の上でサポートする

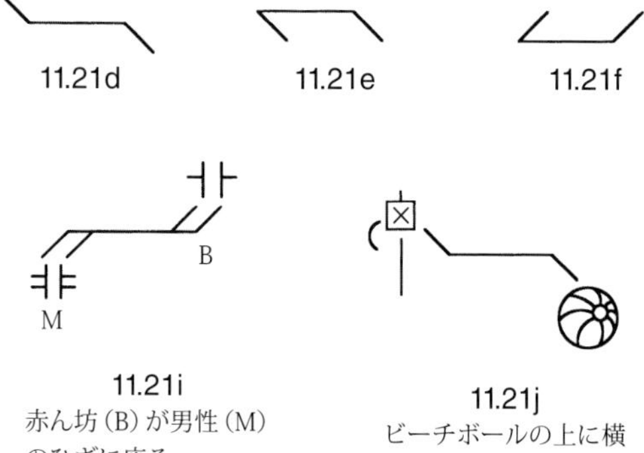

11.21d　11.21e　11.21f

11.21i 赤ん坊（B）が男性（M）のひざに座る

11.21j ビーチボールの上に横になる

す。サポートの弧線の形は、必要とされる配置と情報によって変わる。しかしながら、弧線はつねに角張った形をしていなければならない。11.21eと11.21fの形も必要であれば使うことができる。

11.21g～11.21jは、11.20c～11.20fにおける運ぶ動きのイラストを記譜したものである。右手でトレーを運び（11.21g）、頭でつぼをサポートし（11.21h）、男性（M）が赤ん坊（B）を両ひざで運び（ヒップのサポート、座っている、11.21i）、そして人がウエストの前部で大きなビーチボールの上に横たわっている（11.21j）。

11-14 ▶つかみながらサポートする動き

物をつかんだあとに、それを拾って運ぶかもしれない。ここでも人や物の重さは支えるものの、それは囲むことによってであり、からだの表面でサポートするだけではない。パートナーを運ぶとき、パートナーが自分自身で支えられるか、もしくはほかの人がサポートに貢献するかなど、そのときのポジションによって両腕、片腕、両手で行うかが異なる。たいていは物をより安全に持つために、運ぶ動きはつかむ動きを含む。手を閉じたり、腕を折り畳んだりなどの度合いは、物の形による。ステッキを運ぶとき、手はほとんど握りこぶしのように周りを覆うが（11.22a）、大きなビーチボールを運ぶときには、手は曲がっているがもっと開くことが必要である（11.22b）。**つかみながらサポートする**（grasping support）からだの部位は、その物のサイズと形に自動的に合わせる。11.22cではひじでつかんでステッキを運ぶ。

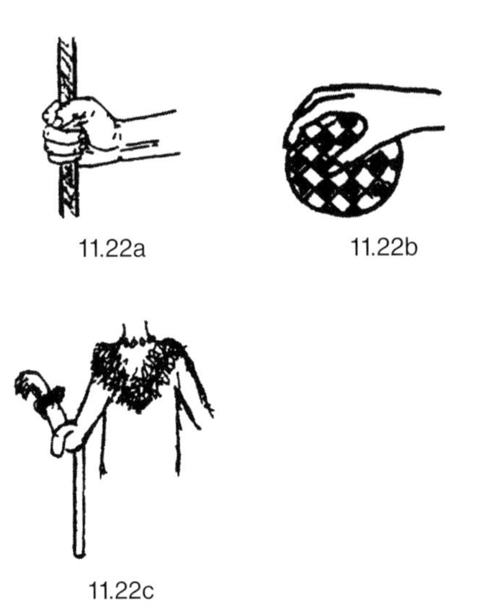

11.22a　11.22b

11.22c

1 つかみながらサポートする（つかみながら運ぶ）動きの表示

つかみながらサポートする動きには、運ぶ動きを示す記号に「×」がつけ加えられる（11.23a～11.23f）。近接やつかみながらコンタクトする動きと同じように、つかみながらサポートしている能動的な人の表示の近くに「×」は置かれる。「×」が能動的な人を表すため、たいてい場所をあまりとらない11.23a、11.23b、11.23e、11.23fの弧線が使用される。

11.23gは右手で本を（つかみながら）運ぶ動作を示している。11.23hでは傘は取っ手を持って運ばれているが、11.23iでは傘は手首の上に乗せてサポートされていて、つかむ動きは起こっていない。11.23jは男の子が女の子

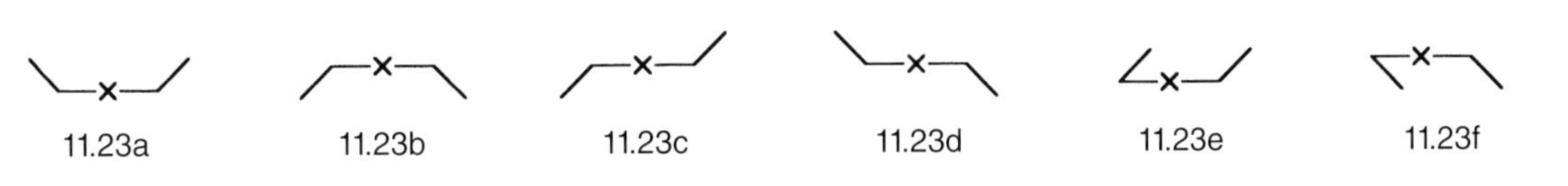

11.23a　11.23b　11.23c　11.23d　11.23e　11.23f

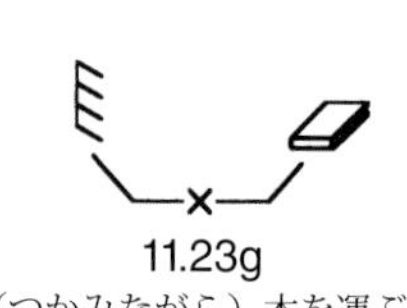
11.23g
（つかみながら）本を運ぶ

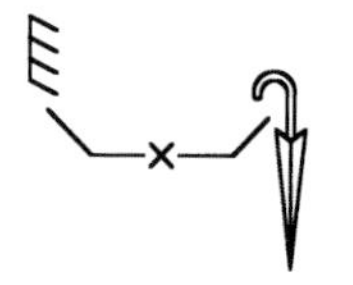
11.23h
つかみながら傘を運ぶ

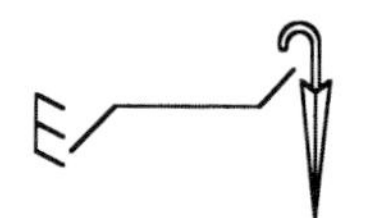
11.23i
手首の上で傘を
サポートする

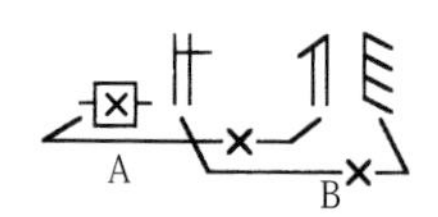

11.23j
BがAのウエストと右脚を
つかんで持ち上げる

を運んでいるのを示している。彼の左腕は女の子のウエストまわりにあり、右手は彼女の右脚をつかんでいる。男の子の両腕は、サポートの弧線上の「×」の配置で示されているように能動的である。この例はつかみながら運ぶ動きの基本的な事柄しか示していない。具体的なパフォーマンスのためには、腕や手における正確な配置の詳細や、リフトの前とその最中に何が起こるのかについて書き出す必要がある。

2 からみ合う、入り込んでいることの表示

かごなどの開いた枝編み細工の物を、隙間に指を入り込ませて持つことがある。つかむ、あるいはつかみながらサポートする弧線とともに二重「×」の記号を用いて、そのような入り込みやからんでいる状態(penetrating/penetration)を示す。11.24aでは指をワイヤの構造に沿わせて、両手でくずかごを運んでいる。11.24bでは髪の毛に指を絡ませている。

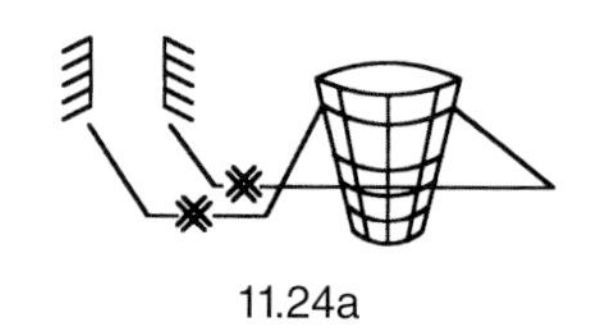
11.24a

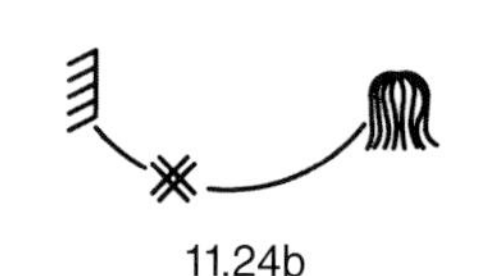
11.24b

11-15 ▶サポート；パートナーをつかみながらサポートする

11.25a ～ 11.28dは、パートナーと動くときに起こる一般的なサポートのイラストとその記譜である。それぞれの例では、両足も床の上でからだをサポートしている。これはAの両手が床の上でサポートをする11.27d以外では記譜されない。

1 相互のサポート：支え合って傾く

胴体の記号に加えられた短い線は、背中を示すことに注意しよう。

11.25a

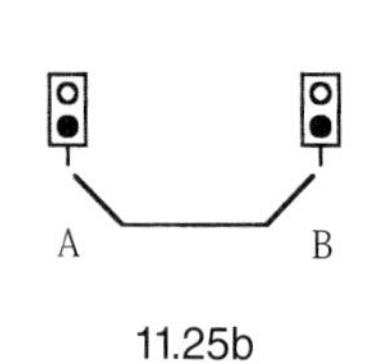

11.25b

2 相互のサポート：離れながら傾く

ここではつかみながら互いをサポートしている。

11.26a

11.26b

3 パートナーが一部の重さを引き受ける

AはBに向かってからだを傾け、BはAの左足首をつかみながらサポートし、彼女が落ちるのを防ぐ。この関係ではつかみが起こらなくても、単純なサポートであれば「×」のないサポー

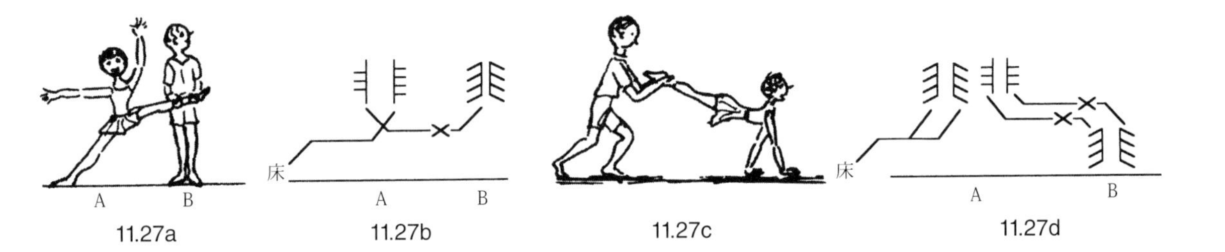

11.27a　11.27b　11.27c　11.27d

トの弧線が使われる。

よく知られている手押し車のポジションでは、女の子の両手がからだを床の上でサポートし、男の子は（足首をつかみ）彼女の両足をサポートする。モチーフ記譜法（第1章p. 2参照）では、11.27dのように記述される。

もちろん正確なポジションや顔を向ける方向、からだの角度などを伝えるためには、より詳しく記述する必要がある。そのように詳しく記していくと、動きの記譜における構造記譜法（第1章p. 10参照）へとなっていく。

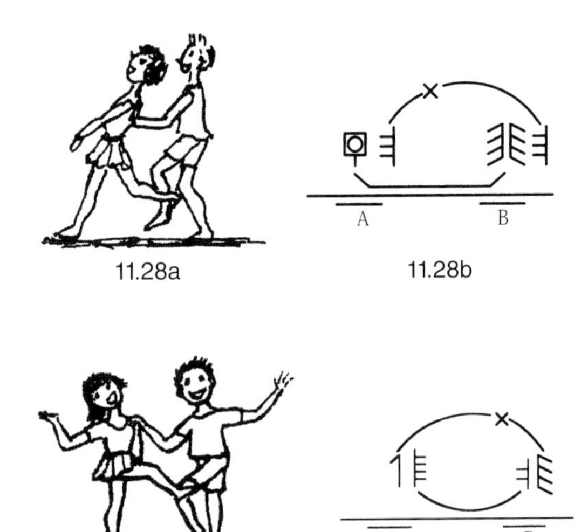

11.28a　11.28b

11.28c　11.28d

4 パートナーとの異なる関係づけ

パートナーと動くときには、1つ以上の関係性を示す形が含まれる。11.28aではBがAの背中を両手で支えている。11.28bで示されているように、彼女の左足首は彼の左足首をつかんでいる。11.28cではAの右足はBの左ひざに触っていて、Bの右手はAの左肩をつかんでいる（11.28d）。

5 練習課題36に関する注意点

2人の若者のための快活なデュエットでは、Aは女の子、Bは男の子の動きを示したものであり、パートナー同士がいかにかかわるかが描かれている。最後に2人の動きは一緒に終わる。厳密なタイミングは重要ではない。一緒に動いているときに相手に反応するという、関係性のタイミングが重要なのである。Bの7小節における、女の子を軽くたたいてすぐに放すというアクセントとリリースの記号に注意しよう。7、9小節ではサポートの曲線の上に保持記号があり、とぎれない動きの間中サポートが保たれることを示している。

練習課題 36 注目、近接、タッチ、サポート、つかみながらのサポート、最後はパートナーと一緒

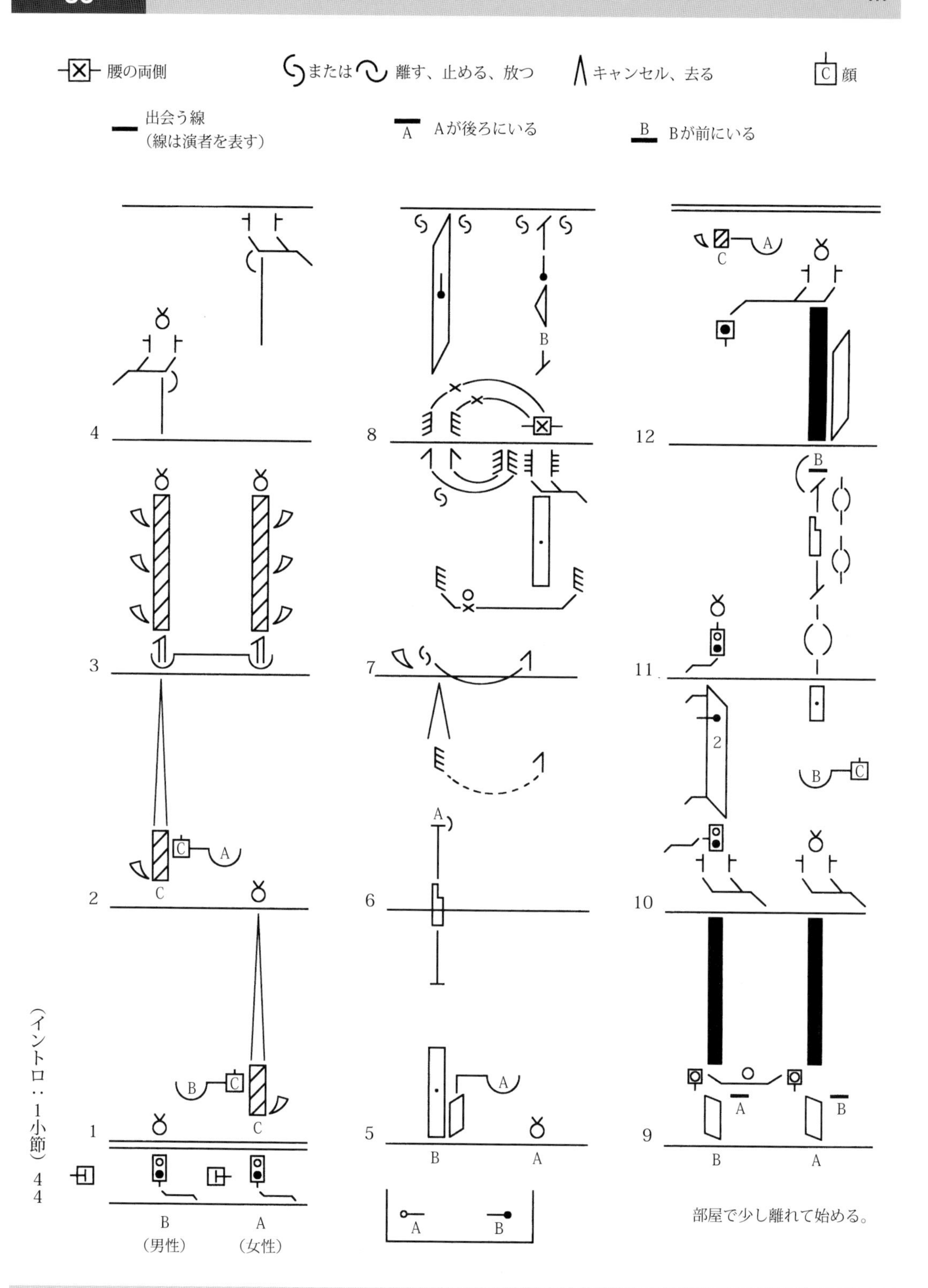

11-16 ▶関係づけの発展

先に述べたように、関係づけの度合いは低いものから高いものまで段階的な発展がある。関係づけの形を示す際にどのような形でもよい場合は、11.29aの関係づけの一般的な表示を用いることができる。

発展した関係づけの記号は11.29b～11.29oのとおりである。

11.29a
どのような関係づけの形でもよい

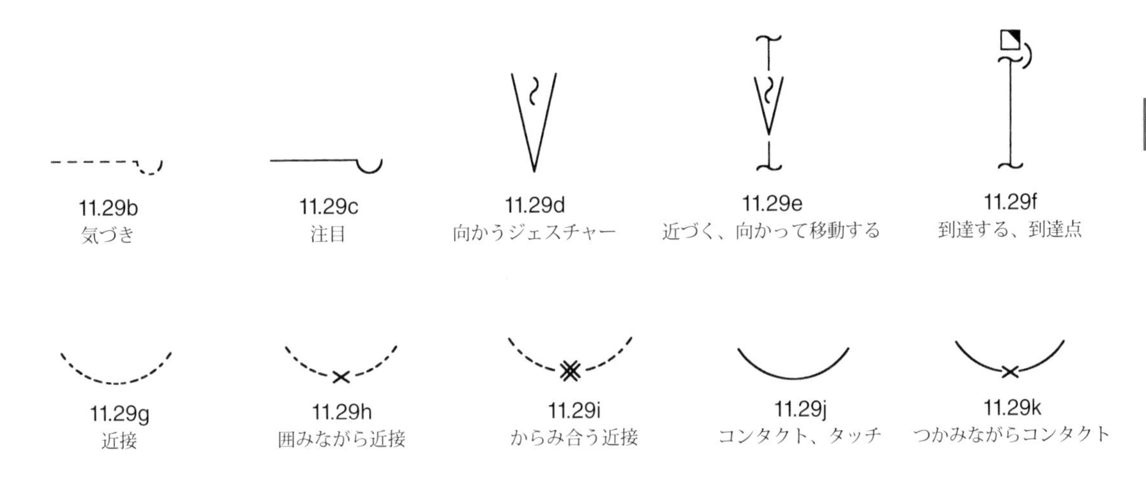

11.29b 気づき
11.29c 注目
11.29d 向かうジェスチャー
11.29e 近づく、向かって移動する
11.29f 到達する、到達点
11.29g 近接
11.29h 囲みながら近接
11.29i からみ合う近接
11.29j コンタクト、タッチ
11.29k つかみながらコンタクト

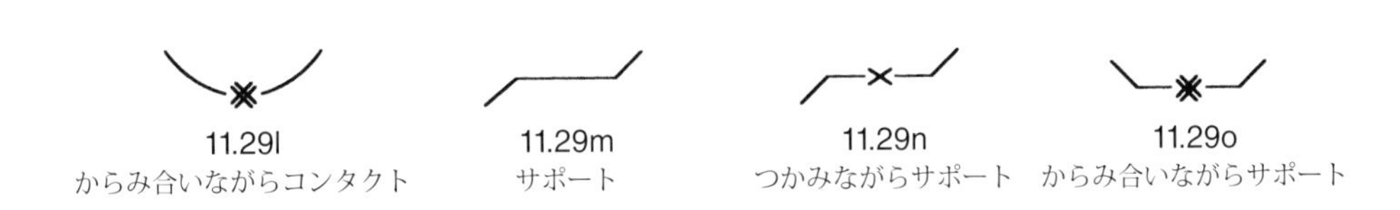

11.29l からみ合いながらコンタクト
11.29m サポート
11.29n つかみながらサポート
11.29o からみ合いながらサポート

練習課題J（伴奏曲なし）　ボンボンのストーリー

この短い一連のパントマイムは、音楽なしで探究し、演じること。

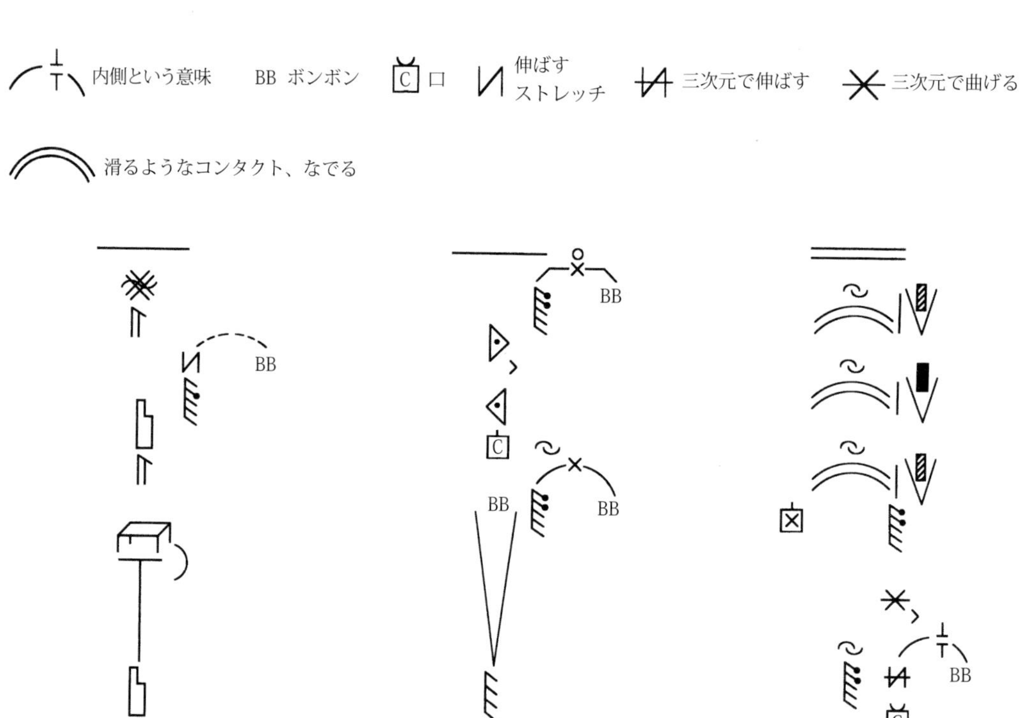

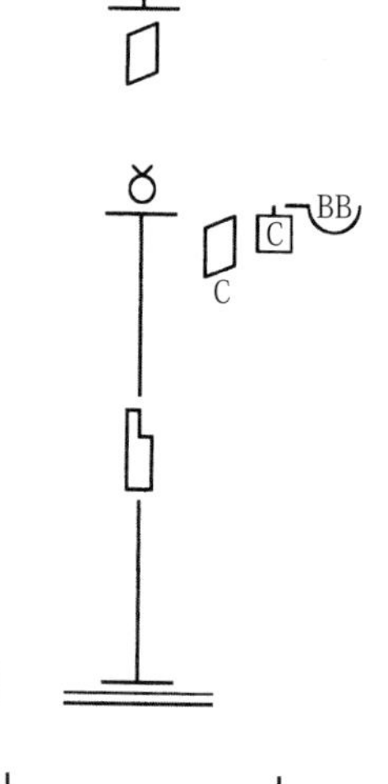

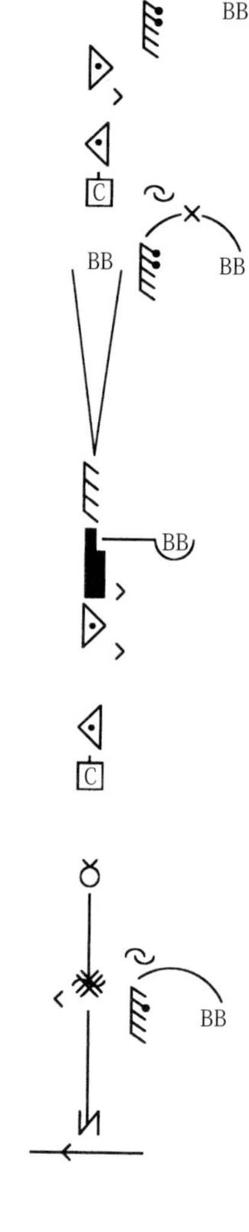

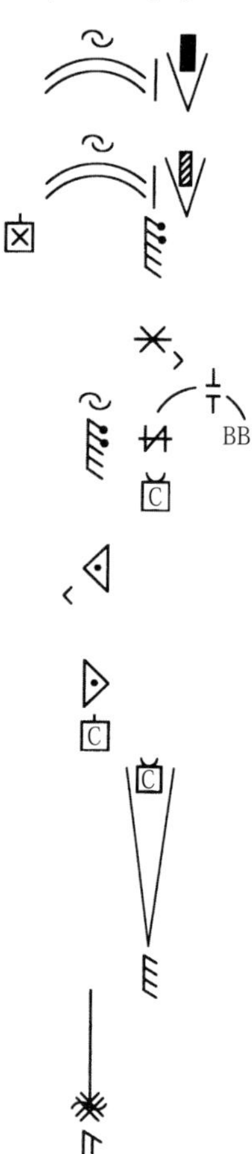

第11章の総覧

	関係づけの弧線の図表				
	気づき	注　目	近　接	タッチ	サポート
1. 単一の動作					
2. 維持（保持）する					
3. 囲む（つかんでいる）					
4. 維持(保持)しながら囲む					
5. からみ合う（入り込む）					

関係づけの維持

コンタクトが起きる

コンタクトが保たれる

コンタクトが保たれた状態から右手を放す

コンタクトをすばやく放す

つかみが保たれる

パートナーや物との関係づけ

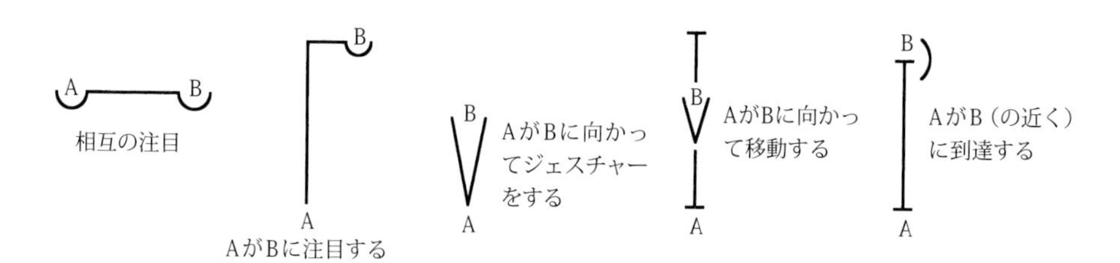

両手を火に近づける

両手が触れないように顔を覆う

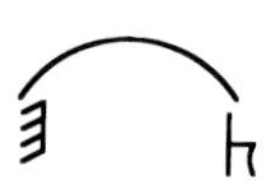
左手でいすに触る

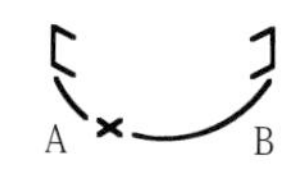

AのひじでBのひじをつかむ

頭が帽子をサポートする

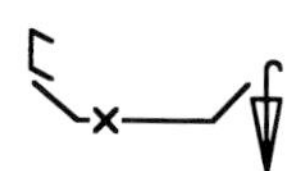
ひじで傘をつかんで運ぶ

つかみの表示

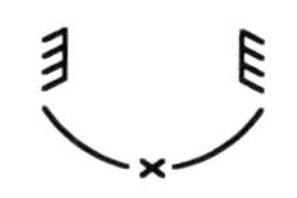
どちらかの手でつかむ

両手でつかむ

部屋のエリア

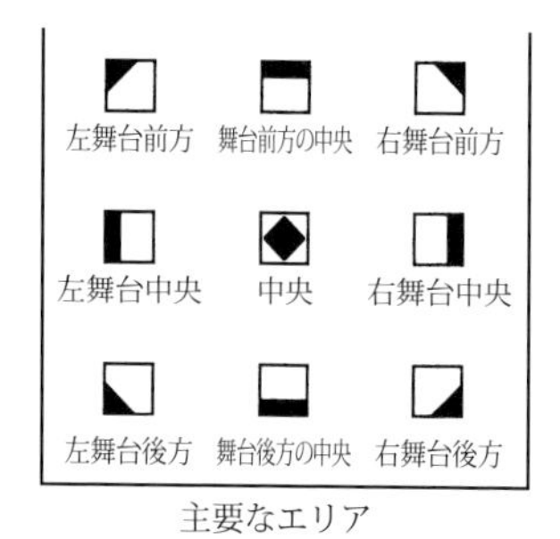

主要なエリア

からだの部位

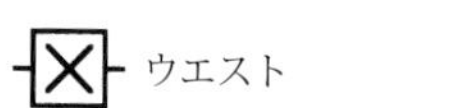

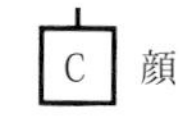

親指

人さし指

中指

くすり指

小指

キャンセル

または

離す、放す、ある状態を終わらす

キャンセルする、表示されたことが有効でない

訳者あとがき

日本におけるLODの指導には、*Your Move*の翻訳は必須であったことから、翻訳作業に着手したものの、原書の改訂版の出版（2008年）による中断もあり、翻訳の完成には10年近くの歳月を費やすこととなってしまった。ようやく世界初の翻訳書として刊行に至ったことに、まずは安堵している。LODの専門用語については、英語のニュアンスを残したままカタカナ表記にするか、なじみやすい日本語にするか、訳者の間で幾度も議論となった。訳文に関しては未だ不十分な表現があろうかと思われるので、読者のご指摘を願いたい。

本書の出版に際し、文章を読み込み懇切なご示唆を賜った萩原昌子氏、清水良隆氏、また、仕事のはかどらない訳者を温かく、そして辛抱強く支えてくださった大修館書店の加藤順氏、矢部洋幸氏、錦栄書房の三浦京子氏に心よりお礼を申し述べたい。そして、ここまで私たちを導き、激励の言葉をかけ続けてくださったLOD指導者V. フラット氏とA. ゲスト博士に深甚の謝意を表す次第である。

森田玲子
酒向治子

◆著者紹介

アン・ハッチンソン・ゲスト（Ann Hutchinson Guest）

米国ニューヨーク生まれ。ヨーロッパで教育を受ける。英国のヨース・リーダー・ダンス・スクールでムーブメントの幅広い解釈と記号の概念に出会う。ロビンズ、デ・ミル、チュードル、バランシンそしてハンフリー等の振付家と共に働き、ダンサーおよびノーテーター（舞踊記譜の専門家）として、ダンスまたはムーブメントの多様なスタイルと幅広い経験を得る。英国のランゲージ・オブ・ダンス・センター（LODC）の創設者としてムーブメント・アルファベットの体系化を行い、ランゲージ・オブ・ダンス（Language of Dance：LOD）の世界的なリーダーとして指導を行っている。ダンス教育とダンス作品保存への貢献のため、２つの名誉博士号を授与された。

ティナ・カラン（Tina Curran）

米国ランゲージ・オブ・ダンス・センター（LODC, USA）の共同創立者でありディレクター。
ジュリアード・スクールにてダンスで学士号（BFA）、南メソジスト大学にて振り付け理論と実践で修士号（MFA）を取得後、ニューヨーク大学にてダンス教育で博士号取得。ダンス・リテラシーの重点的な研究に取り組んでいる。LOD Specialistとして教師教育コースの指導を行っている。国内外のダンス会議に出席し、舞踊記譜法の発展に努めている。さらにニューヨーク市教育企画省の芸術の指導と学習（New York City Department of Education Blueprint for Teaching and Learning in the Arts）への発展に、画期的な貢献をしている。また、国際的に認められた優れた教師として、ラバノーテーションのスコアから名作を舞台化している。

◆訳者紹介

森田玲子（もりた　れいこ）

川村学園女子大学教育学部幼児教育学科教授。早稲田大学スポーツ科学研究センター招聘研究員。専門は舞踊教育学。長年幼児を対象とした身体表現教育に携わる。1998年より、英国のLODC本部にて、LODメソッドをLODC専任講師A. ゲスト博士、J. デュリュー氏、V. フラット氏等に学ぶ。2001年にLOD Specialistに認定される。2002年に日本支部である日本ランゲージ・オブ・ダンス・センター（LODC, JAPAN）設立準備を開始し、2005年に米国に次ぐ２番目の国際支部として設立の認可を受ける。日本の身体表現活動におけるLODアプローチの導入と、日本固有の文化に即した発展を目指し、日本LODC設立責任者として、LOD指導者育成に努める。

酒向治子（さこう　はるこ）

岡山大学大学院教育学研究科准教授。専門は舞踊芸術学、舞踊教育学。博士（人文科学）。芸術の社会化を目指し、身体教育の指導法や内容の開発を行う。LODC専任講師A. ゲスト博士、V. フラット氏にLODを学び、2005年にLOD Specialistに認定される。森田玲子と共に日本LODCの設立に携わり、現在日本の公教育におけるLODを採り入れた身体教育法の開発に取り組んでいる。

［問い合わせ先］日本ランゲージ・オブ・ダンス・センター（LODC, JAPAN）
主な活動：①LODに関する学術研究　②教育機関における教育活動　③資格講習会・ワークショップ・シンポジウム等の企画ならびに実践指導　④教材の作成・出版・管理

［ホームページ］http://lodcjapan.org/
［メールアドレス］info@lodcjapan.org

ダンスの言語(げんご) 動(うご)きを読(よ)む・書(か)く・表現(ひょうげん)する

NDC769 / xxi, 215p / 26cm

初版第1刷――2015年3月20日

著　者――アン・ハッチンソン・ゲスト／ティナ・カラン
訳　者――森田玲子(もりたれいこ)／酒向治子(さこうはるこ)
発行者――鈴木一行
発行所――株式会社大修館書店
〒113-8541　東京都文京区湯島2-1-1
電話　03-3868-2651(販売部)　03-3868-2297(編集部)
振替　00190-7-40504
［出版情報］http://www.taishukan.co.jp

編集協力――株式会社錦栄書房
装丁者――中村友和
本文デザイン・DTP ―加藤　智
印刷所――横山印刷
製本所――三水舎

ISBN978-4-469-26772-3　Printed in Japan